西华大学"青年学者"项目
四川省教育厅科研项目人文社科类重点项目"发展型社会政策视域下残疾人长期照顾体系研究"(批准号:W182232)

残疾人社会服务研究
——模式演变与体系建构

王 磊 著

科学出版社

北 京

内 容 简 介

本书从历史的维度,对人类社会不同发展阶段的社会福利模式、残疾模式和残疾人社会服务进行纵向比较。分析社会福利模式和残疾模式演变过程中残疾人社会服务的分配、供给、递送、财务状态和逻辑联系。在新时代背景下,通过借鉴不同福利体制国家残疾人社会服务经验,结合我国社会福利发展特点,提出构建以发展型社会政策为理论指导,包括社会政策理念与价值体系、社会服务项目体系、多主体服务伙伴递送体系、服务经费筹集和供给体系和社会服务评估体系在内的残疾人社会服务体系。

本书可供残疾人社会服务和社会政策学习和研究的本科生、研究生和高校教师作为教学科研的教材资料,亦可作为政府工作人员和社会工作者的理论读物。

图书在版编目(CIP)数据

残疾人社会服务研究:模式演变与体系建构/王磊著.—北京:科学出版社,2020.1
ISBN 978-7-03-061745-3

Ⅰ.①残… Ⅱ.①王… Ⅲ.残疾人-社会服务-研究-中国 Ⅳ.① D669.69

中国版本图书馆 CIP 数据核字(2019)第 124506 号

责任编辑:冯 铂 李昀烨/责任校对:彭 映
责任印制:罗 科/封面设计:墨创文化

科学出版社 出版
北京东黄城根北街16号
邮政编码:100717
http://www.sciencep.com

成都锦瑞印刷有限责任公司 印刷
科学出版社发行 各地新华书店经销
*

2020年1月第 一 版 开本:787×1092 1/16
2020年1月第一次印刷 印张:14 3/4
字数:350 000
定价:149.00元
(如有印装质量问题,我社负责调换)

前　言

福利国家福利模式的演变,经历了从剩余型模式向制度型模式再向发展型模式的变迁,该过程中社会服务重要性不断凸显。残疾人作为弱势群体的典型代表,社会服务供给的紧迫性也不断显现。各主要福利国家开始将发展型社会政策作为社会福利发展模式的重要理论对残疾人社会服务进行改革,以期通过社会服务的供给来实现残疾人发展及经济社会协调发展之目的。另外,残疾研究的残疾模式也是影响残疾人社会服务的主要因素。在福利国家,残疾人的个人模式逐渐被社会模式所取代。可是,两种模式对社会服务的作用又各有利弊,需要新的残疾模式替代以配合发展型社会政策对残疾人社会服务进行指导。就我国而言,一方面,传统的残疾人个人模式没有完成向社会模式的成功转型;另一方面,发展型社会政策理念并未成为我国残疾人社会服务的指导理念。理论的滞后严重影响了我国残疾人社会服务发展,成为残疾人发展目标实现过程中的主要障碍。因此,通过分析福利国家残疾人社会服务中社会福利模式和残疾模式的演变过程,为我国残疾人社会服务建构科学的理论模式和运作体系,对我国残疾人事业的发展具有重要意义。

本书以福利国家模式演进和残疾模式演进为研究背景和依据,以残疾人社会服务为研究内容,结合中国国情,以期通过发展型社会政策理念的导入,构建我国特色的残疾人社会服务体系。首先,通过阐述发展型社会政策理论内核,并与残疾人社会服务进行辨析,将残疾人社会服务作为发展型社会政策和社会服务结合点,实现理念和工具的契合。其次,选择英国、瑞典和日本三个不同福利体制的代表性国家,介绍其发展型社会政策融入残疾人社会服务的情况,进行经验借鉴。再次,在社会发展的历史背景下,以分配、供给、递送和财务的四维残疾人社会服务分析框架为纵向逻辑线,对不同社会形态下社会福利模式、残疾模式和残疾人社会服务进行理论分析、数据分析和政策分析,找出社会福利模式和残疾模式演变中的历史逻辑联系,及不同社会形态和模式演变中的国内外残疾人社会服务。最后,结合福利模式和残疾模式的演进,将发展型社会政策导入残疾模式,形成发展模式残疾研究范式,以社会服务为工具,并在该研究范式指导下提出残疾人社会服务体系构建方案,作为具有实际可操作性的政策建议。

本书认为,在社会形态的大背景下,福利模式和残疾模式的演变基本相契合,不同的社会形态均有与之对应的社会福利模式和残疾模式。因此,在发展型社会政策指导下的发展型福利模式也应该有相应的残疾模式与之相契合。我国的残疾人社会服务应该在发展型社会政策和新型残疾模式的指导下构建服务体系以完成残疾人社会服务的供给和递送。在后工业时代和信息社会,发展型社会政策推动了社会福利发展模式的形成,并将社会服务作为其政策工具以实现福利目标。同时,残疾模式的改变也通过社会服务的供给实现了残疾人赋权、投资、融合和发展的目标。由此可见，在新社会形态下，福利模式和残疾模式的共同作用促使残疾人社会服务体系化形成。该体系的形成以发展型社会政策为理论指导，以社会服务为媒介将福利模式和残疾模式的发展有机结合，最终形成包括残疾人社会服务需求分析、残疾人社会服务项目体系、多主体服务伙伴递送体系、服务经费筹集和供给体系、政策理念和价值体系，以及社会服务评估体系在内的残疾人社会服务体系。我国福利模式和残疾模式具有综合性特征。在复杂的背景下，只有建立科学的残疾人社会服务体系，才能适应福利模式和残疾模式的变迁，体现社会公平和经济社会协调发展。

目 录

第一章 绪论 ·· 1
  第一节 研究缘起 ·· 1
    一、国际背景 ·· 1
    二、国内背景 ·· 2
    三、问题提出 ·· 4
  第二节 相关概念界定与关系辨析 ·· 6
    一、发展型社会政策概念界定 ·· 6
    二、残疾人社会服务相关概念界定 ··· 6
    三、社会福利模式与残疾模式概念界定 ·· 7
    四、福利模式、残疾模式与残疾人社会服务关系辨析 ······························ 8
  第三节 研究意义 ·· 10
    一、残疾人社会服务模式演变和发展研究之理论意义 ···························· 10
    二、新型残疾人社会服务模式和体系建构之应用价值 ···························· 11
  第四节 国内外研究现状述评 ·· 12
    一、残疾人社会服务研究现状 ·· 12
    二、发展型社会政策理论框架及研究现状 ··· 24
    三、简要述评 ·· 28
  第五节 研究目标与主要内容 ·· 30
    一、研究目标 ·· 30
    二、研究主要内容 ··· 30
  第六节 研究思路与研究方法 ·· 32
    一、研究思路 ·· 32
    二、研究方法 ·· 33
  第七节 本书的创新之处及重点与难点 ·· 34
    一、本书的创新之处 ·· 34
    二、本书的重点及难点 ·· 35

第二章 发展型社会政策与残疾人社会服务的逻辑联系 ···································· 36
  第一节 发展型社会政策的理论内核：包容性、投资性与积极性 ················ 36
    一、包容性：更为宽容的价值体现 ··· 37
    二、投资性：更重视福利回报的价值取向 ··· 43
    三、积极性：责任和权利的平衡观 ··· 46
  第二节 以服务促发展：发展型社会政策与残疾人社会服务之关系辨析 ······ 49

iii

一、补缺：理论与工具的结合 50
　　二、链合：发展型社会政策与残疾人社会服务的内生逻辑 52
　　三、嵌入：发展型社会政策与残疾人社会服务的外生逻辑 54
　　四、以社会服务促进残疾人发展 56
　第三节　发展型社会政策的分析框架：残疾人社会服务向度 58
　　一、残疾人社会服务分配：福利资格权与给付条件 59
　　二、残疾人社会服务供给：从现金与实物之争走向多样化 61
　　三、残疾人社会服务递送：从单级到多元组合 64
　　四、残疾人社会服务财务：服务的支持系统 67

第三章　经验借鉴：福利国家的残疾人社会服务模式 70
　第一节　英国：积极福利先驱 71
　　一、分配：基于能力的资格审查 71
　　二、供给：以差异化和多样化供给实现结果平等 74
　　三、递送：多元合作伙伴典范 77
　　四、财务：基于中央和地方的双元支撑 79
　第二节　瑞典："社会投资"代表 80
　　一、分配：更具包容性的普惠 80
　　二、供给：更具包容性的服务 82
　　三、递送：信仰与路径选择的迷思 85
　　四、财务：坚定的政府主体地位 88
　第三节　日本：自立服务典范 89
　　一、分配：健全保障体系下的选择性服务 89
　　二、供给：以保险为基础的残疾人自立服务供给 93
　　三、递送：政府、家庭、福利法人三维递送向多元递送发展 96
　　四、财务：供方与需方均衡分配 98
　第四节　启示和借鉴 99

第四章　个人模式残疾人社会服务：传统社会的补缺型服务 102
　第一节　个人模式：救助视野下的医学康复 102
　　一、个人模式：变迁中的歧视 102
　　二、医学模式残疾的定义及缺陷 105
　　三、医学模式存在向度及发展 107
　第二节　个人模式社会服务：从无助走向关注 110
　　一、分配：从无权走向微权 111
　　二、供给：从混沌走向服务 112
　　三、递送：从私人部门混合走向公私多元混合 114
　　四、财务：从个人自筹走向地方统筹 115
　第三节　个人模式主导的中国残疾人社会服务：追溯到制度化之前 118
　　一、分配：多元思想影响下的绝对弱势 118
　　二、供给：从实物供给走向居养服务 121

  三、递送：非正式组织主导下的政府补缺·················123
  四、财务：官方绝对主导，民间弱势补充·················126

第五章　社会模式残疾人社会服务：现代社会的制度型服务·················128
 第一节　社会模式：权力视野下的社会康复·················128
  一、社会模式：从障碍化到去障碍·················128
  二、社会模式残疾定义及缺陷·················133
  三、社会模式与个人、医学模式之争：共存与发展·················136
 第二节　社会模式社会服务：普惠、权利和多元的体系化服务·················138
  一、分配：从普惠到普惠基础上的特惠·················138
  二、供给：专业化服务兴起与服务的体系化构建·················141
  三、递送：从政府主导到多元伙伴·················145
  四、财务：政府主控的混合财政体系·················148
 第三节　社会模式在中国开启：巩固的制度化与权利唤醒·················153
  一、分配：从确权到赋权·················153
  二、供给：混合模式中的服务体系初建·················157
  三、递送：从管治走向治理·················161
  四、财务：筹资渠道单一，资金稀缺·················165

第六章　发展模式残疾人社会服务：后现代社会的社会服务体系建构·················169
 第一节　分配：发展模式的政策理念与价值体系·················169
  一、包容性：多元全人的角度·················170
  二、投资性：更具发展性的分配·················173
  三、积极性：内化的价值认同·················175
 第二节　供给：发展模式的服务项目体系·················178
  一、残疾人社会服务供给需求分析·················178
  二、残疾人社会服务供给政策现状及与发展模式的衔接·················183
  三、建立以健康康复为基础的康复服务·················185
  四、建立以能力提升为导向的就业服务·················188
  五、建立以社会融合为目标的照护服务·················190
 第三节　递送：发展模式的运行保障体系·················193
  一、多中心主体治理服务递送·················193
  二、网络式主体伙伴关系建构·················197
 第四节　财务：发展模式的经费筹集和供给体系·················200
  一、制度化：残疾人社会服务资金的有力保障·················200
  二、多元化：筹资责任的社会分解·················201
  三、"补供方"：以优质服务供给为导向·················202
  四、"补需方"：以残疾人赋权为导向·················203
 第五节　评估：发展模式的运行基础体系·················203
  一、残疾的操作化定义：残疾的功能与障碍评估·················204
  二、残疾人社会服务评估体系·················206

主要参考文献 ······ 210
附录 ······ 216
 附录A：1960年《日本残疾人福利法》残疾分类标准列表 ······ 216
 附录B：残疾人残疾分类和分级(GB/T 26341—2010) ······ 217
后记 ······ 225

第一章 绪　　论

第一节　研究缘起

一、国际背景

福利模式和残疾模式始终伴随着社会形态、经济发展水平和意识形态的变迁而发生变化。在新社会风险、全球化和福利国家危机的共同作用下，现有福利模式的不适应性危机出现[①]。此时，发展型社会政策理念开始作用于福利模式，社会服务的兴起和发展成为模式变迁中危机化解的利器，也是福利目标得以保障的重要手段和工具。于是，福利模式在经历了残补模式和制度模式之后，称之为发展模式的新福利模式开始兴起。

在工业社会向后工业社会转型的过程中，新社会风险出现，它是在向后工业社会转变过程中，经济和社会发生变化给人们生活带来的风险[②]，其表现为经济全球化、劳动力流动化、人口结构变化和家庭生活复杂化。经济全球化和国际竞争的加剧导致经济自由主义思潮泛滥，即经济逻辑被推向极致。各福利国家开始狂热追求市场占有率、竞相吸引和留住国际投资，通过压缩社会福利待遇水平和期限，以削减政府和企业的福利支出，减轻财政负担。由于国际竞争力是个相对概念，因此，存在着社会保护水平因互相攀比而螺旋式下降的风险[③]；福利支出和社会服务投入的增长给经济发展带来了阻滞作用，福利国家危机出现。各福利国家为应对危机，紧缩国家开支，扩张私营服务；老龄化危机到来且加速趋势明显，人口结构发生变化，人力资源供给紧张，各国为了增强综合竞争力，开始对现有人力资源进行广泛的开发和利用。残疾人、妇女和老年人资源的开发利用成为各国主要的社会政策方向；在新社会风险下，大量妇女从事有薪工作，家庭结构发生改变，社会结构产生变革。家庭的诸多传统功能呈现出家庭和社会共担的特征。因此，后工业社会形成的诸多危机急需新的福利模式和福利工具来应对。

复杂而多元的力量正促使福利国家进行改变。这不仅是人口结构的改变，全球化或规范的改变，也是市场经济的信心导致社会福利政策的基本改变，这就是影响的汇集力量，这些结构的、规范的力量产生强大的压力，推动福利政策往同一个方向去，这个方向要求福利国家远离传统模式，朝向所谓的"赋能国家模式"（Enabling State Model）发

[①] 福利国家：通过创办并资助社会公共事业，实行和完善一整套社会福利制度，以保证社会秩序和经济生活的正常运行，维护资产阶段利益和统治的发达资本主义国家。以北欧诸国为典型。
[②] 【英】彼得·泰勒-顾柏：新风险、新福利——欧洲福利国家的转变，马继森，译，北京：中国劳动社会保障出版社，2010年，第2页。
[③] 【英】罗兰德·斯哥，等：地球村的社会保障——全球化和社会保障面临的调整，华迎放，等译，北京：中国劳动社会保障出版社，2004年，第26页。

展。新的赋能国家不是终极社会福利方案。其要求工作导向改革（Work-Orient Reforms）的"劳动力再商品化"（Recommodification of Labor）；将社会分配的标准从普及式转为选择式；社会服务的私有化增加[①]。

然而，社会服务在各福利国家的萎缩与各国对社会服务多样化和高效化的需求形成了鲜明矛盾。如何在社会服务资金紧缩的情况下提供优质和高效的服务来满足公民的需要？如何在社会服务良性发展的情况下促进经济发展？发展型社会政策就是在全球化和新社会风险背景下，为了应对福利国家危机、老龄化危机、社会结构转型和家庭功能解体等困境，以发展型社会政策为指导方针，本着预防为本的积极福利思想，运用多元化、整体化和合作化手段，以人力资本投资和社会投资为导向，以服务供给和资产建设为递送方式，在居民基本生计维持的前提下以个人赋权、组织赋权、社会融合、提高国家竞争力和经济社会协调发展为宗旨，这是社会福利模式的转型，也是社会服务模式的转型。

社会变迁过程中社会对待残疾人的看法、态度和福利政策也在发生着变化，其表现形式即是残疾模式的演变。残疾模式在政策层面受到福利模式的制约，进而影响人们对残疾人的态度。进入后工业社会，残疾的个人模式和社会模式在演变中出现整合之势，在发展型社会政策的影响下，残疾模式出现了新的特征：赋权、社会融合、社会投资等理念的出现一改以往模式的缺陷，一种新的残疾模式正在形成之中。

残疾人社会服务作为社会服务与发展型社会政策契合的重要社会政策领域，在福利模式的转变中扮演着重要角色。在各主要福利国家的发展中，残疾人社会服务模式的转变表现为：残疾概念外延扩大、残疾模式有机整合、残疾服务实现自主、残疾权利赋权发展。残疾人社会服务成为各国促进经济发展和社会和谐，维护公平正义，以及促进残疾人赋权发展和社会责任担当的重要政策工具。

然而，就我国而言，现代意义的社会服务体系还不健全，还处于从社会福利"剩余型"向"制度型"转变的过程中。但是，无论各国的社会福利发展阶段的进程如何，全球化进程和新风险社会的影响不会让任何一个国家缺席。此时结合我国国情，以发展型社会政策为理论支撑发展残疾人社会服务事业显得格外重要。

二、国内背景

残疾人是特殊的社会弱势群体，关心残疾人，为残疾人提供福利与服务，是社会文明进步的重要标志[②]。据中国残疾人联合会（以下简称中国残联）推算，2010年末我国残疾人总数达到了8502万人[③]，庞大的残疾人口数量和残疾人比例使得残疾人社会服务体系的完善显得尤为紧迫。残疾人社会服务是现代社会福利制度的重要组成部分，建立健全残疾人社会服务体系是实现残疾人基本公民权利，维护社会公平和正义的有效保障措施。

---

① 【美】Neil Gilbert，Paul Terrell：社会福利政策引论，沈黎，译，上海：华东理工大学出版社，2013年，第322-326页。
② 周沛：残疾人社会福利体系研究，江苏社会科学，2010年第5期。
③ 赵燕潮：中国残联发布我国最新残疾人口数据，残疾人研究，2012年第1期。各类残疾人的人数分别为：视力残疾1263万人，听力残疾2054万人，言语残疾130万人，肢体残疾2472万人，智力残疾568万人，精神残疾629万人，多重残疾1386万人。各残疾等级人数分列为：重度残疾2518万人，中度和轻度残疾5984万人。

近年来，我国各级政府不断加强残疾人社会保障和社会服务工作。2010年国务院办公厅转发中国残联等部门和单位出台的《关于加快推进残疾人社会保障体系和服务体系建设的指导意见》成为"残疾人社会保障体系与公共服务体系建设"之"两个体系建设"的具体战略部署。"残疾人社会保障和服务体系"被纳入社会保障体系建设和公共服务均等化的总体安排中。党的十八大报告提出"权利公平"和"健全残疾人社会保障和服务体系，切实保障残疾人权益"的理念。2012年6月通过《无障碍环境建设条例》以期保障残疾人顺利进入社会参与社会事务。2012年实施"阳光家园计划——智力、精神和重度残疾人托养服务项目"（2012~2015年），为符合条件的智力、精神和重度肢体残疾人，提供基本生活照料和护理、生活自理能力训练、社会适应能力辅导、职业康复和劳动技能训练、运动功能训练等方面的社会服务。2014年实施《残疾人托养服务基本规范(试行)》，对残疾人机构托养服务、居家托养服务、服务管理、服务质量考核及评价进一步进行规范化管理。2017年《残疾预防和残疾人康复条例》开始施行，明确各级政府从全人群和全生命周期角度，运用医学、教育、职业、社会、心理和辅助器具等措施为预防残疾发生和康复提供服务。可见，残疾人社会服务已经进入政府政策视野。

《2013年度中国残疾人状况及小康进程监测报告》显示：2013年度残疾人小康指数①达71.1%，较2012年提高2.7个百分点。其中，残疾人生存状况指数达75.7%，较2012年提高4.8个百分点。残疾人家庭人均可支配收入指数达70.3%，较2012年提高7.9个百分点。从绝对量上看，2013年度，城镇残疾人家庭人均可支配收入较2012年增加1800.5元，达到15 851.4元。农村残疾人家庭人均纯收入较2012年增加858.5元，达到7829.9元。残疾人参加基本养老保险(新农保)和基本医疗保险(新农合)的水平已经有了大幅度提高，正在由"残补型"向"适度普惠型"转型(见表1-1)。可见，我国残疾人小康水平的不断提升，主要表现为生存状况和社会保障水平的不断改善。

表1-1　2013年我国残疾人参加基本养老保险(新农保)和基本医疗保险(新农合)情况调查表(%)

	16岁及以上城镇残疾人	16岁及以上城镇职工残疾人	16岁及以上城镇居民残疾人	农村残疾人
基本养老保险(新农保)	74.4	94.5	49.1	84.7
基本医疗保险(新农合)	93.7	96.2	90.5	97.1

资料来源：根据《2013年度中国残疾人状况及小康进程监测报告》整理，有改动。

然而，反映残疾人社会发展指标的残疾人发展状况却表现欠佳，在残疾人监测报告中指数最小②。2013年残疾人发展状况③指数仅为56.6%，较2012年仅提高了1.3个

---

① 残疾人小康指数：由17个单项指标指数加权获得，某一方面指数是由反映该方面的各单项指数加权获得；单项指标指数是由该指标实际值与目标值对比获得。需要说明的是，2013年度残疾人小康指数达到71.1%，不是指有71.1%的残疾人达到了小康水平，而是各项监测指标实际值与目标值对比的一个综合结果，指数越高，表明监测指标实际值越接近于目标值。残疾人小康监测就是观察从2007年以来残疾人小康指数变化过程。
② 残疾人小康监测报告：包括生存状况、发展状况、参与社会生活的环境状况三个方面指数。
③ 残疾人发展状况：整个指标体系中最能体现残疾人特殊性的部分，涵盖了残疾人工作的主要方面，它包括残疾人的康复、教育、就业、社会保障、信息化水平以及社会参与等方面的情况，与残疾人切身利益密切相关，反映了残疾人最迫切的需求。

百分点，提升速度缓慢，这说明以社会服务为主要工具的残疾人社会发展推动力明显不足。其中，残疾人城镇登记失业率远高于普通人群（全国水平），全国城镇登记失业率为4.1%，而城镇残疾人登记失业率达到10.8%；残疾人康复服务的覆盖率较低，全国残疾人康复需求服务覆盖面仅为58.3%；残疾人社会融入水平低，全国残疾人社区活动参与率仅为43.1%，半数以上残疾人没能顺利实现社区活动的参与[①]。另外，残疾人在教育服务、法律服务、婚姻家庭服务、生活照顾服务等诸多方面均体现出与普通人群的巨大差距。

由是观之，残疾人社会服务供给的滞后成为残疾人小康实现的主要障碍，这也是我国残疾人社会福利制度建设亟待解决的问题。究其原因主要体现为传统的残疾人"医学模式"正在向"社会模式"转型，在新风险时代背景下残疾人的弱势地位仍需改观，残疾人社会服务没有相应的理论指导。在国家政策层面，残疾人社会服务和残疾人公共服务相等同，对残疾人特殊性体现不足，其体系设计缺乏科学性和差异性；在地方政策层面，残疾人社会服务均衡性表现不足，不同残疾程度、等级和致残因素的不同需求没有得到应有满足；在个人和社会层面，传统的"恩惠"和"施舍"理念让人们忽视了残疾人社会公民权利和赋权的实现。

在全球社会服务发展的转型时期，西方发达国家纷纷导入发展型社会政策理念，用动态性、积极性、整体性和发展性思维来进行现代社会服务体系构建，注重人力资本投资和社会投资，强调社会发展和经济发展的有效结合。我国的残疾人社会服务作为残疾人事业和社会服务领域的重要内容，在国际环境和中国特色的背景的基础上，建立适合我国国情的残疾模式，并使之与社会福利模式的发展相契合，从发展型社会政策视角建构残疾人社会服务模式，对提升残疾人福祉、强化社会整合、促进社会政策和经济发展的协调发展具有战略性意义。

三、问题提出

不同的社会形态形成了相应的社会福利模式和残疾模式，也形成了相应的残疾人社会服务表现形式。在后工业时代和信息社会，发展型社会政策推动了社会福利发展型模式的形成，并将社会服务作为其政策工具以实现福利目标。同时，残疾模式改变也通过社会服务的供给实现了残疾人赋权、投资、融合和发展的目标。因此，本书认为，在新社会形态下，从发展型社会政策视角来构建残疾人社会服务体系是残疾模式和社会福利模式在演变中共同作用的结果。

首先，以发展型社会政策为视角构建残疾人社会服务模式具有内在逻辑联系。在西方福利国家，残疾人社会服务的发展成为发展型社会政策与社会服务相契合的典型代表，二者间呈现出"链合"和"嵌入"的逻辑关系。发展型社会政策是理念指导，具有宏观视角价值；残疾人社会服务是政策工具，具有微观操作意义。另外，将发展型社会政策的理论内核"包容性"、"积极性"和"投资性"和残疾人社会服务的分析框架融

---

① 中国发展门户网：2013年度中国残疾人状况及小康进程监测报告，2014年8月20日，http://cn.chinagate.cn/reports/2014-08/20/content_33291104.htm.

合，形成发展型社会政策理念下残疾人社会服务模式分析架构。

其次，从实证角度，典型福利体制国家残疾人社会服务模式构建中发展型社会政策影响甚多。在残疾人社会服务分析框架中，分析发展型社会政策对英国、瑞典和日本残疾人社会服务的分配、供给、递送和财务的影响程度，总结发展型社会政策对福利国家残疾人社会服务体系建构和实践经验，构成实例支撑和经验借鉴。

再次，从历史角度，福利模式和残疾模式的演变和共同作用促使残疾人社会服务体系化形成。前现代社会以剩余型福利模式和残疾的个人模式为基础，此时的残疾人社会服务为"边缘化服务"；现代社会以制度型福利模式和残疾的社会模式为基础，此时的残疾人社会服务为"碎片化服务"；在后现代思想的影响下，发展型社会福利模式和残疾的"发展"模式相契合，此时的残疾人社会服务成为"体系化服务"模式。

最后，我国应建立起发展型社会福利模式和残疾的发展模式作用下的残疾人社会服务体系。许多西方福利国家已初步建成发展型社会政策理论指导下的残疾人社会服务体系，这是残疾人实现发展和结果公平的有效路径。然而，我国现有的残疾模式和残疾人社会服务体系还处于发展的初级阶段，其基本价值理念还是传统的"人道主义"和"个人模式"，是一个被动的、静态的、单一的、给付性的体系，缺少与经济政策的整合及对经济发展的贡献。但是，在我国国情背景下，个人模式中又发展出来了社会模式，个人模式的优势依然在发挥作用，社会模式的优势已初步显现。二者形成了"互斥中的互补"关系，而且该关系还将长期存在。在缺乏先进理论的指导下，我国残疾人社会服务发展必将举步维艰，甚至会影响整个残疾人事业的长效发展。我国福利模式和残疾模式具有综合性特征。在复杂的背景下，只有建立科学的残疾人社会服务体系才能适应福利模式和残疾模式的变迁，体现社会公平和经济社会协调发展。

基于这一考虑，本研究结合福利模式和残疾模式的演进，将发展型社会政策导入残疾模式，形成发展模式残疾研究范式，以社会服务为工具，构建促进残疾人发展，实现残疾人自由、平等和权利的残疾人社会服务体系。该体系基于残疾人社会服务与发展型社会政策的关系辨析，将发展型社会政策"嵌入"残疾人社会服务中，以期通过社会服务的各项措施和专业性技术，从残疾人的能力开发入手，实施"上游干预"；从残疾人群体和类型的差异化特征入手，实现残疾人全方位、个性化的充分赋权；强调残疾人的权利和义务对等关系，实现残疾人自我价值和社会价值；在保障残疾人"两个体系建设"协调发展的同时，实现社会和经济的协调发展。该研究在结合国际先进经验和理论架构的基础上，充分结合我国社会文化、历史传统和基本国情，考虑体系设计和政策设计的新颖性、适应性、适度性和发展性，从分配、供给、递送和财务四个维度进行残疾人社会服务体系设计，以期探索出一套具有中国特色的残疾人社会服务模式和体系。

第二节　相关概念界定与关系辨析

一、发展型社会政策概念界定

发展型社会政策是指社会政策的制定和执行以包容性发展为理念，注重在政府主导下，包容经济社会发展目标，包容公平与效率目标，包容政府、个人和社区力量，以个人责任和权利相对等为前提，积极发挥政府社会治理的预防功能，以社会投资为主要方式，通过人力资本投资、个人资产建设、社会服务手段激发个人潜能和能动性，最终实现经济与社会整合协调发展。

二、残疾人社会服务相关概念界定

（一）社会服务

从广义的社会福利概念来看，目前我国所广泛使用的社会保障概念与社会福利相通。社会福利体系包括了以现金给付为主的社会救助、以共同支付购买保险为主的社会保险和以实物给付为主的社会服务。社会服务是现代社会福利体系的重要组成部分，是指以劳动(物质和精神的活动)供给为主要手段，由政府、营利组织、非营利组织和非正式组织多元参与递送和筹资，通过专业社会工作，在社区平台，面对残疾人、老年人、儿童等弱势群体提供的包括康复服务、照顾服务、就业服务、家庭服务、教育服务、心理健康服务等在内的，旨在提高生活质量、融入社会、提高自我认知水平和充分赋权的社会行动。在递送主体层面，社会服务与公共服务的"政府主体性"相异，具有多元主体供给的"社会性"特征；在供给内容层面，社会服务与现金社会救助和社会保险不同，具有劳动供给的"服务性"特征；在供给对象层面，社会服务与普惠性的社会保险不同，具有弱势群体的"特惠性"特征；在目标实现层面，社会服务与"温饱型"社会救助不同，具有赋权意义的"发展性"特征。所以，社会服务的"社会性"、"服务性"、"特惠性"和"发展性"特征使其区别于社会福利体系中的其他子项目。

（二）残疾人社会服务

本书所研究的社会服务主要针对以残疾人为代表的弱势群体，所以，属于个人社会服务范畴。残疾人是社会服务的主要客体，也是"发展性"特征体现最为突出的潜在群体。故而，残疾人社会服务概念是基于社会服务概念而作的延伸和细化。残疾人社会服务是指在社会服务框架下基于社会多元供给网络，以社区为平台，通过专业社会工作方法，为残疾人提供以康复服务、照顾服务、就业服务等为主，旨在满足残疾人基本生活需要、提高能力、充分赋权的社会行动。该定义实现了残疾人社会服务与其他相关概念的区分,使服务内容更加明确化。残疾人社会服务是残疾人公共服务(残疾人两个体系中的"服务")与残疾人社会福利的交叉部分。残疾人社会福利包括了残疾人社会保险、社会救助和社会服务三部分。残疾人公共服务主要依靠政府供给和递送,在现有的政策体系下包括教育服务、医疗服务、无障碍服务、住房服务、文化体育服务、维权服务、扶贫服务、照护服务、康复服务和就业服务十项服务内容。其中,"社会性"最强的是照护服务、康复服务和就业服务,其他项目则具有较强"公共性",这三项内容既是社会服务,也是公共服务的核心内容,故而残疾人社会服务的供给内容主要亦是这三项。

(三)残疾人社会服务体系

从词源上看,体系(System)是指"若干有关事物或某些意识相互联系而构成的一个整体"。社会福利体系是由若干具有福利性和利他性特征的制度性、专业性、服务性的,能够为公民的物质生活带来保障、精神生活带来慰藉、提升他们生活质量的若干举措或手段构成的"福利整体"[①]。残疾人社会服务作为社会福利体系大系统中的一个子系统,在福利国家社会服务体系化发展进程中也具有体系化发展趋势。结合上述相关概念界定,本研究对残疾人社会服务体系提出一个操作性的定义:为了满足残疾人基本生活需要、提高能力和充分赋权,以政府为核心和主导,以残疾人赋权发展为价值理念,以残疾人能力测评为福利分配基础,以多元主体为服务递送主体和筹资主体,为残疾人提供以康复服务、就业服务、照顾服务为主要内容的社会服务体系。

三、社会福利模式与残疾模式概念界定

模式(Pattern)是指从生产经验和生活经验中经过抽象和升华提炼出来的核心知识体系,是将解决某类问题的方法总结归纳到理论高度,是一种认识论意义上的确定思维方式。残疾人社会服务既受到残疾模式的理念影响,也受到福利模式的制约,因此残疾人社会服务模式就是社会福利模式与残疾模式的综合体现。

(一)社会福利模式

社会福利模式是对不同社会福利的内在规定性及主要运行原则的理论概括,反映了一国在特定历史时期内福利制度的战略方向[②]。各国受到不同社会发展阶段、意识形态和经济社会条件的影响,形成了不同的社会福利模式,主要包括残补型(剩余型)福利模式、制度型福利模式和发展型福利模式。发展型福利模式是在发展型社会政策的影响下,西方福利国家当前较为活跃的福利模式。福利模式属性将直接决定社会服务在社会福利体系构成中的作用。

(二)残疾模式

残疾人观的理论形式是残疾模式,残疾模式是一个国家或社会对残疾人基本价值理

---

① 周沛:社会福利体系研究,北京:中国劳动社会保障出版社,2007年,第32-33页。
② 周沛:社会福利体系研究,北京:中国劳动社会保障出版社,2007年,第169页。

念、产生原因、社会角色、社会地位等对残疾人整体看法的研究模式。残疾模式的基本理念对残疾政策制定、残疾人管理和残疾人社会服务体系构建起到决定性的影响作用。目前，各国所采用的残疾模式主要有个人模式和社会模式两种。随着两种模式弊端的日益凸显，其他残疾模式开始在学界引起注意，例如：人权模式、社会适应模式、整合模式、赋权模式等。在发展型社会政策理念的影响下，发展福利模式正在形成，进而影响新残疾模式的形成。

四、福利模式、残疾模式与残疾人社会服务关系辨析

在不同社会发展阶段，受到经济发展水平和生产方式影响，福利政策理念、福利目标、实现方式表现出不同的特征。同样，残疾人概念、价值理念、产生原因、社会角色也表现出不同理解。换句话说，就是不同社会发展阶段形成了不同的社会福利模式和残疾模式。残疾人模式作用于福利模式，在残疾人社会福利政策制定中对残疾人福利目的定位、福利内容和实现方式产生影响。福利模式在残疾人社会福利实践过程中则反作用于残疾模式，促进残疾模式适应经济社会的发展，最终实现残疾人发展的目的。两个模式在不同社会形态下，发展出与之相匹配的模式类型。从残疾模式和福利模式演进的过程来看，二者相互作用的集中领域就是残疾人社会服务。残疾人社会服务在不同类型模式下表现出差异化特征，实现从空白到边缘化再到核心化和体系化的过程。伴随着模式的演进，残疾人社会服务的重要性愈加突出，发展至当代逐渐形成了由发展型社会政策主导的发展型福利模式和残疾发展模式相互作用的体系化残疾社会服务。

诚然，社会发展阶段与残疾模式和福利模式并非完全准确的匹配与结合，亦存在某段时期和一定程度的交错，甚至是对不匹配模式短暂的反复和僵化。但从发展过程来看两个模式和社会发展阶段基本吻合，其演化过程模式的匹配以及对残疾人社会服务的影响可以从模式演化中略见一斑。

前现代社会（传统社会），生产方式是以农业为主的自然经济生产方式。该社会形态下残疾人模式以个人模式为主，残疾人被认为是社会发展的累赘，残疾产生的原因是生理缺陷。残疾的定义是残损，残疾人被当作边缘群体，被社会所孤立，各项权利被剥夺，在隔离环境下生活。此时，政府以自由主义思想为主导，采用剩余型福利模式，以功能补缺为福利理念，基本生存维持为福利目标，主要的实现手段是以现金和实物给付为主的社会救助，给付主体是家庭和社会，而非政府。受个人模式下残疾人群体"边缘性"理念和剩余型福利模式下社会救助主导思想的影响，残疾人社会服务发展滞后，处于相对空白期。

现代社会，生产方式是以工业化为主的机器大生产。该社会形态下残疾人模式开始以社会模式为主，残疾人被认为是社会发展的正常现象，残疾产生的原因是社会阻碍。残疾的定义是残障，残疾人开始被当作平等群体看待，开始逐渐被社会所包容，并融入社会正常生活，残疾人全体被集体赋权。此时，政府开始接受社会民主主义思想，将社会福利的获得看成普通民众的基本权利，采用制度型福利模式，开始由政府主导向民主

提供平等普惠的社会福利,主要的实现手段是以社会救助和社会保险为主的社会保障。在残疾人社会模式和制度型福利模式的综合作用下,作为特殊群体的残疾人差异化服务需求开始显现,残疾人社会服务在维护残疾权利和促进残疾人发展上功能凸显。然而,此时的残疾人社会服务相对碎片化,并未形成体系。

后现代社会(后工业社会),生产方式是以后工业化为主的信息化生产。该社会形态发展趋势下残疾模式开始出现新模式雏形,残疾被定义为障碍,残疾人的出现是由于能力开发不足而造成的能力缺失。残疾人是权利群体,因其身体的差异性特征需要对其进行个体赋权,实施差异化服务,同时也需要在社会融合的大背景下来消除群体歧视。此时,政府开始推崇"第三条道路"思想,将社会福利看成是权利和责任的结合体,主张以积极福利和全面赋权为理念建立发展型福利模式。该模式力求福利供给主体的多元合作,以能力发展为福利目标,福利实现手段是在社会救助和社会保险基础上,大力发展社会服务。在该阶段,残疾人基本生活已经得到保障,残疾人赋权发展成为残疾人的主要诉求,这与残疾的新模式(发展模式)的理念相契合。在发展型福利模式的话语体系下,发展型社会政策理念与社会服务相契合,推动了残疾人社会服务的发展。残疾人社会服务在新残疾模式和发展型福利模式的共同作用下逐渐形成集分配、供给、递送和财务于一体的社会服务体系(图1-1)。

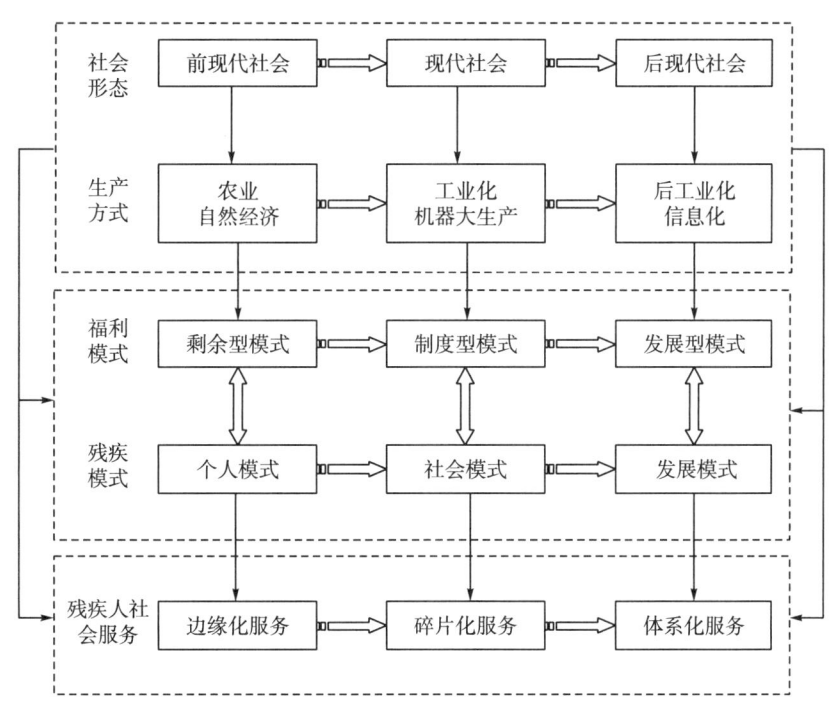

图1-1 福利模式、残疾模式与残疾人社会服务关系演变图

第三节 研 究 意 义

一、残疾人社会服务模式演变和发展研究之理论意义

（一）本研究解析不同社会形态下社会福利模式和残疾模式的关系，以及对残疾人社会服务的影响。以此为基础，进一步阐述发展型社会政策和残疾人社会服务的关系。以往对发展型社会政策和社会服务之间的关系辨析缺乏系统性梳理，使社会服务的发展一直缺乏体系理论指导，使残疾人社会服务的内涵和外延争议较大。通过发展型社会政策嵌入残疾人社会服务，使残疾人社会服务模式发展和体系建构具备一定理论基础。

（二）本研究将系统分析社会形态背景下福利模式和残疾模式的演化，以及不同模式下残疾人社会服务的异同，提出发展型社会政策理念下的残疾人发展模式。发展模式的提出是对个人模式和社会模式的批判与继承，并非以完全对立和取代的观念对二者进行彻底否定，这与传统的对峙观点相区别，突出残疾人多样性和差异性特征。以残疾人观的发展为脉络，从残疾模式的基本范畴(包括：残疾定义、产生原因、社会角色、社会态度、权利特征和生活方式)和福利范畴(包括：福利思潮、福利模式、福利理念、福利目标、福利手段和福利主体)分析残疾模式的演化过程。通过分配、供给、递送和财务四个维度对不同模式下残疾人社会服务状态进行研究，并对相应历史时期和对应残疾模式下中国残疾人社会服务进行研究。最终，在发展型社会政策视角下，建立与之相匹配的发展模式残疾人社会服务体系，使得残疾人社会服务模式更体现个性化、权利化和发展性特征(见表1-2)。

表1-2 残疾模式演化表

	残疾模式	个人模式	社会模式	发展模式
基本范畴	残疾定义	残损	残障	障碍
	产生原因	生理缺陷	社会阻碍	能力缺失
	社会角色	边缘群体	平等群体	权利群体
	生活方式	隔离生活	融入生活	差异生活
	社会态度	社会孤立	社会包容	社会融合
	权利特征	权利剥夺	集体赋权	个体赋权
福利范畴	福利思潮	自由主义	社会民主主义[①]	"第三条道路"
	福利模式	剩余型	制度型	发展型
	福利理念	功能补缺	平等普惠	全面赋权
	福利目标	生存维持	权利实现	能力发展
	福利手段	社会救助	社会保障	社会服务
	福利主体	社会家庭	政府主导	多元混合

---

① 社会民主主义：19世纪社会主义运动中出现的一种主张放弃暴力方式，采用合法的议会民主政治程序，实现从资本主义到社会主义的渐进式和平转变的政治思潮。

(三)以发展理念贯穿始终的残疾人社会服务模式与体系建构。提出残疾人社会服务和社会服务体系概念(见图 1-2),该体系包括分配体系、供给体系、递送体系和财务体系。分配体系以包容性、投资性和积极性为价值诉求,以期建立具有科学性和可行性的残疾人服务对象和服务项目选择机制;供给体系包括预防性和治疗性相结合的康复服务体系、以能力提升为导向的就业服务体系和以社会融合为目标的照护服务体系;递送体系包括多中心治理服务递送体系和网络式服务伙伴关系体系;财务体系包括制度化、多元化的服务筹资体系和供需两补的双元供给保障体系。该体系形成了以模式为理念、以供给为内容、以递送为方式、以财务为保障的全面的残疾人社会服务体系,完全打破了以服务项目类别进行体系建构的模式,实现了阶梯化、差异化、整体化、多元化、专业化的残疾人发展道路。

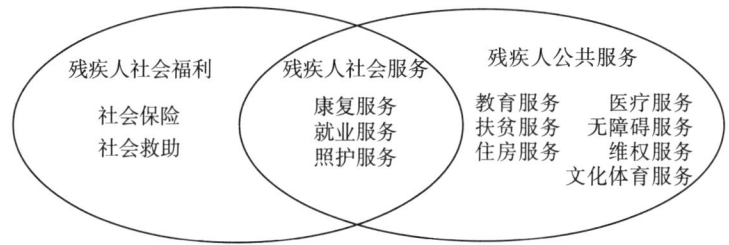

图 1-2　残疾人社会福利、残疾人公共服务与残疾人社会服务关系图

二、新型残疾人社会服务模式和体系建构之应用价值

(一)本研究为"新发展理念"的实践提供了理论探索。从党的十八大到十九大,从"科学发展观"写入党章到"五大发展理念"写入党章,以"包容性发展"为理论内核的新发展主义在政策实践过程中逐步丰富了新发展理念的理论内涵。理论的探索也为社会民生问题的解决提供了实践经验。从发展型社会政策视角建构残疾人社会服务体系,使发展型社会政策具有了指导意义,也是新发展理念的具体运用,丰富了新发展理念的理论内涵。

(二)本研究为"残疾人两个体系"建设提供了理论依据和操作指南。残疾人服务体系的建设还处于完善阶段,缺乏一定的理论指导和科学性的具体操作指南。从发展型社会政策视角进行残疾人社会服务的定义、理论模型建构和体系重构,为残疾人社会服务提供了发展路径。

(三)本研究从残疾人社会服务的供给需求现状分析,使得残疾人社会服务政策设计和具体操作具有科学性和针对性。残疾人社会服务供给的特殊性,要求残疾人服务供给有别于其他群体,从发展型视角和特殊性视角切入更有利于残疾人发展,顺利实现社会融合。

第四节 国内外研究现状述评

一、残疾人社会服务研究现状

(一) 国外社会服务源起和发展研究

1. 社会服务起源：实物给付和社会性供给

社会服务是一个伴随社会福利思想和模式不断演变而进化的概念，不同社会形态中社会服务的内涵和定义存在差别化理解。现代意义的社会服务源起于西方，Pinker 认为社会服务 (Social Service) 具体指以援助社会处境不利、遭受痛苦、脆弱的人或群体为目的的任何大量的公共或私人提供的服务，等同于福利服务 (Welfare Service) 和社会工作 (Social Work)，其产生于 19 世纪的英国。当时的英国经济飞速发展，社会问题突出，为了帮助贫困者，英国政府于 1834 年颁布《济贫法》，为贫民习艺所的贫困者提供包括就业培训和就业介绍等社会服务。从严格意义上说，由于当时的社会服务供给主体是政府，不具有社会性，所以并非现代社会服务。1884 年，英国牧师巴纳特在伦敦东区创立汤因比馆 (Toynbee Hall) 为贫困者提供救济和帮助。1886 年，美国人 Stantion Coit 在纽约建立邻里协会 (Neighborhood Guild)，1889 年，美国人 Jane Addamsh 和 Ellen Gates Starr 在芝加哥成立了赫尔馆 (Hull House) 为当地居民提供社会服务。随后，社会服务实践运动迅速传到欧美和亚洲[①]。社会力量开始介入到社会福利供给中，服务的内容也扩展到生活服务领域，现代社会服务产生。社会服务的源起是政府和社会共同作用的结果，其共同理念来源于集体主义，目的在于缓解贫困、提高人们生活质量和社会融合的技能水平，从一开始便呈现出发展功能。

2. 社会服务意涵：国别差异和弱势支持

各国不同的历史、文化和意识形态形成了各自不同的社会福利体制，不同的福利体制形成了各国不同的福利模式，这使得各国在社会服务的概念和内涵方面表现各异，侧重点不同，显示了不同的特征和体系。英国使用个人社会服务 (Personal Social Services) 概念突出社会服务的特殊性，个人社会服务与教育服务、就业服务、住房服务、健康服务共同构成英国社会服务体系。迈克尔·希尔按照两种方式划分个人社会服务，一种是按着服务对象类别进行划分，分为老年人、残疾人、精神病患者、学习障碍者和儿童五大类；另一种是按着服务的种类进行划分，分为居所照顾、日间照顾、居家服务和实地工作等[②]。Anttonen 和 Sipilä 根据斯堪的纳维亚福利国家的特点将社会服务称作"社会照顾服务"(Social Care Service)，强调社会福利供给过程中的照顾手段、个人自主性

[①] Edieal J. Pinker, Robert A. Shumsky. "social service", Encyclopedia Britannica Online, 2010, http://www.britannica.com/EBchecked/topic/5 51426/social-service.
[②] 【英】迈克尔·希尔：理解社会政策，刘升华，译，商务印书馆，2003 年，第 206 页。

(Personal Autonomy)和性别视角导入,认为福利目标是激发残疾人、老人和妇女等弱势群体的内驱力,以自主参与就业市场的各项服务。社会照顾服务不包括公共部门以控制个人行为为目的的强制性干预,不包括非公共部门提供的商业性服务,也不包括家庭为主提供的非正式照顾(Informal Caring)。在北欧国家,社会服务是政府及公共部门为老人、儿童、肢体残疾人、智力障碍人、受虐待者、药物滥用者、贫困的人等群体提供特殊的帮助和服务[1]。在美国,社会服务被称为健康人类服务(Health Human Service),个人社会服务与公共救助、社会保险共同构成了社会福利体系。个人社会服务主要指的是为儿童、独自生活的老年人、残疾人和其他有特殊需要的人提供照顾、咨询服务、教育或其他形式的援助。儿童保护服务、日常照顾、早期教育、家庭主妇服务、职业培训、精神健康照顾和职业恢复等都属于个人社会服务[2]。

社会服务在西方学界并未形成统一概念。1951 年英国伦敦经济学院理查德·M.蒂特姆斯(Richard Morris Titmuss)首次提出社会服务学术概念。他认为,社会服务(Social Service)是"通过将创造国民收入的一部分人的收入分配给值得同情和救济的另一部分人,而进行的对普遍的福利有贡献的一系列集体的干预行动"[3]。现代社会服务研究代表人物芒迪(Brian Munday)用社会服务替代个人社会服务(Personal Social Services),他认为,1945 年后的欧洲福利国家,社会服务成为社会保障、医疗、教育、住房外的第五项服务,社会服务应根据人类的不同的需求提供服务,主要关注老人、儿童、家庭和残疾人[4]。在芒迪的解释中,社会服务与社会保障分野,并将关注对象聚焦于弱势群体。个人社会服务的功能包括:支持与照料供给、保护、管理、社区发展与照料协调、社会控制和社会整合[5]。由此可见,西方福利国家福利体制的差异性,形成了福利体系划分的差异性和社会服务归属的异质性。但从社会服务的对象、内容和目标来看,各国均趋于一致。各国社会服务对象的重点相对稳定,主要集中在残疾人为代表的弱势群体;在社会服务的内容方面大致相似,主要包括了居养服务、康复服务、就业服务、照护服务等;虽然各国政府在社会服务供给功能上作用发挥不一,但其目标大都集中在提高个人能力和支持个人发展方面。在弱势支持中,残疾人群体是各国社会服务的主要对象,残疾人社会服务也成为主要内容。

3. 社会服务发展:体系化、个性化和普遍化

伴随社会福利模式的变化,社会服务的发展也体现出了新的特征。人口老龄化、家庭功能改变和福利财政危机需要社会服务改革,改革中要求关注社会服务受管理模式、财政模式、服务递送模式和用户利益的影响,并强调社会服务的中心边缘关系和与政治宗教关系[6]。可见,社会服务整体化和体系化发展趋势逐渐显现。在管理机制方面,社会

---

[1] Anneli Anttonen, Jorma Sipilä. European Social Care Services: Is It Possible To Identify Models? Journal of European Social Policy, 1996, 6(2): 87-100.
[2] 【英】戴安娜·迪尼托:社会福利:政治与公共政策,何敬,葛其伟译,北京:中国人民大学出版社,2007 年,第 56 页。
[3] Richard Morris Titmuss. Essays on the Welfare Station, Boston: Beach Press, 1993: 34-35.
[4] Brian Munday. Report on user involvement in personal social services, Council of Europe, 2007: 8.
[5] Brian Munday. 转引自李兵,张凯梯,何珊珊:社会服务,北京:知识产权出版社,2011 年,第 147-148 页。
[6] Jens Albe. A Framework for the Comparative Study of Social Services, Journal of European Social Policy, 1995, 5(2): 131-149.

服务的体系化还体现出用户参与和框架整合的特点。Evers 提出用户介入社会服务理念（User Involvement In Personal Social Services），认为社会服务中的提供者和用户之间的互动意义重大，他分别从福利主义、管理主义、专业主义、消费主义和参与主义五个方面进行了阐述。Leichsenring 在研究老人医疗整合和社会服务时，提出整合社会服务（Integrated Social Services）概念，提倡通过建立公私合作伙伴关系等手段和方法，将社会服务的各类资源更好整合，以促进各种服务的主体间、主客体间和服务项目间的资源有效利用，使服务客体能获得更高品质的服务，以提升服务客体和主体的满意度[1]。芒迪将整合分为垂直整合和水平整合。垂直整合是指宏观层面不同层级政府之间的制度和政策安排，微观层面上个人、家庭和社区资源的整合。水平整合指不同类别社会服务间的整合，如康复、就业和照护服务[2]。

国际劳工组织将社会服务定义为针对大多数脆弱群体的需求和问题所进行的干预。脆弱群体包括因暴力、贫困、家庭瓦解、身体和精神残疾、年老而受到影响的人。服务项目包括康复、家庭帮助服务、收养服务、照料服务，以及由社会工作者或相关从业者提供的其他支持服务[3]。在定义中，社会服务对象的弱势群体倾向明显，服务开始针对弱势群体的个性化特征提供专业化服务。Sainsbury 提出社会服务关涉个人需要和个体社会功能最大化实现的需要，应从个人和群体的特点而不是相同点出发，提供社会服务[4]。然而，在 20 世纪八九十年代社会服务快速发展时期，出现社会服务需求增长和供给紧缩的现象。Taylor-Gooby 分析了欧洲 1980 年至 1990 年社会服务相关数据，提出用新福利政治学的观点解决冲突[5]。近年来，除了强调体系化和个性化的个人社会服务外，社会服务的全面性开始受到关注。2013 年欧盟社会保护委员会提出"普遍利益社会服务"（Social Service of General Interest，SSGI），指的是那些使社会权利得以实现的服务。于是，社会服务的客体开始从弱势群体向全体公民扩散，社会服务成为具有社会性的预防性社会保护。服务和资金的供给者包括政府、营利组织、非营利组织和非正式组织，体现出社会福利的公益性、可及性、有效性、团结性、平等、民主等原则[6]。

随着国际社会服务事业的发展，社会服务呈现出了以下趋势：社会服务的对象体现出普惠化的趋势；服务从个人需求出发，体现出个性化特征；在追求社会公民权的同时，社会服务引入用户介入理念，突出服务对象权利和义务的结合；通过社会服务整合，突出多元主体、客体和手段间的立体整合和伙伴关系。

---

[1] Alaszewski A. Billings J., Coxon K. Integrated health and social care for older persons: theoretical and conceptual issues. Providing integrated health and social care for older persons.Aldershot: Ashgate, 2004: 53-96.
[2] Brian Munday. Group of specialists on user involvement in social services and integrated social service delivery(cs-us), Council of Europe, 2007: 10.
[3] Elaine Fultz, Martin Tracy. Good Practices in Social Services Delivery in South Eastern Europe.International Labour Organization, 2004: 16.
[4] Sainsbury E. The Personal Social Services, London: Pitman, 1977: 3.
[5] Peter Taylor-Gooby. Sustaining state welfare in hard times: who will foot the bill? Journal of European Social Policy, 2001: 133.
[6] Ulla Neergaard, Erika Szyszczak, Johan Willem van de Gronden, Markus Krajewski. Social Services of General Interest in the EU. Hague: T.M.C.ASSER Press, 2013: 26-50.

(二)国外残疾人社会服务：体系化发展趋势

残疾人社会服务作为社会服务的重要内容在社会服务体系化建设大潮中也体现出体系化建设的趋势。近年来，西方残疾人社会服务研究体现出去机构化社区服务和发展型社会政策理念的特征，并倡导建立以残疾人需求测量为基础，以社区资源整合为平台，以专业化和标准化的服务评估为结果，以残疾人发展为目标导向的残疾人社会服务体系。

1. 整体化和科学化的测评服务体系建立

世界卫生组织(World Health Organization，WHO)于2001年5月在世界卫生大会发布了《国际功能、残疾和健康分类》(International Classification of Functioning, Disability and Health，ICF)，明确了人类功能本体的范畴，将身体功能(Body Function)、身体结构(Body Structure)、活动与参与(Activity and Participation)和环境因素与个人因素(Environment Factor and Personal Factor)引入残疾模型的建立，从身体、心理、社会和环境等方面对残疾人进行测评[1]。ICF为残疾提供了一个统一的、标准的语言和框架，用来描述残疾的所有维度。将该模型确立为各国残疾人相关政策法规的核心标准，体现残疾人社会服务的标准化和差异化，有利于残疾人享有平等权利。Barbara M. Altam等在ICF模型的基础上提出残疾测量矩阵，明确了测量目的、残疾概念化和测量工具特征之间的关系，是用来帮助研究者在开发残疾测量工具分布结构性理解(残疾概念)的工具。Ros Madden进一步将WHO对残疾人每个生活领域的表现和能力形成的信息矩阵进行扩展[2]。残疾人社会服务要具有持续的发展性就需要建立服务标准和指标，对服务过程进行监控，对服务结果进行测评。如澳大利亚维多利亚州，提出了残疾人服务5项测评标准：个性(Individuality)、能力(Capacity)、参与(Participation)、公民权(Citizenship)、支配力(Leadership)。9项服务标准：服务介入(Service Access)、个性化需求(Individual Needs)、决策与选择(Decision Making and Choice)、隐私(Privacy)、尊严和保密性(Dignity and Confidentiality)、参与和整合(Participation and Integration)、价值地位(Valued Status)、投诉和纠纷(Complaints and Disputes)、服务管理以及免于虐待和忽视(Service Management and Freedom from Abuse and Neglect)。

2. 社区化和个性化的整合服务体系建立

在福利国家，残疾人社会服务出现从机构服务向社区服务转移的趋势，从康复服务、就业服务到居所服务均体现出社区化、个性化、科学化特征。Mansell J.倡导建立去机构化(Deinstitutionalization)的社区居住模式(Community Living Model)，该模式突出以个人为中心的自我导向和个人服务，设计个人服务和发展计划，通过服务提升残疾人在社区独立生活能力；通过将辅助设施和信息交流技术引入家庭，从而将社区中的康复、就业和其他服务进行整合；建立资源优化机制，将服务资金、专家资源、社区资源和支

---

[1] O. Svestková. International classification of functioning, disability and health of World Health Organization, Pague Medical Report, 2008, 109(4): 268.
[2] Barbara M. Altam. International Views On Disability Measures: Moving Toward Comparative Measures, Emerald Group Publications, 2006: 247-262.

持网络进行整合，建立残疾人社区支持系统；建立残疾人信息共享平台，将残疾人基本信息、残疾人需求测量信息和社会资源信息进行整合；促进残疾人个体和社区发展，减少服务供给不公，并进行成本控制①。

3. 伙伴化和透明化的供给服务体系建立

在残疾人社会服务供给机制方面，Wehman P.等提出要扩展营利组织和社区的长期伙伴关系，整合服务目标、项目和资金，建立服务发包商和承包商的长期伙伴关系②。欧盟公共采购各方均在公开、透明、开放的招标程序下采购。社会服务专员不受限于所有的公共采购规则，可以选择适当的手段来购买服务，具有更大的灵活性。欧盟采购框架包括：公开招标(Open Tendering)、限制性招标(Restricted Tendering)、调用竞争谈判程序(Negotiated Procedure with a Call to Competition)、竞争性对话(Competitive Dialogue)、框架协议(Framework Agreements)③。

4. 发展化和权利化的康复服务体系建立

2004年WHO将社区康复(Community Based Rehabilitation，CBR)定义为：为社区内所有残疾人提供康复、机会均等及社会包容的一种社区整体发展战略。2010年颁布了以"人权、社会经济发展、社会融合"为目标，以"全纳、参与、可持续、赋权"为原则的《社区康复指南》，提出包括健康(health)、教育(education)、生计(livelihood)、社会(social)、赋权(empowerment)五位一体的"社区康复矩阵图"④。

(三) 国内社会服务起源和现状研究

1. 我国社会服务研究起源

在我国，社会服务在传入之初与社会工作紧密相连。王思斌认为，我国学术意义上的社会服务概念是从西方传入的，较早出现是1925年燕京大学建立的社会学与社会服务系。民国时期，学者言心哲和叶楚生把社会工作和社会服务看作是相同的，二者只是译名上有所不同⑤。王放以人口老龄化为背景，分析老年人社会服务需求和服务体系，以社会工作为工具进行路径探索，体现了现代意义社会服务理念⑥。乔世东认为，社会服务机构就是专业的社会工作机构，由国家、社会或个人组织成立，旨在发挥弱势群体潜能，以实现社会问题解决和社会关系的调整，最终以增进人类福利⑦。2008年，自潘屹对社会服务的起源和在西方国家的发展进行介绍后，中国开始对现代意义上的社会服务进行

---

① Jill Mansell，Deinstitutionalisation and community living: progress, problems and priorities，Journal of Intellectual and Developmental Disability，2006，31(2)：65-76.
② Paul Wehman，W. Grant Revell，Valerie Brooke. Competitive employment: Has it become the first choice yet? Journal of Disability Policy Studies，2003，14(3)：163-173.
③ Scottish Government，Social Care ProcurementScotland: Guidance on procurement of social care for consultation，http://www.scotland.gov.uk/Publications/2010/01/13125045/1，2010.
④ World Health Organization，community-based rehabilitation: CBR guidelines Introductory booklet.WHO Press，2010.
⑤ 王思斌：社会服务的结构与社会工作的责任，东岳论丛，2014年第1期。虽然由美国人建立的这个学系的英文名字是Department of sociology and social work，但是social work被译成中文为社会服务。
⑥ 王放：中国人口老龄化与老年社会服务，中国青年政治学院学报，2004年第3期。
⑦ 乔世东：社会服务机构引入市场营销理念的困境及出路，中国青年政治学院学报，2005年第1期。

系统研究。潘屹借用西方学术界观点认为,给社会服务一个更加区别于其他福利项目的限定,这一概念在英国被称为个人社会服务(Personal Social Service),在西欧叫做社会关照服务(Social Care Service)。他还集中介绍了西欧老人社会关照服务,英国人身社会服务的改革和英国老人社会服务的混合多元供给模式①,这为我国社会服务的研究开启了新视野,为社会政策研究带来了新内容。

2. 社会服务意涵:分野与定位

社会服务概念从进入我国至今一直存在争论,社会服务意涵在学界一直没有统一界定,这给社会服务相关政策制定带来了阻碍。纵观我国社会服务意涵的学术探讨,社会服务已经开始与人类服务、公共服务、社会福利和社会救助等学术名词分野,并已经开始寻找主体定位、内容定位、目标定位和手段定位。

第一,社会服务与人类服务分野。从社会服务的发展历史来看,社会服务经历了从人类服务(Human Services)分野和从公共服务(Public Services)分野的过程。该过程中服务的主体、内容、手段和目标都发生着深刻变化。社会服务在研究之初,往往与人类服务画等号。而事实上,人类服务超越了社会服务和公共服务两个概念的边界,它的内容包括了"社会服务"和"公共服务"两方面,而且可以与"人类需要"(Human Needs)相对应②。张金花和王新明就从广义人类服务的角度对社会服务进行了定义,他们认为:以"方便民众,服务社会"为共同特征的服务性活动都称为社会服务③。唐代虎和陈建明从宗教学视角解释社会服务,认为宗教界社会服务的定义有狭义和广义之分。狭义是指宗教社团和信徒个人为穷人、孤老残幼和受灾人群提供的传统服务和帮助。广义是指宗教社团和信徒个人为服务对象提供的旨在改变观念、提升素质、改善生活状况的服务与帮助④。左芙蓉介绍了民国初期步济时对北京社会服务的调查报告,认为社会服务就是人们计划并且完成耶稣基督专门为社会较低阶层所做的每一件事情⑤。她还介绍了中国基督教女青年会近些年来的社会服务内容⑥。可见,从宗教学视角的解释就是人类服务的解释,其内涵和外延如此丰富必将导致社会服务概念的准确性受到质疑,从而影响研究的展开。

第二,社会服务与公共服务分野。伴随政府责任和服务专业性的强化,社会服务从人类服务的范畴中分野,成为公共服务。王思斌指出,社会服务是一种社会福利服务,是由政府和社会力量向民众特别是困难群体提供的福利服务及过程。其中广义服务具有普惠性,是面向所有公民的公共服务;而狭义的福利服务具有排他性,只面向特殊困难群体⑦。赵孟营认为我国依然是政府主导型社会,非政府组织发育不良,社会服务和公共

---

① 潘屹:西欧社会服务的概念及老人社区照顾服务的发展趋势与特点,中国社会导刊,2008年第2期。
② 岳经纶:个人社会服务与福利国家:对我国社会保障制度的启示,学海,2010年第4期。
③ 张金花、王新明:对我国社会服务理论与实践的考察,河北学刊,2003年第3期。
④ 唐代虎、陈建明:宗教界社会服务与社会关怀概念之辨析,天府新论,2013年第3期。
⑤ 左芙蓉:一位外国社会学家眼中的民国初期北京社会服务,广州社会主义学院学报,2007年第3期。
⑥ 左芙蓉:非政府组织与社会服务——中国基督教女青年会为例(20世纪80年代至今),华东理工大学学报(社会科学版),2006年第3期。
⑦ 王思斌:对社会服务的理解,中国民政,2011年第5期。

服务的供给主体均是政府，故而二者概念可以混用①。随着治理理念不断融入国家社会政策制定领域，社会力量开始受到重视。因此，岳经纶将公共服务和社会服务进行了区分，他认为，公共服务比较宽泛，一般泛指政府及公共部门的职能，而社会服务则比较具体和专门，通常指的是除教育、医疗、住房和社会保障等基本公共服务之外为有特殊需要的个人，尤其是弱势群体提供的具体服务，如老人服务、残疾人服务、青少年服务等，也就是个人社会服务②。王川兰从公共服务的结构和功能视角对社会服务进行理解与划分，他认为社会服务是隶属于公共服务的一个子项，是公共服务中偏重于社会问题与社会事务的那部分服务内容与项目，具有无差别的公共性价值意涵③。由此可见，社会服务的社会问题属性和个体差异属性让其与公共服务分野。另外，郑杭生从社会学角度将社会服务做了广义和狭义之分，在概念中我们看到了社会服务主体多元化和性质多样化特征。同时，他还将社会服务看成社会福利和社会目标实现的手段。他认为，从社会建设的正向看，社会服务是一种促进社会资源和社会机会合理配置的有效的制度化手段和途径。从逆向说，是一种正确处理社会矛盾、社会问题和社会风险的制度化手段和途径④。

第三，社会服务与社会福利分野。在我国，虽然目前仍然没有一个相对统一的社会服务定义，但将社会服务从社会福利体系中独立出来的思想已初见端倪。周沛在社会福利体系构建中，将社会服务与社会保障、社会工作、公共福利和社会支持网络分开，成为单独子系统，隶属于社会福利体系⑤。岳经纶从社会福利体系的构成角度对社会服务内容和对象进行了界定。他认为，一个完整的社会保障(福利)体系，既需要为民众提供基本的经济福利(Benefit-In-Cash)，也需要提供各类"个人导向"的具体服务(Service-In-Kind)，即个人社会服务。

第四，社会服务与社会救助分野。社会福利的给付方式有现金给付(In-Cash)和实物给付(In-Kind)两种。现金给付的支持者大多是福利经济学者，强调的是个人主义，追求个人利益最大化；实物给付的支持者强调的是集体主义，追求社会团结和社会整合。社会服务不是现金转移，它是一种以服务为内容的实物转移，例如生活照料、家庭调解、文化娱乐、心理辅导等。这与以直接领取现金的社会保险和社会救助不同⑥。社会服务和以现金支付的社会保险是截然不同的概念⑦。社会服务是一种以劳动(物质的和精神的活动)形式满足社会成员基本生活需要的社会行动⑧，社会服务开始与以现金给付为主的社会救助分野。陈永杰将社会服务与现金给付的社会救助区别开来，认为社会服务是由政府或非营利组织为公民提供的非现金形式，具有社会福利性质的个人或社区服务，例如日间照料⑨。王先胜突出社会服务的形式，认为社会福利主要是以服务的形式提供的，社会福利服务可以等同于社会服务⑩。

---

① 赵孟营：从理论到现实：创建中国特色民政社会服务体系，中国民政，2011年第5期。
② 岳经纶：个人社会服务与福利国家：对我国社会保障制度的启示，学海，2010年第4期。
③ 王川兰：社会服务的价值意涵和制度模型构建，社会科学，2014年第9期。
④ 郑杭生：从社会学视角看社会服务，中国民政，2011年第5期。
⑤ 周沛：社会福利体系研究，北京：中国劳动社会保障出版社，2007年6月，第37页。
⑥ 岳经纶，刘洪，黄锦文：社会服务：从经济保障到社会保障，北京：中国社会出版社，2010年，第270页。
⑦ 潘屹：西欧社会服务的概念及老人社区照顾服务的发展趋势与特点，中国社会导刊，2008年第2期。
⑧ 景天魁，等：普遍整合的福利体系，北京：中国社会科学出版社，2014年，第446页。
⑨ 岳经纶，刘洪，黄锦文：社会服务：从经济保障到社会保障，北京：中国社会出版社，2010年，第269页。
⑩ 岳经纶，刘洪，黄锦文：社会服务：从经济保障到社会保障，北京：中国社会出版社，2010年，第266页。

第五，社会服务与社会工作的关系。社会服务需要用专业化和职业化的方式进行供给，社会工作的手段定位此时得以体现。王思斌从社会工作角度和服务特性解释社会服务。他认为，社会服务是以非现金形式支付或提供的优惠，是以劳务为基础的、具体的、直接满足服务对象基本需要的服务，服务具有非牟利性、福利性、社会性、制度性、专业性等特性。社会工作始终伴随着社会服务的起源和发展。他借用空间点阵思想，从主体性和专业性角度阐释了公共服务和社会服务的特性，说明社会工作是社会服务的组成部分，是专业的社会服务[1]。

3. 政策视野下的社会服务

在政策视野下，我国政府主要从民政管理的角度对社会服务进行理解。1983年第八次全国民政会，把"适应社会发展、扩大社会服务面"确立为发展民政事业新战略的指导思想。社会服务的概念意识首次进入政府职能部门的工作谋划视野。第十二次全国民政会首次明确"民政工作是政府实施社会管理和公共服务职能的重要方面"，进一步确立了民政部门发展社会服务的使命和地位[2]。2009年国家《民政事业发展统计报告》在表达民政事业发展数据时，第一次使用"社会服务"的概念，将民政福利机构定位在"社会服务"范畴[3]。2010年起，《民政事业发展统计报告》改称为《社会服务发展统计报告》，社会服务成为统领民政工作的新方向。民政部政策研究中心课题组把"社会服务"（Social Service）概念定义为：在现代化进程中，政府为了维护和保障全体公民，尤其是社会困难群体和特殊群体（如老年人、残疾人、儿童、失业者、贫穷者等）的生存发展权益和尊严生活需求，主导并实施向其家庭或个人提供必要的日常劳务帮助和照顾服务支持的一项政策体系和制度安排[4]。在2012年国务院公布的《国家基本公共服务体系"十二五"规划》中，要求国家建立基本社会服务制度，为城乡居民尤其是困难群体的基本生活提供物质帮助，保障老年人、残疾人、孤儿等特殊群体有尊严地生活和平等参与社会发展[5]。王然在民政部推进现代社会服务理念的形成和实践过程中，总结了社会服务在我国的五个转变：从人们日常使用的口头语向具有一定内容指向的概念范畴转变；从民间活动认同向学理研究转变；从立足社区向面向社会转变；从实践创新向政府行为转变；从应对发展需求向制度安排转变[6]。

然而，长期以来，个人社会服务一直都没有得到足够的重视。在很长时间内，我国社会保障的政策重点一直是社会保险，个人社会服务则没有提上重要政策议程。在政策实践中，个人社会服务被理解为民政系统中的社会福利事业[7]。社会服务的主要供给主体

---

[1] 王思斌：社会服务的结构与社会工作的责任，东岳论丛，2014年第1期。
[2] 王然：社会服务的国际借鉴与中国实践，中国民政，2011年第8期。
[3] 中华人民共和国国家统计局：2009年统计公报，人民日报，2010年2月20日。
[4] 民政部政策研究中心课题组，关于社会服务发展演进与概念定义的探析，中国民政，2011年第6期。
[5] 中央政府门户网站，国务院办公厅国务院关于印发国家基本公共服务体系"十二五"规划的通知（国发〔2012〕29号）。http://www.gov.cn/zwgk/2012-07/20/content_2187242.htm.2012年7月20日。基本公共服务主要包括如下内容：为城乡困难群体提供最低生活保障和专项救助；为农村五保对象提供吃、穿、住、医、葬方面的生活照顾和物质帮助；为自然灾害受灾人员提供救助；为城市生活无着的流浪乞讨人员提供救助；为残疾人、孤儿、精神病人等特殊群体提供福利服务；为老年人提供基本养老服务；为优抚安置对象提供优待抚恤和安置服务；为城乡居民免费提供婚姻登记服务；为身故者提供基本殡葬服务。
[6] 王然：社会服务的国际借鉴与中国实践，中国民政，2011年第8期。
[7] 岳经纶：个人社会服务与福利国家：对我国社会保障制度的启示，学海，2010年第4期。

是政府，社会力量没有得到充分开发，社会服务的社会性体现不足；供给内容无所不包，专业性体现不足。

4. 我国社会服务体制机制研究

林闽钢提出了我国社会服务管理体制和机制的发展取向：健全政府为主导的多中心社会服务供给模式，实现社区社会服务的复合生产及其管理再造，大力推进政府购买社会服务，建立多元参与的社会服务机制，推进社会服务的标准化和专业化[1]。

在政府购买社会服务供给方式研究方面。岳经纶和谢菲对1995年至2012年的政府购买社会服务的研究中发现：无论是理论研究还是经验研究，学者们都在考虑政策的情景因素下侧重探讨购买模型、方式和购买流程。对购买服务的类型和范围，学者都未给出确切的看法，研究的范围有待拓展，学界对政府购买服务的研究还处于探索之中[2]。顾江霞和罗观翠从社会服务责信理论出发，认为"民营化"应与"法制化"相适应，否则"民营化"并不能带来社会服务效率的提高，而建立完善的责信机制，其目的正是为了保证优质社会服务输出[3]。岳经纶和郭英慧从福利多元主义视角，从递送、融资、规制三维框架分析政府购买社会服务中政府与非政府组织（Non-government Orgnization，NGO）关系的缺陷，倡导政府和NGO的理念和价值重建，强调二者的信任、合作及伙伴关系建立[4]。林闽钢和周正结合政府购买社会服务的模式和路径，提出强化社会监督机制，让政府购买社会服务信息透明化；完善社会评估机制，让政府购买社会服务竞争合理化[5]。

在社会服务供给主体研究方面。敬乂嘉提出基层政府与非营利组织之间针对上级政府的合谋关系是一种相对稳定的关系形态，也是当前在中国的社会服务提供中亟待克服的一种消极状态。通过公共非营利合作关系形态的分析框架，适时引入委托代理关系或管家关系将有助于社会服务供给。社会服务合作关系的治理亦同时包含了府际关系治理和合同治理的双重内涵[6]。张笑会从福利多元主义的视角分析我国社会服务多元主体关系和主要问题，提出政府主导责任，市场机制的参与和民间社会组织的成熟。三者缺一不可。这要求全面掌握社会服务需要状况，健全社会服务体系；完善社会服务市场机制；发挥非营利组织的灵活服务功能；健全社区服务体系，提高社区服务能力[7]。张勤和张宏在后危机时代背景下提出，社会服务的协同注重的是政府与市场的合作，政府与社会组织的合作，公共机构与私人机构的合作，强制与自愿的合作。它主要是通过合作、协商、沟通的平等关系实施对社会公共事务的管理。社会服务的协同是一个上下互动的网络交互过程。要求构建政府与社会组织在社会服务中的合作协同机制，构建政府部门、府际合作以及与社会组织合作的社会服务协同机制[8]。景天魁倡导建设服务型社会，其特

---

[1] 林闽钢：我国社会服务管理体制和机制研究，华中师范大学学报（人文社会科学版），2013年第5期。
[2] 岳经纶，谢菲：政府向社会组织购买社会服务研究，广东社会科学，2013年第6期。
[3] 顾江霞，罗观翠：试论政府购买社会服务项目的责信机制——基于H市政府购买社会服务项目实践的经验，华东理工大学学报（社会科学版），2010年第4期。
[4] 岳经纶，郭英慧：社会服务购买中政府与NGO关系研究——福利多元主义视角，东岳论丛，2013年第7期。
[5] 林闽钢，周正：政府购买社会服务：何以可能与何以可为？江苏社会科学，2014年第3期。
[6] 敬乂嘉：社会服务中的公共非营利合作关系研究——一个基于地方改革实践的分析，公共行政评论，2011年第5期。
[7] 张笑会：福利多元主义视角下的社会服务供给主体探析，理论月刊，2013年第5期。
[8] 张勤，张宏：后危机时期实现我国政府社会服务协同机制探微，甘肃社会科学，2010年第5期。

征是：生活服务业成为社会事业的基础，社会服务成为社会团结的基本纽带，非营利组织成为实施社会服务的基本主体，服务型社会和服务型政府协力合作[1]。

另外，李兵提出用社会发展的观点引导社会服务的发展[2]，用生命进程观点分析社会服务，提出目标建构、服务建构、管理建构和政策运行四个维度组成的"生命进程导向的社会服务分析框架"[3]。他还提出从制度主义的角度为中国政府创设社会服务提供一种理论解释，从目标、管理和服务三个方面进行社会服务的制度设计[4]。王川兰通过对社会服务价值与制度的分析提出基于平等机会与多样性的研究路径来建构社会服务的制度模型，以多样性需求评估为依据，最终通过社会服务供给推动社会平等政策议程的转换，实现价值意涵与行为模式的有效衔接[5]。

（四）国内残疾人社会服务现状研究

作为当代福利国家社会保障（福利）体系的重要组成部分，社会服务不仅面向老年人、妇女、儿童、残疾人和贫困人士等弱势群体，面向有特殊需要的普通居民，如滥用药物者、酗酒者、受虐待者、外来工和移民等，也面向一切有需要的社会成员。社会服务主要内容包括家庭及儿童服务、老年人服务、青少年服务、残疾人士康复服务、社区服务、医务和学校社会工作服务等，还包括诸如职业培训、精神健康照顾、罪犯辅导服务、教育和心理咨询服务等[6]。残疾人社会服务作为社会服务的重要内容在社会服务事业的发展历程中始终占有突出地位。西方福利国家社会服务较为发达，大多数国家已经形成独立的服务体系，残疾人社会服务作为其中主要的服务对象已经形成较为完备的政策法律系统、评估监测系统、财务管理系统和供给递送系统。然而，虽然我国学界已经从理论上对社会服务进行了定义和区分，但是社会服务实践并未从社会救助和公共服务中独立出来，社会服务体系尚未建立，进而影响到残疾人社会服务系统化的形成，对以服务为媒介的残疾人发展造成不利影响。现有残疾人社会服务研究主要分散到如康复服务、就业服务等内容领域，对残疾人社会服务的系统性研究较少。

1. 残疾人社会服务的意涵研究：发展中的社会福利体系子系统

周沛在《残疾人社会福利体系研究》一文中从目标、手段、内容和支持网络对残疾人社会服务进行了较为全面的解释，将其视为残疾人社会福利体系的高级项目。他认为残疾人社会服务是基于社会支持网络构建，以社区为平台，通过社区工作者运用专业社会工作方法，实施网络化、多元化的社会服务，以满足残疾人需要、提高残疾人福利，是在满足其基本生活需求与提高能力需求的基础上，增加残疾人社会福利，其项目包括残疾人物质帮助、残疾人心理支持和残疾人网络支持[7]。张金峰等提出"多支柱、梯度扶助"式残疾人社会保障体系框架设计，将残疾人社会保障体系分为：政府供给为主的低

---

[1] 景天魁：在社会服务体制、机制的改革与创新中发展非营利组织，教学与研究，2012 年第 8 期。
[2] 李兵：社会服务：社会发展的观点，经济与社会发展，2014 年第 1 期。
[3] 李兵：社会服务：生命进程观点的政策分析，武陵学刊，2013 年第 5 期。
[4] 李兵：国家创设社会服务的制度主义分析，理论纵横，2013 年第 7 期。
[5] 王川兰：社会服务的价值意涵和制度模型构建，社会科学，2014 年第 9 期。
[6] 岳经纶，刘洪，黄锦文：社会服务：从经济保障到社会保障，北京：中国社会出版社，2010 年，第 1 页。
[7] 周沛：残疾人社会福利体系研究，江苏社会科学，2010 年第 5 期。

层次基础保障；由政府和企业提供的中层次保障，包括社会救助、社会保险、社会福利和社会服务；由个人自身和社会慈善事业提供的高层次补充保障。该体系框架下，残疾人社会服务包括：就业指导和培训、举办文化体育活动、建设无障碍社会环境等[①]；宋爽从民政工作视角出发，认为残疾人福利体系主要包括残疾人保障体系、服务体系及优待政策，依据社会经济发展水平，由国家、社会共同为残疾人提供生理、心理及社会等多方面的需求支持，以实现残疾人"平等、参与、共享"目标的福利系统[②]；宋婷认为，残疾人社会福利体系包括社会保障、社会救助、社会服务、社会支持等主要内容[③]。可见，残疾人社会服务已经从社会福利的大系统中独立出来，成为与社会救助、社会保险、社会保障等同等重要的子系统。

2. 残疾人社会服务的理念研究：发展型社会政策导入

随着我国进入社会政策时代，社会福利体系框架的搭建已经初具雏形。此时，学者们开始将一些国外先进的福利理念和福利制度引入残疾人社会服务研究领域，对残疾社会服务体系的搭建创造了理论基础和价值导向。从残疾人社会服务的理念看，刘继同首次提出"积极性"残障福利政策框架范围内容，结合中国现实状况，描绘"积极性"残障福利政策框架建设路线图与方向，明确阐述国家在中国特色社会福利和残障福利制度建设中的责任主体角色与国家行动议程[④]。周沛提出从积极福利视角，在价值理念、制度设计、政策制定等方面，加快残疾人由"生存型"保障到"发展型"福利转变的进程。以积极福利理念，优化残疾人社会福利政策，变"事后型""补救型""消极型"的残疾人社会保障制度，为"事先型""预防型""积极型"的残疾人社会福利体系[⑤]。卞飞在资产建设视角下，提出为残疾人社会保障设立个人发展账户，通过政府引导残疾人进行选择性投资或委托投资，不断积累金融资产并进行资产保值增值[⑥]；何侃和胡仲明提出引入《国际功能、残疾与健康分类》系统理念，针对残疾人的健康情形和所处环境，以及在个人因素下产生的活动局限性与参与限制之描述，以其未来的需求评估其所需的相关服务，建立残疾人福利与服务的需求评估机制[⑦]。可见，众多学者的研究理念中已经出现了发展型社会政策导入残疾人社会服务的趋势。

3. 残疾人社会服务的体系研究：多视角的框架构建

随着残疾人社会服务概念、内容、手段的不断明确，我国对系统化、科学化和规范化的残疾人社会服务体系构建提出了理论需求和政策需求。

第一，服务体系等同于公共服务体系。2008年中共中央、国务院《关于促进残疾人事业发展的意见》首次正式提出"健全残疾人服务体系"和"发展残疾人服务业"，其中服务体系的内容包括了残疾人康复、教育、就业、扶贫、托养、无障碍、文化体育、维权

---

① 张金峰，杨健，张晓蒙，等：中国残疾人社会保障体系框架设计，经济研究导刊，2008年第11期。
② 宋爽：民政工作视角下的残疾人福利体系构建，社会福利，2015年第1期。
③ 宋婷："标本兼顾"型残疾人社会福利体系构建之思考——基于残疾人沿街乞讨现象，改革与开放，2014年第3期。
④ 刘继同，左芙蓉：中国残障福利政策模式的战略转型与"积极性"残障福利政策框架，人文杂志，2011年第3期。
⑤ 周沛：积极福利视角下残疾人社会福利政策研究，东岳论丛，2014年第5期。
⑥ 卞飞：浅谈我国残疾人社会保障现实困境及发展路径选择——基于资产建设的视角，江淮论坛，2010年第5期。
⑦ 何侃，胡仲明：ICF理念下我国残疾人服务体系建设的趋向分析，残疾人研究，2011年第4期。

等专项服务,要求不断扩大残疾人服务覆盖面。制定、完善残疾人服务机构建设、服务、技术和绩效考核标准,完善行业管理制度和评价机制,推进残疾人服务体系的规范化和专业化,全面提高为残疾人服务的能力和水平[①]。该体系具有强烈的公共政策色彩,其中残疾人服务体系只是项目子系统,而且从服务内容角度看可以等同于公共服务概念;孙健和邓彩霞将社会服务等同于公共服务,并在此基础上提出体系化建设思想。他们认为,残疾人公共服务是残疾人生存、发展和自我实现的社会服务,是以服务为表现形式的公共产品,提倡构建包括公共利益理念、公平正义价值、多元合作主体等多维、系统和完整的残疾人公共服务体系[②]。该残疾人服务体系虽已初步具备了完整体系建构思想,但在内容方面相对较宽泛,未能准确把握社会服务之本质,体系建构也尚不完整。

第二,服务体系从属于社会服务体系。岳经纶等从残疾人服务业角度提出了服务体系概念和构成,将残疾人服务体系看成政府公共服务体系的组成部分。他认为,残疾人服务业是指国家和社会针对残疾人特殊性、多样性、类别化的服务需求,为残疾人提供各种服务的行业,属于社会服务范畴。残疾人服务系统是指构成残疾人服务业所有要素的总称,包括服务提供者、服务对象、服务机构、服务内容、服务项目、服务技术、服务方式、服务手段、服务网络、服务队伍、服务设施、服务价格、服务政策、服务理念等。他以广东为例,提出推进残疾人服务业标准化建设和社会化进程,加强残疾人服务设施建设、服务队伍建设、社区服务工作[③]。这种残疾人服务体系要素众多,丰富了残疾人社会服务体系研究的体系内涵,但其系统仅是对要素的简单罗列,并未进行严格分类,未体现出子系统间的逻辑性和独立性。厉才茂等认为残疾人服务是社会服务的重要组成,是基本公共服务的重要内容,是福利服务的具体体现,残疾人服务体系是指国家和社会为残疾人提供各种服务的总称。他们提出了残疾人服务理念、服务网络架构、服务运行机制、服务管理模式、服务提供方式和支撑保障系统相统一的残疾人服务体系建设顶层制度设计思路[④]。

第三,残疾人社会服务体系的发展性趋向。周沛等认为残疾人社会服务体系建设就是针对残疾人的特殊服务需求,应用多种专业化方式,为残疾人提供物质、精神及康复等方面的服务,以维护其发展权,促进其平等、参与及全面发展。提出以发展型社会政策理念完善残疾人两个体系建设,实现残疾人两个体系建设的理念创新、制度创新、内容创新、方法创新以及平台创新[⑤]。丁建定提出完善残疾人服务体系建设必须注重发展的均等化与体系的一体化,设施的标准化与内容的规范化,队伍的专业化与评估的科学化,资源的多元化与管理的合理化,倡导建立科学的残疾人服务评价指标体系和科学的残疾人服务指标赋分体系[⑥]。

第四,残疾人社会服务体系的操作定义与子系统研究。唐钧在对广东省残疾人社会服务体系研究中提出建构一个以"民间"为基本立场,"混合型"的、由非营利组织构

[①] 新华网:2008年中央7号文件中共中央国务院关于促进残疾人事业发展的意见. http://news.xinhuanet.com/newscenter/2008-04/23/content_8036156.htm,2008年4月23日。
[②] 孙健,邓彩霞:我国残疾人公共服务体系问题与完善,国家行政学院学报,2011年第1期。
[③] 岳经纶,刘洪,黄锦文:社会服务:从经济保障到社会保障,北京:中国社会出版社,2010年,第197-206页。
[④] 厉才茂,等:残疾人服务体系建设要义阐释,残疾人研究,2013年第4期。
[⑤] 周沛,曲绍旭:残疾人两个体系建设创新研究,西北大学学报(哲学社会科学版),2011年第6期。
[⑥] 丁建定:我国残疾人服务体系的完善对策,社会工作,2012年第10期。

成的残疾人社会服务体系,并给出一个较为全面的操作性定义,即:"残疾人社会服务体系"是指为改善残疾人这一相对弱势且相对贫困的社会群体的生活境遇,以"以人为本"为基本价值理念、以非营利经营为发展方向而构建的,包含事业单位、民间组织、社区组织、社会企业等各种性质的非营利组织,为残疾人提供专业化的社会照顾、社会支持、社区服务、医疗康复、心理咨询、教育培训、就业辅导和辅助器具的社会服务体系[①]。在残疾人社会服务的项目体系中,国内学界已经开始从不同的子系统进行探索研究,其中主要包括:徐爽对残疾人法律服务体系的研究,廖娟对残疾人就业服务体系的研究,陈晓红对残疾人创业服务体系的构建,毛艾琳对残疾人人力资源开发服务体系的研究等。

二、发展型社会政策理论框架及研究现状

(一)发展型社会政策理论框架

发展型社会政策(Social Policy for Development)是在发展概念和社会发展理念转变中催生的产物,可称之为社会发展(Social Development)、发展性福利(Developmental Welfare)、社会投资(Social Investment)、包容性自由主义(Inclusive Development)和能动国家(Enabling State)等[②],虽然各家学者从不同的内容和角度对发展型社会政策进行诠释,但都有相对统一的内容,都高度关注社会政策与经济发展的相互促进,注重社会政策的经济产出功能。关于社会发展的界定,首先涉及的是发展概念。Gunnar Myrdal 认为,"发展指的是整个社会系统的上升性变动"[③]。但是,对于发展的内容,很长时间内则普遍局限于经济的增长[④]。1985 年,托达罗(Todaro)在《经济发展》一书中写道,当经济进步成为(发展)的一个必不可少的组成部分时,它不是唯一的部分,发展不是一个纯粹的经济现象。发展应视为涉及整个经济和社会体系的重组和重新定位(Reorganization and Reorientation)的多方面的进程。他还提出发展的三个核心价值和三个目标:发展的核心价值包括生活必需品,满足生活基本需求的能力;自尊,成为一个人;摆脱奴役,能够选择。发展的三个目标包括增加基本的生存必需品如粮食、房屋、医疗和保护,并扩大分配范围;提高生活水平,除了更高的收入外,还包括提供更多的工作岗位、更好的教育、更加重视文化和人道主义价值;所有这些内容不仅是要提高物质福利水平,也要激发更高程度的个人与国家的自尊,使个人和国家摆脱奴役和依赖,扩大他们的经济与社会的选择范围[⑤]。这意味着新的发展理念注入到了社会政策中。

发展型社会政策集中反映了经济政策和社会政策二者的整合状态[⑥],其知识框架出现

---

① 唐钧:非营利组织与残疾人社会服务体系的建构,教学与研究,2012 年第 8 期。
② N. Morel, B. Palier, J. Palme. Towards a Social Investment Welfare State // Paper presented at the conference "Production, Reproduction, and Protection in the Welfare State", Annual Meeting of Research Committee 19, ISA, Seoul: Seoul National University: 25-27.
③ G. Myrdal. What Is Development? Journal of Economic Issues, 1974, 8(4): 729-736.
④ J. Midgley. Social Development: The Developmental Perspective in Social Welfare, London: SAGE, 1995: 36.
⑤ 【美】唐纳德·E.沃斯:国际发展理论的演变及其对发展的认识,经济社会体制比较,2004 年第 2 期。
⑥ 【英】安东尼·哈尔,【美】詹姆斯·梅志里:发展型社会政策,北京:社会科学文献出版社,2006 年,第 49 页。

于 19 世纪末 20 世纪初的欧洲①，成型于 20 世纪末，其基本理念是：关注对人力资本的投资，以及劳动力人群能否顺利进入劳动力市场；注重社会政策对于经济发展的贡献，强调经济社会协调发展；认为社会政策是对社会的投资，是增强国家竞争力的手段；强调对于社会问题的"上游干预"，重视中长期战略②，主要理论构成包括米奇利(J. Midgley)的发展型社会政策、顾柏(P. Taylor-Gooby)的新福利主义、吉登斯(A. Giddens)的第三条道路积极福利思想和谢诺登(Michael Sherraden)的资产建设理论等。美国学者米奇利是发展型社会政策的集大成者，他奠定了当今发展型社会政策的发展方向。米奇利指出社会发展具有社会变革、社会干预、普遍主义、包容性以及社会与经济政策的和谐等特点③。Dahl、DrØpping 和 LØdemel 认为发展性福利具有普遍性、生产性和投资性三个特点④。Midgley 和 Tang 认为，发展性福利的三项基本原则是以人为本的发展、以此为目标的就业政策以及实施投资取向或生产主义的社会项目⑤。发展性福利强调通过投资促使福利对象的自立自强，而不是注重社会权利或利他主义⑥，提倡在政府主导前提下，个人、社区和国家的合作⑦。发展型社会政策的具体对策主要有：加强人力资本的投资⑧、促进社会资本的形成⑨、提倡个人与社区资产(Assets)的积累⑩、鼓励自谋职业等生产性就业⑪、消除经济参与的障碍、创造有助于发展的社会氛围⑫。吉登斯"第三条道路"提出建立一个以投资型国家面貌出现的、积极的福利社会。改变传统福利的被动性，变消极因素为积极因素，尽量减少直接的经济资助，最大程度地实施人力资本投资，提出"无责任则无权利"的福利改革原则。同时，改变传统福利国家单一由政府承担责任的状况，改由政府与社会共同承担福利社会建设的责任⑬。1991 年谢诺登提出了资产建设理论，他主张社会政策的重点不应再放在传统的收入再分配上，而是应该强调授权于个人，促进个人资产的长期积累，以推动个人、家庭和社区的发展，并以这种发展构成社会整体的长期发展。他认为资产匮乏是导致个人长期贫困的原因，应该从服务供给和资金供给方面鼓励和支持穷人进行储蓄和资产建设⑭。资产为本的社会政策不仅能够增加个人财富，提高个人抗风险的能力，而且能更大程度地增加国家的经济生产力，从而使社会政

---

① 张秀兰，等：中国发展型社会政策论纲，北京：中国劳动社会保障出版社，2007 年，第 160 页。
② 张秀兰，等：中国发展型社会政策论纲，北京：中国劳动社会保障出版社，2007 年，第 8-10 页。
③ J. Midgley. Poverty and the Social Development Approach.In K.Tang and C.Wang. Poverty Monitoring and Alleviation in East Asia.Nova Science Publications，2003(b)：153-176.
④ E. Dahl, J. A. DrØpping, I. LØdemel. Norway: Relevance of the Social Development Model for Post-War Welfare Policy. International Journal of Social Welfare，2010，10(4)：300-308.
⑤ J. Midgley，K. L. Tang. Social Policy，Economic Growth and Developmental Welfare，International Journal of Social Welfare，2001，10(4)：244-252.
⑥ J. Midgley，K. L. Tang. Social Policy，Economic Growth and Developmental Welfare，International Journal of Social Welfare，2001，10(4).
⑦ J. Midgley. Social Development：The Developmental Perspective in Social Welfare，London：SAGE Publications，2003：140-141.
⑧ J. Midgley，M. Sherraden. The Social Development Perspective in Social Policy.In J. Midgley，M. B. Tracy，M. Livermore，The Handbook of Social Policy，Thousand Oaks：SAGE，2000：435-446.
⑨ J. S. Coleman. Social Capital in the Creation of Human Capital.American Journal of Sociology，1988，94，95-120.
⑩ M. Sherraden. Rethinking Social Welfare：Toward Assets，Social Policy，1988，18(3)：37-43.
⑪ J. Midgley. Growth，Redistribution，and Welfare：Toward Social Investment，Social Service Review，1999，73(3)：3-21.
⑫ J. Midgley，K. L. Tang. Social Policy，Economic Growth and Developmental Welfare，International Journal of Social Welfare，2001，10(4)：244-252.
⑬ 吉登斯：第三条道路：社会民主主义的复兴，北京：北京大学出版社，2000 年，第 89 页。
⑭ 【美】迈克尔·谢诺登：资产与穷人：一项新的美国福利政策，北京：商务印书馆，2005 年，第 9-10 页。

策与经济发展更好地协调起来①。阿马蒂亚·森(Amartya Sen)建立了以自由为核心的发展理论,其中心思想是发展的首要目的是提高人们的福利水平,福利的基础是一个人选择有理由珍视的生活的实质自由——可行能力②。泰勒-古柏(Taylor-Gooby)强调人力资本投资对社会福利的影响,认为经济全球化、劳动力的流动性、家庭生活的复杂化以及社会结构的变化,都迫切要求建立一种新的社会福利制度。换言之,既然充分就业、再就业以及提供费用较高的普遍福利已经成为不可能的选择,那么社会福利支出只有用于人力资本的投资和增加个人参与经济的机会才具有可行性。因此,随着国际竞争的加剧,福利国家都将重点转向人力资本投资这一方向③。

发展型社会政策的重要性和适用性在理论发展的道路上不断得到政策领域的认同和国际组织的提倡,并在欧洲各国付诸实施。1968年,联合国第一届国际社会福利部长会议提出了"发展型社会福利"的观点;1979年,联合国经济及社会理事会通过《加强发展性社会福利政策活动方案》,重申了"发展性社会福利"的新理念④。2013年欧洲委员会通过颁布一系列关于增长和社会凝聚力的文件,启动社会投资政策。社会投资旨在强化人们当前及未来的能力,这些社会投资政策要求政府致力于支持儿童教育与照顾;保障青年就业;支持无业青年接受培训;鼓励老年人就业并开展继续教育;吸收被劳动力市场排斥的劳动者;支持女性就业;加强针对老年人、妇女和儿童的各种社会服务等。欧盟同时出台了欧洲社会基金计划,真正将社会投资运用于"投资"领域。社会投资政策通过增加人力资本和就业能力提高生产力,间接地增加了就业,同时也有助于帮助人们预防生命中的各种风险,而非仅仅弥补损失⑤。

(二)发展型社会政策的国内研究

1. 发展型社会政策的内容和价值研究

张秀兰和徐月宾从基本理念、新增的价值基石和思维模式的转变三个方面总结了发展型社会政策⑥。张秀兰认为,发展型社会政策与科学发展观具有内在契合性,前者可以作为后者在社会政策领域的操作化模式。她提出构建发展型社会政策的思路:投资现在和未来的劳动人群;增强全社会抗击风险的能力;在政策设计中逐步纳入并强化发展的维度;建立发展型的公共支出体系⑦。范斌认为,通过社会投资实现的社会福利则是积极的、主动的,其对人力资本的投资,使得福利对象可以通过自己的努力去获得福利保障,从而激活了人的能动性,发掘了人的潜能,获得了改变自己处境的机会和条件;通过社会投资实现的社会福利则是间接的,注重过程的,它不总是直接给予弱势群体一定的财富,而是注重培养他们争取机会和条件的能力,并通过能力的提高而满足福利的需求;以社会投资为导向的社会福利则是通过投资人力资源,提升弱势群体的就业技能,

---

① M. Sherraden. Assets and the Poor:A New American Welfare Policy,New York:M.E.Sharpe,1991:7-9.
② 【印】阿马蒂亚·森:以自由看待发展,北京:中国人民大学出版社,2002年,第62页。
③ Peter Taylor-Gooby. Charlotte Hastie and Catherine Bromley,Querulous Citizens:Welfare Knowledge and the Limits to Welfare Reform,Social Policy& Administration,2003,37(1):1-20.
④ 杨立雄:中国城镇居民最低生活保障制度的回顾、问题及政策选择,中国人口科学,2004年第3期。
⑤ A. Hemerijck,V. Dräbing,B. Vis,et al. European Welfare States In Motion,NEUJOBS Working Paper,2013,5(2):11-21.
⑥ 张秀兰,等:中国发展型社会政策论纲,北京:中国劳动社会保障出版社,2007年,第57页。
⑦ 张秀兰:发展型社会政策:实现科学发展观的一个操作化模式,中国社会科学,2004年第6期。

并以此增加他们的就业机会和实际收入。当下我国比较理想的社会福利模式应该如此：在第二次分配中注入适当的社会投资政策，并以第三次分配——慈善事业为补充[①]。方巍以为，发展型社会福利原则在社会政策方面的具体表现，主要是福利开支的生产主义或投资取向、社会福利权利与义务的统一和福利对象的自立自强(Empowerment)以及政府干预前提下的多元化制度主义(Institutionalism)安排等三个方面[②]。发展型社会政策也显示了不同流派的特征，将其区分为产出主义(Productivisim)、社会投资(Social Investment)和包容性发展(Inclusive Development)等三种形态[③]。钱宁、陈立周认为，发展型社会政策的理论贡献体现在价值理念、实践策略和社会目标三个方面[④]。林卡和赵怀娟论述了生产型社会政策和发展型社会政策的差异和蕴意，在积极的意义上对两个模式进行评估，并探讨与东亚社会福利体系的适用性[⑤]。

2. 发展型社会政策的局限性研究

徐道稳认为，米奇利和吉登斯的理论都没有强调社会福利的政治内涵，只有阿马蒂亚·森把自由权利和政治民主化作为社会发展的内在要素[⑥]。方巍认为，发展型社会政策更着重于宏观社会问题，着重于从整体的角度和整个群体的角度来解决社会福利存在的问题。它的生产性或投资取向、特别是关于促使社会福利对象自立自强的做法，是以服务对象一定的内在条件和外在条件为基础的。在缺乏外界介入和援助的前提下，在无法控制外界环境变化的情景下，个人能力的提升是有限的[⑦]。发展型社会政策并不能保证社会各个阶层的福祉。不论是对于那些老、弱、病、残等缺乏生活自理能力的人，还是那些长期处于弱势地位的贫困者，以投资为取向的社会政策并不能解决其当前乃至未来的基本社会需要问题。发展型社会政策只是社会资源分配的一种原则，具有特定的适应范围，不应与作为人类福祉目标的社会发展相等同。要想真正实现社会发展所倡导的人类福祉目标，必须针对不同社会群体的特点，结合消费性和投资性两种社会资源的分配原则，综合运用矫治性和发展性手段。在社会政策体系建构时，应坚持社会正义的根本方向，确保与经济发展水平相适应的社会投入，坚持多元化投资取向而不是仅仅关注人力资本的投资，加大基本保障社会开支提升投资性社会政策效用[⑧]。唐兴霖和周幼平分析了发展型社会政策的局限：人力资本理念的条件性约束，对社会问题的片面理解容易掩盖其他类型的不平等问题，对特定文化和结构背景的依赖，并提出整体型社会政策的建构[⑨]。

---

① 范斌：试论社会投资思想及对我国社会福利政策的启示，学海，2006年第6期。
② 方巍：发展性社会福利理论及发展策略，中国改革论坛网站，http://www.chinareform.org.cn/cirdbbs/dispbbs.asp?ID=168558&boardID=2，2008年6月23日。
③ 方巍：发展型社会政策：理论、渊源、实践及启示，广东工业大学学报(社会科学版)，2013年第1期。
④ 钱宁，陈立周：当代发展型社会政策研究的新进展及其理论贡献，湖南师范大学社会科学学报，2011年第4期。
⑤ 林卡，赵怀娟：生产型社会政策和发展型社会政策的差异和蕴意，社会保障研究，2009年第1期。
⑥ 徐道稳：以发展型社会政策构建发展型福利社会，深圳大学学报(人文社会科学版)，2008年第1期。
⑦ 方巍：社会福利发展战略的创新与偏颇：关于发展型社会政策的评论，浙江工业大学学报(社会科学版)，2009年第4期。
⑧ 方巍：发展型社会政策的重新审视，学习与实践，2012年第9期。
⑨ 唐兴霖，周幼平：整体型社会政策——对发展型社会政策的理性认识，学海，2011年第5期。

3. 我国发展型社会政策的应用研究

徐道稳提出，我国发展型社会政策的建构应当遵循的原则是：以公正为基础、以民主为手段、以自由为目的①，并提出我国正在建设的小康社会不是西方意义上的福利国家而是发展型福利社会。向德平在此基础上补充了发展型社会政策的原则还包括：以提高社会福利为目标、以人力资本为核心、以资产建设为抓手、以政府能力建设为保障②。潘屹对社会投资的定义是：增加全社会的人力和社会资本，增强人们目前和未来的技术和能力，让人们贮备具有预防或者对抗其人生所经历的风险的能量，使其在需要的时候能够释放出来。他认为，社会投资涉及投资劳动力和社会服务，并且和社会政策的其他一些领域相关，应该大力发展社会服务事业③。梁誉就欧洲 1995 年和 2011 年社会给付占 GDP 的比重做了对比研究，发现各国对社会服务领域的投入明显增加，社会给付的社会服务导向性逐渐显现④。张彦丽就欧洲1998年、2007年和2013年社会支出占GDP的比重做对比研究发现，不同福利体制下的社会支出比重均在不断增长⑤。这说明社会投资中的社会服务比重不断上升，社会给付成为重点。

国内学者运用发展型社会政策视角对不同领域进行分析，这些领域有残疾人福利、师范生免费教育问题、城市贫困治理、农民工子女教育问题、福利依赖问题、城市老龄化、农村反贫困战略、农村反贫困路径问题、志愿者参与动机问题、农村居民最低生活保障制度、失地农民政策、留守儿童问题、中国失业保险制度、民生保障、青年失业、城市贫困问题、新型农村社会养老保险、新农村建设、社会工作介入问题、社会救助体系和社会福利行政问题、城乡社会保障一体化问题等⑥。

三、简要述评

(一)福利国家残疾人社会服务体系化发展趋势和我国碎片化服务现状的反差

社会服务在福利国家已经成为社会福利体系中独立的组成部分，发挥其特有的功能，无论从理论上还是实践中都与公共服务、人类服务、社会保险、社会救助等概念进行了明确区分，社会服务体系化建构已经逐渐形成。残疾人社会服务作为个人社会服务的重要内容在测评、供给、递送等方面已经具有体系化发展趋势，这与社会福利模式和残疾模式的发展相关。然而，我国社会服务的研究处于起步和探索阶段，概念和内容并没有形成统一观点，社会服务的发展缺乏理论性指导。社会服务在公共政策领域与公共服务相混淆，导致社会服务的管理部门和递送部门职能不清，服务内容模糊，服务对象划分不科学。残疾人群体作为社会服务的重要主体关注度不足。由于社会服务供给"碎片化"

---

① 徐道稳：社会发展与发展型社会政策，深圳大学学报(人文社会科学版)，2006 年第 3 期。
② 向德平：发展型社会政策及其在中国的建构，河北学刊，2010 年第 4 期。
③ 潘屹：社会福利制度的效益与可持续——欧盟社会投资政策的解读与借鉴，社会科学，2013 年第 12 期。
④ 梁誉：现金还是服务：欧洲福利国家社会给付模式的革新与启示，学习与实践，2014 年第 7 期。
⑤ 张彦丽：后工业时代从福利国家到社会投资转型及启示，现代经济探讨，2014 年第 8 期。
⑥ 邱心凯，等：国内学者关于发展型社会政策的研究综述，学理论，2013 年第 15 期。

特征明显，致使残疾人社会服务概念表述不清，进而无法准确定位残疾人社会服务内容和供给主体。现有残疾人社会服务体系建构还仅局限于供给内容，包括对象测评、服务递送和财务系统在内的体系化构建难度巨大，这与福利国家的体系化发展趋势形成鲜明反差。这为实际政策的制定带来了困难，导致政策效果仍有待提升。诚然，我国社会服务的实践已经非常普遍，研究建立一套科学的、完整的、符合我国国情的现代社会服务体系将对残疾人社会服务的定义和操作性研究产生深远意义。

（二）发展型社会政策的导入趋势与我国残疾人社会服务理念缺失的矛盾

从福利国家福利模式的发展，可以看出发展型社会政策作为当代世界福利模式转型的重要力量，已经开始影响残疾人、老人和妇女，并以社会服务的形式表现出来。西方学者将发展型社会政策的核心思想表述为"积极福利"、"社会投资"、"可行能力"和"资产建设"等关键词，并希望影响福利政策设计。然而，各学者对发展型社会政策的理念研究更是一种宏观视角，缺乏较为统一的思想和模式，且缺乏对发展型社会政策发展理念的微观操作指导。由于在提升弱势群体福祉方面实际效果欠佳，充分暴露了发展型社会政策的局限性。发展型社会政策在研究中和实践中容易被泛化，在理论的运用中容易被简单化。这种缺乏微观操作指导的发展型社会政策理论，在影响以残疾人为主的政策对象时，形成操作性漏洞。而我国残疾人社会服务已经有了发展型社会政策理念的实践开端和理论萌芽。由于缺乏系统的理论对残疾人社会服务的指导，残疾人社会服务发展滞后。加之西方社会福利发展模式理论并未成熟，对我国残疾人社会服务指导性不足。此时，社会服务的理论进化为发展型社会政策的实现找到了工具，弥补了操作漏洞。另外，社会服务在走过"黄金时代"之后，随着福利国家的拆散而体现出理论不足、发展乏力的现状。社会服务需要在信息时代适应福利体制、福利体系和福利模式的转变，在价值理念、服务机制、服务手段、服务内容和服务政策等方面进行整体改变和体系建构，以避免"服务失败"。发展型社会政策以其鲜明的时代性和价值的适应性，将其内在逻辑贯穿于社会服务始终，最终实现理论和工具的契合。

（三）缺乏对福利模式和残疾模式发展与残疾人社会服务体系建构的理论梳理

残疾人社会服务体系在目前的研究中被当作社会服务和社会福利研究的副产品，没有得到充分重视和系统理论研究。在我国，残疾人社会服务长期以来没有受到重视，直到近年的"残疾人两个体系"建设，才把残疾人服务提到重要位置。但就国内的研究和政策来看，把残疾人社会服务等同于残疾人公共服务，没有按现金给付和服务给付的区分方法将社会服务独立出来。对残疾人社会服务体系划分，要么过于宏大，要么过于狭窄，科学的理论指导和系统划分尚且不足。究其根本原因在于：在一定社会形态下，缺乏对残疾模式和福利模式关系的探讨，以及对残疾人社会服务体系建构关系的理论梳理。无论是其他福利国家还是我国，均缺少福利模式对残疾模式影响的研究，也缺乏福利模式、残疾模式对残疾人社会服务的研究。故而，残疾人社会服务方面缺少理论指导和理念引领，使残疾人社会服务缺乏前瞻性和系统性。目前，虽然已有学者在积极福利视角下进行残疾人社会服务研究,但还未将该理念视角放到服务体系中进行倡导,对实践的指导作用还有待政策设计来实现。

第五节 研究目标与主要内容

一、研究目标

多年来,我国残疾模式一直处于"个人模式为主流,社会模式为借鉴"的残疾人发展初级阶段,从价值理念、政策制定、事业管理到项目实施均受该"混合模式"影响,始终制约着残疾人事业发展。残疾人社会服务表现为:现金保障运作水平、服务保障递送效率、政府有效供给、社会有机整合有待提高。因此,需要在先进福利理念和残疾模式指引下对我国残疾人社会服务体系进行重构。重构的基础则是构建发展型社会政策视角下残疾人社会服务体系理论依据和实施架构,这亦是本研究的主要目标。其分目标为:

其一,构建残疾人社会服务模式及体系分析框架。残疾人社会服务碎片化的主要原因在于缺乏分析框架,各子系统间缺乏逻辑主线和有机整合。通过发展型社会政策理念导入残疾人社会服务模式,构建合理的分析框架具有重要意义。

其二,构建残疾发展模式。目前,个人模式的优势依旧发挥积极作用,社会模式本应体现的优势表现不足,这就为"混合模式"的存在找到坚实基础。在现有残疾模式下,残疾人事业因发展乏力,动力不足,推力不够而出现了瓶颈。因此,通过福利模式和残疾模式演变研究,为发展型社会福利模式建构残疾人研究的发展模式成为残疾人社会服务体系建构的理论基础。

其三,构建我国残疾人社会服务体系。现阶段,残疾人能力提升,促进残疾人发展的关键就是构建科学的残疾人社会服务体系。残疾人"两个体系建设"已经着手建设残疾人社会服务体系,但是由于缺少理论指导和经验借鉴,显得现有体系缺乏科学性、完整性和有效性。因此,需要强化残疾人自身对家庭和社会的责任和贡献的重塑,建立一套科学的、完整的、综合的、动态的、立体的残疾人社会服务体系。该体系通过西方福利国家经验借鉴,以发展型社会政策残疾人社会服务分析框架为基础,以残疾人发展模式为理论,以实现残疾人自我价值认同的自觉,培育残疾人责任意识,提升残疾人能力,促进社会整合,提高社会政策和经济政策的配合度,最终实现残疾人发展为目标。

二、研究主要内容

本研究严格遵循"理论概述→价值分析→实证研究→经验借鉴→政策建议"的规范研究路径,主要包括以下几大部分:

第一章主要内容包括:社会服务研究现状;残疾人社会服务及体系研究现状;发展

型社会政策的理论框架及研究现状。通过三方面主要内容的详细解释和发展综述，厘清社会服务与社会救助，社会服务与公共服务的区别，准确定义社会服务的意涵，并推演到残疾人社会服务的意涵和体系建构。对发展型社会政策理论框架、研究现状和理论缺陷进行论述。为实现将发展型社会政策嵌入残疾人社会服务，并以此建立残疾人社会服务体系作铺垫。本章内容为现代残疾人社会服务提供理论支撑。

第二章从发展型社会政策和残疾人社会服务的发展和现状进行分析，发现二者之间的内在逻辑关系。首先，通过分析目前发展型社会政策中各家理论观点，总结出"包容性"、"投资性"和"积极性"三方面理论内核。其中，包容性包括理论观点的包容，经济与社会的包容和不同人群的包容；投资性是指社会投资国家对人力资源的投资和对资产建设的投资；积极性包括了积极的平等、积极的公民和积极的政府。其次，发现发展的价值与发展工具的契合，探寻到残疾人发展的工具线索。对发展型社会政策和残疾人社会服务进行关系辨析，将二者的关系辨析作为将发展型社会政策与社会服务相结合的逻辑起点，提出二者的链合和嵌入关系，并贯穿于整个残疾人社会服务体系的建构中。最后，将社会福利分配、供给、递送和财务的四个维度作为残疾人社会服务体系构建的分析框架，并在残疾模式的演变过程中以该分析框架为基础，最终推导出发展模式成立的必要性，以及发展模式下残疾人社会服务体系建构的必然趋势。通过发展型社会政策的宏观理论指导，以残疾人社会服务为政策工具，以图实现残疾人发展之目的；通过残疾人社会服务的供给以弥补发展型社会政策的局限性，为弱势群体走出发展困境提供有效路径。本章内容为本研究提供逻辑支持。

第三章内容以英国、瑞典和日本三个典型国家为案例，进行经验借鉴。本章按照劳动力去商品化的标准分别选取了自由主义、社会民主主义和保守主义社会福利体制具有代表性的国家，从分配、供给、递送和财务四个维度对各国残疾人社会服务的经验进行了系统介绍。为下章构建我国发展模式残疾人社会服务体系提供了丰富的实证基础和经验借鉴。首先，自由主义国家英国是"第三条道路"和"积极福利"的先驱和实践者。其主要特征为：基于能力的资格审查分配、以差异化和多样化供给实现结果平等、多元合作伙伴递送典范，基于中央和地方的双元财务支持。其次，社会民主主义国家瑞典是社会服务全民化和平等化的典型代表，在其残疾人社会服务发展中发展性特征突出。其主要特征为：更具有"包容性"的普惠分配、更具"精细化"的服务供给、处于变革中的递送、坚定的政府财务主体地位。最后，保守主义国家日本是东亚福利模式的代表，其残疾人社会服务的发展和现状对同属于儒家文化圈的中国具有借鉴意义。其主要特征为：健全保障体系下的选择性服务分配、以保险为基础的残疾人自立服务供给、三维向多元递送发展、供方与需方财务均衡分配。

第四章内容主要介绍残疾个人模式下残疾人社会服务的发展和演进，从观念影响、国际发展历程和中国发展历程进行阐述。本章将系统分析残疾个人模式的演化，个人模式下残疾人社会服务的发展，以及我国对残疾人专门立法之前社会服务的发展。首先，对残疾个人模式的概念、类别和发展进行系统介绍，并对个人模式残疾定义和个人模式存在五向度因素进行分析。其次，对世界范围内残疾个人模式社会服务进行介绍。具体内容包括分配的无权走向微权、供给的混沌走向服务、递送的私部门混合走向公私多元混合、财务的个人自筹走向地方统筹。最后,介绍我国残疾人社会服务制度化之前个人模式社会服务。具体内容包括多元思想影响下的绝对弱势分配、从实物供给走向居养服务的供给、非正式组织主导与政府补缺相结合的递送、官方绝对主导和民间弱势补充的筹资。

第五章内容主要介绍残疾社会模式下残疾人社会服务的发展和缺陷,从观念影响、国际发展历程和中国发展缺陷进行阐述。本章将系统分析残疾社会模式的演化、优势、缺陷与个人模式的分歧,以及社会模式下残疾人社会服务发展现状和我国残疾人社会服务现状。首先,对残疾社会模式的概念、类别和发展进行系统介绍,并对社会模式残疾定义、社会模式缺陷、与个人模式的关系进行分析。其次,对社会模式下福利国家普惠、权利和多元的体系化残疾人社会服务进行分析。具体内容包括从普惠到普惠基础上的特惠分配、专业化和体系化的供给、从政府主导到多元伙伴的递送、政府主控的混合财政体系。最后,分析社会模式在中国的发展现状。从分配、供给、递送和财务四个维度对残疾人社会服务的现状和缺陷进行了系统分析。

第六章内容是本研究的落脚点和重点,在理清上述研究脉络和研究基础后,提出残疾人社会服务体系的内容和实现路径。发展模式的提出是对个人模式和社会模式的批判与继承,并非以完全对立和取代的观念对二者进行彻底替代,这与传统的对峙观点相区别,突出了残疾人多样性、动态性和差异性特征。在发展型社会政策视角下,为解决残疾人基本生活问题和发展问题,以残疾人社会服务为政策工具,为提供科学和高效的残疾人社会服务,进行服务体系建构。该章内容以江苏省为例,对残疾人社会服务供需状况进行分析,并在分析结果的基础上,分别提出了残疾人社会服务体系的四大分体系:分配体系、供给体系、运行保障体系和评估管理体系。分配体系以包容性、投资性和积极性为价值诉求,以期建立具有科学性和可行性的残疾人服务对象和服务项目选择机制;供给体系包括预防性和治疗性相结合的康复服务体系、以能力提升为导向的就业服务体系和以社会融合为目标的照护服务体系;运行保障体系包括多中心治理服务递送体系、网络式服务伙伴关系体系和财务体系。评估管理体系包括了残疾定义系统和服务评估体系。该体系形成了以模式为理念、以供给为内容、以递送为方式、以财务为保障、以评估为依据的全面的残疾人社会服务体系,完全打破了以服务项目类别进行体系建构的模式,实现了阶梯化、差异化、整体化、多元化、专业化的残疾人服务发展道路。

第六节 研究思路与研究方法

一、研究思路

具体而言,本研究的思路如下:什么是残疾人社会服务、发展型社会政策理论与残疾模式的演进(理论概述与架构)→ 为什么要从发展型社会政策视角来研究残疾人社会服务问题(价值与意义)→ 中国残疾人社会服务现状如何(实证研究)→ 残疾人社会服务的

国际视野与趋势(比较研究)→ 发展型社会政策视角下中国残疾人社会服务体系建构(政策建议)。(见图 1-3)

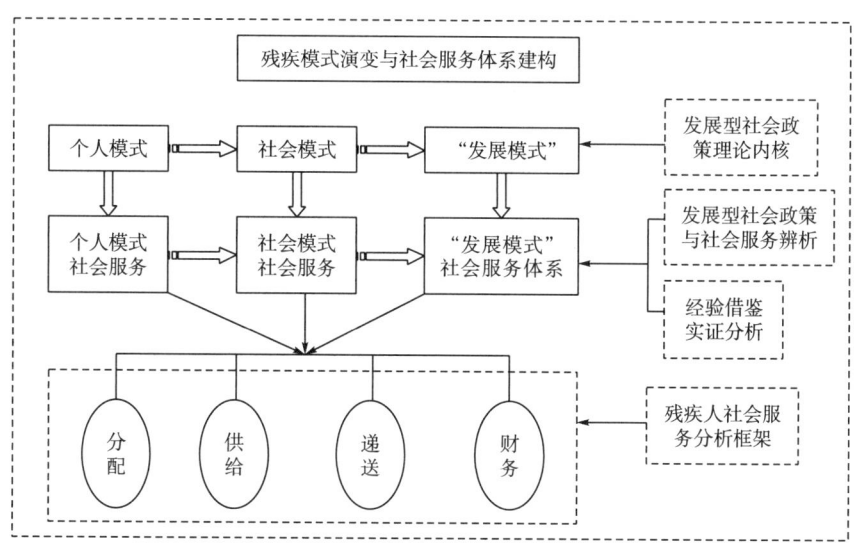

图 1-3 研究路径图

二、研究方法

本研究将采取文献分析—实地调研—学术探讨的研究路径，具体方法为：

(一)文献研究。通过大量收集、整理和分析国内外有关发展型社会政策、社会服务和残疾人社会服务的文献资料，使我们对我国现行残疾人社会服务有全面了解，并对国外相关的制度安排和理论有准确认识，为本书奠定了坚实的理论基础。通过文献梳理、总结与概括，了解学界对于中国社会服务研究的成就与不足，为本书的后续研究指明了方向与重点。

(二)实证研究。从本书的研究内容来看，其实际性非常强，必须以大量实际数据分析为基础，方能找到中国残疾人发展之关键，对症下药，解决问题。所以，本书以经济合作与发展组织(Organization for Economic Co-operation and Development，OECD)国家残疾人社会服务数据、我国残疾人第二次抽样调查数据、我国 2013 年残疾人小康进程监测数据和江苏省 2014 年残疾人状况监测数据为基础进行研究。通过访谈法、观察法、问卷法、比较法等调查研究方法获取第一手资料，为理论分析与路径建构打下基础。

(三)历史研究。本书从历史的角度，对残疾人模式以及残疾人社会服务的发展和演进进行分析。在分析过程中对社会思潮、社会福利模式、管理模式进行历史发展研究，从中发现残疾人模式与社会思潮、社会福利模式之间的内在逻辑联系，并以此推演出残疾人社会服务体系建立的必要性和具体内涵。

(四)综合研究。本书将通过大量的定性分析，从主体、客体、手段、目标等方面对残疾人发展的影响因素进行综合分析；对残疾人社会服务需求进行分析，并对其现行制度和体系框架进行综合分析。总体而言，本书将实现定性分析与定量分析相结合，对所收集的文献资料和所做的实地调研材料进行综合分析，以求得对残疾人社会服务之全面、系统研究，在发展型社会政策的视角下建构残疾人社会服务的全新体系。

第七节 本书的创新之处及重点与难点

一、本书的创新之处

（一）对残疾人社会服务体系建构的发展性视角导入

残疾人社会服务从属于社会服务，是社会服务的重要组成部分。然而，我国残疾人社会服务的概念一直很模糊，且没有理论导入支撑其发展。纵然我国已经开始正式使用社会服务并在残疾人"两个体系建设"中提出残疾人社会服务概念，但现有的残疾人社会服务等同于公共服务，没有突出社会服务的服务性和发展性特征。通过发展性视角的导入为残疾人社会服务提供了理论支撑和发展方向。从整体性视角来重构残疾人社会服务供给理念、对象、内容、机制和技术。提出残疾人社会服务的分类化、分层化实现，以达到社会投资效率提升之目的。现有的残疾人社会服务很少考虑资金投资回报问题，对社会服务的供给效率和效益缺少有效的分析工具和评估工具，对社会服务的供给效果缺少动态追踪，这使得社会服务质量难以保证。残疾人社会服务具有特殊性和差异性，为了保障残疾人社会投资质量，本书作者提出对残疾人社会服务的分类化和分层化实现。

（二）提出残疾人发展模式理念

残疾是一个动态概念，具有复杂性、多变性、偶然性和多元性。一个充分的社会残疾理论应包括残疾人生活经历的所有方面：生理的、心理的、文化的、社会的、政治的，单一的"医学模式"和"社会模式"都不能满足残疾人发展。在发展型社会福利模式下，残疾人模式更体现个性化和权利化，残疾人社会公民权和发展型社会福利的结合形成了残疾人赋权模式，只有对残疾人各方面服务提供多元化和立体化赋权，并适时地结合"医学模式"和"社会模式"，才能实现残疾人发展之目的。

（三）发展型社会政策和社会服务的关系辨析

以往研究对发展型社会政策和社会服务之间的关系辨析缺乏系统性梳理，使社会服务的发展一直缺乏体系理论指导，使社会服务的内涵和外延争议较大。通过发展型社会政策嵌入社会服务，赋予社会服务灵魂。本研究尝试通过社会服务工具的介入来打破发展型社会政策的理论局限，实现理论方法创新。关于发展型社会政策实践模式的一些尝试，不论是发展中国家投资取向的政策还是以英美为代表的第三条道路选择，实际上并没有最终解决社会弱势群体的基本福利问题，一些国家的做法甚至无疾而终。以残疾人社会服务为落脚点，分析残疾人的特殊性，引入残疾人社会公民权利，建立现代残疾人社会服务理论模型，可以有效解决以残疾人为代表的社会弱势群体的基本福利问题，实现发展型社会政策的理论发展。

二、本书的重点及难点

（一）本书研究重点

本研究主要着力于以下重点：第一，分析福利模式、残疾模式与残疾人社会服务的演变和关系辨析，在模式演变中提出残疾人社会服务体系化的发展规律。该关系的辨析为发展型社会政策融入残疾人社会服务提供了理论依据，为建立现代残疾人社会服务体系提供了逻辑主线。第二，对残疾人社会服务现状和需求的分析。对残疾人社会服务现状和需求的质性研究和量化分析可以准确地反映残疾人社会服务的缺陷，从残疾人的特殊性出发，提出具有科学性和可行性的政策建议，也为残疾人社会公民权的实现提供了有力参考。第三，构建我国残疾人社会服务体系，并提出残疾人发展实现路径。本研究的最终落脚点就在于用科学的方法为残疾人发展提供有效的实现路径。把发展型社会政策的理念和社会服务的发展相结合，并融入到残疾人社会服务的各个层面，以实现对发展型社会政策的理论贡献。

（二）本书研究难点

本书在实际调查与研究过程中，遇到以下难点：第一，发展型社会政策的理论缺陷。发展型社会政策形成、发展历史较短，其理论体系的系统性和科学性还不完善，对该理论的使用容易陷入泛化和简单化的误区。在研究中需要对理论进行不断建构和完善具有很大难度和风险。第二，实地调研困难。虽然残疾人社会服务的相关数据不难获得，但对残疾人进行访谈和个案分析则具有一定难度。残疾人大多不爱和人沟通交流，要想获得残疾人社会服务意愿的真实数据需要对残疾人心理进行探析，并做长期沟通，以消除调研障碍。对于重度残疾和听力残疾的人群进行调研时，需要相关专业机构和专业人员的支持与配合。第三，体系构建困难。要建立完善的、科学的、符合我国国情的残疾人社会服务体系，需要综合各学科知识，进行跨领域研究，其中包括医学、经济学、社会学、管理学、伦理学、心理学等。另外，要查阅大量现有政府各级机关文件和政策进行制度衔接和整合，在资料收集过程中工程量巨大。所以，残疾人社会服务体系构建的复杂性成为研究的又一难点。

第二章 发展型社会政策与残疾人社会服务的逻辑联系

发展既是过程，亦是结果。发展型社会政策就是运用社会发展的理念工具来实现社会发展之价值目的，实现过程和结果的统一。发展之目的包含了物质需求的满足、精神世界的富足、个人能力的提升、社会公平的实现、公共资源的共享和公民权利的达成，也包括了贫困人口、边缘人群、弱势群体的自我价值实现。在此，发展被看作一种"乌托邦"，发展型社会政策就是把这个"乌托邦"变为现实的工具。残疾人作为特殊群体具有比正常人更为迫切的发展需求，残疾人发展对于社会发展具有更为深远的意义。不同的经济社会发展水平决定了残疾人发展价值和目标的差异性。在经济飞速发展和价值多元的时代，残疾人发展体现出更高的诉求。此时，需要通过具有宏观价值意义的社会政策对残疾人发展进行理论指导和政策设计，形成具体化考量指标，并通过实践工具将发展目标实现。发展型社会政策和残疾人社会服务从其价值、对象、内容和目标等方面均具备链合特质，将发展型社会政策宏观价值嵌入残疾人社会服务也有其合理的内在逻辑，二者的有机结合使残疾人发展的实现具备了宏观指导和微观工具的逻辑基础。

本章对发展型社会政策的理论内核进行提炼，将其宏观价值导入残疾人发展的实践中，在宏观价值的分析中探索出微观价值，并把微观价值作为残疾人社会服务理论基础；通过社会服务的导入让残疾人发展的实现具备可操作性工具；通过寻找发展型社会政策和残疾人社会服务发展不同维度的契合，发现二者内在逻辑，在四维一体社会服务分析框架中将发展型社会政策与残疾人发展有机结合。

第一节 发展型社会政策的理论内核：包容性、投资性与积极性

近年来，继剩余型福利和制度型福利之后，发展型社会福利以一种独立的社会政策模式开始逐步形成自己的思想体系和价值理念，并指导着微观层面的政策操作。发展型社会政策正处于发展的初期，并未形成相对统一的、完善的理论体系，更多的是一些宏观理论层面的价值探讨，在微观操作层面的经验和规范运用还处于萌芽阶段。究其主要的宏观理论内核主要包括：包容性、投资性和积极性。

一、包容性：更为宽容的价值体现

（一）"第三条道路"：一种包容的政策框架

20世纪中叶社会公民权的提出，为福利国家的建立找到了理论依据。在二战后的几十年间，欧洲福利国家经历了风光的"黄金时代"。随着福利国家危机的出现，福利国家在福利发展进程中逐渐出现了福利理念的分野。以瑞典和挪威为代表的斯堪的纳维亚国家坚持走古典社会民主主义道路，以英国和美国为首的自由主义国家开始向新自由主义道路迈进。

古典社会民主主义对自由主义所倡导的放任福利观始终保持诟病。古典社会民主主义的倡导者一直是公民社会权利的坚实捍卫者，并随福利国家的建立和发展使公民权演进达到顶峰。在福利国家，公民具有社会公民身份，社会福利和社会服务的分配具有普遍意义。政府广泛而深入地参与到公民经济生活和社会生活中，以公民资格为标准，不论身份、职业、性别和年龄，提供覆盖全民的普惠型社会福利，反对使用"家计调查"来对不同社会群体"贴标签"。在高标准福利供给水平上，追求强烈的平等主义，力求创造更加平等的社会。不仅福利供给水平方面，在福利供给内容方面，古典社会民主主义的倡导者始终坚持多方位的福利国家理念，保护公民"从摇篮到坟墓"。从高额的社会救济金到细致入微的社会服务，北欧福利国家的社会福利政策涵盖了生育、医疗、住房、教育、家庭服务等各个领域，实现了内容上的全覆盖。将现金救济和服务提供相结合的方式更是从内容方面提高了社会福利水平。古典社会民主主义在集体主义意识形态中寻求政府的绝对责任。政府在社会福利供给方面承担主体责任，对公民社会具有支配地位。政府将零散的和市场提供低效的社会服务项目和公共服务产品供给作为义务。一方面，在福利供给中限制市场作用，反对混合经济和以社会为主的供给方式。不断强化政府对个人、家庭和社会的责任。另一方面，对慈善组织持保留态度。古典社会民主主义的倡导者认为与政府负责的社会服务组织相比，慈善组织呈现出非专业、管理差、效率低的特点，在社会福利供给时更倾向于政府负责的方式。北欧福利国家的高福利需要靠高税收来维持。在这些国家，受慈善不专业和服务不收费的影响，对高额福利的支出只能靠高额税收来实现。税收的保证则要依靠高就业率来维持，这又对福利支出的使用效果提出更高要求。

新自由主义是在自由主义基础上发展起来的另一种形式的"市场原教旨主义"。同样是强调市场的绝对力量，新自由主义在市场的发育中增添了政府的应有作用和地位，走"控制式"个人主义道路。以英国为代表的新自由主义的倡导者，战后在《贝弗里奇报告》指引下，实现了到福利国家的顺利转型，在经历了福利国家危机后，开始进行大刀阔斧的撒切尔改革，从古典社会民主主义走向了新自由主义。从表面上看，改革只是福利水平的降低、福利覆盖面的减少和福利内容的削减，然而，从本质上看，却是对社会福利的公共安全网功能认识的彻底改变。社会福利作为公共安全网不是社会平等的体现，而是对市场机制漏洞的补充，福利的提供应该是经济增长和市场引导。所以，新自由主义倡导的是通过经济个人主义，由公民自身通过财富积累和市场行为实现福利的供给。在反集体主义(Anti-collectivist)意识形态基础上建立的普惠型社会福利是对个人和家庭保障功能不足的有效补充，虽具有普及性，但却属于基础型，不具有优质性。新自由主义的拥护者认为国家对福利的全权供给是对个人自由的侵蚀，对市场发展的威胁，所以坚决反对由国家和政府对福利全面供给，主张通过经济组织、慈善组织、个人和家庭发挥自主作用，在残补式社会福利模式下提供福利，走一条福利多元主义(Welfare pluralism)道路。在福利供给方面，提供丰富的多样化工具，除了服务和现金补助外，实物供给、福利券、扣抵税额等方式大行其道，弗里德曼提出的负所得税和教育券就是典型代表。

在意识形态、平等观和福利功能上的巨大差异让古典社会民主主义和新自由主义看上去水火不容。然而，从最初时期(即18世纪晚期)以来，"左"和"右"之间的划分一直都很模糊、很令人困惑，一直都需要廓清。但是，这种划分始终顽固地存在着，从来都没有消失[①]。吉登斯"第三条道路"框架的提出，似乎为"左"和"右"之争另辟蹊径。第三条道路的出现旨在以一种新的社会政策范式超越"左与右"，实则以一种包容的姿态整合"左与右"。该框架从三个方面对"左与右"进行包容：其一，民主制度的民主化。新自由主义的倡导者主张缩小政府，而古典社会民主主义的倡导者推崇放大政府，第三条道路则强调包容两派重构国家。一方面，让民主制度更加保护个人自由，真正体现民主制度中的民主意愿，充分发挥个人的积极作用。另一方面，扩大政府控制领域的透明性和监督力度，提升政府的公信力和治理效能。在福利供给中既激发个人和社会供给的动力，也体现政府的透明度和能力。其二，具有包容性的平等。新自由主义的倡导者主张社会分层，而古典社会民主主义的倡导者推崇全面平等。极端的个人主义和社会分层是对公共空间和社会团结的威胁，由此产生的社会排斥和社会分化将造成社会资源的巨大浪费和社会不公，反而会制约经济发展。福利制度只有包容全体国民，才能尽量避免社会分化，实现社会平等。在全面福利供给的基础上，激发个人潜力，弱化福利依赖，将发展和平等包容到社会政策中，以实现真正意义平等。其三，公民社会的复兴。新自由主义的倡导者将福利供给托付给社会和个人，古典社会民主主义的倡导者对慈善主义不屑一顾。第三条道路中公民权利意识的崛起和公民社会的复兴形成了作为合作伙伴的政府和公民社会。以社区为平台，通过激发地方的主动性而实现社区复兴。同时，大量的第三部门介入，成为政府社会服务的承包方和实践者，并强化政府的监督角色和财政主体角色。税收、付费和捐赠的多元结合，为公民社会的复兴带来福利财政的富裕。综合而论，第三条道路的包容性是对"左与右"思潮的包容，也是对"左与右"福利思想在福利分配、福利供给、福利输送和福利财务各方面的具体包容，这是一种具有较强适应性和包容性的嵌入式政策框架。

(二)经济与社会的包容：一条可持续发展之路

发展在很长一段时间内被大多数人认为只是经济的发展，只要经济发展就能解决一切问题，社会的发展会随经济增长自然出现，持这种观点的主要是自由主义者。在经历了

---

① 【英】安东尼·吉登斯：第三条道路：社会民主主义的复兴，北京：北京大学出版社，2000年，第40页。

福利国家"黄金时代"后，大多数福利国家开始出现经济危机和财政危机，有些学者将其归因于社会福利支出的激增和社会生产力的下降。为此，新自由主义学派在美国和英国走上政治舞台后，极力主张限制政府行为和政府福利支出，以保障经济增长。他们的理由在于：其一，社会福利的支出减少了储蓄，因此限制了用以投资和发展经济的资本。为了证明这个观点，哈佛大学费尔德斯坦（Feldstein）教授用非常复杂的计量经济学模型阐释了自己的论点。他认为，社会保障会危害经济发展。另外，随着人口结构发生巨大变化，社会老龄化危机突出，养老福利支出将不断增加，势必对经济的增长带来阻碍作用。其二，由于社会保障降低了工作的积极性，因此也给经济发展带来负面的影响。政府通过慷慨的社会福利计划，消减了人们工作的动力，也削弱了经济发展的基础。另外，向企业和个人征收高额的工资税，扭曲了劳动力市场，对企业发展和个人就业产生了消极影响，不利于经济的发展[①]。

里根和撒切尔认为，福利国家的高额税率和庞大的社会保障项目让人们失去了工作动力和投资信心，增加了结构性失业，是经济下行的主要动因。为此，美英两国于20世纪80年代开始实施"拆散福利国家"计划。该计划以一种紧缩的逻辑，通过制度性紧缩和项目性紧缩来化解福利国家危机。制度性紧缩通过财政支出控制，大众偏好引导，修正政治制度，削弱利益群体力量的方式实现福利财政的紧缩愿景。项目性紧缩是支出削减或者福利国家项目重新调整的结果[②]。撒切尔政府认为，福利的主体责任应该由政府和个人共同承担，然而福利国家过度强调政府责任导致政府和个人间权利义务模糊化。于是，撒切尔政府提出了"一揽子"改革方案：降低短期津贴的给付标准；让雇主及个人承担更多的福利责任；从普遍性原则向选择性原则变化；推进社会保障的市场化，包括住房市场化、医疗保健制度市场化（内部市场化）和养老金的市场化；降低国家养老金的待遇水平（与价格而非工资水平挂钩），鼓励发展替代性的职业养老金和私人养老金。里根从1981年开始进行社会保障制度的改革。改革的主要内容有：增加工薪社会保障税；暂停浮动制社会保障金制度；对领取老年、残疾、遗族保险金过多者征税；延迟退休年龄至66岁；从1990年开始，领取津贴资格为纳税工龄20年；削减对抚养未成年儿童家庭补助项目；减少在医疗补助方面联邦对州的补贴；取消大部分联邦建房补贴。由此可见，英美两国的紧缩政策主要表现为制度性紧缩和项目性紧缩。从紧缩政策的效果来看，英国在项目性紧缩方面获得了更多的成功，特别是在住房和养老金领域。美国在制度性紧缩方面较为成功，主要表现在限制政府征税能力和地方分权方面。（见表2-1）

表2-1 英、美项目性紧缩比较

紧缩类型	英国	美国
养老保险	高	低
住房	高	高

---

① 【英】安东尼·哈尔，【美】詹姆斯·梅志里：发展型社会政策，罗敏，等译，北京：社会科学文献出版社，2006年，第305-306页。
② 【英】保罗·皮尔逊：拆散福利国家：里根、撒切尔和紧缩政治学，舒绍福，译，长春：吉林出版集团，2007年，第5-6页。

续表

紧缩类型	英国	美国
收入支持	低	低
保健	低	低/中等
无生活能力/疾病	低/中等	低/中等

资料来源：【英】保罗·皮尔逊：拆散福利国家：里根、撒切尔和紧缩政治学. 长春：吉林出版集团，2007年，第198页。

改革后的美国和英国虽实现经济发展，总体上看居民生活水平较高，但却带来了巨大的社会不公、贫富差距日益严重，生活在官方贫困线下的人口比例大量增长。米奇利以美国密西西比河三角洲地区为例进行了说明，虽然该地区工业、农业发达，经济发展明显，但是贫困水平全国最高，其中婴儿的死亡率超过许多第三世界国家。这种经济发展伴随着贫穷和社会疏忽，并未带来相应程度的社会进步的现象被称为扭曲发展（Distorted Development）。其通常情况是社会财富和收入分配明显有所倾斜，巨富与赤贫共存，社会福利投入低，失业率高居不下[1]。不但经济发达国家存在扭曲发展，一些经济飞速发展的拉丁美洲国家、亚洲和非洲国家的扭曲发展现象更为严重，例如纳米比亚和加蓬，一边是经济的快速发展，另一边则是基本生活条件恶劣与社会参与受限。反而是另一些重视经济和社会协调发展的国家，通过人力资源和社会资本投入，加大对医疗、社会服务的支出，得到了较为全面的发展，公民享受到了较高的生活水准和较为公平的社会地位。这样的国家有奥地利、瑞典、瑞士等欧洲先发国家，也有哥斯达黎加、新加坡等后发国家。

是否真如自由市场经济逻辑所描述的：社会福利的投入将会降低财富创造者积极性，降低生产率，从而降低经济增长速度。这亦是新自由主义当政者推行紧缩福利政策的逻辑。Lindert通过对OECD国家近100年的社会性转移支付数据的研究打破了这一神话。他认为，社会性转移支付以及为提供这种支付而发生的税收，其净国民成本（The Net National Costs）从根本上讲为零。换句话说，社会性转移支付是免费午餐[2]。Lindert以瑞典为范例，指出瑞典所遇到的福利国家危机并非由福利国家模式失败而导致，而是因为政府在宏观经济政策指导方面的失误，是财政政策和货币政策实施不当的后果。此后，瑞典在调整经济政策后，依然遵循原有福利国家模式，并始终创造着辉煌。Lindert在宏大历史数据的力证下为我们坚定了福利国家福利投入的信念：福利开支不会影响经济增长；公平与效率可以兼得；经济发展和社会发展可以包容。

然而，传统的社会政策模型并没有将经济发展直接嵌入，无论是剩余型模型还是制度型模型均未对经济和社会发展提出包容性方案。随着发展型社会政策模型的提出，关注焦点从补偿转向了发展，从矛盾转向了包容。米奇利提出了社会发展观点，他认为，社会发展能包容多种因素，顾及全民利益，能使社会发展和经济发展达成协调，社会发展的定义就是与经济发展的动态过程一起协同促进人类福利的过程[3]。发展型社会政策要

---

[1] 【美】詹姆斯·米奇利：社会发展：社会福利视角下的发展观，苗正民，译，上海：上海人民出版社，2009年，第5页。
[2] 张秀兰，等：中国发展型社会政策论纲，北京：中国劳动社会保障出版社，2007年，第251页。
[3] 【美】詹姆斯·米奇利：社会发展：社会福利视角下的发展观，苗正民，译，上海：上海人民出版社，2009年，第9页。

实现可持续性包容就必须建构包容的政策架构。首先，继续完善以制度主义为理念切入的政府主导模式。通过政府建立以生产为目的而非消费为目的的社会福利项目，并以制度和法律形式确定下来。另外，根据社会经济条件调整社会政策时，调整人们对高额福利补贴和福利依赖的心理预期。社会福利从某种意义上来说，是一种心理状态。这种状态调节的成功与否将决定人们对福利制度安排的期望和效果。其次，以经济发展和福利满足共同实现为目的设计科学的福利项目。要实现经济和社会发展的包容就要强调二者的同步性。在设计福利政策时需要进行投资收益核算，对福利效果进行评估分析，对福利项目的回报进行科学测算，其中包容性成效最明显的当属人力资本投资。从经济回报角度看，人力资本投资所带来的收益远超物质资本投资，并且具有长期增值性。从福利效益角度看，人力资本投资分散到教育、医疗、家庭等社会政策领域，提高了社会政策和社会服务的福利效能。最后，积极鼓励民众参与经济与社会发展建设过程，激发持续内驱力。被动的福利接受只会造成经济的纯损耗，要实现社会转移性支付对经济增长的贡献就必须培育福利接受者的能力，变补偿导向为能力导向。在强调公民社会权利的同时，重视公民社会责任，倡导个人、社会和国家的通力合作。另外，提倡进行弱势群体的资产建设，让公民成为经济的主体，主动地参与经济发展和社会建设，以实现经济独立、生活保障、能力提升的个人包容性发展。总之，发展型社会政策是以政府为主导，包容个人和社会的政策模型；是以个人能力发展为导向，包容资本积累和个人发展的可持续性策略；是以经济发展为诉求，包容经济增长和福利获取的可持续性发展模式。

（三）全民的包容：一种更为公平的福利观

发展型社会政策可以理解为具备包容性发展（Inclusive development）特质的社会政策模式。该模式并非制度模式的简单继承，而是在追求形式公平基础上对实质公平的体现。包容性发展的逻辑起点是参与主体和受益主体的全民性，反映在社会福利供给方面则是福利接受和福利参与的公平性。

全民的包容并非同一标准的包容。不同经济社会的发展历史总会在地理区域间和公民群体间形成福利获取的差异性，这导致弱势地区和弱势群体的福利弱势形成。此时，若以制度化的统一标准进行福利供给，一味弱化群体和地区差异将会造成"包容性异化"，有违公平之初衷。弱势究其根本就是在享受和普通民众同一福利标准时所产生的障碍。社会的理念建构和物质环境建设是按主流社会群体需求来设计的，弱势群体在融入主流体系时，成本增加和障碍壁垒，无疑造成了同一标准下的不公平产生。残疾人在人类社会发展过程中始终是典型的弱势群体。在以健全人价值判断为依据的人居环境中，残疾人在出行、阅读、交流等方面均受到阻碍。一方面，应享受的全民性福利由于身体障碍而相隔甚远；另一方面，划一性的社会福利差异性体现不足，影响福利效果的公平性。发展型社会政策中包容性发展的特质就是关注包括弱势群体在内的所有国民的实际需求、可行能力、发展环境与机会以及利益分配，追求经济、社会和政治的全面协调发展[①]。其中，对弱势群体的关注和重视对包容性发展起决定性作用。弱势群体融入主

---

① 高传胜：论包容性发展的理论内核，南京大学学报（哲学·人文科学·社会科学），2012 年第 1 期。

流社会的程度,分享发展成果的便利性和福利获得的特殊照顾将是全民性包容的重要标志。全面性包容是一种特殊性和同一性统一的包容。弱势群体除了享受同一的社会福利外,还应该享受特殊福利补贴、公共设施保障和社会服务供给。其中最能体现包容性效果的就是社会服务,社会服务可以从根本上改变弱势群体在分享福利时的不公平效果,以实现真正的全民包容。

另外,全民的包容是一种内驱力的形成。诺贝尔奖获得者阿马蒂亚·森对印度克拉拉邦居民和非洲裔美国居民进行比较研究时发现,虽然非洲裔美国居民的经济收入和物质生活条件远远超过印度克拉拉邦居民,但死亡率却高于克拉拉邦居民,在参与社会资源分配和主动权获得方面也缺乏支持,真正公平的社会福利并未完全体现。这就说明,经济收入和全民真正的包容并非具有同一性,同样的情况在中国、哥斯达黎加和一些非洲国家也进一步得到了证实。所以,要实现发展就需要实现人们真正的自由和公平。阿马蒂亚·森认为发展是扩展自由的一个过程,自由不仅是发展的首要目的,也是发展的主要手段[1]。自由本身具有价值,发挥着"建构性(Constitutive)"作用和工具性作用。自由的建构性作用旨在通过发展实现基本自由,因此,发展的过程就是扩展自由的过程;自由的工具性是实现人类各种权利、机会和权益的一般自由,为经济而服务。促进发展的五种重要工具性自由:政治自由(以言论民主和自由选举的形式)、经济条件(以参与贸易和生产的机会的形式)、社会机会、透明性担保以及防护性保障。不同类型的自由可以相互增强,五种工具性自由相互补充[2]。自由的实现过程也是人们能力提升的过程,这一过程具有包容性。个人被看作是参与变化的能动的主体,而不是分配给他们的利益的被动的接受者[3]。故而,个人应该是一个被充分赋予权利的主体,具有强大内驱力的主体。发展则可以被看作是扩展人们能力、权利和自由的一个过程,这与单纯将经济增长看成发展的狭隘发展观不一致。经济增长应该被当作为个人扩展自由和权利的工具和手段。发展要求消除阻碍和限制人们自由和发展的主要因素,如贫困、政治机会匮乏、社会参与困难、社会排斥等。例如,失业导致的社会排斥,使人们丧失自立和自信,影响社会参与。市场以增加收入和财富的方式使人们拥有机会,收入减少就意味着自由的丧失。限制市场机会则是限制实质自由的扩展,要实现自由的扩展就要实现市场体系的全面繁荣。因此,在福利评价方面,阿马蒂亚·森认为福利的基础既不是福利主义者声称的效用,也不是罗尔斯所要求的基本物品,而是一个人选择有理由珍视的生活的实质自由——可行能力。"一个人的可行能力指的是此人有可能实现的、各种可能的功能性活动组合。可行能力因此是一种自由,是实现各种可能的功能性活动组合的实质自由"[4]。同理,可行能力也是包容性发展的基础,这种包容是通过自由的获得和内驱力的形成而实现的,这将是更公平和包容的福利观。

---

[1] 【印度】阿马蒂亚·森:以自由看待发展,北京:中国人民大学出版社,2012年,第7页。
[2] 【印度】阿马蒂亚·森:以自由看待发展,北京:中国人民大学出版社,2012年,第4页。
[3] 【印度】阿马蒂亚·森:以自由看待发展,北京:中国人民大学出版社,2012年,第24页。
[4] 【印度】阿马蒂亚·森:以自由看待发展,北京:中国人民大学出版社,2012年,第62-63页。

二、投资性：更重视福利回报的价值取向

(一)社会投资型国家：福利国家的华丽转身

战后福利国家的产生是应对早期现代性风险的产物。这种传统风险属于生活风险或外部风险，包括出生、疾病、养老、贫困和失业，福利国家通过财富积累和转移支付实现风险的分担和福利供给。然而，随着风险社会的到来，出现风险分配逻辑悖论，统治者的风险下沉安排和风险分散实然形成背反。风险被分配到所有社会阶层，其等级式阶级分配逻辑将被打乱[1]。风险社会中身份和阶级社会结构瓦解，伴随着家庭模式、婚姻形态、就业模式的重塑。个体化和去标准化成为风险社会的特征，表现在就业体系方面就是从终身的单一场所里的全职工作，到充满风险的灵活、多元和分散的转变[2]。福利国家在以传统社会保障手段来应对技术变革、环境污染、产业结构调整和家庭结构变化的新风险时显得力不从心。吉登斯认为，福利国家目前面临的问题不应该被视为财政危机，而是风险管理的危机[3]。可见，风险社会的到来改变了传统福利国家存在的基础。

为了应对危机，从20世纪末开始，OECD(1996)、吉登斯(1998)、埃斯平-安德森(2002)和罗德里格斯(2003)提出"社会发展"(Social Development)、"发展的福利国家"(Developmental Welfare State)、"社会投资国家"(Social Investment State)、"能促国家"(The Enabling State)和"包容自由主义"(Inclusive Liberalism)，所有这些政策分析都基于"社会投资"的逻辑起点[4]。其中，尤以吉登斯"第三条道路"中提出的社会投资国家最具代表性。他认为，为了取代"福利国家"这个概念，我们应当提出"社会投资国家"这个概念，这一概念适用于一个推行积极福利政策的社会，福利供给的重组应当与积极发展公民社会结合起来[5]。福利的给予不再是直接的货币或利益补偿，而是转为以教育和培训为方式的人力资源为主。投资的主体以政府主导，引入多元主体投资，将福利看作是对人的投资、经济的投资和公平的投资。此时，经济与福利之间的界限被重新定义，福利不再被单纯视为是反生产性的政策，而是具有生产性。这种生产性与东亚生产型福利国家(Productivist Welfare State)虽说都将重点放到人力资源投资方面，但东亚国家的生产性依然表现为经济发展的主导性和社会福利的从属性。然则，欧洲社会投资国家的主要目标之一是减少贫困间的代际转移，同时促进代际知识传递。政策重点在强调促进机会公平的同时，也包括经济和就业增长。

社会投资型国家与传统社会福利国家相比，具有突出特点：其一，社会对经济的投资，形成目标间的良性循环。传统福利国家认为社会福利支出是对经济增长的纯损耗，其原因在于以一种静态的福利投入和短期的眼光来看待，并非用投资理念作为其逻辑起点。社会投资型国家则将社会福利投入看作具有"生产性"性质的投资，并用动态的眼

---

[1] 【德】乌尔里希·贝克，等：自由与资本主义，路国林，译，杭州：浙江人民出版社，2001年，第138页。
[2] 【德】乌尔里希·贝克：世界风险社会，吴英姿，等译，南京：南京大学出版社，2004年，第15页。
[3] 【英】安东尼·吉登斯：超越左和右——激进政治的未来，北京：中国社会科学出版社，2000年，第187页。
[4] Nathalie Morel，Bruno Palier，Joakim Palme. Towards a Social Investment Welfare State? ——Ideas, policies and challenges, Chicago：The Policy Press，2012：1.
[5] 【德】安东尼·吉登斯：第三条道路：社会民主主义的复兴，北京：北京大学出版社，2000年，第122页。

光来衡量其对经济和社会的投资回报。这种投资的主要表现形式就是对人力资本和社会资本的投资，通过投资以实现对经济和社会的推动作用，又通过经济发展增加对社会福利的投入。其二，国家对风险的投资，形成危机应对的良性机制。风险社会的社会福利已经不能仅仅停留在被动的、给付的社会救助供给方式，而是应该以更为主动的姿态，投入到未知的风险中，化解风险管理危机。危机意味着危险和机遇并存，这也是后工业社会的主要特征之一。政府应该站在宏观角度对国家和个人能力进行投资，也即赋权（Empowerment），提升个人能力和发展动力，以积极方式应对危机，形成个人能力提升。欧洲社会投资国家在注重所得保障策略的同时，平衡劳动市场弹性化及所得安全化；侧重对生命历程概念的应用，着眼未来；强化对家庭政策的投资，平衡工作与家庭责任，并提高女性劳动参与率。其三，多元主体对社会的投资，实现从福利国家向"福利社会"的转变。传统福利国家危机的主要原因在于，单一主体责任对复杂变化的社会已经不能适应，不定因素的增加和风险的加大，超出了单一责任主体负担的范围。从消极社会向积极社会的转变，是政府一元和市场一元的否定和综合，单一主体责任将由多元主体的责任共担取代。以政府、市场、非营利组织、家庭和个人共同构成的横向多元主体，在基层、中央和全球层面构成纵向多元主体，横纵主体的交错共同构成风险分担网络。以风险分担促进责任意识增强，培育多元主体对社会投资，加强社会信任和社会团结。逐步形成由政府主导，横纵多元责任主体构成，更多福利对象参与的"福利社会"。

（二）投资社会：社会投资国家的逻辑出发点

20世纪30年代，阿尔瓦（Alva）和贡纳尔·缪尔达尔（Gunnar Myrdal）在瑞典提出将社会政策视为一种投资，而不是成本支出的理念，并在《人口问题的危机》中进行论述，形成了早期的社会投资逻辑。1998年，社会投资被作为社会政策的战略在欧洲被提出。2000年，"里斯本战略"明确提出社会投资政策应将经济、社会、就业政策整合，并互相强化[1]。2013年初欧盟启动了社会投资政策，其核心内涵是：以最好的能力积极地参加社会和经济建设发展，创造一个更智能、可持续和包容性增长的欧洲。社会投资通常指增加全社会的人力和社会资本，增强人们目前和未来的技术和能力，让人们贮备具有预防或者对抗其人生所经历的风险的能量，使其在需要的时候能够释放出来。社会投资涉及到投资劳动力和社会服务，并且和社会政策的其他一些领域相关[2]。社会投资的目标是进行社会风险管理，解决社会结构矛盾，促进知识经济发展，调和经济与社会矛盾。

社会投资首先是对人力资本的投资。在知识经济时代，教育和培训的投资能有效提高以第三产业为基础，以信息和知识经济相匹配的技能。欧洲的经验已经证明了教育是拉动GDP增长的核心变量[3]，人力资本投资是高就业率的重要保障[4]。在法定教育机构获得的学历和技能，需要通过科学性、合理性和适应性较强的教学方法和教学目标，来保

---

[1] European Commission. Report of the High Level Group on the Future of Social Policy in an Enlarged European Union, Report of the High Level Group, 2004, http://www.pedz.uni-mannheim.de/daten/edz-fd/gds/hlg_social_elarg_en.pdf.
[2] 潘屹：社会福利制度的效益与可持续——欧盟社会投资政策的解读与借鉴，社会科学，2013年第12期。
[3] Lindh Thomas, Joakim Palme. Sustainable Policies in an Ageing Europe.Stockholm: Institute for Futures Studies, Research Report Series, 2006: 180.
[4] Nathalie Morel, Bruno Palier, Joakim Palme. Towards a Social Investment Welfare State? ——Ideas, policies and challenges, Chicago: The Policy Press, 2012: 205-234.

证教学质量。另外，对人力资本的投资还包括早期的幼儿教育、在职培训、再就业培训等内容，投资的过程贯穿于整个有效生命周期。英国新工党可谓"终身教育典范"，其教育政策和计划涵盖了从婴幼儿护理看护、学前教育、基础教育、高等教育、岗位培训和职业教育在内的各阶段教育，也涵盖了贫困家庭子女、家庭妇女、残障人士等特殊群体。对人力资本的投资还包括了保障投资质量的保障性措施，比如医疗保障、康复计划、失业保险、培训福利、积极的劳动市场和劳动政策等。在家庭投资方面，政府通过政策扶持帮助家庭妇女以全职或兼职的形式进入劳动力市场，并通过托儿服务和家庭服务缓解劳动者的家庭负担，积极投入工作，构建生产和再生产的和谐关系。对幼儿的早期教育介入也有助于促进幼儿认知发展，保证在早期获得社会平等机会，促进社会公平。人力资本投资是社会投资国家的逻辑支点，依靠能力提升和资源保障两只手可以促进人力资源和劳动力市场的匹配。工作—家庭平衡模式，提高就业水平，"激活"人民劳动力，促进更灵活的劳动力市场成为人力资本投资的关键词。

社会投资在进行人力资本投资的同时也实现了对社会资本的投资。自由主义思想主导的社会更注重个人能力的发挥，功利主义色彩浓厚。而"第三条道路"思想强调集体主义理念对社会的整合和社会团结的追求。社会投资中人力资本投资内容以能力提升为重点，其中就包括人际技能，这是个人社会资本积累的重要技能。另外，工作—家庭平衡模式调和了企业与劳动者、家庭和个人、社区和个人之间的关系，改善了人际关系，有利于社会团结，对社会资本的形成起到了促进作用。可见，人力资本投资的同时也是对社会资本的投资。从经济与社会的关系看，社会投资有助于经济发展。研究表明通过社区整合能有效促进经济发展。罗伯特·普特南（Robert Putnam）和同事在意大利的研究发现社会团结的社区比社会整合程度低的社区经济增长速度更快。这说明社会整合程度与经济增长率呈正相关关系，社会整合项目将有助于经济发展。如何通过社会资本的形成来促进经济发展，米奇利认为，由社区工作者联合政策制定者和当地经济发展专家，建立由社区特殊群体（特别是妇女和低收入者）组成的实体，鼓励社区内的企业，扶持建立当地社区发展代理，帮助建立就业支持网络，并吸引外来投资促进当地经济发展[①]。社区项目是社会资本形成的载体，通过对社区项目的投资将居民、社会组织、政府部门和营利企业有效连接，形成社会资本网，最终实现对经济发展的贡献。

资产建设投资是一种将政府转移支付进行资产管理和投资的新型社会政策。美国的资产建设运动已经有几十年历史，直到迈克尔·谢诺登在《资产与穷人》中首次提出，资产建设才被当作社会政策的新范式被人们所逐步认可。谢诺登认为，以收入为基础的社会政策，主要依靠政府的转移支付对穷人进行生活救助，这种基于流动性的现金和服务支持只能通过不断的供给才能保证其正常生活水平，具有较强依赖性，不能产生持续性的福利效应。加之现有经济政策是对有产者的优惠，进一步拉大了贫富差距，形成福利陷阱。为此，谢诺登提出将政府转移支付的资金形成投资，建立穷人的资产账户，通过对个人、家庭和社区未来的长远规划，运用金融工具和税收政策优惠实现资产的保值增值，以期从根本上解决贫困问题。资产建设以个人发展账户为基础，通过政府按照一

---

① James Midgley. Growth, redistribution, and welfare: Toward social investment, The social service review, ProQuest Social Science Journals, 1999: 3.

定比例对个人和家庭的储蓄进行账户配比，将储蓄用于儿童教育和技能提升等具有发展功能的项目，以激发穷人的储蓄热情。在为期 7 年的"美国梦"资产建设示范工程中，参与者(主要是有工作的穷人和未婚女性)的收入位于贫困线附近。每个参与者配款率不同，配款时间也不等。配款个人每月必须制定储蓄目标并严格存款。7 年的资产建设工程构建了美国人个人发展账户，参与者增强了自信心和安全感，塑造了参与者规划生活的能力，自我控制力更强[1]。资产建设政策由包容性、累进性、连贯性和发展性四个核心原则构成。这是一个具有包容性目标，以资产为基础的政策，每个人都能参与其中，以进行资源投资和社会生活保障，政策支持从每个人出生时就开始，例如英国的儿童信托基金。从福利效应来看，资产建设所带来的效应包括：促进家庭稳定；创造未来取向；刺激其他资产的增值；促进专门化和专业化；提供承担风险的基础；增强个人效能；提高社会影响力；增加政治参与度；增加后代福利[2]。以资产为基础的政策很可能十分有效，可能取代社会保险在发达经济体政策中的主导地位。各类资产的账户都可以集成到一个单一的、多用途的政策体系中。每个人的资产账户都会从出生开始累计教育资金、住房资金、人寿保险资金、健康保险资金、医疗保健资金和退休资金。今后，个人账户还可以在地区和国家间通用。资产账户建设作为一项社会政策工具在从社会福利国家向社会投资国家的转型过程中发生历史性转变[3]。

三、积极性：责任和权利的平衡观

发展型社会政策有时也被称为积极的福利政策，由其积极性因素在社会发展福利政策中的决定性意义所决定。这种积极性不是由政府来全权包办，而是在政府的引导下，通过平衡政府、社会和个人之间的责任和权利做到福利供给主体和递送方式的多元化。积极性表现为多元的合作，强调自主与自我发展，变消极为积极，变被动为创造，以积极的个人和积极的政府实现积极的平等。

(一)积极的平等

理想的社会应该是个人的福利与社会的福利相整合，个人的福利实现不是以社会整体福利的损失为代价，穷人福利的获得不是以富人福利损失为转移，福利间的平等应该是能有效激发个人积极奋进而实现的穷人和富人间积极的平等。消极福利模式下，富人的一部分财产以税收的形式变为穷人或弱势群体的救助补贴，富人消极地接受财富的转移支付，穷人消极地接受由政府制定的补助标准享有救济权。这种看似平等的消极平等模式，一直是社会民主主义政党和自由主义政党争论的焦点，也是不同类型福利国家进行福利政策选择时的重要依据。然而，风险时代的到来并未将风险根据福利负担的付出而有所偏重，风险依然平等地降临到每个人头上。空气的污染、环境的恶化和极端事件的发生往往不分社会阶层、不分贫富地作用到每个个体。这种"厄运"是双方共同作用

---

[1] 【美】迈克尔·史乐山，邹莉：个人发展账户——"美国梦"示范工程，江苏社会科学，2005年第2期。
[2] 【美】迈克尔·谢诺登：资产与穷人：一项新的美国福利政策，北京：商务印书馆，2005年，第181页。
[3] Michael Sherraden: From the Social Welfare State to the Social Investment State, Shelterforce Online, http://www.nhi.org/online/issues/128/socialinvest.html.

造成的结果,但旧有风险和责任分担机制并未促成穷人行为方式的转变。所以,这种消极的平等观在某种程度上来说是对富人的不平等。此时,需要建立一种能动的平等模式(积极的平等模式),让该模式为富人与穷人间达成新契约提供基础,这是建立在生活方式变化基础上的"有组织的讨价还价"①,也是二者之间的心理平衡点。例如,在环境保护方面,遵循二者共同利益,提供有利于穷人生存和发展的再分配政策,改变其生活方式,以防止因生存而对环境造成的破坏。

"福利在本质上不是一个经济学的概念,而是一个心理学的概念,它关乎人的幸福。因此,经济上的利益或好处本身都不足以创造出幸福。②"人们逐渐认识到"福祉"或幸福的定义并非只停留于经济层面,它还关乎自尊、安全感和自我价值实现等心理因素。在风险社会,无论对于穷人还是富人,心理的满足都是短缺品,这种短缺不能从经济上给予补偿,通过消极追求物质平等只会进一步拉大差距。而这种源自内心的不平等,只有通过积极福利手段,积极的内心调适和激励来自发地克服。积极福利的目标培养"自发地带有目的的自我"(Autotelic Self),源自自尊的内在信心③。不论是穷人还是富人,幸福并不会因为贫富差距而带来差距。幸福的获取需要自我积极地面对社会差别,在积极的引导下主动融入社会,主动实现自我价值,在内心实现积极的平等。

另外,吉登斯的"第三条道路"将原有的平等观看作是静态、消极的,积极的平等观应该是具有包容性的。这种包容性意味着公民资格不仅在形式上,而且在生活的现实中同样拥有民事权利、政治权利以及相应义务,当然也意味着平等的机会和在公共生活中的平等参与。这不但是一种准入的机会,也是一种权利的真正拥有和平等的分享④。

(二)积极的公民

传统社会和现代社会的一个重要区别就在于传统社会以身份作为公民之间关系的象征,而现代社会则以契约作为公民之间关系的象征。传统社会公民的身份往往是既定的、消极的,现代社会公民具有了相当的自主权,特别到了后工业时代,公民社会的兴起唤起了一个积极公民时代。英国社会学家T.H.马歇尔提出公民身份是由公民权利(Civil Rights)、政治权利(Political Rights)和社会权利(Social Rights)所组成的复合范畴,明确了人们获得社会福利的正当权利,这也是福利国家能够进入"黄金时代"的理论基础。然而,随着福利危机的显现,这种不带有任何附带条件的单纯权利成为新自由主义者抨击的主要对象。只关注权利而忽视责任会让民众对福利产生依赖情绪,成为消极的公民。"第三条道路"在寻找个人与社会新型关系时,以"无责任即无权利"作为其座右铭,期望实现从消极公民向积极公民的转变,就是要强调公民的权利向权利与责任共存的转变。

积极的公民制度的建立并非是要对福利支出的简单削减,而是将福利支出更多地向培养公民能力、培育公民责任意识和积极心理方面倾斜。从政策角度看,积极的就业就是培育积极公民的最好途径,这包括了积极的就业培训制度和积极的就业市场管理制

---

① 【英】安东尼·吉登斯:超越左和右——激进政治的未来,北京:中国社会科学出版社,2000年,第203页。
② 【英】安东尼·吉登斯:第三条道路:社会民主主义的复兴,北京:北京大学出版社,2000年,第121页。
③ 【英】安东尼·吉登斯:超越左和右——激进政治的未来,北京:中国社会科学出版社,2000年,第201页。
④ 【英】安东尼·吉登斯:第三条道路:社会民主主义的复兴,北京:北京大学出版社,2000年,第107页。

度。积极的就业培训就是对劳动者进行人力资源投资，其中培训对象主要包括失业者、残疾人、老年人等，培训内容包括对劳动者技能和心理的培训。与消极福利无条件支付救助不同的是积极福利在支付救助补贴时，需要被救助者接受教育，在承担一定义务的情况下，救助权利的条件才具备；积极的就业市场管理制度主要是通过完善劳动保护制度、劳动力流动机制和劳动监察制度，开发就业岗位来实现充分就业，增强劳动者自信心和满足感，改善劳动者生活，进而增加税收，提升个人对社会的责任贡献度。英国前首相布莱尔是积极福利的忠实支持者，其在1998年的《福利的新契约》(A New Contract for Welfare)中明确了政府"以工作为中心重构福利国家"的目标，并一再强调权利和义务相统一。在新工党的政策中具有代表性的是青年就业新政计划(New Deal for Young People，NDYP)，该计划要求已享受6个月福利津贴的年轻人必须在下列四种方案中选择一种：全职教育；在私人领域就业享受每周60镑的退税；在志愿机构工作；或者在环保团队实习，如果拒绝工作将面临福利制裁。另外，还有针对单亲父母和残疾人的就业政策，主要宗旨均是以参加工作或培训来获得福利待遇。积极福利政策的实施培育了积极的个人，也使英国在2001年，自1975年后首次将失业人口降到100万以下[1]。

(三) 积极的政府

社会公民权理论明确了政府在福利国家社会福利供给中的主体责任。当然，从人道主义的角度出发，政府也有义务为养老、残疾、失业或受到社会风险波及的公民提供适当的支援。然而，政府提供的福利越来越多，越来越具体，参与的社会事务越来越繁杂，容易产生对效率的影响、民主的损害以及腐败的滋生。此时，福利国家政府充当了一个消极政府的角色。这是新自由主义对福利国家批判的又一主要原因。

发展型社会政策在"第三条道路"政治的指导下，走一条充分发挥政府作用的积极福利道路。积极政府并非反映在管辖的范围更宽、内容更多，而是表现在管理的能力和管理质量方面，它强调通过集体行动对社会经济进行有效的"上游干预"，这也是公民文化复兴的表现。在消极福利背景下，社会政策的制定模式是以"下游干预"的形式出现，这是一种被动的应急模式，其特征表现为效果差和成本高，政府的静态反应使政府表现低效。发展型社会政策将社会发展作为其福利政策的主要目标必将从长远来规划，而不是经济发展的短期效益。此时，政府的动态干预就显得尤为重要。政府应该积极介入社会的短期、中期和长期发展规划，对经济社会特征和现状进行充分分析并做出正确判断，积极整合社会各界资源提出科学的社会政策。积极的政府扮演了以下角色：其一，投资主体角色。从消极福利到积极福利，政府实现了从消极救助到积极投资的转变。积极投资以人力资本、社会资本和资产建设为主要方向，目的在于提升公民自身能力、加强社会融合、促进社会团结和实现公民的财富自由。在投资过程中，政府充当财政供给角色，在福利递送方面采取多元供给的方式，实现筹资递送相分离，以提升社会福利供给效能。其二，"扛旗者"身份。风险社会中风险共担的理念要求充分发挥各风险主体的优势力量，这同样需要靠政府积极地参与，以"扛旗者"的身份正确引导各主

---

[1] 【英】艾伦·迪肯：福利视角：思潮、意识形态及政策争论，上海：上海人民出版社，2011年，第107页。

体行为，以免因乌合之众造成资源的内耗。一方面，政府通过税收激励政策，唤起慈善主义，从筹资的角度吸引更多的社会资金参与社会建设；另一方面，政府通过有效的社会舆论导向，激发个人、营利组织和非营利组织参与社会事务，培育社会责任意识。其三，政策制定者身份。在发展型社会政策中政府虽然承担有限责任，但在各领域的政策制定方面依然发挥着主导作用，这种作用的发挥主要体现在政策制定的积极效果。在就业政策方面，偏重于劳动者技能的获得和就业意愿激发；在救助政策方面，倾向于彻底摆脱贫困的资产建设；在家庭政策方面，偏向于促进家庭和谐，提高家庭生产力和收入相结合的措施。

近年来，社会服务在北欧福利国家的兴起为积极政府改革提供了政策工具，通过社会服务供给为积极公民的塑造创造了条件。社会服务中对劳动力市场、儿童和家庭的社会投资，实现了人力资本的激活和储蓄，培养了人们进入劳动力市场的能力，增加了进入市场的机会。普遍意义的社会服务亦是对社会公平的有力维护。2013 年欧盟在社会政策的改革中提出"普遍利益社会服务"（Social Services of General Interest，SSGI）概念，倡导在整个欧洲建立起完善的社会服务管理条例和服务项目，以促进社会经济的发展[①]。社会服务已经在全球范围内成为推行发展型社会政策的重要工具。

第二节 以服务促发展：发展型社会政策与残疾人社会服务之关系辨析

我国已进入城乡社会保障制度全面并轨和衔接的时代，适度普惠型社会福利基本实现，公平和正义理念得到进一步体现。根据西方福利国家的发展经验，随着社会保障制度的不断健全和完善，仅靠资金投入的社会保障并不能很好提升民众的社会福祉水平，反而会产生"福利依赖"甚至"福利危机"。此时，若要规避社会保障投入对经济的纯损耗，实现社会和经济的协调发展，就必须充分重视社会服务。通过对社会服务的投入，可以满足民众差异化和个性化需求，提升民众的社会福利质量和满意度；可以充分实现民众增能和赋权，提升民众的自我能力，实现人力资源质量的提升和社会整合。通过社会服务对有限社会资源和人力资源质量的提升将有助于经济发展水平的提升，经济发展带来的财富积累反过来对社会福祉的实现又起直接推动作用。可以说，社会服务是打破社会福利发展瓶颈的关键工具，也是经济和社会协调发展固有矛盾的破解之道。然而，我国现有残疾人社会服务体系和框架建立在补缺型社会福利基础之上，缺少前瞻性、动态性和发展性视野，是一种被动和消极的剩余型社会服务，缺乏应有的科学理论指导。福利国家危机和欧洲新福利改革经验为政策设计者寻觅到发展型社会政策，作为现代社会发展的重要理论参考和研究范式。现代社会服务的发展性诉求和差异化需求，为残疾人社会服务和发展型社会政策提供了链合背景和愿景。社会服务的发展历程和发展型社会政策的发展趋势让二者在对象、内容、手段和功能等方面实现了全面链合。为

---

① Ulla Neergaard Erika Szyszczak, Johan Willem van de Gronden, Markus Krajewski. Social Services of General Interest in the EU, Hagne: T.M.C.Asser Press: 7.

了实现社会服务的发展目标和经济与社会共进，将发展型社会政策的价值理念嵌入社会服务始终，以构建现代社会服务体系，为我国在实施全面适度普惠型社会福利的前提下，及时规避福利国家危机，实现社会发展促进经济发展。

一、补缺：理论与工具的结合

(一) 残疾人社会服务特殊性分析

与其他弱势群体相比，残疾人群的特殊性显得尤为突出。首先，社会地位的特殊性。长期以来，受到个人模式理念的影响，残疾人一直被视为社会中的边缘群体，社会地位低下。政府政策制定和经济救助的长期缺失，使残疾人在经济收入、社会福利、生活条件等基本生存领域均落后于普通人。出于生存需要，残疾人不得不依附他人或从事卑微的职业以获取基本生存资料。于是，形成残疾人弱势的社会地位。其次，身体状态的差异性。按照我国《残疾人残疾分类和分级》，残疾人分为一级（极重度）、二级（重度）、三级（中度）和四级（轻度），不同等级代表了残疾人活动受限的程度差异。残疾人与普通人身体状态的差异决定了残疾人因生活不便带来的活动受限以及生活空间隔离。再次，生活需求的特殊性。残疾人经济收入水平较普通人偏低，需要更多的经济补贴以维持其正常的生活水平。因为残疾人身体的非健康状态，让残疾群体的医疗救治和康复服务需求较普通人更为频繁[①]。最后，残疾人个体的差异性。我国目前残疾人分为视力残疾、听力语言残疾、肢体残疾、智力残疾、精神残疾五类，不同的残疾类别需要不同的需求供给，特别在服务需求方面就形成了巨大的残疾人个体差异。

从残疾人群体的特殊性分析反映出，残疾人在社会服务方面的需求要超过普通人群，而且其服务也体现出差异性的特征。第一，服务具有社会性特征。残疾人社会偏见的形成在一定程度上是由于残疾人生存空间相对隔离，限制了人们对残疾人的接触和认识。通过政府、营利组织、非营利组织和志愿者的介入针对残疾人进行社会服务，可以加深社会对残疾人的了解，在一定程度上削弱认识偏见。第二，服务具有公益性特征。社会模式理念下残疾人产生的主要原因是社会障碍，所以消除残疾歧视，促进残疾人发展，是全社会的公益性行动。政府在其中起到主导作用，主要充当理念的倡导者、政策的制定者、资金的供给者、项目的发包者和项目的评估者等角色。所以，残疾人社会服务是在政府领导下，为了满足残疾人需求而提供的不以营利为目的的服务项目。第三，服务具有开发性特征。残疾人社会服务除了提供劳动性服务外，还需要通过公共设施建设、残疾辅具配置和居家环境改造帮助残疾人走出隔离空间，实现独立生活和自我发展。这些具有实物供给性质的服务项目充分开发了残疾人的能力，真正实现了残疾人赋

---

① 2013年度中国残疾人状况及小康进程监测报告显示：2013年全国残疾人家庭人均可支配收入为10 541.1元，仅是全国平均水平的56.2%。残疾人家庭恩格尔系数为48.5%，比全国居民家庭恩格尔系数36.2%高出12.3%，人均消费性支出排在前三位的依次是食品支出、医疗保健支出和居住支出。城镇残疾人家庭人均医疗保健支出为1789.4元，是全国城镇居民家庭人均医疗保健支出的1.6倍；农村残疾人家庭人均医疗保健支出为1032.8元，是全国农村居民家庭人均医疗保健支出的1.7倍。城镇残疾人家庭人均医疗保健支出占全部消费支出的比重为18.5%，比全国城镇居民平均水平高出12.3%；农村残疾人家庭人均医疗保健支出占全部消费支出的比重为17.8%，比全国农村居民平均水平高出8.5%。由此可见，残疾人的生活质量明显落后于全国水平，在可支配收入远低于全国平均水平的情况下，还要承担远高于全国水平的医疗保健开支。

权。第四，服务具有特殊性特征。老年人群体和儿童群体的社会服务偏重于包括生活服务、家庭服务、精神慰藉和护理服务在内的照护服务。而残疾人社会服务除了需要进行照护服务外，在康复服务和就业服务方面也有很大需求，更具有发展性特征。所以，残疾人服务的特殊性是发展型社会政策与残疾人社会服务相契合的重要原因。第五，服务具有个性化特征。与老年群体和儿童群体的同质性不同，不同的残疾类别和等级使得残疾人服务需求异质化特征明显。加之残疾人群体致残原因的多样性也决定了残疾人服务的个性化特征。所以，残疾人社会服务应根据个体差异进行能力测试、需求测评和结果评估，以提供科学的个性化服务。个性化服务也是对残疾人赋权，促进残疾人社会服务发展的有效路径。

(二) 残疾人社会服务与发展型社会政策的契合性分析

发展型社会政策实现了多元视角的统一，包括：过程性和结果性的统一；物质性和观念性的统一；建构性和工具性的统一；差异性和整体性的统一；干预性和包容性的统一；经济性和社会性的统一。社会发展是以发展为目标的政策过程和社会福利途径，旨在改变经济发展和社会发展之间不均衡的扭曲发展现象。该过程是社会福利得以实现、需求得以满足、机会得以提供、能力得以增强的过程。社会福利的实现途径最终以物质性和观念性的发展目标为最终追求，并整合以定量化为标准的物质需求目标和以定性化为标准的观念需求目标。发展可以被看作是扩展个人能力、权利和自由的一个过程，这与单纯将经济增长看成发展的狭隘发展观相异。经济增长应该被当作为个人扩展自由和权利的工具和手段。发展要求消除阻碍和限制个人自由、发展的主要因素，因此，发展本身具有价值，发挥着"建构性"作用和工具性作用。发展的建构性作用旨在通过发展扩展个人基本权利，工具性作用旨在实现人类各种权利、机会和权益的一般自由。社会发展倡导从人群和区域整体出发制定政策，并充分考虑个体的异质化特征，实施差别化政策；发展型社会政策的干预视角和预防策略需要政府的主动介入，由于社会发展所处的年代具有"多元化"特征，涉及主体多元、手段多元、学科领域多元，因此应具有包容性视角进行政策设计；社会发展本身就具有经济发展的要素，具有经济目标和社会目标相融合的双重目标。只有以社会发展为福利途径才能较好实现经济效益。

残疾人群体的特殊性使其社会服务具有社会性、公益性、开发性、特殊性和个性化的特征。残疾人社会服务的供给过程已非单纯意义上的温饱实现，而更倾向于具有发展和自我权利实现的功能。通过多元化和差异化服务供给，残疾人实现了社会融合和赋权增能，残疾人福利依赖程度降低，经济收入增加，对社会贡献度提高，从根本上促进了经济发展，具有经济目标和社会目标向融合发展的双重目的。可以说，残疾人社会服务与发展型社会政策在目标、手段和价值等渠道均具有高度契合性。

目前就我国而言，发展型社会政策更多的是一种宏观视角，强调从整体政策思路、社会整体发展角度和全体国民利益来解决社会福利供给问题，缺乏对发展型社会政策发展理念的微观操作指导；社会发展中对服务对象赋权需要理念和能力的内化服务，也需要外界的环境辅助和政策支持。然而，以投资为取向的发展型社会政策在提升残疾人群体福祉方面并未能充分满足现有需求和未来需求，因此需要建立以需求为导向的差异化政策工具；发展型社会政策只是社会资源分配的一种原则，具有特定的适应范围。然而，在实际研究中容易被泛化，在理论的运用中容易被简单化，并与作为人类福祉目标的社会发展相等同。这就需要合适的政策工具结合消费性和投资性两种社会资源，综合运用矫治性和发展性手段来实现发展的过程性和结果性相统一。所以，发展型社会政策需要政策工具，以充分实现其理念在社会中的实施。

社会服务在欧洲福利国家危机后经历了短暂的投入缩减，之后在向社会投资的转型中，不断加大资金投入，扩大服务对象，提升服务质量。根据欧洲1995年和2011年社会给付占GDP比重的对比研究，我们发现各国对社会服务领域的投入明显增加，不同福利体制下的社会支出比重均在不断增长，社会给付的社会服务导向性逐渐显现，社会投资中的社会服务比重不断上升，社会给付成为重点[1]。可以说，在福利国家社会服务实现了对象的全民化、服务供给主体的多元化、服务手段的预防化、服务价值的权利化和服务结果的高效化。社会服务开始在实际的操作过程中下意识的引入发展型社会政策相关理念。然而，长期以来我国残疾人社会服务并没有得到应有的重视，在政策实践中常被理解为民政系统的社会福利事业[2]。由于缺乏相应的理论指导，残疾人社会服务被认为是对需求的临时性应急满足，而没有形成稳定的预防性制度安排；服务供给由政府全权负责，治理思想体现不足，社会服务经常与公共服务混用；服务的目标呈现出补缺性和救济性，并未反映出社会服务的发展性和权利性需求。

社会发展理念和途径最早产生于第三世界国家。殖民地福利官员试图寻求能积极促进经济发展的社会服务模式，如西非的扫盲项目、儿童项目和青年项目。这就是发展性社会政策和社会服务相遇的雏形。当时的结合处于萌芽期，社会发展理论和现代社会服务体系均未建立，故而结合是短暂的、局部的，并未形成长效机制。随着福利国家向社会投资国家的转型，发展型社会政策理念成为时代主流，我国政府的相关政策理念也从中汲取养分，并形成自己的理论体系。然而理论体系过于宏观，缺乏相应工具提供可操作化路径。此时，以现代社会服务作为发展型社会政策的工具，具备了一定现实意义和理论意义。利用发展型社会政策的理论体系为残疾人社会服务的有效发展提供理论指导和政策向导，不但是理论的丰富和再发展，也为经济和社会的协调发展提供一条可行路径。

二、链合：发展型社会政策与残疾人社会服务的内生逻辑

（一）理念链合

发展型社会政策以集体主义和社群主义为共同理念。强调通过集体制度进行干预的必要性[3]，通过集体行动，有目的、有计划地解决社会问题，这与社会服务中服务给付形式的集体主义精神相链合。在集体制度的干预下，强调政府的主体责任义务和个人责任相统一。发展型社会政策通过发展的手段实现公平，通过社会政策实现经济发展，实现了工具性价值和终极性价值的统一。残疾人社会服务从其起源之初就融入了发展的观

---

[1] 梁誉：现金还是服务：欧洲福利国家社会给付模式的革新与启示，学习与实践，2014年第7期。
[2] 岳经纶：个人社会服务与福利国家：对我国社会保障制度的启示，学海，2010年第4期。
[3] 张秀兰，等：中国发展型社会政策论纲，北京：中国劳动社会保障出版社，2007年，第165页。

点，力图通过发展的手段以实现残疾群体走出弱势、走出贫困、融入社会。以发展的手段实现弱势群体公平和平等价值，体现了发展型社会政策与残疾人社会服务的工具性价值和终极性价值的链合；发展型社会政策是以能力培养和生活水平提升为目标的动态政策方法，最终以实现经济发展消除贫困。只有当经济政策和社会政策在动态的发展过程中和谐一致，贫困和社会剥夺问题才会得到最好的解决。

(二) 对象链合

发展型社会政策倡导社会福利的普惠性和包容性。从发展型社会政策在世界范围内的实践项目中，我们发现重点关注的对象主要集中于以下人群：儿童、妇女、老人、残疾人、失业者、移民，以及这些人群的家庭成员。对于这些对象的社会投资将会产生巨大的收益，能有效促进社会整合，降低社会排斥，减少社会贫困，减轻代际贫困。在普惠性和包容性框架内，除了关注那些最需要帮助和最脆弱的人群外，发展型社会政策还将社会福利的受益面扩大到全体公民，在对特殊群体进行功能补偿的同时，提升所有人的福利和能力。残疾人群体作为当今社会服务的主要群体，其发展表现出了从"残补型"向"制度型"的转变。与之不谋而合的是，残疾人社会服务的发展历程也经历了一个从残疾群体提供服务，到将服务对象扩展到残疾人家庭，以体现基本公民权利的过程。社会服务和发展型社会政策在对象方面均将重点帮扶对象放到了残疾人等群体身上，实现了二者的对象链合。

(三) 项目链合

发展型社会政策在政策项目实现中强调方法的预防性、措施的主动性、投资的社会性、劳动市场的灵活性、社会投资的生产性，变消极因素为积极因素，尽量减少直接的经济资助，最大程度地实施人力资本投资。从欧美社会投资实践可以看出，发展型社会政策的项目主要集中于：以照护为主的基础性发展项目，包括儿童、老人和残疾人照顾服务等，实现弱势群体身体机能恢复和发展；以培训为主的能力增强型发展项目，包括儿童学前教育、妇女职业培训、残疾人就业培训和失业者培训等，实现人力资源增值，促进经济增长；以咨询为主的调适性发展项目，包括婚姻家庭咨询、社会适应咨询和政策法律咨询等，实现弱势群体的社会整合，降低社会成本；以资产建设为主的自立型发展项目，如创业服务、金融服务、鼓励弱势自立、创建个人发展账户。残疾人社会服务从其诞生到繁荣也经历了救济模式向投资发展模式的过渡，项目更加丰富化，手段更加多元化。现今，各国残疾人社会服务的项目主要包括：日常照顾、家庭服务、职业培训、职业恢复、咨询服务、精神健康照顾、扶贫项目开发等，均具有发展性的意义，更具有科学化和专业化的视角，从本质上与发展型社会政策实现了项目链合。

(四) 目标链合

福利国家危机产生的一个重要因素就是福利国家削弱了人们的自我管理和生产能力，强调社会需要和强化了人民的依赖性。因此，经济政策目标被福利主义的目标所取代,而福利主义目标以高补贴为基础,导致生产效率严重低下①。发展型社会政策为了应对危机,提出"无责任即无权利",提倡发挥国家、集体和个人的主动性和责任感,从解放政治转向提供多种机会的生活政治,采取国家、集体和个人高度参与、共担风险的积极福利的社会政策。强调权利与责任的平衡,强调福利的接受与贡献关系,强调社会资源分配与正义的共存,提倡建立一种权利与个人责任紧密联系型的福利制度②。通过社会投资提升福利对象的自我能力,以人力资源质量的提升促进经济发展,实现经济和社会协调发展。现代社会服务在项目拓展方面,越来越倾向于提供具有发展功能的就业服务和资产服务等,残疾人社会服务的目标更具有发展性和赋权性。残疾人服务供给倾向于服务对象的劳动参与,提升人力资源质量和社会质量,实现社会成员有效参与社会生活,实现社会整合和社会包容,保障残疾公民基本权利。同时,强调残疾公民"可行能力"提升和社会贡献,并在接受服务的过程中助人自助、充分赋权,最终实现社会融合。现代残疾人社会服务理念的发展性,实现了与发展型社会政策目标的有效链合。

三、嵌入:发展型社会政策与残疾人社会服务的外生逻辑

社会服务从诞生之时便不断在变革中发展,其价值理念、对象、项目和目标在变革中与发展型社会政策形成了天然链合,使二者的链合具有内生逻辑。然而,残疾人社会服务的发展却一直缺乏成熟的观点和理念引导。新风险的时代背景和科学发展观的要求,使发展型社会政策成为残疾人社会服务的新思路和新视角。构建一个发展战略模式框架是发展型社会政策思维嵌入残疾人社会服务的外生逻辑。

(一)多元主义视角嵌入

发展型社会政策是一个目标多元化、丰富化和手段多样化的多元政策系统框架。目标多元化体现为:贫困缓解→生计维持→能力增强→社会融合→人权保障→社会公正维护→国家竞争力提高,此目标框架具有明显的多样性特征和递进性实现路径。残疾人社会服务最突出特征就是服务对象的差异化和个性化特征,在服务供给中正需要发展型社会政策的多元主义视角嵌入以实现服务的优质化;现代社会服务的科学性和专业性使其服务内容更趋丰富化。"发展型"理念的嵌入更丰富了社会服务的内涵,残疾人社会服务被赋予了社会发展和社会整合的功能,其内容多样化特征明显,包含了照顾服务、咨询服务、教育服务、家庭服务、文体服务等;大多数学者将社会服务的服务递送手段看作是区别于以现金为给付形式的社会救助的主要特征。但在发展型社会政策嵌入残疾人社会服务后,其积极福利的发展观点应该作为区别其他福利模式的根本标准。谢诺登资产建设理论的提出,为我们手段的多样化打开了视野之窗。于是,以服务供给、资金供给支持穷人的储蓄和资产建设,以生活能力、就业能力、社会适应能力进行塑造的能力建设,以社会组织扶持、利益诉求渠道疏通、公民权利维护的权利建设成为发展型社会政策嵌入残疾人社会服务的多维递送方式。

---

① 张秀兰,等:中国发展型社会政策论纲,北京:中国劳动社会保障出版社,2007年,第231页。
② 彭华民,等:西方社会福利理论前沿——论国家、社会、体制与政策,北京:中国社会出版社,2009年,第138页。

(二)合作主义视角嵌入

风险社会的结构组成要素是个人,其社会秩序呈网络状。故而,风险治理是一个跨边界和多中心的合作过程。"福利多元主义"和"新公共管理运动"的出现就是应对风险社会的多中心合作治理,发展社会型政策视角下的社会服务就是要将合作主义嵌入其供给主体,实现合作治理模式。这要求残疾人社会服务的责任主体间形成合作伙伴关系,国家、社会、家庭和个人就各自擅长的领域各自发挥优势,并在实践中相互合作,政府发挥监管主体优势,营利组织发挥效率主体优势,志愿组织发挥志愿主体优势,家庭发挥基础主体优势,残疾人社会服务的各供给主体相互合力形成合作伙伴关系,在资金供给方面,政府承担绝对主体责任。积极培育公民责任和志愿意识,扩大社会捐赠面和慈善捐款贡献率,规范服务收费管理,实现政府主导、社会捐赠和服务收费相融合的资金供给主体合作伙伴关系。

(三)整体性视角嵌入

在理论层面,发展型社会政策不是单一的理论视角而是一种综合的理论视角,梅志里称之为整体性社会政策[1]。将发展型社会政策的整体性视角嵌入社会服务要求以一种综合的视角进行残疾人社会服务各维度间的整合。首先,实现社会政策和经济政策的整合。发展型社会政策的优势就在于不把社会福利投入当作经济发展的纯损耗,而是当作经济发展的促进措施[2]。社会政策与经济政策应该互相融合,互相补充,实现二者的整合,在保证残疾人社会服务投入的同时实现经济增长。其次,实现社会资本和人力资本的整合。人力资本投资是发展型社会政策的核心,其根本目的是实现社会整合和经济社会发展。残疾人社会服务中进行残疾人人力资本服务和投资的同时亦实现了社会资本的增加。残疾人社会服务应以社会投资为导向,以提高公民参与经济发展的能力为目标,提升社会质量。最后,各主体间的整合。政府、营利组织和非营利组织之间必须围绕社会的整体目标展开合作,并根据自身优势做出贡献。

(四)"生产主义"视角嵌入

生产主义强调社会政策的制定将服务于经济政策,社会的发展以经济的发展为最终目标。后工业时代劳动力从制造业向服务业转移过程中,有一个生产率下降的长远趋势,这影响到经济增长[3]。加之福利国家的社会福利"去商品化",加剧了福利国家危机。为了应对危机,发展型社会政策要求社会服务将"生产主义"思维嵌入其中。在该框架下,残疾人社会服务的供给应充分考虑对经济发展的贡献,应以主动的态度回应经济发展中的社会问题,并引导人们积极的处理危机,运用"再商品化"理念削弱

---

[1] 整体性社会政策:指国家主义、个人主义和社群主义范式的融合。国家主义强调政府在经济发展、社会发展以及社会管理方面的重要作用;个人主义认识到市场和民营部门对提高经济效率、满足人的基本需求是非常必要的;社群主义则重视积极的社区动员和民众在社会政策决策中的参与。
[2] 张秀兰,等:中国发展型社会政策论纲,北京:中国劳动社会保障出版社,2007年,第153页。
[3] 【英】彼得·泰勒-顾柏:新风险、新福利——欧洲福利国家的转变,马继森,译,北京:中国劳动社会保障出版社,2010年,第5页。

人们的依赖意识，以发展的思维促进社会投资对经济增长的贡献，降低残疾人社会服务缺失产生的社会经济成本。

四、以社会服务促进残疾人发展

发展应该是一个复合概念，除了包括经济发展外，还应该包括社会、政治、文化等要素相结合的协调发展。当发展型社会政策理念嵌入残疾人社会服务后，社会服务就具有了发展功能。

(一) 以服务实现残疾人社会福祉

社会服务最直接也是最原初的功能就是服务于社会大众，实现社会福祉。在剩余型社会福利制度下，残疾人社会服务的补缺性质表现出单一的救济功能，只能在有限的范围内实现社会福祉。在现代社会，人们意识到社会福祉的真正实现除了自身行动自由之外，更应该是自我能力的提升、自我权利的赋予和自我价值的实现。将社会发展理念嵌入残疾人社会服务就是将多元的社会福利理念导入其中，以实现对服务的理论指导，达到社会福祉全面实现之目标。通过基本生活能力恢复服务来缓解贫困状况。进一步加强对照护服务和康复服务等具有维持和恢复功能社会服务的资金投入、技术投入和政策照顾。通过家庭和生活服务来增强残疾人社会参与和社会整合。提供家庭服务、精神健康服务和咨询服务缓解家庭问题，提高残疾人融入社会的能力，维护社会稳定和促进社会融合。通过增强维持生计和奉献社会能力的可持续服务来提高残疾人生活水平和自我价值实现。提供不同类别的残疾人就业服务、技能培训、职业培训、创业培训和职业恢复服务等提升残疾人适应社会和服务社会的能力。通过增强残疾人自我认知和赋权服务来保障人权和维护社会公平、正义。充分提供咨询服务、文体服务和教育服务等以提升残疾人权利意识、责任意识、身份意识和民主意识。发展型社会政策通过贫困缓解、生计维持、个人增能、社会整合、国家竞争力提高的多元化、阶梯型社会服务方式，实现了现代社会的多元福祉目标。

(二) 以服务提升残疾人治理能力

社会发展理念下的残疾人社会服务就是治理能力现代化、操作化的体现。通过残疾人社会服务实践中合作主义思维的嵌入，强化服务供给多元主体的合作意识，提升残疾人治理能力，为残疾人发展提供实践经验。治理能力现代化要求建立合作化供给主体伙伴关系，在残疾人社会服务实践中打破各主体间信息不对称、地位不对等、价值矛盾、体制不畅的制约，实现各主体间资源高效整合。通过残疾人社会服务供给，在治理过程中可以实现价值整合、目标趋同，从而形成利益共享机制。残疾人社会服务供给各主体具有价值差异性和目标多样性特征，政府应成为服务网络激活者，进行价值整合，充分考虑和整合各方利益诉求，针对不同项目设计可行性目标。从横向上，政府应积极引导主体间目标，将残疾人主体利益升华为公共利益、共享利益，变对抗型关系为合作型关系。从纵向上，政府应整合各级政府内、外部考核目标，强化公共利益价值诉求，调整政府宏微观目标，形成各级政府间的宏微观利益共享机制；资源共享、风险分担、形成整体行动机制。网络社会中信息分享具有数字化联结特征，信息获取平等、便捷。政府和各伙伴间在提供残疾人社会服务时应实现信息的实时自由流动，以及跨组织、跨部门在线合作。政府在残疾人社会服务供给时应针对不同项目的具体情况进行风险分担，做到风险与收益相对应、风险与控制力相对应、风险与承受能力相对应、风险与管理能力相对应。同时，实现分权与资源共享，形成各主体和各层级整体行动机制才能有效对抗风险，提升服务效能，满足残疾公民需求；政府让步、志愿培育、形成伙伴互信机制。政府和志愿部门是一种不断发展的共生关系。中国属于以集体主义为主流的儒家文化国家，家庭和政府主导优势明显，而志愿发育迟缓。残疾人社会服务的发展过程在一定程度上就是志愿发育的过程。在我国，政府或应改变服务供给的主导角色，以实现"官退民进"。从资金、政策支持、技术和人力资源等多方位培育残疾人社会组织，将志愿组织培育纳入政府考核，并立法确定。另一方面，残疾人志愿组织应不断提升自身公共服务生产能力，加强组织内部治理结构建设，提升决策的科学性，增强项目运作能力，结构整合、工具分析、形成伙伴选择机制。残疾人社会服务内容和项目的丰富化，对政府主导的伙伴关系形成挑战。合作治理模式下体现出伙伴关系平等性和系统开放性，要求政府进行治理系统结构整合，向扁平化方向发展；进行社会服务流程再造，订立标准，合并程序；在服务供给时，单一的外包形式和政府购买并不能解决所有问题。政府应该是残疾人社会服务的催化剂，对各种供给工具进行分析，就具体服务项目选择伙伴。

(三) 以服务提高残疾人人力资本质量

我国正在从人力资源大国向人力资源强国迈进，旨在形成高质量的人力资本，以促进经济发展，增强综合竞争力。人力资本质量的提高除了正规教育体系的培育外，还需要如就业服务、创业服务、职业培训等非正式教育体系的社会服务供给。通过残疾人社会服务提高残疾人人力资本质量具有促进经济发展和个人自我能力提升的双重目的。首先，资源整合提升人才竞争力。在全球化背景下，人力、资金、物资、信息跨越国界在全球流动，人力资源作为资产其增值成为发展型社会政策的核心要求，通过人力资源对社会资源的高效整合将最终造就国家竞争力的提升。通过就业信息服务有效整合人力资源市场信息，缓解就业市场技术性供求矛盾；通过就业技能服务提高就业能力，适应市场竞争，增强我国劳动力在国际市场的竞争力；通过创业服务提升劳动者的创业能力和创造就业机会的能力，激发市场活力，创新经济发展思维，增强我国在国际市场的经济实力。其次，积极面对社会变化，应对人力资源危机。新社会风险下，老龄化危机加剧，大量妇女从事"有薪工作"，家庭稳定性降低，社会结构改变，人力资源供给紧张等现象成为常态。将人力资本理念嵌入到社会服务理念，改变救济型的资金供给和服务供给，以提升残疾人人力资本和社会资本为目标，应该通过更为广泛的残疾人社会服务，加大服务的资金投入、技术投入和政策投入，充分调动人力资源积极性，用于人力资本投资和增加个人参与经济的机会。应该强化残疾人人力资本质量提升和社会融合的社会服务项目，以开发潜在人力资源；应该丰富家庭范围内社会服务项目，尝试进行家庭妇女服务、儿童教育服务、家庭咨询服务等促进家庭稳定、社会和谐的服务开发，以促进残疾人人力资本质量的提升。

(四) 以服务促进残疾人参与经济建设

发展型社会政策是社会政策和经济政策整合的整体性政策,其打破了传统社会政策对经济政策的简单依附和服从,强调经济和社会和谐发展。社会发展理念嵌入下的残疾人社会服务供给同样具有社会政策和经济政策的整合效应。"发展性"社会服务提供多元化服务项目,满足了残疾人多样性的福祉需求,对社会福利水平的提高具有宏观意义和实际价值。社会福利的满足是残疾人在医疗、卫生、住房、养老、食品等显性需求的消费性社会保障满足,能直接有效地带动经济增长。"发展性"社会服务强调个人自我发展、权利赋予和能力提升。通过残疾人服务供给实现残疾人个人充分赋权和增能,激发个人积极性、主动性和社会责任感,有效促进残疾人参与经济活动,增强经济活力。现代社会"发展性"社会服务的供给过程也是政府进行社会治理的过程,通过政府社会治理能力的增强,提高经济管理水平,进而促进经济发展。"发展性"社会服务的核心手段就是提升人力资本质量。以残疾人的素质提升实现社会资本和劳动者在国际市场的综合竞争力的提升,通过国际竞争带来直接经济效益。"发展性"社会服务为应对风险社会和社会结构转型,将其重点放到了家庭服务项目的扩充和升级,以期维护残疾人家庭稳定,实现社会整合。残疾人社会整合程度的提高能促进社会稳定,提高社会动员能力,从而促进经济稳定发展(图 2-1)。

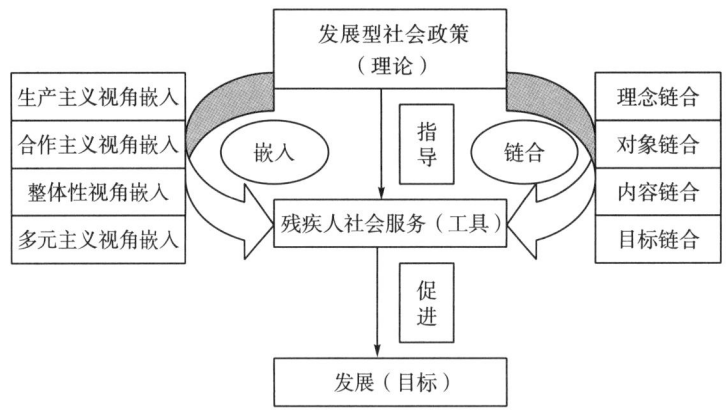

图 2-1 发展型社会政策和社会服务关系辨析图

第三节 发展型社会政策的分析框架: 残疾人社会服务向度

社会服务的概念虽然在学界并无统一界定,但作为实现民众福祉的工具需要具有相对统一的分析框架,只有框架的建立才能构建残疾人社会服务的体系化。我们从社会服务实现的程序性角度,将社会服务从分配、供给、递送和筹资四个向度进行分析,并将此分析框架作为不同残疾模式下，残疾人社会服务的分析工具，以实现逻辑的连贯性和一致性。

一、残疾人社会服务分配：福利资格权与给付条件

在社会政策提供福利给付中，各项社会服务与给付均有福利资格权（Entitlement）与给付对象（或范围）的设计，此二者是政策设计中的重要考量。就法律的字汇来解释，前者系指是否有权可以提出申请，具有请求权利，强调的是一种赋予的权利与权利的基础。后者系指是否可以符合给付的法定条件，强调合格的、经审查后的资格。各国因福利体制各异，在福利资格权选择方面和给付条件限制方面差异较大，这反映了各国社会服务分配的原则各异。

（一）福利资格权：残疾人社会服务的普及性

"在社会福利体系之内，人们无法逃避各种价值选择。"[①]社会服务在面对福利资格时必须做出普及性和选择性的价值选择，这也是历史变迁中二者博弈的过程。普及性或称全民性（Universal）模式由蒂特马斯（Titmuss）于 1968 年提出[②]，强调国民在福利待遇享受时平等性和可及性，不因身份、贫富、种族、居住地区的区别而出现差异性，在接受社会服务时具有普及性。普及式社会福利模式追求对社会大众基本需求的满足，涵盖包括残疾人等特殊群体在内的所有群体。这些需求往往是家庭或市场无法也不愿全面提供的服务，服务使用者不因使用福利资源而丧失地位，或自尊受到羞辱，也不会因此成为社会的负担。这种基于个人公民权利或公民身份的需求满足，体现为残疾人与普通民众享受同等的社会公民权利，打破了残疾人固化的弱势群体印象，为残疾公民带来平等的福利机会。然而，普及性社会服务在体现平等性的同时，也暴露出弊端。其一，普及性耗费大量资源，承担高额成本，被认为是一种昂贵的福利制度。对于经济基础薄弱，配套政策不科学的政府来说，将很难保证福利质量和服务效果。其二，普及性造成民众对福利享有的应然性，福利的感受性差，对特殊需求缺乏满足感。无差异化的残疾人社会服务从福利效能来看，很难激发不同受益群体的内驱力，反而造成福利依赖和惰性思维，福利效能不尽如人意。

（二）给付条件：残疾人社会服务的选择性与资格审查

选择性（Selective）又被称为优先性，是自由主义福利体制国家进行社会服务的给付条件和给付基础。选择性是通过资格审查或财力调查（Means-test）手段审核福利申请者的救济能力是否处于救助水平，该类社会政策成为选择性的福利方案。残疾人群体因其身心障碍因素往往成为特殊困难群体，多因经济困难和身心残障需要更多的社会服务或专属社会服务。在选择性模式下，通过资格审查社会福利机构将福利资源分配给迫切需要

---

① 【英】理查德·蒂特马斯：蒂特马斯社会政策十讲，江绍康，译，长春：吉林出版集团，2011 年，第 99 页。
② Alan Pratt. Universalism or Selectism.In Michael Lavalette and Alan Pratt，Social Policy：A Conceptual and Theoretical Introduction，London：SAGE，1997：198.

社会服务的困难残疾人,其服务对象是经过选择的,而非全体国民均适用。残疾人必须先向相关福利机构提出申请,由评估机构或政府福利部门通过财力调查对申请者进行经济状况调查,经过审查后符合条件的残疾人方有权利享受政府提供的福利政策和社会服务。该模式通常被认为是一种对特定困境与压力的暂时性措施。将有限资源集中于部分真正有需求的国民,被认为具有较高效率[1],因其集中优势力量进行福利供给可以避免社会福利资源浪费。从价值层面看,选择性福利支持者认为政府应缩减社会服务提供的范围和内容,除了少数必须由政府提供的服务外,其余各项社会服务不但政府不应介入,更应交由市场来提供并决定价格,至于少数没有购买能力的国民,则可以透过财力调查的程序,由政府给予救助或补助[2]。另外,选择性原则除了运用财力调查作为工具外,还对残疾人等弱势群体享受服务的资格进行直接选择,由专业的医学鉴定机构对残疾人的身心状况进行科学评估,以确定其特殊主体身份。由此可见,作为给付条件的选择性即包含了需经财力调查的福利给付,也包含了基于社会权的特殊群体福利需求。选择性福利在提供社会服务时其劣势和优势一样明显。一方面,财力调查带来的污名化容易让特殊人群标签化,使权利享受变为权利剥夺,影响公平性;另一方面,选择性过程是调查的过程,这个过程会因无效率行政工作而耗费更多政府财力和社会福利资源,同时也伴随着公平性风险的产生(表2-2)。

表2-2 普及性与选择性的社会政策特性比较摘要

特质向度	普及性	选择性
效果	高;高实现率	不一定;低实现率
政策目标达成情形	有资源浪费的情形(一大部分的给付留到无需求人手上)	有效地运用资源(针对目标人群)
行政成本	低	高
公共支出的意义	需要较多公共资源	公共支出压力较小
社会成本与社会利益	没有烙印效果;有利社会整合;平等化	烙印效果大且持续;社会区分化;公平性
对劳动市场的意义	强化工作诱因	对贫穷者边际税率高,而危害工作诱因,即产生贫穷陷阱

(三)残疾人社会服务分配效益与原则分析

选择性和普及性是残疾人社会服务分配的重要基础,但各国在实际的政策制定和执行中会因具体社会服务项目做出选择的基础则是效益。社会服务的效益包含成本效益(Cost Effectiveness)和社会效益(Social Effectiveness)。成本效益通常是比较各项选择方案的整体费用,通过测量的方法对投入资金和产出形成定量分析,如残疾人在接受贫困补贴和就业技能培训后贫困率的下降和资金投入的对比关系。社会效益是一个具有宏观性、综合性、复杂性和长期性的分析维度,主要倾向于对普及式方法的测量,包含工作

---

[1] Alfred J. Kahn. Social Policy and Social Services(2nd.).New York:Random House Inc,1979:76-78.
[2] Alfred J. Kahn. Social Policy and Social Services(2nd.).New York:Random House Inc,1979:77.

激励、生育、家庭稳定度、污名化和社会整合等考核因素[①]。这是更为综合的残疾人社会服务分配效果测量维度。

然而，单一的选择式与普及式福利二分法在进行残疾人社会服务对象标准划分时并未能较好综合两种效益的衡量标准，而需要依据更为精细的社会分配原则，这些原则包括：归因性需求、补偿、诊断差异、资产调查需求。归因性需求的条件设定是将分配倾向于现有经济社会条件下未能充分满足需求的群体，群体可以大到全体人口，也可限定在小群体，如老年残疾人。除了群体导向的分配，分配的原则还基于需求的规范性准则，如对失独老年残疾人的特殊社会服务；补偿原则是针对已经做出特定社会经济贡献的群体，如退伍残疾军人和少数民族。这一原则的条件是团体导向的分配和基于公平的标准，例如在美国，印第安人后裔在失去土地后对他们赋予工作岗位的优先配置权和特殊资源的优先受益权；诊断差异是将补助条件设在特殊需求的专业判断上，如对残疾与否和残疾等级的专业医疗机构评价，这构成分配在以个人身体条件为基础的个体化专业诊断；资产调查需求为基础的分配原则，要求以一定的贫困标准为依据，对残疾需求者无力购买产品或服务的状况进行家计调查。这是基于个体化的分配，是对经济状况的审查。以上四个原则并非相互排斥，而是一种相互包容的关系，例如在许多社会保险方案中，福利资格必须有归因性需求和补偿的双重分配原则来决定，并形成一种体系。

补偿与诊断差异分配原则介于选择性福利与普及性福利之间。补偿原则与普及性观点接近，都认为福利需求源自"系统失灵"。在此原则下，社会福利的资格是由个人"在系统中的状态"所决定；反之，诊断差异则与选择性观点较为接近，因为该原则暗指了个体能力不足和资格需求的审查制度。在政策实践中，我们发现无论社会服务分配机制有多完善，未被满足的需求将被归因于机会或个人生活能力的不足，而非制度上的缺失。选择性原则将会和诊断差异及资产调查的需求分配原则一同长存于社会福利政策的制定当中[②]。因此，无论普及性原则受到多大的推崇，选择性原则依然占有重要位置。特别是残疾人群，选择性原则更能适应和满足其多样性和差异化的社会服务需求。（见图 2-2）

分配原则

归因性需求　　　补偿　　　诊断差异　　　资产调查需求
普及式的社会福利 ←--------------------→ 选择式的社会福利

图 2-2　分配的原则与社会福利概念

资料来源：Neil Gilbert，Paul Terrell：社会福利政策引论，沈黎，译，上海：华东理工大学出版社，2013 年，第 139 页。

二、残疾人社会服务供给：从现金与实物之争走向多样化

社会服务作为社会福利供给的重要内容其形式主要是劳动。受到不同意识形态和福利体制的影响，残疾人社会服务的供给发展历程表现出了不同形式，其最终目标还是通

[①] Neil Gilbert，Paul Terrell：社会福利政策引论，沈黎，译，上海：华东理工大学出版社，2013 年，第 127 页。
[②] Neil Gilbert，Paul Terrell：社会福利政策引论，沈黎，译，上海：华东理工大学出版社，2013 年，第 140 页。

过劳动服务完成福利供给。与社会福利相似,在社会服务供给的发展过程中,社会服务的形式始终是现金和实物的交替和共存,并发展出服务代券(Voucher)、事后回溯式给付和税式给付的形式。在残疾人社会服务供给的类型方面,除了服务外,还将机会、治疗、权利(公民权)等内容包含到社会服务中。所以,残疾人社会服务供给在形式和内容上逐步表现出多样化的发展趋势。

(一)现金与实物之争

社会服务在与社会救助和社会保险分野之前一直是现金和实物的混合形式,就算将社会服务进行明确划分之后,以服务为目的,以现金为手段的方式依然存在,一方面是受福利意识形态的影响,另一方面是对具体服务项目效能的考量。故而,我们在残疾人社会服务的发展历程和当今各国现有的残疾人社会服务政策的措施中,依然可以看到以服务为目标的现金与实物之争。

传统福利经济学者是现金给付最忠实的拥护者,他们强调个人主义和个人利益最大化,认为现金能够给予服务接受者最大的选择权。消费者有权自由地选择服务机构和服务项目,这不但是对服务质量的保证也是对自由权利的保障,在服务选择的过程中体现出公平性和幸福感。服务需求者在自由市场购买服务可以得到最大化效用满足,亦可更为节省行政资源,降低行政成本,减少服务供给中的污名化,使贫穷者有尊严地生活,更为直接地减少贫困、降低贫困率。现金给付的假设是市场信息公开且有效,消费者均是理性的,有能力对自己的选择做出最佳判断,并且具有公共精神。然而,这些假设在实际的供给中很难实现,这就需要实物供给或服务供给来进行福利补偿。实物供给指的是实际的物品,包括实物、服务和教育①的供给。其支持者强调集体主义,追求社会团结和社会整合。实物供给的优点是能确保服务对象的限制性,保证服务供给的针对性,有利于维护公共利益。现金给付的假设并非始终存在,市场信息的非完整性和有效性将为服务的选择带来障碍。消费者的非理性表现在消费的短视,只注重眼前穷困的消除,而非永久性走出贫困。实物给付则表现为从宏观和理性的角度进行服务供给选择,以提升残疾人能力为出发点,基于彻底摆脱贫困为目的,促进社会团结、社会整合,关注全人类福祉和公平,具备更深远意义。实物给付是对服务给付不全面的有效补偿,如针对残疾人的心理咨询、照护服务、家庭服务和就业服务等是现金给付不能直接满足,且成本较高的项目,但这些项目往往具有长期价值(见表2-3)。随着各国对实物给付福利效能的认可,社会服务的重要性突显,特别是在实物给付能较好发挥作用的领域和项目,近年来OECD国家在社会服务方面的投入和对社会投资的重视均可说明此发展趋势。就连典型的自由主义福利体制国家美国也开启了实物给付之路,例如旧金山在2004年采用照顾而非现金方案,以提供庇护所床位、廉价公寓和社会服务的形式替代了给予单身成人的现金福利,该方案让更多的成年人回到了更好的生活轨道②。

---

① Hobart A. Burch. Social Welfare Policy Analysis and Choices, New York: The Haworth Press, 1999: 13-14.
② Neil Gilbert, Paul Terrell: 社会福利政策引论, 沈黎, 译, 上海: 华东理工大学出版社, 2013年, 第166页。

表 2-3 现金给付与实物给付优缺点比较

	现金给付	实物给付
优点	携带方便、可储蓄和投资 选择自由、可自由支配 行政成本低、资源损耗小 供给单位形成竞争，效率高 去污名化	服务对象限制性、服务供给针对性 便于对对象和效果的控制 服务效果的长期性和持续性 利于社会团结和社会整合 集体采购时具议价效果
缺点	难以控制使用者 给付不足时未能满足需求 供给不全面 目标的短期性 服务实效性不明确	不可投资 忽视对象意愿、选择性少 对象满足程度低，易形成浪费 行政成本高、资源浪费大 污名化

（二）服务代券：现金和实物的综合产物

服务代券是服务供给的特殊形式，是由服务供给单位发给服务需求者代券，需求者凭此券向指定的单位或商店领取和兑换实物或获得服务，而提供服务的单位再凭代券向发出方请求付款。在代券实施过程中，社会服务供给单位确保服务供给内容符合需求，具备实物给付性质，可以避免实物给付行政成本高和社会资源浪费大的缺点。对服务使用者而言，仍然可以在市场中进行自由选择，既保证了消费者的自由权利，又保障了服务质量，使市场在发挥优势的同时保持较高效用，具有现金给付的优点。可见，代券既保留了消费自主权，也达成社会控制之目的。所以，代券受到集体主义和个人主义的共同推崇，被称为"平衡社会控制与消费者的选择"[①]。

近年来，除了以上的服务供给形式外，还出现了事后回溯式给付和税式给付的新给付形式。所谓事后回溯式给付，是指政府对给付先予同意，并规定服务使用者给付的数额和内容，由服务使用者先自行支付费用，再由其凭单据申请全额或部分费用的报销。法国的健保给付就是以事后回溯式作为给付的主要方式，我国台湾对残疾人的各种辅具给付和残疾人职务再设计费用也多采用此方式。事后回溯式给付同样也体现出了现金给付较高自由和成本低廉的优势，且可缓解福利欺骗及误用。然而，最大的缺点就在于当出现大额费用支出时，贫困人口的不适应性，以及后续的费用领取中烦琐的行政程序对时间的耗费。税式给付是以家庭为单位通过税收减免的方式给予家庭财税福利。这种形式主要是对低收入家庭、残疾人家庭或特殊困难家庭提供减免，这种形式也是当代英国所广泛使用的模式，并用以替代现金给付。在实际服务供给过程中，各种不同的供给方式均有其优劣，应视当时的经济发展水平、社会环境、社区条件、专业水平和服务项目而做出适当选择。

（三）多样化供给类型

残疾人社会服务供给的类型应该包括：服务、治疗、机会和权力。服务是以残疾人的需求为出发点，从基本的生活服务、精神慰藉到高级的能力培育服务，如居家照护、心理辅导、就业服务，通过服务以保证残疾人能正常生活并融入社会环境，获得正常人

[①] Neil Gilbert，Paul Terrell：社会福利政策引论，沈黎，译，上海：华东理工大学出版社，2013年，第168页。

的自尊，属于服务的基本层面。治疗服务具有一定的专业性和专属性。残疾人的康复服务是残疾人社会服务的主要内容，康复不但是身体机能的恢复也是社会功能恢复的重要手段。康复服务需要依靠专业人员、专业设备，通过专业方法对特定残疾类型的残疾人群进行专业治疗，这和单纯的医疗治疗又区别开来，带有一定的社会性。机会的实现是社会政策作用的结果，社会政策通过社会服务使服务客体获得机会，并体现其公民身份和权利，如残疾人在就业市场的机会优惠和在入学时的名额优惠。这些机会并不会直接转化为经济价值，但却提升了残疾人的能力，实现了残疾人社会融入。权力是社会服务在供给过程中间接体现出的类型之一。权力可影响物质及资源控制的再分配，通过福利政策将权利由政策主管机关传输到特定群体身上[①]。有时弱势群体的权力是通过自身群体性的维权或赋权运动来实现的，如美国20世纪的黑人民权运动。在工业社会向后工业社会转型的过程中，政府和公民的共同作用，构成了赋权、参与的政治形态。弱势群体在赋权中获得权力，以政治团体的形态参与到权力获得中，并影响社会政策的设计。现今，权力已经成为社会服务的一种特殊供给类型。多元化的社会服务类型更能体现社会服务的价值，并提升其社会福利的效能。

三、残疾人社会服务递送：从单级到多元组合

社会服务目标最终需要靠社会服务的递送来实现。这一过程是社会服务各供给主体博弈的过程，在不同历史时期和经济社会条件下各主体发挥各自优势，并逐步形成残疾人社会服务递送体系以及保障策略。

（一）递送主体选择：价值和效果的判断

残疾人社会服务的兴起得益于宗教组织和志愿团体的帮扶。西方基督教和东方佛教均以公共的"善"为出发点，为老弱病残等弱势群体提供帮助，其中残疾人是最重要的扶助对象，这既包含残疾人的食物救济、临时居所安排，也包括教育和教化，内容上同时包括社会救助和社会服务，形式上包括院内救济和院外救济。这种"悬壶济世"在社会福利没有制度化之前是社会服务的主要形式，但却具有临时性。传承宗教价值理念所建立的志愿组织具有较强慈善性，这些组织弥补了宗教组织在提供社会服务时非专业性和区域狭隘性的弊端，并不断扩大社会福利供给的范围，增加服务的资金积累。福利国家的产生和社会福利制度化淡化了宗教在社会福利供给中的角色地位，政府开始在残疾人社会服务递送中发挥绝对力量，营利组织也介入到残疾人的社会服务项目中。残疾人社会服务的内容和项目开始变得丰富多彩，服务效果也得到进一步提升，更能体现残疾人公民权利和社会公平。然而，政府机构和营利组织在提供残疾人社会服务时均具有各自的弊病且难以通过自身改革来克服，这就为宗教组织和志愿团体迎来了再生机会。宗教组织中的信仰力量和"清规戒律"为一些特殊群体，如药酒依赖症患者和监狱服刑人员，提供了重新融入社会的机会。这种宗教组织在社会服务中增加的灵性维度（Spiritual

---

① Neil Gilbert，Paul Terrell：社会福利政策引论，沈黎，译，上海：华东理工大学出版社，2013年，第168页。

Dimension)逐渐被福利国家认可,例如美国于 1996 年的福利改革中通过了慈善选择条款,允许将宗教组织作为社会服务委托的主体。另外,政府和社会的支持不断壮大着宗教组织和志愿团体的财力,像美国天主教慈善会就是一个拥有数十亿美元资产的企业。

战后福利国家的兴起,将志愿部门的福利功能和机构转移到公共部门,强化了公共部门在社会服务供给中的作用,社会权成为公民应有之权利,也成为政府应有之责任。福利国家以公民身份为依据,以公共部门为递送主体,对全体公民(无论地域和收入)提供平等的社会服务。残疾人社会服务开始作为公民的基本权利,成为公共部门的主要职能。公共部门是责任主体、财务主体、权利主体、递送主体和评价主体,其大量的资源和财力投入,保证了公民良好的社会福利水平,维护了社会公平。也正因如此,公共部门陷入了财政危机、效率危机和成本危机之中。福利国家经济增长的速度落后于公共支出,导致财政和经济危机出现。国家权力扩张造成福利国家科层体系的浪费,并引发社会整合危机。市场原教旨主义反对福利国家的一个重要因素就是政府市场控制的合法性,这属于意识形态范畴。但对于福利国家,产生虚假性需求造成大量公共资源浪费和无效率的产生。过度公平的社会福利供给容易忽略职业、收入、身体条件间的区别,造成公平异化。另外,政府的唯一递送剥夺了公民的选择自由,也造成服务供给缺乏监督和评估,易产生无效能情形[1]。随着新公共管理运动的兴起和福利多元混合(Welfare Mix)、福利三角理论(Welfare Triangle)等理论的提出,除了公共部门外,营利组织、志愿部门和非正式部门在残疾人社会服务递送中的作用开始显现。其实,社会服务领域的多元供给形式历史悠久,这种现象被称为"第三者政府"(Third-party Government),这种合作在福利国家危机后更为密切[2]。营利组织因其市场化的效率和效益取向而成为多元组合中政府残疾人社会服务契约委外的重要主体,也是政府民营化改革浪潮中的弄潮儿。营利组织之间,营利组织和政府之间可以形成良性竞争以确保所提供服务的质量和效益。市场所形成的选择多样化有效维护了公民的自由选择权。同时,营利组织的灵活性特征可以有效避免政府行政化弊端,提高服务递送速度和效率。另外,市场中的第三方评估还可以有效保障服务递送的效果。然而,社会服务的福利目标往往会与营利组织的营利性之间形成难以逾越的鸿沟,而且,服务目标的模糊性为结果的精确测量带来了巨大难度。此时,志愿组织的公益性特征承担了更大的社会责任,可在一定程度上缓解矛盾。在社会服务递送中,发挥最基础作用的是非正式组织,包括家人、朋友和邻居。他们以感情和血脉维系,无私地为残疾人提供服务和帮助,在道德和感情的共同作用下发挥着最后安全网的作用。由此可见,残疾人社会服务中不同递送主体各具优势和适用范围,这是在意识形态下对服务效果的理性选择。在选择递送主体时,重点不在于服务组织的优越性,而在于应思考在特定条件下何种主体能够为残疾人提供最佳服务。最佳服务的评判标准应该是效益、效果、公平和权力的共同结果,在福利多元主义和民营化道路思想影响下对各服务递送主体进行优势组合,以形成有机的残疾人社会服务递送体系结构(表2-4)。

---

[1] 姚蕴慧:社会福利民营化的再省思,通识研究集刊,2004 年第 5 期。
[2] L. M. Salamon. Partners in Public Service:Toward A Theory of Government-Nonprofit Relations, The Non-profit Sector: A Research Handbook, New Heaven: Yale University Press, 1987: 110.

表 2-4 社会服务安排的类型

	公共部门	营利组织	志愿部门	非正式部门
理由与动机	资格、权利、法令规定、政治目的、社会控制	利润、成本	慈善、志愿性、社会规范、公共价值、宗教教义	爱、罪恶感、义务、传统思想、宗教信仰、付出、互惠
媒介	中央及地方政府的行政官僚	公司、专业者、个别照顾工作者、契约承包商	志愿组织、慈善团体、教堂、社区	家人、朋友、家族、邻居
接受者	有资格的人民	顾客或案主	符合慈善目标的个人	家中或家族的成员、朋友或邻居
照顾者	公务员、公共部门工作者	雇员或专业人员	志愿工作者、雇员或契约承包者	家中或家族中不求回报的成员、朋友或邻居

(二) 递送体系的优化策略：多元化的差异性组合

社会服务递送是将福利传递到个人的过程，也是意识形态、政治制度、福利思想、政府行政相互作用和影响的过程，其中关系到各供给主体间地位和关系的选择，以及社会服务递送体系的设计。残疾人社会服务递送的多元化业已存在多年，其经过了分散化、整合化和体系化过程，并在不同向度体现出差异化，包括：行政集中化或分散化，单一式递送体系或复合式递送体系，体系间分立式服务或一站式服务，专家决定或社区团体决定，政府处理为主或用者申请为主。各国根据其残疾人社会服务递送需要对不同向度进行选择。若选择不当则会出现服务递送失败，失败的表现包括四个内容：破碎化（Fragmentation）、不连续（Discontinuity）、无责信（Unaccountability）和不可及（Inaccessibility）[①]。破碎化指若干服务内容无法连接成一个完整的服务网络以满足需求，而且造成服务过程中时间和资源浪费；不连续指的是不同服务间或服务期间服务衔接的不连贯；无责信指服务未能达到承诺效果或目标；不可及指服务设计时因特定因素而排除或阻碍特殊人群的使用，如户籍限制阻碍了某些人群对医疗保障的获得。残疾人社会服务递送体系的优化和结构策略就是要通过不同向度间主体的多元化差异组合实现服务体系完整、连续、有责信和可及的理想状态。

为了建立整合而敏捷的服务递送体系，N.吉尔伯特（Neil Gilbert）提出了三项策略（六项基本原则）进行系统化改革，该体系同样适用于残疾群体。其一，重新建构决策权利和控制的策略，包括协调和公民参与。政策制定者和实务操作者虽然在政策价值方面趋于一致，但在服务递送中却因专业价值架构中特殊化与全面化方法同时存在而容易造成破碎化。通过管理集中化（Centralization）、机构联合处所（Agency Co-location）和个案层面的合作（Case-level Collaboration）的协调策略实现福利系统的整合性与全面性。公民参与重在服务对象与组织间决策权的重新分配，主要通过无分配参与（Nondistributive Particitation）、正常参与（Normal Particitation）和重新分配式参与（Redistributive Particitation）来实现，其目的是通过参与来体现民主。其二，重新组织任务分配的策略，包括角色依附和专业分离。角色依附认为社会经济地位的差异容易造成服务输送过程中因不了解生活和行为方式而导致服务不可及和不连续问题，可以通过半专业和专业人士

---
① Neil Gilbert, Paul Terrell: 社会福利政策引论, 沈黎, 译, 上海: 华东理工大学出版社, 2013 年, 第 199 页。

的联结与案主建立良好关系，实现共情和文化融入。专业分离认为科层的一致性限制了非专业人士的工作方式，也约束了专业人士的功能，无论是企业化的服务递送模式还是机构经营模式均有其优劣，应根据具体情况进行专业分离。其三，改变输送系统结构的策略，包括特定的使用管道和目的性复制。特定的使用管道提倡在传统专业科层式服务系统加入特定结构的专业化道路，以特定的、公正的机构形式提供服务，以打破科层弊端。目的性复制是在现有的递送体系中创造出与原来机构看似相同却更具竞争性和分离主义的新机构或新输送系统，通过竞争激励机构的服务，通过分离主义建立替代性的服务网络，以弥补系统不足[①]。

四、残疾人社会服务财务：服务的支持系统

残疾人社会服务的分配、供给和递送分别解决了社会服务体系中服务客体选择、服务形式选择和服务主体及运行的问题，而起基础作用的则是残疾人社会服务筹资，这也是整个残疾人社会服务体系的支持系统。社会服务筹资和社会保险、社会救助不同的是其社会性决定了筹资主体的多元化，以及筹资系统的复杂化。筹资主体多元化包括纵向和横向两个维度，纵向主要指筹资过程中中央和地方的关系，横向主要包括政府、志愿部门和个人之间筹资所占的比重。筹资系统复杂化程度，是筹资主体纵横交错的状况将如何运用筹资工具将资金合理地递送到相关部门和组织，并顺利将资金转换为服务的供给的关键因素。这就需要对筹资系统进行有效设计，以满足个人社会服务需求。

（一）经费来源

自社会服务产生之时，残疾人社会服务经费来源就具有多元化特征，公共部门、志愿部门和个人对社会服务经费的贡献比在不同国家和不同历史发展阶段有差异性。从形式上看，社会服务经费来源划分为三种基本方式：税收、捐款和收费。税收是由政府强制征收并进行社会再分配的重要手段，也是社会服务资金的主要来源渠道。税收在残疾人社会服务筹资方面主要是通过税收缴纳和税收减免两种方式实现。税收缴纳的对象包括个人和营利组织。个人部分包含个人所得税、个人消费税（或营业税）和财产税等，征税的额度一般根据国民经济发展水平、价格指数和个人收入水平等因素，采取累进税制和递减税制，对不同收入水平的人群征收不同比例税负，以平抑社会收入差距，促进社会公平。营利组织部分包括企业所得税、增值税、营业税等项目，根据不同的企业类型征收不同比例税负。不同意识形态和福利体制国家在税收征收额度方面差异较大。以瑞典为代表的斯堪的纳维亚模式国家更注重政府对社会福利的责任，政府承担的福利支出负担较重，在征收税率方面也相对较高。以美国为代表的自由主义模式国家在强调政府社会福利责任的同时更强调市场在社会福利供给中的地位，政府所负担的费用与斯堪的纳维亚模式国家和保守主义国家相比相对较少，在个人和企业的征税方面也较少。税收对社会服务筹资的另一渠道是税收减免。税收减免是对企业和个人将税收转变为社会保

---

① Neil Gilbert，Paul Terrell：社会福利政策引论，沈黎，译，上海：华东理工大学出版社，2013 年，第 201-214 页。

障或社会保险购买的转移支付,这从实际上激励了社会福利资金共担的动力,也为风险共担创造了条件。可见,税收除了是社会服务资金的主要来源,还对各种有价值的活动起到激励作用。税收的另一种形式"负所得税"于1962年由美国经济学家弗里德曼提出,他主张对于生活水平较低的家庭,如果收入低于应纳税的基本收入水平(损益平衡点),政府就提供个人所得支付。然而,由于税收优惠的对象是纳税的富人,对于没有纳税或少纳税的公民来说,并未享受优惠。所以,以维护公平为初衷的税收,则变成了破坏公平的手段。

捐款是社会服务发展早期经费主要来源渠道,随着该领域的价值逐渐受到重视,除了个人以外,政府和企业也成为捐款主力军。慈善团体对残疾人社会服务捐款是个人筹资的主要形式,在以慈善精神为代表的美国,2010年慈善团体作为社会用途的2910亿美元中四分之三来自个人捐款,其余部分来自一些联合劝募组织[①]。个人捐款可以有效培育社会慈善精神,故得到政府大力支持,政府对捐款免税进一步鼓励了民众利他主义精神的传播,增进了社会团结,为残疾人社会服务增加了公益元素。同样,企业捐款也可以享受免税政策,企业在捐赠中获得税费减免,不仅给社会服务带来资金补充,也培育了企业社会责任。在多数人眼中捐款的主要来源应该是社会,而实际上却是政府。政府捐款的形式主要有四种:其一,对志愿服务机构进行直接补贴,包括对项目经费和硬件设备的补贴;其二,对志愿服务机构的税费减免;其三,就社会服务项目向志愿组织进行政府付费委托购买(契约委外),这也是政府捐款最主要方式;其四,对残疾人就业和创业项目减税或免税。民营化大潮的影响进一步强化了社会服务供给中政府购买角色,政府捐款的不断增加开始压迫志愿部门的纯洁性,"志愿失灵"开始破坏志愿精神的发育。

收费是社会服务筹资渠道中的补充形式。一般情况,残疾人社会服务不需要收费来支持其运作。收费的原因主要有三点:其一,服务经费不充足,需要靠收费来弥补。对于一些政府投入不充分、社会捐款不足的项目,个人适当收费将有效保障服务项目的顺利进行。其二,服务内容差异性,需要对高端项目付费。不同残疾类型需求差异性较大,由政府提供的残疾人社会服务以满足残疾人的基本需求为目的,对于更高层次的个性化需求则不得不由个人通过付费向营利机构购买,例如失能老人所需的高级照护,普通的社区照护难以企及,只能通过付费获得。其三,心理学认为缴费可以在一定程度上减轻羞耻感,增加残疾人个体责任感。让服务对象支付小额费用,避免无付出心理带来资源的浪费,减少不必要支出。然而,对于经济困难的残疾人来说,少量的收费都将带来负担。加之差异化付费,在某种意义上加剧了资源分配不公。

(二)筹资系统

社会服务筹资经历了从民间慈善捐助到政府、私人组织和慈善组织共同筹资的筹资系统建构过程。筹资的过程从供给和管理一体化向管理供给和管理相分离过渡。在民间慈善筹资和早期多元主体混合供给的阶段,残疾人社会服务资金的供给和使用大多由单

---

① Neil Gilbert, Paul Terrell:社会福利政策引论,沈黎,译,上海:华东理工大学出版社,2013年,第229-230页。

一主体个别完成。例如，慈善组织对残疾人的照顾服务所用资金是由慈善人士个人捐助，由慈善组织统一管理，并未经过官方机构。政府通过税收收入对院所照顾服务的残疾人提供服务，经费由政府财政统一管理。所以，供给和使用相统一。这种碎片化的资金归拢放慢了资金的流动速度、分割了资金的规模，使社会服务资金的使用效率低下，增值速度缓慢，限制了资金发展规模。

随着社会服务重要性日益提升和公共财政知识的发展，为了便于管理，提高资金使用效率，将资金的供给和使用相分离，并逐渐形成系统化格局成为现代社会服务筹资的主要策略。资金供给主体的多元化和形式多样化需要由政府主体进行统一管理。政府将税收、服务收费和慈善捐助的资金由中央和地方进行分别管理，地方政府主要采取直接支付的方式对服务供给进行拨款或付费，中央政府通过转移支付的方式将资金转移到地方或直接支付。在新管理主义和治理理念的影响下，政府购买服务或契约委外逐渐成为各国进行服务供给的主要形式，这也意味着资金供给和服务递送正式分离，分离的两个部分正日益形成完整的体系。以英国为例，英国的社会服务资金供给部门包括公共部门团体，私人组织和私人-非正式部门。其中公共部门团体包括中央政府、公共信托和地方政府，私人组织包括营利性组织和非营利性组织，私人-非正式部门主要是家庭、邻居、自助组织等。在财政支持方面，公共资金供给包括中央政府的拨款、地方政府的市政税收、政府的社会保障付款以及对家庭的社会服务付费或减税；私人资金供给包括个人、家庭或公司对服务使用和场地使用的付费，以及个人对家庭成员照顾时所承担的机会成本。另外，还包括慈善个人和慈善组织对社会服务的资金捐赠，在现代社会服务体系中，这些资金最后都将由统一的机构进行管理和购买支付，形成社会服务筹资系统（见表 2-5）。

表 2-5 社会服务资金和服务供给一览表

		公共部门团体			私人组织		私人-非正式部门
		中央政府	公共信托	地方政府	营利性组织	非营利性组织	
机构类型		如国民保健医院	如国民保健医院，信托机构，靠拨款维持的学院等	如地方教育局的学校，养老院，市建住房等	如语言学校，诊所，私立养老院等	如教会学校，大学，住房协会，博纳多孤儿院等	家庭，邻居，自助组织等
财政支持	公共的	财政部给卫生当局的拨款	中央政府的拨款，地方政府的购买	中央政府的拨款，市政税收	用于私立养老院的社会保障付款，地方教育局对住宿学校的购买	政府对住房协会、大学、教会学校的拨款，地方教育局为儿童购买的地方	付给残疾人看护者的社会保障付款，地方当局付给领养孩子父母的款项
	私人的	来自私人缴纳的床位费的收入，处方收费	私人使用者、家庭或公司的付费	养老院收费	家庭付费	住房协会的房租所得	因为需要照料家庭成员而放弃工作所造成的收入损失

资料来源：改编自霍华德·格伦内斯特：英国社会政策论文集，苗正民，译，北京：商务印书馆，2003 年，第 188 页。

第三章 经验借鉴：福利国家的残疾人社会服务模式

进入21世纪，全球化浪潮带来了经济社会的深刻变革，也对社会福利模式和残疾模式的演进起到了推波助澜的作用。各福利国家福利财政规模进一步调整，社会福利支出重心开始从现金投资向人力资本投资转移，社会福利的福利效能取向突出。家庭结构转型，人口结构老龄化问题突出，社会福利供给重心开始从现金给付逐步向服务给付偏移，以能力塑造和实现责权匹配为诉求的服务支出水平提高。全球化风险催生了合作主义和伙伴关系，以提升政府的福利递送控制力。社会福利递送主体多元化，递送方式多样化趋势明显，各福利国家越来越倾向于递送流程再造以及主体间和谐关系培育。递送流程革命也改变了福利筹资的渠道和方式。原有福利模式构成的条件已经发生巨大变化，继残补模式和制度模式之后，发展模式正以"积极性"、"包容性"和"投资性"理论内核改变着福利模式的维度。发展模式特征直接带来了残疾模式的转型。残疾人社会福利的积极性导向促使残疾政策更具有投资性，残疾人能力提升强化了其与普通人群的融合，诸多政策设计均将工具指向社会服务供给。残疾人社会服务的发展和现状意味着以社会模式为主导的残疾人研究范式已经发生改变，残疾模式正在进化。

在福利国家的转型过程中，不同体制福利国家依然保留其主要特征。艾斯平-安德森运用去商品化程度作为标准将福利国家划分为社会民主主义体制（斯堪的纳维亚模式或北欧模式）、自由主义体制（盎格鲁-撒克逊模式）和保守主义体制（欧洲大陆模式）。英国作为个人社会服务的起源国，同时又具有集体主义特征。近年来，随着发展型社会政策在福利国家兴起，其核心理念也开始嵌入各国社会政策的制定中。英国在不断强化社会力量参与福利递送的同时，以社区为依托，大力发展社会服务事业，特别是残疾人社会服务。布莱尔出任首相后，英国走上了"第三条道路"，并在残疾人社会服务供给中大力推崇"积极福利"思想，成为各国参考的典范。社会民主主义体制的典型代表——瑞典强调政府在福利供给中的地位，在转型中以不断扩展社会服务供给为主要特征。2011年瑞典在残疾人社会服务支出方面占GDP比重的2.08%，在所有OECD国家中占比最高，具有较强代表性。日本按照去商品化程度被划入了保守主义体制国家范畴，但其独特的"生产主义"和家庭供给特征，让日本归入了东亚福利体制行列。随着日本对社会服务的重视，残疾人群体的社会服务也开始具有"投资性"特点，残疾人的社会"包容性"得以实现。这对我国具有一定借鉴意义。所以，本书在残疾人社会服务经验借鉴中选择了英国、瑞典和日本作为主要介绍对象。这三个国家残疾人社会服务的发展正经历着社会福利模式的演变和残疾模式的进化，该过程也是发展型社会政策嵌入残疾社会服务的过程。

第一节 英国：积极福利先驱

一、分配：基于能力的资格审查

(一)自由集体主义选择下的积极分配

英国是当今世界社会福利和社会服务推行的重要起源国，也是首先宣布成为福利国家的国家，英国的社会福利政策一度被世界发达国家所效仿。从家计调查到全民福利，英国社会福利分配原则经历了从"选择型"向"普惠型"的转变。该过程实现了残疾人社会权利的确立，也实现了残疾人个人模式向社会模式的转型。随着撒切尔执政，"福利混合经济"将英国引向了自由集体主义，撒切尔主义以此为自己的核心①。一方面，集体主义强调服务分配政府主导性、服务供给直接性和服务获取普遍可及性；另一方面，自由主义强调服务分配的选择性或资格审查，以及服务递送的市场化运作。可以说，英国自由集体主义在分配方面是"选择型"和"普惠型"的综合。然而，严格的家计调查或收入调查并没有将残疾人社会权利扩大。20 世纪 90 年代以来，随着布莱尔出任首相，"第三条道路"政治理念开始主导福利政策的制定思路，"积极福利"思想产生。残疾人社会权利的发展开始从消极授予向积极争取转变，被动的福利权利赋予向主动赋权或增能发展，"积极公民"开始取代"消极公民"。福利资格获取的标准在收入评价的基础上向能力评价偏转。残疾人的被动去社会障碍开始向能力增长基础上的完全平等权(结果平等)获取转向，消极的残疾社会模式开始向积极的残疾发展模式迈进，残疾人社会权利得到极大发展。

(二)权利赋予的选择型模式

残疾模式的进化和残疾人社会服务的发展反映在相关政策法律法规体系的重构中。英国是较早创立社会福利制度和社会服务制度的国家之一，但就残疾人社会政策而言，在英国福利国家建立之前残疾人的成文法规表现为零散化和碎片化，残疾人群体没有被作为单一服务分配群体来看待。1944 年《残疾人(就业)法》[Disabled Persons (Employment) Act]的通过标志着残疾人开始以单一人群进入政策视野，残疾人社会权利开始逐渐确立，这也意味着个人模式开始向社会模式转型，残疾人开始与普通人一起进入普惠型社会福利分配通道。该法案第一次提出按比例安排残疾人就业的方案，从立法上确定了残疾人最基本的就业权利。同年，《教育法》(Education Act)的颁布让残疾儿童享有了教育权利。1946 年《国民医疗服务法案》(National Health Service Act)和 1948 年《国家援助法案》(National Assistance Act)将残疾人急需的医疗服务和食宿服务列入法律范畴，残疾人社会服务权利开始有了保障。随着 1970 年《慢性病和残疾人法案》的

---

① 【英】诺尔曼·金斯伯格：福利分化：比较社会政策批判导论，姚俊，张丽，译，杭州：浙江大学出版社，2010 年，第 154 页。

通过，以及 1974 年内政部长向地方政府发出函件，包括精神残障者在内的所有类型残疾人均被纳入英国残疾人社会服务的范畴[①]。此时，社会服务的重心开始向社区倾斜，服务的具体责任由地方政府来履行，残疾人在社区生活的权利得到认可，院所照顾被社区服务所取代。1986 年《残疾人（服务、咨询和代表）法》将服务范围扩展至包括任何可获得的服务，这些服务包括：居家援助、膳食服务、社会工作、家庭生活适应设施服务等，服务的获得需要通过严格的评估和鉴定[②]。可见，对于残疾人社会权利的获得已经得到社会认可，复杂且带有评定性质的服务提供极大地改变了残疾人贫困的生活状况，残疾人社会服务分配的法定框架开始建立。

1995 年颁布的《残疾人歧视法案》（Disability Discrimination Act）是具有实践意义的可操作法案，该法案将残疾人社会福利资源分配的权利通过具体分类项目实施得以实现，是英国残疾人发展史上具有里程碑意义的法案。法案从残疾定义、教育、就业、康复和公共交通等方面，对残疾人权利进行细化和落实，并以法律形式进行严格保障。2005 年对《残疾人歧视法案》进行了修订，拓宽了残疾人定义范围，并将歧视相关内容进一步延伸，进一步化解残疾人发展的社会障碍因素，残疾人社会模式正式取代个人模式。2006 年"残疾人平等责任计划"获得通过，倡导公共部门工作人员和公众以积极态度对待残疾人，以消除社会服务中的不公平现象[③]。至此，残疾人权利保障从政府管理、社会意识、法规体系各方面得到了充分诠释，残疾人社会服务作为权利获得的有效手段，在立法体系的保障下形成涵盖就业、康复和以社区照顾为主的体系框架。

（三）积极公民权形塑的发展模式

一种模式的兴盛往往会成为另一模式成长的温床。英国残疾人社会模式与普惠型社会服务分配的结合，成就了残疾人良好的福利水平，但却不免造成残疾人福利依赖和福利财政危机。强烈的权利诉求和社会障碍化解动机在赋予权利的同时却因被动性平权和专家介入，造成反赋权现象普遍，以结果公平为愿景的福利分配机制与现实相背离。对危机的化解应从原初设计中找到出口。对福利分配的标准从家计调查的选择型进入到全员免费的普惠型阶段，现在回归到选择型能力评估阶段。该阶段是在普惠基础上的再选择，是自由集体主义理念的升华和对原有模式的进化。普惠模式通过选择融入具有了发展功能，权利赋予在能力建设基础上具备了增能或赋权功能，权利和义务相提并论，福利模式和残疾模式的进化具有了投资性、包容性和积极性。

英国残疾人新政（New Deal for Disabled People，NDDP）开始于 1997 年新工党上台，英国政府以吉登斯"第三条道路"政治思想为指导，极力推崇积极公民和权责并重思想。残疾人社会给付重心开始由直接现金支付向社会服务供给转移，工作福利成为焦点，并成为持续至今的主流思想。无工作能力和严重残疾津贴接受者将必须参加工作面试，就业补助主要面对主动就业的需方和岗位供给的供方。1999 年《福利改革

[①] 【英】迈克尔·奥利弗：残疾人社会工作，高巍，尹明，译，北京：华夏出版社，1990 年，第 86-87 页。
[②] 英国政府公共服务网站：Disabled Persons (Services, Consultation and Representation) Act 1986, http://www.legislation.gov.uk/ukpga/1986/33/pdfs/ukpga_19860033_en.pdf.
[③] 岳晨：英国残疾人社会福利制度研究，北京：中国人民大学，2008 年，第 24 页。

与养老金法案》强调加强工作与福利权利的联系,将领取无工作能力补贴的对象限定在最近工作并支付国民保险金者范围内。残疾津贴领取对象的选择标准侧重于工作能力测试,而非身体伤残程度。新申请者必须经过严格的职业培训和个人顾问面试,方能获得补贴。积极公民的核心理念是:只要有可能,个人应该通过雇佣劳动市场承担个人及其家庭的福利责任①。对于残疾人来说就是通过工作实现对社会障碍的扫除以及自我发展。当权利和义务挂钩后,残疾人赋权和结果公平即能实现,工作福利提供了选择公平的机会,能力测试成为残疾人福利分配的选择标准。另外,英国强大的社区服务网络是残疾人融入社会和独立生活的良好平台,在社区中为残疾人生活能力和社会融合能力提升提供了有力支持。1996 年的《社区照顾法(直接支付法)》规定:地方政府可以对 65 岁以下(1997 年范围扩展到 65 岁以上)残疾人设立直接支付账户资金,由残疾人自行选择服务供给商,对社区服务进行购买。地方政府的社会服务部门首先要对直接支付申请者进行社区照顾评估(Community Care Assessment),以此决定申请者的实际需求和补助数额②。虽然选择性评估使残疾人获得服务资金变得异常复杂,但增加了选择的灵活性和自主性。在社区服务供给中,无论残疾的类别和程度如何,都将优先考虑生活在社区,以实现"独立生活"目标。此时,康复服务、照顾服务和住所改造服务的获得均要通过严格而复杂的能力评估,并经由专业的社会工作人员制定残疾人个人扶助计划,以实现残疾人最大可能的赋权。

积极公民思想在英国残疾人社会政策的设计中,表现为具有工作能力残疾人的工作福利服务和具有生活能力残疾人的生活福利服务,两项主要的社会服务内容均是在能力建设基础上的残疾人发展型社会政策。积极公民思想帮助确立了积极公民权,残疾人能力得到充分增强,权利得到充分赋予。

(四)残疾定义的扩展

分配的另一基础是残疾定义,残疾定义也从一个侧面诠释了残疾模式的进化。1995 年的《残疾人歧视法案》将残疾定义为:生理或心理受到损伤,并对其日常活动能力产生了实质性和长期性的不利影响③。2005 年的法案修正案中废除了精神残疾的临床认证,并在新残疾定义中加入多发性硬化症、艾滋病和癌症患者④。《2010 年平等法案(残疾定义指南)》[The Equality Act 2010(Guidance on the Definition of Disability)]将残疾人定义中各主要名词进行了详细解释。该指南以障碍(impairment)为残疾定义的核心,障碍包括:感觉障碍(听力和视觉障碍)、循环性障碍(类风湿性关节炎、慢性疲劳综合征、抑郁症和癫痫等)、渐进性障碍(运动神经元疾病、肌肉营养不良和痴呆)、自身免疫性障碍(如系统性红斑狼疮)、器官特性障碍、发展性障碍、学习障碍和精神障碍等⑤。社会对残

---

① 【英】彼得·德怀尔:理解社会公民身份:政策与实践的主题和视角,蒋晓阳,译,北京:北京大学出版社,2011 年,第 126-130 页。
② 陈奇娟:增权、灵活、专业:英国残疾人直接支付制度透视,社会工作,2013 年第 5 期。
③ 实质性影响指对残疾人产生的具有决定性意义的重大影响;长期性影响指损伤的影响已经或者将要持续至少 12 个月;日常活动包括用餐、盥洗、出行以及购物。
④ 英国政府公共服务网站:Disability Discrimination Act 1995,http://www.legislation.gov.uk/ukpga/1995/50/pdfs/ukpga_1995 0050_en.pdf.
⑤ 英国政府公共服务网站:The Equality Act 2010(Guidance on the Definition of Disability),http://www.legislation.gov.uk/uksi/2011/1159/pdfs/uksi_20111159_en.pdf.

疾的评估和歧视被视为一个动态过程。残疾定义在对残疾认识不断深化和残疾模式进化过程中不断扩大,也越来越成为提供残疾服务和补贴的重要依据。

二、供给：以差异化和多样化供给实现结果平等

权利的获取并不一定伴随真正的平等,残疾人身份特殊和能力差异必将造成结果不公平,最终归结于追求平等的目的性和工具性错配所产生的结果差异。医学模式导向于身体和心理机能的恢复,社会模式导向于社会障碍的消除,从平等实现角度看,社会模式具有自上而下的过程性平等实现意味,属于消极福利范畴和消极公民权表征。残疾人的身份特殊性和能力差异性要求,则更强调平等的实效性及结果的公平性,所以残疾人平等地位的实现是基于能力发展的积极公民权实现,是自下而上的、积极的能力发展过程。这就要求以能力建设为主旨的社会服务实现供给差异化和多样化,以实现残疾人权利获得的结果公平。在英国,残疾人社会服务供给以克服残疾人融入社会障碍,保障残疾人与普通人一样正常生活为目标,在建构残疾人福利制度时采取"因为特殊,所以给予特殊对待"(You are special, so treat you specially)的区别对待原则,构建了一个庞大而完善的残疾人社会保障体系和服务体系[①]。为了实现差异化服务供给和结果公平,英国残疾人社会服务供给已经形成以丰富的社会救助和津贴项目为保障,以积极性就业服务、自立性社区服务和个性化康复服务为基础的残疾人社会服务供给体系。

(一) 更具选择性和广泛性的现金津贴

以现金为支付方式的社会救助和津贴虽然不属于以服务为支出形式的社会服务,但该项内容是社会服务的基础和支撑,在一定程度上决定了社会服务水平的高低。英国残疾人社会救助和津贴项目是一个内容繁多,覆盖对象全面,支付方式科学的津贴补助系统,该内容将积极福利思想和独立生活理念合理地融入其中,转变了残疾人社会服务供给的价值理念。当前英国残疾人津贴分为:独立生活补贴、就业支持补贴、医疗康复补贴、税收减免、交通优惠、教育补贴、战争伤残抚恤等类别。其中专门涉及残疾人社会服务的是前三项补贴,其具体内容充分表现出残疾人能力培养和自我发展的意图(表 3-1)。税收减免包括残疾人减免计划、盲人减税补助和确保生育补助金,交通优惠包括蓝徽停车计划、交通工具计划和公共交通优惠计划,教育补贴主要是残疾学生补助,战争伤残抚恤主要是战争残疾抚恤金和服役补助金计划。这些内容旨在使残疾人更好地融入社会,降低成本,提供辅助工具,提升残疾人智力水平,以实现真正意义上的残疾人社会权利结果平等。

---

① 杨立雄：美国、英国和日本残疾人福利制度比较研究，黑龙江社会科学，2014 年第 3 期。

表 3-1 英国残疾人社会服务相关津贴

补贴类别	补贴项目	主要内容	负责部门
就业支持补贴	就业支援补贴	凡因病或残疾而影响到个人工作能力者均可申请	特别就业中心和特别就业办公室
	无行为能力补助	因病或残疾而需要治疗造成无法工作，可按无力工作的时间长短，申请相应补贴	救助中心、特别就业中心和社会保障办事处
	就业计划	针对残疾人的工作交通补贴和购买工作特殊设备的补贴	残疾人就业顾问
	收入支持	低收入残疾人可享受看牙、拿药、学生餐免费，以及获取相关房屋补助和税收补助	特别就业中心、社会保障办事处
	工作抵税	通过减免税或退税提高低工作收入残疾人及家庭收入	皇家税务局和海关
	工伤残疾补贴	根据受伤者的年龄和受伤程度按等级每周获取补贴	特别就业中心、社会保障办事处
医疗康复补贴	直接支付	具有社会服务资格残疾人，自行安排照料服务，可要求政府提供直接补贴，也可采取自我照料或机构照料的方式获得服务补贴	地方政府
	护理津贴	因生活不能自理而需要个人护理的老年人和残疾人可享受免税补贴	特别就业中心，社会保障办事处和救助中心的残疾和护理服务处
	照料提供者补贴	为 16 岁及以上且已加入指定补助项目残疾人每周提供至少 35 小时照料的残疾人照料者，每周可领取 53.10 英镑	同上
独立生活补贴	残疾生活补贴	针对 65 岁以下有生活帮助需求和出行困难的残疾人给予照料和活动补贴	同上
	独立生活基金	为有独立生活需求的重度残疾人提供个人和家庭的照顾费用	独立生活基金会、当地社会服务
	残疾设施补助金	提供帮助残疾人改造、改善家中居住环境的补助及减免残疾人设计、改装的商品和服务增值税	地方政府房屋署

资料来源：http://www.gov.uk/browse/benefits/disability.htm.

（二）更具个性化和增能意义的就业服务

英国残疾人社会服务供给种类丰富，项目齐全，其中最具有"积极属性"的当属就业服务供给。英国残疾人就业服务有三个主要特征：其一，预防性与干预性相结合。政府对残疾人就业需求和能力进行评估，设计科学的残疾人职业规划和就业指导，让残疾人享受全过程就业服务。其二，个性化服务与专家服务相结合。就业指导专家深入了解残疾人就业的具体状况和职业能力状况，针对每个残疾人提供个性化的咨询服务。其三，权利获得与责任义务相结合。英国的法律规定：没有工作但有工作能力却不积极寻找工作的人不能得到失业救济[①]。残疾人的自尊和潜能在积极就业思想下被激发，残疾人获得自我价值实现和真正意义发展。

在英国，残疾人就业安排和指导主要由中央政府就业部、劳工部培训司和伤残人员司等部门负责，地方政府则设立残疾人训练所、康复中心以提供相应的职业培训[②]。2002

---

① 中国劳动保障科研网：赴英国"促进困难群体就业"培训团培训考察报告，http://www.calss.net.cn/calss_wai/chengguo.asp？depno=&pageno=2&radio=0.
② 许洁明，刘苏荣：英国的残疾人就业政策及对我国残疾人事业的启示，思想战线，2012 年第 1 期。

年特别就业中心(Job Centre Plus)成立,并相继在各地成立了特别就业中心的办事处(Job Centre Offices),将积极就业政策理念贯彻执行。该中心工作人员通过面谈详细了解残疾人状况和就业意愿,对其提供岗位信息、职业培训和就业指导等服务,以保障残疾人积极就业。其中最体现服务精细化的当属残疾人就业顾问的咨询服务工作,主要内容包括:第一,就业评估计划,是指为残疾人确定合适的工作和培训进行的科学评估;第二,准备就业计划,是通过对工作技能和经验的学习让长期伤残和失业的人员重返工作岗位;第三,工作阶梯计划,是指让就业困难或有继续工作障碍的残疾人通过对不同工作的尝试而获得阶梯性的适应能力,以获得公平的薪酬待遇;第四,获得工作计划,对于已经进入工作岗位的残疾人,若其工作因身体原因不能持续一年,可以获得就业顾问的多种帮助;第五,残疾符号计划,该计划是指对积极聘用残疾人的雇主颁发"支持残疾人"标识,以鼓励全社会支持残疾人就业。在残疾人新政中来自不同机构和组织的工作经纪人(Job Brokers)可以通过互联网与残疾求职者沟通,并了解其基本情况和求职意向,经过一系列准备帮助求职者达成就业服务目标[①]。另外,就业直接支付制度和个人预算为个性化就业服务的实现提供了手段和杠杆。

(三)以能力发展为取向的康复服务

在英国,作为残疾人社会服务供给基础的康复服务也表现出了积极福利特征,其服务宗旨为:最大限度地恢复和增强残疾人适应生活和融入社会的能力,使残疾人能生活得更加幸福。英国是全民医疗体系健全且免费的国家,在国民保健服务(National Health Service,NHS)体系中,除了少量特殊治疗与服务需要收取残疾人少量费用外,大量康复服务是无偿供给的。国民保健服务体系根据残疾人身体健康状况和康复服务供给场所将康复服务分为"集中式康复"与"分散式康复",并对生理残疾和心理残疾区别对待。"集中式康复"是针对独立生活能力较弱和身体健康状况较差的残疾人,因其依赖性较强而将残疾人进行集中康复以恢复身体机能的康复方式。在对生理残疾者和心理残疾者进行身体健康评估和精神健康评估后,根据他们的健康状况,确实需要在康复机构和医疗机构进行"庇护式"康复照顾的残疾人可享受"集中式康复"。英国各地的康复中心就是集中式康复的主要场所。康复中心通过配备织机、编机等培训设备和生活设备让残疾人尽快适应工作环境和生活环境,并提供专业指导。康复中心还通过组织文体活动来提升残疾人参与社会生活的能力和信心。英国康复服务项目包括:听力保健服务,主要是针对听力障碍者进行听力功能恢复性训练和交流功能补偿性训练,例如手语和读唇技能训练;视力照顾服务,主要对视力障碍者提供盲文阅读训练和有声读物,以及为其独立生活进行居家设备改造和生活能力恢复;语言治疗服务,主要通过语言治疗师对语言障碍者进行交流训练和食物吞咽训练;物理治疗服务,通过理疗师对于因中风或关节病等原因所造成的行动困难者进行运动、电疗或徒手治疗,以加强其独立行动和独立生活能力。

当残疾人经过"集中式康复"后生理和心理机能得到一定恢复,此时评估介入,对

---

① 岳晨:英国残疾人社会福利制度研究,北京:中国人民大学,2008年,第58-61页。

于达到一定条件者，康复人员将进入到个人居住的社区或家庭进行"分散式康复"。2007年《精神能力法案》中规定经过科学评估后可以在社区进行康复的精神残疾人士必须回归社会，在社区进行继续康复。残疾人需要参加当地社会服务机构组织，由职业治疗师负责的健康和社会照料评估，根据评估结果和残疾人意愿制定康复帮助计划书，并最终确定为残疾人提供卫生保健、居家照料、康复设备和居家环境改造等康复服务。然后，再经由专业社工和社区护士提供专业康复服务。对于精神残疾人而言，其康复服务由全科医生、社区精神健康护士、精神科社会工作者、精神病顾问、健康访问者和临床心理学家等组成专业社区精神健康小组制定详细康复计划并提供服务。

（四）更高社会融合度的社区服务

社区照顾服务是英国最具特色的残疾人社会服务。这种服务形式将政府、营利组织、非营利组织和家庭社会服务资源在社区平台上有机结合，通过家人、朋友、邻居和志愿者在社区进行资源整合，以便于残疾人了解社区、参与社区和影响社区，形成残疾人独立生活的优势平台。残疾人就业服务和康复服务在社区得到优化整合，实现资源共享。社区针对不同年龄对象，不同残疾类型和不同需求，提供内容丰富的残疾人生活和照顾服务。例如：残疾人日常生活服务、残疾人日间照护服务、残疾人花园护理服务、残疾儿童支持服务、残疾人特殊教育需求评估服务、残疾人公共交通服务、残疾人优待服务等[①]。英国社区照顾服务体系完善，内容多样化、个性化和人性化，服务设计细致入微，充分体现了残疾人社会服务的积极福利思想诉求。

三、递送：多元合作伙伴典范

英国是新公共管理革命的倡导国家，在撒切尔出任首相后，政府在社会服务递送方面不断退让，并力推营利组织和非营利组织进入递送体系。经过多年改革，英国社会服务递送体系逐渐呈现出政府监管为主，结合非政府组织递送的多元服务递送合作伙伴形态。英国残疾人社会服务以残疾人个性化发展为目标，其实现途径必然是各项社会服务的整合化和残疾人个体的介入化。实现该目标要求服务递送主体发挥各自优势，与残疾人及其家庭进行资源整合和优势介入，打破组织间壁垒，建立合作伙伴关系。因为残疾人的特殊身份和健康状况，政府在伙伴关系中的作用发挥和角色定位显得尤其重要。英国政府、营利组织、非营利组织、家庭和个人在残疾人独立生活的目标导向下，形成了健全的残疾人社会服务递送体系。

（一）公共组织主导，规范多元运作

虽然英国与美国同属自由主义福利体制国家，但是英国具有自由集体主义特质，在追求市场化递送的同时也并未放弃政府在经济社会政策制定与监管中的扩张性角色。在残疾人社会服务递送过程中，英国政府有效整合了政府监管和市场机制的优势，树立了

---

① 杨立雄：美国、英国和日本残疾人福利制度比较研究，黑龙江社会科学，2014年第3期。

多元整合典范。以官方为主的残疾人社会服务管理部门主要有：第一，社会保障办事处和救助中心的残疾和护理服务处，负责提供残疾护理服务和各种津贴的管理；第二，残疾人日间护理中心，负责联系当地议会以了解在日间照顾中心残疾人士所需的支持和帮助；第三，残疾福利中心，负责为已经获得残疾生活津贴、考勤津贴或个人独立生活支付的残疾人提供建议或信息；第四，特别就业中心，负责通过各种可行方式，为有工作意愿和正在工作的残疾人提供就业指导、职业咨询和技能培训。当出现以下情况时，英国政府将作为主要责任者，直接为残疾人递送服务：第一，地方政府有法定义务亲自提供的服务，如残疾儿童服务；第二，非公服务供给方不愿承担，或承担不了的服务，如高度依赖照料的残疾人服务；第三，公众意愿导向表示应由公共部门持续提供的服务[1]。

在非政府组织维护残疾人权利和递送服务的过程中，英国政府更倾向于由统一的组织进行管理。2007年平等和人权委员会(Equality and Human Rights Commission)成立，该委员会作为独立于政府的非政府公共机构，为残疾人权利维护提供了整合的服务资源和信息[2]。另外，2005年残疾人问题办公室(Office for Disability Issues)的成立也起到了资源整合的作用。其在协调残疾人健康、教育、就业等政府部门之间社会服务供给的同时，发挥协调政府部门、非政府部门和个人在残疾人服务递送中的作用。2008年英国地方政府通告中，强调将各服务递送主体愿景和价值观壁垒的打破作为提供残疾人个性化服务的重要实现方式，并建立由地方政府指标组合和地方协议履行构成的联合评估框架[3]。

(二)社会组织递送，市场化模式运作

除了政府必须进行递送的服务项目，英国残疾人社会服务递送的绝大多数任务还是由非营利组织和营利组织承担，政府主要是以资金供给为己任。1990年，英国《国民健康服务和社区照顾法案》的颁布将市场化运作机制引入国民健康服务，服务的供给者和购买者开始正式分化。在市场化模式的驱动下，服务递送以合同外包的政府购买为主要形式。政府从服务的直接递送中解放，作为发包方将残疾人社会服务以项目形式外包给非营利组织和营利组织。非营利组织和营利组织成为承包商，按照政府服务供给标准要求进行服务递送。递送方在市场中形成竞争机制，尽量满足残疾人服务的个性化需求以获得组织生存和发展机会。从残疾人服务递送的进程来看：首先，由政府组织、专家和残疾人根据残疾人服务需求设计服务项目和服务标准，并形成政府购买标的，发出竞标邀请；其次，选择合适的竞标方签订服务合同，按照合同规定完成递送服务；最后，由政府或第三方组织对服务结果进行监测和评估。英国非营利组织服务递送的典型代表是英国隆纳济世助残之家。该组织与政府形成了长期合作关系，是英国最大的、为残疾人提供托养照料和居家护理服务的非营利残疾人服务组织，其分支机构已经遍布英国的各个城市社区，主要工作项目来源于政府的购买服务，其收入的90%来源于此。到2001

---

[1] 李兵：社会服务研究，北京：知识产权出版社，2012年，第155页。
[2] 岳晨：英国残疾人社会福利制度研究，北京：中国人民大学，2008年，第25页。平等和人权委员会由残疾人权利委员会(Disability Rights Commission)、种族平等委员会(the Commission for Racial Equality)和平等权利委员会(Equal Opportunities Commission)合并组成。
[3] The New Performance Framework for Local Authorities and Local Authority Partnerships: Single Set of National Indicators, Department for Communities and Local Government, 2007, http://www.communities.gov.uk/documents /localgovernment/pdf/505713.pd.

年，英国营利组织和非营利组织提供的院所照顾已达到 90%以上。另外，绝大多数残疾人就业服务递送来自非营利组织的购买服务①。英国残疾人社区服务和独立生活理念，让社区成为残疾人社会服务递送的主要平台。在英国社区，政府对社会服务递送起到穿针引线的作用，残疾人独立生活和社会融合在社区得以实现，非营利组织、营利组织、志愿者和残疾人及其家庭在社区服务递送过程中结成服务递送伙伴关系，最大限度整合社会资源。英国在 2001 年和 2006 年的立法中不断强化接受服务的残疾人在服务设计与服务递送过程中的参与度。政府鼓励地方当局和用户领导组织（User Lead Organisations）建立三角伙伴关系，支持个性化服务的残疾人独立生活②。除了在不同主体间和不同层级间体现残疾人社会服务递送伙伴关系外，政府部门内部也表现出伙伴合作关系。例如，"'获得生命'计划"（The "Getting a Life" Programme）就是由工作与养老金部门、儿童学校与家庭部门、创新部门和教育部门四个部门组成，旨在以年轻人想要的方式获得工作、教育和社会生活帮助，该项目现在已经在英国 10 个大区运行③。

四、财务：基于中央和地方的双元支撑

英国残疾人社会服务的资金基于中央和地方税收，通过中央财政拨款给地方政府，加上地方税收收入、个人捐赠、自愿或第三部门收费和补贴共同构成其资金来源。虽然大量的残疾人社会服务进行了外包和实行政府购买，但政府依然在服务资金供给中占据绝对主体地位。其中卫生保健康复服务是由国民保健服务体系提供，由卫生部资助，就业服务的经费大多也是由特别就业中心提供。

在残疾人社会给付项目中，公共部门的支出从 1980 年开始就一直处于主导地位，特别是 1990 年后其在 GDP 中的占比明显上升。与美国不同，英国志愿部门的残疾人社会给付支出超过了私人部门，虽然近年来志愿部门支出在 GDP 中的占比有所下降，但依然远超私人部门（见表 3-2），这源于英国的慈善精神传统。

表 3-2　1980～2011 年英国残疾人社会服务支出占 GDP 比重（%）

年份	1980	1985	1990	1995	2000	2005	2010	2011
公共部门	1.0	1.5	2.1	2.9	2.4	2.3	2.4	2.5
志愿部门	0.7	0.8	0.3	0.6	0.6	0.4	0.4	0.4
私人部门	0.2	0.2	0.1	0.1	0.0	0.0	0.1	0.1

数据来源：根据 OECD 数据库整理。http://stats.oecd.org/Index.aspx。

与其他自由主义国家相比，英国对残疾人津贴的现金给付占有重要地位，也成为英国残疾人福利的特色，该部分资金在残疾人社会给付中数额较大。虽然残疾人社会给付

---

① 任占斌，丛向群，段小蕾：英法残疾人社会保障和服务工作考察，残疾人研究，2011 年第 1 期。
② Cabinet Office. Learning from the World's Best Public Services：Cabinet Office，London，2009，http://webarchive.nationa-larchives.gov.uk/+/www.dh.gov.uk/en/SocialCare/Socialcarereform/Userledorganisations/DH_083152.
③ National Disability Authority. Health and Personal Social Services for People with Disabilities in England，2011：26，http://www.docin.com/p-619566696.html.

中现金占有比重在下降,服务给付的比重在上升。但是从绝对数来看残疾人社会给付的现金给付从 1980 年的 20.758 亿英镑增加到 2011 年的 303.099 亿英镑,上涨了约 13.6 倍,服务给付从 1980 年的 2.844 亿英镑增加到 2011 年的 76.308 亿英镑,上涨了约 25.8 倍。2011 年,英国残疾人社会支出总额为 379.407 亿英镑,其中现金给付支出约是服务给付的 4 倍,这说明在英国现金给付依旧是残疾人社会福利支出的主要内容(见表 3-3)。公共部门是社会支出中的重要支柱,且负担较重。为了减轻公共部门残疾人社会服务经费的负担,英国开始实行新政以缓解财政压力。在英国 2009 年绿皮书(2009 Green Paper)中,建议社会照顾的资金选择包括合作伙伴和保险选择。用这种合作伙伴方法,残疾人可以通过付费获得照顾和支持,也可以选择高额医疗保险以防范风险和自我保护。另外,一种新型的普遍递延支付机制(Universal Deferred Payment Mechanism)将允许居民的照顾和住宿费由房屋财产作抵押,用于递延支付该居民生前照顾服务所产生的费用①。

表 3-3 1980~2011 年英国残疾人社会支出金额　　　　（单位：百万英镑）

年份	1980	1985	1990	1995	2000	2005	2010	2011
现金给付	2075.8	4975.9	11284.8	19562.7	21594	24493.2	28895.9	30309.9
服务给付	284.4	409.8	1195.1	2179.6	2739	5039.5	6961	7630.8
志愿部门	1688.8	3057.8	1599	4869	5938	5444	6607	6492
私人部门	567.4	700.6	529.5	386.5	385	412	1658	1706

数据来源:根据 OECD 数据库整理。http://stats.oecd.org/Index.aspx。

第二节　瑞典:"社会投资"代表

一、分配:更具包容性的普惠

(一)具有投资性的普惠分配

瑞典是当今世界生活水平最高,最平等的国家之一,其福利模式被称为"最接近福利理想模式"的代表。瑞典模式也被称为"斯堪的纳维亚模式"或"北欧模式",其支撑理念是受社会主义和民粹主义影响的社会民主主义,服务供给"社会化"和"去家庭化"特征明显。瑞典建立了完善的社会福利制度体系:一是由医疗保险、养老保险、疾病保险、工伤保险、失业保险等组成的社会保险制度体系;二是由托养服务、医疗康复服务、就业服务、家庭服务等组成的社会服务体系;三是包括生育保险和儿童补贴等在内的各种家庭现金补贴体系。该福利体制与其他体制相比较的显著特点是在福利分配过程中更普遍、更全面、更丰富。瑞典的社会福利资源覆盖了全体公民,与自由主义体制国家福利资源分配的家计调查方式不同,瑞典模式将包括残疾人在内的所有公民看作完全平等的分配主体,人人均有权利无须通过任何污名化调查实现福利分享,所以该模式

---

① HM Government. Green Paper:"Shaping the Future of Care together", Norwich:The Stationery Office Limited, 2009:20.

具有明显的"普惠性"特征。在福利国家危机出现后,瑞典开始将福利供给计划向积极的劳动力市场政策、扩大社会服务和性别平等方面转变,因此福利资源分配具有了"社会投资"性质。

(二)普惠中的特惠:更为公平的分配

在完全普惠型社会福利分配面前,残疾人与所有公民均具有完全社会公民身份,歧视现象在社会中并不常见,因此,瑞典并没有一部综合性的残疾人保障法,残疾人权益维护规定均体现在各相关法律法规中。瑞典的"社会投资"政策取向最终落脚在社会服务的供给,因其社会服务内容丰富、形式多样和划分细致,瑞典被称为"社会服务国家",其中残疾人社会服务的精细化供给更赋予瑞典"残疾人天堂"的美誉。瑞典残疾人社会服务的主要目标就是通过各种服务供给来实现残疾人与普通人一样享有均等的机会。1977 年瑞典《工作环境法》(Work Environment Act)通过,法案中明确要求雇主在工作环境中为雇员提供职业康复服务,并为残疾雇员回到工作岗位提供支持,残疾人社会服务的供给开始走上了法治化道路。1982 年,随着《社会服务法》(Social Services Act)的生效,以社会服务供给为主要手段的残疾人权利实现和增能受到法律的充分保障。该法案对残疾人社会服务供给的内容、供给主体及其责任和供给程序均做了明确规定。《社会服务法》强调地方政府必须使身体或智力残疾的个人能根据其需要选择生活方式,并积极参与社区生活,可以旅行和自由行动,随意出入公共场所[①]。可以说《社会服务法》中残疾人相关规定奠定了瑞典残疾人社会服务政策和法规基础。1994 年《残疾人支持和服务法案》颁布,对残疾人权利实现和社会服务供给起到扩充作用。法案旨在为残疾人提供个性化帮扶的权利,以及获得更多独立生活的机会,确保残疾人拥有平等的生活条件,全面参与社会生活[②]。在普惠基础上实现残疾人特惠,以特惠保障残疾人更好享受普惠。该法案将残疾人社会服务的形式扩展到咨询服务、居家服务、住宅服务和家庭服务,其中最具特色的是家庭服务,通过向家庭提供残疾儿童和青年家庭式护理中心护理服务,以减轻家庭负担,使家庭从残疾人照护服务的重担中解脱,以实现"社会投资"目的。另外,该法案让残疾人获得了个别援助权利,个人可以自由聘任护理人员。同年,《残疾人巡视官法》通过,其目标在于确保残疾人全面参与社区生活和享有平等的生活条件。巡视官的职责在于保障残疾人尊严不受到侵犯,对发生的残疾遭受冷遇和不公待遇主动向相关机构和组织申诉,要求停止侵权行为的发生[③]。2000 年,瑞典国会通过了一项"从病人到公民"的全国残疾政策行动计划,该计划的目标为到 2010 年力图使残疾人能和普通人一样顺利地进入所有政府部门和公共场所,享受更高层次的同等服务,这成为瑞典此后很长一段时间中具有指导性意义的法律文件。此后,瑞典开始在道路交通、建筑设计、信息获取、沟通交流和文化生活等方面全方位打造无障碍社会[④]。另外,《残疾补贴和护理补贴法》《规划与建筑法》《反歧视法》等相关法律法规的不断健全让瑞典残疾人在享受社会服务过程中感到更为公平。

① 粟芳,等:瑞典社会保障制度,上海:上海人民出版社,2009 年,第 308 页。
② 谢琼:国际视角下的残疾人事业,北京:人民出版社,2013 年,第 117 页。
③ 中国残联官网:瑞典残疾人巡视官法,http://www.cdpf.org.cn/zcwj/gjwx/200711/t20071109_25323.shtml,2007 年 11 月 9 日。
④ 谢琼:国际视角下的残疾人事业,北京:人民出版社,2013 年,第 118 页。

（三）全面接纳与模式转型

虽然瑞典普惠型社会福利制度建立较早，但在残疾人社会服务方面，从二战结束到 20 世纪 60 年代主要以医疗康复为主，明显处于残疾的个人模式阶段。直到 20 世纪 70 年代，从《工作环境法》中对残疾人就业环境的改造要求可以看出，社会环境障碍思想开始为瑞典人所接受，瑞典残疾人的社会模式时代到来，之前对残疾人的"残废"（handicap）概念也被"残疾"（disability）所取代[①]。近年来，瑞典开始从全社会、全方位和全环境对残疾人障碍进行扫除，使得残疾人普惠福利更加具有包容性。具体表现在：第一，福利待遇的全员性和普及性让残疾人福利分配具有包容性。瑞典社会福利体系中的所有福利均向残疾人平等开放，其中社会服务基本实现免费，社会保险个人只需缴纳少量费用（残疾人一般不需要直接缴纳）。第二，品种繁多、分布广泛和待遇优厚的公共补贴制度，结合社会保险，使残疾人享受到独特的高水平社会福利待遇，社会水平与普通人基本无差异，残疾人在生活水平方面具有了包容性。第三，去"机构化"运动让残疾人全面参与社会生活，残疾人社会融合具有了包容性。大量阻碍残疾人融入社区生活的精神病院、康复所、护理院被取缔，残疾人从"隔离社区"向"全纳社区"回归。

二、供给：更具包容性的服务

与英国种类繁多的现金补贴不同，瑞典的残疾人社会福利供给的主要方式为服务供给，而非现金供给，目的是让残疾人主动提升就业能力和社会融合度，而非被动接受现金救助。鉴于瑞典普惠型社会福利制度的实施，残疾人生活水平和质量与普通人基本齐平，残疾人对社会服务需求超过了生活补贴的现金供给需求，所以瑞典政府将残疾人社会服务供给放在了突出位置。瑞典残疾人社会服务供给以"社会投资"理念为导向，从残疾人自身特点出发，为残疾人获得公平发展的机会提供了更为"精细化"的服务。

（一）全面保障的就业服务

瑞典残疾人社会政策的包容性体现在就业服务领域，表现为包括残疾人在内的"全民就业"目标。为了保障残疾人与普通人一样享有包容性就业机会，瑞典出台了以《残疾人就业促进法》为代表的 20 余部相关法律法规（见表 3-4），这些法律法规对残疾人就业服务的政府责任和企业责任做了明确规定，对残疾人在公开劳动力市场获得就业机会，以及通过就业服务进入公开市场和半公开市场起到推动作用。这些法律法规和政策措施涉及残疾人就业服务的方方面面。首先，按照服务获得场所来划分，残疾人就业服务包括就业评估中心的职业鉴定、职业指导和岗位培训；劳动力市场培训中心的职业培训；雇主对残疾雇员的机动车和工作帮手补贴，特殊技术辅助器械提供，特殊工作场所

---

① 杨立雄：美国、瑞典和日本残疾人服务体系比较研究，残疾人研究，2013 年第 1 期。

提供，雇主亦可以获得补贴。残疾雇员工资发放占比中政府负担75%，雇主负担25%[①]。其次，按照残疾人参与劳动力市场活动的模式，残疾人就业服务可以分为三种状态：适应发展型、扶持保护型和长期保障型。适应发展型就业是指针对具有一定工作能力却因机会缺乏和身体条件限制而不能进入完全开放劳动力市场就业的残疾人，通过就业信息服务和就业机会提供，将残疾人安排在普通就业部门工作，配备就业辅助设施，并由公共部门或非营利组织的服务人员提供支持和帮扶，以保证其可以与普通人一样正常工作。扶持保护型就业主要是针对缺乏技能且就业困难的残疾人，为其提供工作机会、收入保障和技能训练等方面的服务。例如，斯德哥尔摩市社区开办的亚健康人技能训练中心为智障人士提供劳动机会和劳动报酬，并安排专业社工为每个人制定详细的心理康复计划，帮助其恢复正常的人际交流能力，最终回归社会。该模式具有半开放式就业特征。长期保障型就业就是将各种类型残疾人集中安置在政府专门创建的工厂和企业中就业。其中最具有代表性也是最大的扶持保护型企业是萨摩豪尔(Samhall)集团公司。该公司成立于1980年，成立之初整合了370家由市政府、省政府以及国家劳动部等机构经营的各种福利企业、庇护工场、官方工作中心和家庭作坊等。目前在全国200多个地方设有分支机构，残疾人的需要是其设立分支机构的条件或依据。该公司员工中残疾人超过90%，这些残疾人中的40%为存在发展障碍的残疾人、精神残疾人和多重残疾人等就业特别困难的残疾人。萨摩豪尔为残疾人提供了发展和学习的机会，每个残疾人都有一个符合其特点的个人和工作发展目标。现在，每年都有5%以上(即1000多人)离开萨摩豪尔，并在社会上找到合适的工作，他们每年有一半收入来自其经营活动，一半来自国家补贴[②]。按照残疾人残疾程度不同制定残疾人服务政策和服务方案，体现了瑞典残疾福利政策的个性化和精细化特征，残疾人就业问题得到极大改善(见表3-4)。

表3-4 20世纪70年代到21世纪初瑞典残疾人就业促进的立法概况

法律法规	内容或作用
《就业保障法》	从根本上限制了雇主自由解雇雇员(包括残疾人)的权利，成为瑞典劳动立法史上的转折点
《促进就业措施法》	
《年度休假法》	保证国民(包括残疾人)可享受政府提供的各种辅助手段，如职业培训等，以帮助其更快就业
《工作时间法》	
《平等机会法》	
《反对职业生活中的种族歧视措施法》	在工作中的各种领域保障了劳动者(包括残疾人)的各种权利，保证其获得工作
《禁止在职业生活中歧视残疾人员法》	专门保障残疾人就业权利的立法
《工资担保法》	当公司遇到困难时，政府将承担支付工资的责任，确保劳动者(包括残疾人)获得工资

资料来源：吕学静、赵萌萌：典型国家残疾人社会福利制度比较研究，北京：首都经济贸易大学出版社，2012：170。

[①] 张延辉：我国残疾人社会保障制度绩效评价研究，长春：吉林大学，2008年，第90页。
[②] 残疾人立法考察组：瑞典、挪威残疾人立法考察报告，中国残疾人联合会官网，2005年11月10日，http://www.cdpf.org.cn/ywzz/jyjyjb/jy_229/jyfw/jyzkpcgc/201505/t20150520_488884.shtml。

(二)健全细分的康复服务

20世纪70年代,随着瑞典残疾模式由个人模式向社会模式的成功转型,残疾人康复服务也从单一的身体康复向预防性和综合性康复服务转变,服务供给重点落脚在社会障碍消除和能力重塑,残疾人康复服务供给内容被细分,加之多部门联合,更利于残疾人融入社会,使康复服务更具有"包容性"。根据1980年《社会服务法案》和1982年《医疗卫生服务法案》的相关规定(见表3-5),残疾人康复的目标在于尽快重建残疾人功能性能力,以通过有薪就业实现残疾人融入社会和生活自立。瑞典现有的残疾人康复服务供给按照功能被划分为四大类:第一,医疗康复。这是残疾人康复服务的基础功能,包括生理康复和心理康复,旨在帮助残疾人建立参与社会生活的身体基础。瑞典没有将常规医疗救治和康复完全分开,而是从患者有效康复角度将二者有效结合,且对康复对象没有设定严格标准进行限制服务,地方政府和社区是康复服务的主要供给者。第二,社会康复。主要是由市政当局负责,依据《社会服务法案》规定提供服务,通过对社会障碍的克服,保证包括残疾人在内的所有市民能够有效参与社会活动。第三,职业康复。目标是依赖劳动力市场,通过重复训练和成人职业训练重建雇员进入劳动力市场的能力[①],其内容包括了工作能力评估、康复计划制定和实施、就业相关技能培训等。第四,辅助设施支撑。瑞典各地均建有公益性的专业辅助技术服务机构——辅助器具服务中心,由取得辅助器具处方资质的专业人士(由医生、护士、治疗师经过专业培训后担任)为残疾人提供辅助技术的后续支持,并开展辅助器具适配的评价、适应性改造、专业人员培训、采购和配送等服务[②]。除了实现残疾人康复服务内容供给的多维包容外,残疾人康复服务供给机构亦实现了多元包容。1998年开始,由国家社会保险局、省议会健康照料服务机构、市政社会服务机构、国家就业服务部门和国家劳动力市场协会联合组成的特别委员会成立,旨在通过各部门资源的有效利用和整合,改善身体健康异常人群的健康状况并促进国家经济的发展,这体现出了经济发展和社会进步的包容性发展特征。除了政府部门间实现了医疗资源和康复资源的有机包容外,雇主与雇员、工会、相关社会保险局和其他公共机构的相互合作也具有包容性,各服务供给主体的有效包容实现了残疾人有效地融入社会,进入劳动力市场,并留在劳动力市场。所以,残疾人康复服务的包容性不但体现为残疾人融入社会的包容性,还体现在康复服务供给方式的包容性,以及服务供给主体间的包容性(见表3-5)。

表3-5 瑞典残疾人康复保障的相关法律法规

年份	法律法规	对象
1980	《社会服务法案》	社会康复
1982	《医疗卫生服务法案》	医疗康复
1993	《功能受损人士支持和服务法》《帮助补贴法》	社会康复、医疗康复
1998	《残疾补贴和护理补贴法》	医疗康复
1999	《禁止在工作中歧视残疾人法》	职业康复

资料来源:谭晶:瑞典残疾人康复服务系统介绍.北京劳动保障职业学院学报:2011年第1期。

---
① 谭晶:瑞典残疾人康复服务系统介绍,北京劳动保障职业学院学报,2011年第1期。
② 谢琼:国际视角下的残疾人事业,北京:人民出版社,2013年,第126-127页。

(三) 全天候人性化的居家服务

瑞典残疾人社会服务的包容性还表现在居家照顾服务方面，主要通过为残疾人提供人性化的居住和生活环境、非机构化护理和替代性居住方式来实现。瑞典实现了对所有残疾人的居所保障，同时各地专门立法对残疾人住所的特别设计给予保护。居所改造根据不同类型残疾人的睡眠、饮食、行动、娱乐等特点进行个性化设计，重度残疾人可以生活在集体生活区或服务公寓，并提供全天候的服务和照顾。瑞典的去机构化运动打破了护理中心集中居住的隔离化服务供给，衍生出政府支持的集体居住形式、服务性居家形式和私人住房个人护理形式。集体居住形式不同于封闭式的庇护护理，是在普通居住区对最多不超过五套相连的公寓进行统一管理和提供个性化的护理服务，费用主要由政府支付；服务性居家形式是在由五到十套公寓组成的较大居住区，对有独立居住需求且服务需求不多的残疾人提供服务；私人住房个人护理形式是针对重度残疾人进行专门的住所改造，并提供全天候的照护服务[1]。更具个性化和细分化的残疾人居家照护服务，更能从残疾人个体特征出发，满足残疾人需求，使残疾人在社区生活的包容性更强。

(四) 兜底精细的津贴补助

瑞典除了具有精细化程度较高的残疾人社会服务体系外，残疾人现金津贴也发挥着重要作用。残疾人现金津贴获取的原则是在接受了政府提供的社会服务后，经过评估而获得现金补助，主要包括盲人和运动性视觉障碍津贴、护理津贴、清洁服务津贴、出行补贴、车辆补贴、房屋改造补贴、学生补贴（针对生活在学生之家或特教学校的残疾人）、旅游津贴等[2]。与社会服务的供给不同，残疾人现金津贴的获取需要经过复杂的程序。津贴的项目基本也涵盖了残疾人需求的各个方面，其目标也是帮助残疾人更好地融入社会生活。所以，以现金补贴形式出现的残疾人社会服务相关经费的供给也具有了较强的包容性。

三、递送：信仰与路径选择的迷思

(一) "人民之家"信仰的危机

作为社会民主主义国家典型代表的瑞典，除了福利分配时的普惠型特点外，在服务递送时的政府绝对主体地位又是其另一大特色。然而，受到财政危机和政治党派分歧的影响，由政府全权进行服务递送的模式开始动摇。瑞典保守党提出以促进私营化和竞争的方式，来提高服务供给质量和降低成本。但是，社会民主党极力抵制社会服务私营化运动。随着瑞典社会福利改革的推进，20世纪90年代政府开始削减福利开支，政府社会服务预算减少，居民向地方申请家政服务难度增大，服务时间缩短。社会民主党人开始接受私人与国家竞争，但私人服从国家管理和筹资的思想，保守党人也开始承认需要

---

[1] 粟芳，等：瑞典社会保障制度，上海：上海人民出版社，2009年，第307页。
[2] 谢琼：国际视角下的残疾人事业，北京：人民出版社，2013年，第131页。

连续不断的国家管理①。两个党派似乎在社会民主主义思想背后找到了二者的契合点,但却需要面对社会平均主义信仰和制度支持之间的危机。公共部门服务被开发给私人进行竞争,作为个人社会服务选择多样化和用户化的另一结果,社会隔离动态化也相伴而生。在循序渐进的福利服务私有化和市场化导向进程中,瑞典"人民之家"所标榜的面对全体国民的、统一的、高质量的社会福利文化正遭到破坏②。

(二)公共组织递送的坚持与多元化递送的萌芽

经过福利改革后的瑞典社会服务递送体系形成了新的形态。就残疾人社会服务递送而言,瑞典形成了以政府机构为主体,非营利和营利性社会服务组织为补充的递送体系。在瑞典,中央政府负责制定与颁发残疾人社会服务相关的政策法律法规,对社会服务提供资金支持,对残疾人服务递送过程进行监督及评估。例如全国社会福利委员会致力于帮助身体残疾和心理残疾的公民融入社区生活,并保障其拥有能谋生的工作;社会保险局负责残疾人参加社会保险与补贴提供;全国住房建筑规划委员会负责对残疾人居住环境和居所的改造;健康福利委员会负责残疾人的健康咨询与监督;公共交通署和道路管理局负责残疾人交通工具提供、道路安全和出行平等③。瑞典残疾人具体的社会服务递送工作主要由地方政府来实施,医疗康复服务主要由省级议会负责,市级自治政府负责就业服务、照顾服务和其他生活类社会服务的供给。这就形成了包括中央政府、省级政府和市级政府在内的残疾人社会服务三级政府管理体系。

瑞典社会民主主义福利国家形成的一个重要原因在于瑞典人根深蒂固的参与精神,以及追求全民平等的思想基础。大多数瑞典人都是残疾人组织和协会的成员④,约47万人是残疾人活动的活跃分子,瑞典有2000多个国家级残疾人组织,其中33个成员协会组成了瑞典残疾人联合会⑤。残疾人组织致力于残疾人权益维护和残疾人社会服务递送。与残疾人组织共同承担服务递送的还有其他一些非营利组织和少量以收费为主的营利组织。公共部门将服务项目通过政府购买的形式进行契约委外,服务与直接政治控制被分割开来,形成"准市场"(quasi-market)模式。此时服务递送的供应商、发包方和消费者被有机分割的模式开始逐渐被社会民主党政府接受。以健康服务为例,到2000年,瑞典约85%的县有私营健康服务机构支持25%以上的患者就诊。这些私人组织中的非官方身份健康服务员人数占比从1993年的4.8%上升到2000年的7.2%,在一些大城市甚至达到15%⑥。而此前这些机构的健康服务员基本都是享受政府工资的官方雇员。越来越多的地方政府选择将照顾服务私营化,私人照顾服务机构的数量从1995年至2005年已增长了5倍。2011年,民营机构已提供18%的老人居家服务。所有的服务受惠者都可选择是由公立机构还是由私人提供的居家服务或特殊居住服务。不过,地方政府在提供经费及资

---

① 【意】哥斯塔·艾斯平-安德森:转变中的福利国家,周晓亮,译,重庆:重庆出版社,2003年,第65页。
② "人民之家":"人民之家"计划是瑞典社会民主党20世纪30年代提出的反危机执政纲领。
③ Ministry of Health and Social Affairs, Sweden. Persons with functional impairment, Chapter 5, Special provisions for various groups, Social Service Act, 2001: 10-11.
④ 周弘:国外社会福利制度,北京:中国社会出版社,2002年,第224页。
⑤ 谢琼:国际视角下的残疾人事业,北京:人民出版社,2013年,第120页。
⑥ Trydegård G-B. Välfärdstjänster till salu—privatisering och alternativa driftsformer under 1990-talet.In Expert Commission A Balance Sheet for Welfare of the1990s, Välfärdstjänster i Omvandling, Stockholm: Social departementet, 2001: 52.

源配置方面负有全责。残疾人社会服务的递送主要靠政府向社会组织购买来进行,主要经费来源于政府拨款。2011年,瑞典总计国家拨款超过1.82亿瑞朗(约2540万美元),共向60个残疾人组织购买服务,以实现服务递送[1]。

瑞典残疾人社会服务递送主要有三种模式:第一,政府直接参与型。虽然民营化浪潮对瑞典产生了深远影响,但政府对社会服务的直接递送依然占据重要地位。政府直接参与递送的服务主要包括康复服务和家政服务。政府对康复服务直接进行经营管理,其所有工作人员均为政府公职人员,由政府支付工资。政府经由专门的评估师对残疾人服务需求申请进行评估和审批,对服务递送全过程和服务费用使用情况实施全面监管。瑞典政府参与家政服务递送主要是通过政府雇佣全职或兼职家政服务者后,由残疾人选择聘用来实现,这一比例占到全社会家政服务的96%[2]。第二,政府所有私人经营型。该类型主要针对由政府出资修建的残疾人服务或工作场所,由私人组织负责经营和管理,除了按照政府相关部门要求进行服务递送所获得的经营收入外,亦可以从其他项目经营和管理获得收入。收入主要用于服务递送人员工资支出和运营成本摊销,目的是突出社会服务的非营利性。政府对于服务递送不符合规范的承包商可以随时收回管理权。此类型服务主要集中于就业服务和照护服务项目,提供就业服务和工作安排的萨摩豪尔公司就是典型代表。第三,政府出资私人承办型。近年来瑞典私人和社会组织参与残疾人服务递送的情况在不断增加,一些政府不能提供或提供不好的服务开始逐渐由私人来承接,其中主要的费用还是由政府支出。一方面,这些组织承接政府外包项目,如社区护理项目、就业服务项目。另一方面,组织通过提供一些高端收费服务项目来满足不同群体和市场多样化需求。

(三)革新带来道路选择的迷思

近年来,瑞典在服务递送方面福利多元主义倾向明显。虽然政府的主体地位并未因此而动摇,但是不断壮大的私人服务部门正在威胁瑞典作为斯堪的纳维亚模式国家的福利系统,"人民之家"的福利信仰正在变得模糊。服务供给的差异化特征正在逐渐放大,这将造成一定程度的社会分层,对塑造全面平等的社会信仰是极大的冲击[3]。从服务效能来看,私营化的服务并非一定会带来成本节约和效率提升。近日有媒体调查发现,多家私人医疗公司因服务递送问题而被质疑。很大程度上是利益驱使对服务标准产生了负面影响[4]。然而,财政危机和福利多元主义的发展迫使瑞典走上福利改革道路,这对瑞典社会民主主义信仰和对福利体制的坚持是否会带来根本性的影响,已经成为迷思。

---

[1] 杨立雄:美国、瑞典和日本残疾人服务体系比较研究,残疾人研究,2013年第1期。
[2] Arthur Gould. Nordic Welfare States in the European Context,New York:Routledge,2001:148.
[3] Paula Blomqvist. The Choice Revolution:Privatization of Swedish Welfare Services in the 1990s,Malden:Blackwell Publishing Ltd,2004:152.
[4] Official site of Sweden. Elderly Care In Sweden,https://sweden.se/society/elderly-care-in-sweden/.

四、财务:坚定的政府主体地位

作为社会民主主义国家的典型代表,瑞典政府在残疾人社会服务的资金管理和供给方面都表现出了绝对的主导地位。虽然,私有化改革稀释了政府在服务供给中的份额,但政府部门在财务管理和控制方面依然占有坚定的主体地位,瑞典的社会民主主义国家性质并未动摇。

1980~2011 年 OECD 国家公共部门对社会服务给付占 GDP 的比重不断增加,证明各国政府都开始重视社会服务在社会福利供给中的地位。其中最为突出的是瑞典,其社会服务给付占 GDP 比重从 1980 年的 12.4%上升到 2011 年的 14.1%,虽然 1980 年到 1990 年间从 12.4%下降到 11.0%,但从总体来看瑞典在所有 OECD 国家中仍占比最高(见表 3-6)。可见,瑞典政府对社会服务的投入在各国中占据明显优势。

表 3-6　1980~2011 年 OECD 国家公共部门服务给付占 GDP 比重(%)

	1980 年	1990 年	2000 年	2011 年
澳大利亚	4.2	5.7	7.7	9.2
奥地利	5.7	6.0	7.5	8.6
比利时	5.5	6.7	8.1	10.2
加拿大	6.4	7.7	6.8	8.3
丹麦	9.9	10.0	10.9	13.7
芬兰	6.8	8.6	7.5	10.5
法国	6.8	8.6	10.6	11.3
德国	7.0	7.2	9.4	10.4
爱尔兰	7.4	5.3	5.4	7.8
意大利	5.8	6.2	6.5	8.0
日本	4.9	4.9	7.1	10.4
卢森堡	4.9	5.8	6.2	8.0
荷兰	6.5	6.7	7.1	12.1
新西兰	5.2	5.9	7.4	11.0
挪威	6.7	7.9	9.0	10.5
西班牙	4.2	5.4	6.3	8.9
瑞典	12.4	11.0	12.3	14.1
瑞士	4.0	4.5	6.4	8.1
英国	5.8	6.9	8.6	11.6
美国	4.6	5.4	6.7	9.5

数据来源:根据 OECD 数据库整理。http://stats.oecd.org/Index.aspx。

就残疾人而言,瑞典残疾人社会服务资金的主要来源是政府部门,占全部来源的 90%以上,社会捐赠和服务收费非常有限。从表 3-7 我们可以看出,从 1980 年到 1990 年,瑞典残疾人社会服务的公共部门支出基本处于上升阶段,此时由于志愿部门和私人部门的支出较少，并未显示数据。1990 年后，瑞典开始了社会福利改革，公共部门支出开始有所下降，志愿部门和私人部门的支出统计已经显示数据，但比例相对较低。从 2011 年数据来看，公共部门是残疾人社会服务支出的绝对主力，占到 GDP 的 4.3%，而志愿部门和私人部门力量薄弱，只占到 GDP 比重的 0.2%和 0.4%。从志愿部门和私人部门的占比来看，私人部门占比要高于志愿部门，这和私人雇主对残疾人雇员的服务支付及工资支付，以及少量的私人部门付费服务供给有关。

表3-7　1980～2011 年瑞典残疾人社会服务支出占 GDP 比重（%）

年份	1980	1985	1990	1995	2000	2005	2010	2011
公共部门	4.7	4.5	5.5	4.9	5.1	5.5	4.6	4.3
志愿部门	..	..	..	0.1	0.3	0.3	0.3	0.2
私人部门	..	..	..	0.3	0.5	0.4	0.4	0.4

数据来源：根据 OECD 数据库整理。http://stats.oecd.org/Index.aspx.
注：".."为数据缺省。

从 1980 年到 2011 年，残疾人社会支出中，现金给付的数额从 268.27 亿瑞典克朗（简称瑞朗）上升到 1489.63 亿瑞朗，增加了约 4.5 倍，服务给付的数额从 25.99 亿瑞朗上升到 724.83 亿瑞朗，增加了约 27 倍（见表 3-8）。由此可见，瑞典残疾人社会支出有较大增幅，其中服务给付增长速度最为明显。残疾人社会服务作为瑞典残疾人实现包容性的利器，在瑞典发展型社会政策的推动下显得愈加重要。

表3-8　1980～2011 年瑞典残疾人社会支出金额　　（单位：百万瑞朗）

年份	1980	1985	1990	1995	2000	2005	2010	2011
现金给付	26827	41709	80174	89281.1	115893	152768	151963	148963
服务给付	2599	4022	6498	23572.1	34563	51078	72895	72483
志愿部门	..	..	..	1380	5674	9373	7982	7113
私人部门	..	..	..	6100	12100	11700	12302	13011

数据来源：根据 OECD 数据库整理。http://stats.oecd.org/Index.aspx.
注：".."为数据缺省。

第三节　日本：自立服务典范

一、分配：健全保障体系下的选择性服务

（一）混合型福利体制背景

按照艾斯平-安德森在《福利资本主义的三个世界》中的划分方法，日本属于保守主义福利体制国家类型。与德国、法国类似，日本奉行强制性的国家社会保险，社会福利资源的获取以参加劳动市场的时间和对社会保障体系的贡献为依据，可以说社会权利的

获得与福利资源的分配是以工作业绩和贡献率为参照。保守主义体制国家的另一个特点就是福利资源的分配具有明显的阶层化效果，不同阶层或群体享有相异的福利分配方案，并享受独特的权利。日本公务员系统、企业系统和非工作群体系统所享受的福利待遇和分配方式差异较大。所以，日本社会福利资源的分配与瑞典等社会民主主义国家不同，不具有明显、无差别的普惠性质，也并非如美国、英国等自由主义国家交由市场来全权分配，而是在社会保险的基础上进行带有普惠性质的选择性分配。

日本与其他欧洲保守主义国家相比较，具有自己的特质，很多学者将日本等国所具有的亚洲福利体制模式称为东亚福利体制。此类型福利国家具有两方面特征：

第一，东方儒教思想传统。儒家文化下的资本主义、福利国家等都具有典型的东方主义概念①。在社会政策领域表现为传统的政府不介入，以家庭和血缘为纽带的福利供给关系。在东方儒家福利文化和家庭主义影响下，家庭（而非个人）成为社会的中心和重要的福利单元。在日本，这种"家本位"思想扩展到工业结构的组织方式中，对家庭的忠诚扩大到对企业的忠诚和国家的忠诚，形成"家国同构"文化模式。该文化模式催生出国家主导型社会福利②。一方面，家庭在福利供给中，特别是面对残疾人和老年人等弱势群体时，起到主要作用。政府只满足最基本的福利需求，更高层次个人福利需求只能由家庭来实现。另一方面，政府对整个社会的福利供给起到主导和管制作用。东亚国家的传统形成了国家对资源分配、社会关系调控的主导作用，以及对社会福利的安排和规划，服务的递送重心转向社会和家庭。

第二，"生产主义"特征和发展型社会政策兴起。以日本为代表的东亚福利体制国家属于后发现代化国家，举一国之力发展经济成为他们追赶原发现代化国家的主要举措。生产或经济目标成为发展的基本出发点，社会福利政策被视为经济发展的子项目，福利政策的选择服务于经济发展③。这与西方发达国家基于社会权利的社会再分配机制不同，东亚国家是基于社会投资的生产型福利模式。I. 霍利德（Ian Holliday）将这种东亚福利体制称为"生产主义社会发展体制"（Productivism Social Development Regime），其主要特征是政府社会福利的低水平支出，社会政策的经济服务导向，福利供给的"残补主义"，家庭本位的递送体系，政府对福利政策的控制和调节，公民有限的福利权利和义务④。随着日本经济和社会的发展，政府在社会福利资金中的投入不断加大，主要集中于具有"社会投资"功能的社会服务。社会福利逐渐被看作经济发展的工具，社会政策的制定更具有与经济发展相互促进的包容性。发展型社会政策在日本的兴起，意味着发展并不仅仅是经济的发展，更是社会和人的发展。

（二）东方文化背景下的残疾人社会服务分配选择性

日本福利体制具有混合型特质，既有保守型体制特征，又具有东亚福利体制特征，其残疾人社会服务也构成了自己的特色。

---

① 【日】武川正吾：福利国家的社会学——全球化、个体化与社会政策，李莲花，李永晶，朱珉，译，北京：商务印书馆，2011年，第164页。
② 【韩】朴炳铉：社会福利和文化——东亚社会福利模式的含义，社会保障研究，2012年第1期。
③ 林闽钢：现代西方社会福利思想——流派与名家，北京：中国劳动社会出版社，2012年，第163页。
④ Ian Holliday. Productivist welfare capitalism: Social policy in East Asia, Political Study, 2000, 48: 717.

第一,"家本位"与政府有限责任。在日本,儒家文化传统影响至深,其社会服务建立的理念是东方家庭中心主义的责任观念和孝道传统,而非西方社会的社会权利基础。家庭成员对残疾人的照顾责任是残疾人社会服务的核心价值理念,家庭成为残疾人服务运行的主要载体,其地位通过法律的形式得以强化。与此同时,日本政府认为残疾人的照料应由家庭来承担主要责任,政府只应该承担起到兜底作用的有限责任。在此文化背景下残疾人社会服务分配的选择性特征明显。

第二,"因果论"和"依靠论"思想根源。在日本本土文化中残疾人"因果报应"思想根深蒂固,虽然受到西方慈善主义和现代公民权利思想的影响,可残疾的"宿命论"和不幸思想依然存在。在日本文化中,人们普遍认为残疾人只要从康复和医疗角度进行恢复就可以维护其权利,而并未从社会融入的角度来进行分析,所以处于明显的个人模式或医学模式阶段。日本人个性中具有鲜明的自立自强精神,而残疾人因身体或精神原因具有较强的依赖性,被当作是社会的负担,故日本在残疾人社会福利政策的设计上显得较为谨慎,在政府进行福利资源分配时选择性明显。

第三,残疾人政策的"自立性"设计原则。与欧洲福利国家残疾人政策理念的演变不同,日本没有经历过残疾人从"无义务享受权利"到"无责任即无权利"的消极福利向积极福利转变过程,而是在残疾人政策的转变中实现从家庭"无能照顾"到家庭和社会共同支持的自立性照顾。1960年《日本残疾人福利法》中规定:"所有残疾人应通过主动克服自身残疾,发挥自身能力,努力参与社会经济活动"。1970年施行的《日本残疾人对策基本法》中进一步规定:"残疾人的家庭,必须为促进残疾人的自立而努力"。日本"自立性"残疾人社会福利资源的分配是基于对残疾人概念的严格界定,并通过科学的评估和资格认证来进行的,所以依然具有鲜明的选择性特征。

(三)扩展的定义与清晰的分类

日本对残疾人福利资源的分配建立在明确的定义和清晰的分类基础之上。1960年的《日本残疾人福利法》中就对残疾人做了明确的限定,认为残疾人是指符合相关标准所列残疾、年满18岁、领取都道府县知事发给的残疾人手册者(见附录A)。为了对残疾人有更进一步的解释,1970年《日本残疾人对策基本法》将残疾人定义为由于有肢体残疾、视觉残疾、听觉残疾、平衡机能残疾、声音机能残疾或者语言机能残疾、心脏机能残疾、呼吸器官机能残疾等固定的内脏器官机能残疾或精神呆滞,日常生活或社会生活长期受一定程度限制者。此时,残疾人定义还相对局限,内容也仅涉及身体障碍方面,而对社会障碍并未提及,具有明显的医疗模式特征。此后,日本残疾人定义中残疾人群体范围开始扩展。1993年,《残疾人基本法》取代《日本残疾人对策基本法》,将残疾人扩展到与精神有关的残疾。之后,在2004年和2011年又经过了两次修改,对残疾人的定义又进行了进一步修正。目前,日本在法律上规定残疾人主要包括四种类别,即身体残疾、智力残疾、精神残疾和发育残疾[①]。

1949年日本《身体残障者福利法》规定,残障者是指18岁以上身体有障碍(未满18

---

① 温婷:日本残疾人康复经费保障研究,北京:首都经济贸易大学,2013年,第4页。

岁称"残疾儿童"），且接受了都道府县知事交付的身体障碍证者①。身体残障者是由先天或后天原因而造成的身体功能性损伤，进而造成生活障碍的患者。身体障碍证的领取或福利资格的享受，需要通过都道府县知事指定医师，并出具诊断书，方可获得相应福利待遇。精神残疾者（精神障碍者）是指患有精神分裂症、精神作用物质引起的急性中毒或其依赖症、智力障碍及其他的精神疾病的患者②。在《智力障碍者福利法》中智力障碍者并没有单独定义而是被包含在精神障碍者中；2004年日本颁布了《发育障碍者支援法》，该法将患自闭症、有石棉沉着病症状等广泛性发育障碍、学习障碍、缺乏注意力多动症障碍及其他与此类似的脑功能障碍者定义为发育障碍者③。可见，日本对残疾人进行了清晰的分类和明确的定义，并根据不同类型的残疾人颁布了相关法律，从类型角度入手让残疾人服务更具有针对性和可行性。

（四）健全的法律保障体系

东亚国家的威权主义反映在法律订立上就是国家主义的福利救济模式，残疾人没有主动地参与社会融合，而是被动地接受国家现金救助。受到欧洲福利国家社会福利思想和模式的影响，日本残疾人社会福利立法开始走向个人独立之路，并逐渐构建起以"自立""自治""自决"为价值核心的法律保障体系。

1949年，日本出台的《身体残疾人福利法》成为日本首部专门为残疾人设计的法律，这与1950年《有关精神保健与精神残疾人福祉法律》和1960年《智力残疾人福祉法》共同构成了日本残疾人社会福利和权利保障的立法框架，也为此后颁布的残疾人法律奠定了价值基础和立法依据。1960年《日本残疾人福利法》颁布，该法律首次对残疾人进行科学定义，对残疾人权利维护和福利服务的国家、地方公共团体及国民责任进行明确规定，并从康复角度对残疾人康复和医疗相关服务和巩固设施做了具体安排。1970年《日本残疾人对策基本法》的实施将残疾人社会服务的内容进行了扩充，内容从康复和医疗扩展到保护、教育、就业、支付年金等方面。1993年《残疾人基本法》取代此法，成为日本残疾人福利实现和权利维护的根本法律。伴随2004年《发育障碍者支援法》和2005年《障碍者自立支援法》的施行，"自立""自治""自决"等概念进入公众视野和立法系统，实现残疾人立法的重大转变。其中《障碍者自立支援法》将身体、精神、智力残疾的三类残疾人士进行统合，综合提供各类残疾人士的福利服务，将保障提供公平服务的利用程序和基准予以明确和公开，厘定了国家应承担的财政责任④。之后残疾人法律进一步完善，其中较为重要的是2011年对《残疾人基本法》的重大修订和2013年通过的《残疾人歧视禁止法》。

从残疾人法律的颁布来看，日本如今已经具备了包括残疾人权利维护、社会福利实现、经费保障、责任分工等完整的残疾人法律体系。但是，该体系的内容和思想设计中还残留着大量个人模式的痕迹，并未真正实现从个人模式向社会模式的转型。在日本

---

① 【日】桑原洋子：日本社会福利法制概论，韩君玲，邹文星，译，北京：商务印书馆，2010年，第288页。
② 【日】桑原洋子：日本社会福利法制概论，韩君玲，邹文星，译，北京：商务印书馆，2010年，第323页。
③ 韩君玲：析日本障碍者福利立法的变迁过程及特点，东岳论丛，2011年第12期。
④ 韩君玲：日本残疾人福利法制的特征及启示，学术交流，2010年第11期。

2012 年对公众残疾人歧视和偏见的调查中,社会对残疾人的歧视比例高达 89.2%[1],可见残疾人在社会中的地位并未改变,个人模式遗风依旧存在。为了改变现状,日本制定《残疾人综合福祉法》,明确提出将残疾人从以往的保护对象转变为权利主体的理念,并将原有医学模式的残疾概念转变为社会模式下的残疾概念,将残疾人生活的家庭责任转变为社会责任,这些都体现了法律理念上尊重残疾人个体独立性的精神[2]。在此法律的影响下,日本有望实现残疾模式的进化。

二、供给:以保险为基础的残疾人自立服务供给

(一)从现金救助服务到以保险为基础的多元服务

二战后,日本确立了社会保障制度,但根据当时的经济社会状况,政府实施以现金为主的济贫保障方案,对残疾人的扶助也以现金救助为主。从 1961 年开始,日本实施全面的公共社会福利制度,全面提供退休金和各种保险计划,实现了"国民皆保险,国民皆年金"的目标[3]。此时,形成以保险和年金相结合的多元化残疾人社会福利供给,残疾人社会服务则是以保险和年金为基础建立起来的高级项目。

日本作为比较奉行保守主义的国家,其鲜明的特点就是社会保险制度中,政府、企业和个人成为社会保险的共同承担者,也即社会福利资源的共同供给者。一方面,日本所有国民均需加入国民健康保险,企业职工必须参加健康保险,这对残疾人同样适用。所以残疾人保险包括了健康保险、国民健康保险、劳动者工伤保险和照护保险。不同残疾人群体在少量缴纳或免缴保险费用的情况下,根据对应的保险缴纳情况,享受免费的社会服务。另一方面,残疾人与普通人一样享受年金制度,年金包括了残疾基础年金、残疾厚生年金和残疾共济年金。残疾人在缴纳年金时,可以享受优惠政策。当残疾人需要时,年金的供给可以为残疾人购买所需服务提供资金支持。所以保险和年金的多样化供给为社会服务的提供创造了良好的制度基础和资金基础。

(二)从机构康复到社区康复

日本长期以来受残疾人个人模式或医学模式影响至深,所以将对残疾人康复服务的关注更多放到与身体和心理有关的医疗康复。二战后,由于战争产生大量生理和心理损伤的残疾人,日本对于残疾人医疗康复十分重视。残疾人开始进入专业医院或康复中心进行康复治疗。受惠于日本高超的医疗技术和科学的护理服务,大量残疾人康复后回归社会或进入就业支持培训中心进行职前培训,以便更好地工作及服务社会。到 20 世纪 80 年代,日本机构式的医疗康复服务达到了顶峰,其医疗服务水平在世界处于领先地位。以日本国立康复中心为例,到 20 世纪 90 年代该中心的残疾人 80%可以回归社会从事合适的工作,其更生训练所培训的残疾人有 80%可再进入职业康复中心[4]。伴随社会公

---

[1] 贾文婷:调查显示九成日本人承认其社会歧视残疾人,http://www.chinanews.com/world.shtml.2012.9.24.
[2] 魏倩:日本残疾人立法从国家主义到个体独立演进综述,残疾人研究,2013 年第 4 期。
[3] 谢琼:国际视角下的残疾人事业,北京:人民出版社,2013 年,第 367 页。
[4] 汤小泉:日本康复事业的特点及对我们的启示,中华医院管理杂志,1995 年第 8 期。

民权利思想的传入，日本开始出现残疾人自我解放和追求平等权利的思潮。大批残疾人（特别是精神疾病患者）从医院住所搬回社区和家庭，政府也开始鼓励地方政府和志愿机构增加护理院所的数量和投入，以保障大量残疾人顺利从医院和精神病院回归社区[①]。日本残疾人康复服务开始从机构康复向社区康复转移。社区康复顺利实现了家庭照顾和社区服务相结合，医院专业治疗与家庭关爱照料相结合，以及身体康复和心理康复相结合的一体化康复服务。目前，日本社区康复服务形成了四位一体的服务系统，分别是居家或机构康复、慢性康复、亚急性专门康复以及急性治疗和康复，同时福利、保健和医药三者贯穿其中。据悉，日本现已拥有超过1400个社区工作社和500个儿童之家[②]。

随着社区康复服务的发展，日本残疾人康复不再局限于身体和心理的机能康复，而是建成了包括医疗康复、社会康复、职业康复和教育康复的残疾人康复服务体系（见表 3-9）。医疗康复是日本最为成功的康复服务项目，主要由综合性医院、专科康复医院和社区康复机构共同提供，主要内容涉及残疾人身体和心理机能的预防和康复服务；社会康复在日本是指残疾人能通过相关机构的帮助和服务，实现无障碍融入社会并独立生活，其内容包括更生训练、生活适应训练和生活指导；职业康复亦是希望通过就业信息、技能和环境服务供给让残疾人更容易地实现自食其力。各康复服务项目间形成了有机服务网，对残疾人自立目标的实现，起到相互促进的作用。

表 3-9 日本残疾人康复保障的相关法律法规

年份	名称	对象
1949	《残疾人福利法》	残疾人福利方面的事项
1960	《残疾人雇佣促进法》	职业康复
1970	《残疾人教育法》	教育康复
1970	《战伤病者特别援助法》	对战伤病者的康复
1970	《残疾人职业训练法》	职业康复
1970	《残疾人基本法》	残疾人权利总纲
1974	《公共健康被害补偿法》	医疗康复
1979	《特殊儿童抚养补贴法》	社会康复
1983	《老年保健法》	医疗康复
1988	《精神保健法》	社会康复
1993	《福祉用户法》	对辅助器具的定义在法律上加以规定
1997	《护理保障法》	在居家护理服务费中设置了辅助器具租用服务外，还设立了购买居家护理辅助器具的款项
2004	《发育障碍者支援法》	针对脑功能障碍者尤其是低龄者提供发育支援
2005	《残疾人自立支援法》	将以往分别在各个法律（躯体残疾人福利法、智力残疾人福利法、精神保健福利法、儿童福利法）中规定的残疾人福祉服务一元化

资料来源：曲学利：中国残疾人辅助技术产业发展报告，北京：华夏出版社，2010 年，第 279-280 页。

---

① Ryosuke Matsui. Employment Measures for Persons with Disabilities in Japan，http://www.hurights.or.jp/asia-pacific/054/04.html.
② 刘乐：日本残障人员的社区康复服务介绍，北京劳动保障职业学院学报，2011 年第 2 期。

（三）从保护性就业到扶持性就业

日本于 1960 年颁布《残疾人雇佣促进法》，后历经 25 次修订发展为现今包括按比例就业、保护性就业、扶持性就业和自主创业的多种就业形式的法案。通过对不同就业方式的社会服务，日本逐渐形成了完善的残疾人就业服务体系。按比例就业要求不同用人单位根据性质招收不同比例的残疾雇员，比例从 1.8%到 3%不等，未达比例者将受到处罚，从立法角度对残疾人就业进行保障；保护性就业也是日本较为普遍的一种残疾人就业形式，就是将残疾人集中安置在庇护工厂工作，为残疾人工作提供适宜的岗位、劳动条件和环境。近年来，日本通过加大残疾人社会服务力度，为残疾人提供扶持性就业和自主创业的有利条件。

日本残疾人就业服务按照服务类型可以分为：职业介绍、职业指导和适应性训练以及就业后指导等。职业介绍服务是收集残疾人求职信息和企业岗位提供信息，为残疾人就业寻找匹配岗位和适宜的工作[①]。对残疾人具备的能力和借助辅助器能达到的能力展开评估，提供工作需求双方的详细信息，并在上岗后进行为期一年的追踪指导。日本公共职业安定所的主要职能就是职业介绍和职业指导。职业指导服务是根据残疾人手册和诊断书等残疾情况证明材料，对职业能力、认知水平、职业兴趣倾向等要素进行测试和评价，以对残疾人适合的岗位及职业规划提出可行性意见。当残疾人将要进入或已经进入工作岗位后，残疾人服务机构就需要对残疾人进行适应性训练。训练的内容包括了机械、木工、计算机操作、缝纫、印刷等 20 多种专业，根据学员的残疾程度和文化水平不同进行为期 6 个月到 1 年不等的个性化指导训练。日本国立职业复健中心所提供的专业化和个性化职业训练在日本起到了良好的示范作用，其学员的就业率高达 90%。就业后指导是指让残疾雇员在就业后能迅速适应工作环境的相关服务，包括残疾人职业能力和适应性测试、岗位适应指导和就业信息提供等。东京精神残疾人职业中心和残疾人就业自立中心就是此类服务的典型代表。另外，日本还建立了残疾人职业综合服务中心，对残疾人职业康复进行调查研究，并为各地残疾人职业康复中心和职业中心提供建议和技术支持。

由此可见，残疾人就业服务已经从过去单纯进行庇护式集中就业服务，向残疾人能力建设的扶持型就业和自主创业模式发展。残疾人开始从封闭式就业走向融入社会的开放式就业。

（四）从封闭式照护服务到自立性支援服务

日本在自立思想确立之前，残疾人居家服务是以封闭式服务供给为主，主要包括：家庭成员照护、家庭助理照顾、日间服务、短期入所服务和集体之家服务。2005 年《残疾人自立支援法》颁布之后，日本残疾人居家照护开始向社区转移，体现出更为开放和融入社会的自立性支援服务特征。自立性服务将身体障碍者服务、智力障碍者服务和精神障碍者服务内容进行统合，将所有残疾人的服务分为护理服务、训练服务和地区生活

---

① 吕学静，赵萌萌：典型国家残疾人社会福利制度比较研究，北京：首都经济贸易大学出版社，2012 年，第 177 页。

支援事业三种形式,并按居家服务、日间服务和入住服务三个类型来分类[①]。护理服务包括:居家护理(家庭助理)、重症访问护理、行动援护、重症障碍者等综合支援、儿童日间服务、短期入所、疗养护理、生活护理、障碍者设施的夜间照顾(设施入住支援)、照看院服务(共同生活护理)。训练服务包括:自立训练、就业准备支援、持续就业支援、共同生活援助(集体之家)。地区生活支援事业包括:移动支援、地区活动支援中心和福利院[②]。自立性支援服务一改以往残疾人被动接受政府行政命令式的实物给付,而是以市町村为基本单位,以促进残疾人在本地区自立为理念,由残疾人自由申请来获得服务,整个流程更加透明和分权,让服务更能激发残疾人的自我意识。

日本照护服务的核心是护理服务,该服务以护理保险为基础,也是日本最具优越性的残疾人社会服务项目。护理保险从内容来划分主要包括:居家服务、地区贴身性服务、住宅改修、住宅护理支援和机构服务(见表3-10)。

表3-10 日本长期护理保险护理服务内容

服务项目	服务内容
居家服务	1.访问护理:包括身体护理和生活援助;2.访问入浴护理:针对活动困难残疾人;3.访问看护:由访问看护中心或专业看护人员进入残疾人家庭就健康问题和生活障碍进行针对性和专门性服务;4.针对无法自由活动残疾人的访问性康复治疗;5.居家疗养管理指导;6.高龄残疾人通所护理;7.通所性康复治疗;8.短期入所生活护理;9.短期入所疗养护理;10.特定机构入住者生活护理;11.福利用具借贷;12.特定福利用具贩卖
地区贴身性服务	1.夜间访问型护理;2.痴呆症对应型通所护理;3.小规模多功能型居家护理;4.痴呆症对应型共同生活护理;5.地区贴身型特定机构入住者生活护理;6.地区贴身型老人护理福利机构入住者生活护理
住宅改修	生活适应型居所方便设施改修服务
住宅护理支援	在残疾人住所内根据残疾人申请需求制订服务计划,并提供适当服务
机构服务	老人护理福利机构、老人护理保健机构和护理疗养型医疗机构

资料来源:戴卫东、李裕吉,顾梦洁:日本残疾人长期护理服务体系研究,残疾人研究,2014年第3期。

三、递送:政府、家庭、福利法人三维递送向多元递送发展

(一)三级政府递送主体体系

《日本残疾人对策基本法》中第4条明确规定国家及地方公共团体负有预防残疾发生保障以及增进残疾人福利的责任,其中包括医疗、康复、保护、教育、职业指导、雇用、支付年金等有关残疾人福利的对策事项。在《身体障碍者福利法》中强调国家及地方公共团体必须为综合实施促进身体障碍者的自立及对其参加社会经济活动的援助和必要的保护等而努力[③]。日本实行"中央政府—都道府县—市町村"三级管理与服务体系。因此,厚生劳动省、都道府县、市町村等各级政府对残疾人社会服务的递送负有主要责任。其一,日本厚生劳动省设立中央残疾人对策协会,其主要职责是调查审议关于制定残疾人政策的基本事项,并推进相关残疾人机构的相互联系和协调工作,起到残疾人社

---

① 宋健敏:日本社会保障制度,上海:上海人民出版社,2012年,第447页。
② 【日】久塚纯一,山田省三:社会保障法解体新书,京都:法律文化社,2007年,第227页。
③ 【日】桑原洋子:日本社会福利法制概论,韩君玲,邹文星,译,北京:商务印书馆,2010年,第289页。

会服务递送中政策主导的作用；其二，都道府县负责策划本辖区内残疾人相关政策实施且与相关部门联系并指导工作，设置障碍者更生咨询所，并安排障碍者咨询员从事障碍者的咨询和援助等工作[①]；其三，市町村是日本政府残疾人社会服务递送最基础的组织主体，主要负责发现障碍者，提供相关福利信息，提供残疾人咨询服务，根据残疾人调查情况提供服务建议和技术支持；其四，都道府县和市町村在必要的地方设置具有行政机关性质的身体或智力障碍者更生咨询所，并安排具有公务员身份的障碍者福利员，进行障碍者服务咨询、指导、鉴定和直接递送服务。

(二)家庭递送的承载平台

作为东亚福利国家的代表，日本具有良好的"家庭主义"传统，家庭成员在残疾人社会服务的递送中一直扮演着重要角色。这不仅成为日本大和民族的道德载体，也成为残疾人获得情感支持和心理慰藉的主要平台。为保障家庭在残疾人服务递送中的责任，日本在相关法律中也给予家庭服务递送保障。《日本残疾人对策基本法》中规定："残疾人的家庭，必须为促进残疾人的自立而努力。"可见，除了对于残疾人基本服务的递送责任，家庭也承载了促进残疾人自立的责任。政府对提供残疾人服务的家庭在税费减免和经费补贴方面给予了一定优惠，并通过给予法律保障，让"家本位"传统可以继续作为残疾人服务递送平台承载其基础功能。

(三)福利法人递送的制度保障

与英国非营利组织主导服务递送不同，日本民间递送组织以福利法人为主。福利法人是指以进行社会福利事业为目的，根据社会福利法的规定设立的法人。法人是自然人以外，具有法人资格，享有权利、承担义务的团体(社团)。社会福利法人比公益法人更具公益性，是特别法人。因为要求具有较强安定性和公正性，所以社会福利法人必须具备必要资产和品行信用，以向政府申请的形式获得资格。福利法人具有严格的管理规定和退出机制，政府对其服务递送质量和经营透明性均有严格的标准，并对其管理和服务递送过程进行严格监督。同时，社会福利法人可以优先获得政府提供的财政补助并享受法人税和固定资产税的免除等优惠政策。社会福利法人制度建立在公助基础之上，通过发挥民间力量帮助政府解决了满足本地社会福利服务需要的实际问题，而且还为社会提供了大量的就业机会，是政府购买服务的种类之一[②]。

(四)多元递送的发展趋势

在福利多元主义影响下，日本在严格限制政府残疾人服务主体责任的前提下，逐渐开始将政府负责递送的残疾人服务项目进行外包。除了政府、家庭和社会福利法人外，越来越多的非营利组织、营利组织和志愿者加入残疾人社会服务主体。以日本独立生活中心为例，该中心于 1986 年成立，1991 年建立独立生活中心协会。该组织常年与政府合作，提供残疾人所需的社区照顾服务，到 2011 年日本已经建立了 121 个自立活动中

---

① 宋健敏：日本社会保障制度，上海：上海人民出版社，2012 年，第 443 页。
② 杨立雄：美国、英国和日本残疾人福利制度比较研究，黑龙江社会科学，2014 年第 3 期。

心，成为民间组织进行残疾人服务递送的典范①。如今，日本逐渐形成了政府为主要责任主体，家庭为主要基础主体，社会福利法人为主要递送主体，以及大量非政府组织和志愿者组成的多元递送服务体系，多元化递送已经成为发展趋势。

四、财务：供方与需方均衡分配

（一）服务收支的多层级、多主体分配

日本残疾人社会服务在发展中逐渐形成了由政府承担主要责任，个人和社会团体共同负担的长期经费保障机制。从经费的来源看，政府的公共财政支出是经费的主渠道。日本建立了完善的社会保险制度，包括残疾人在内的所有日本公民均需参加社会保险，除政府规定可以减免的特殊困难残疾人例外，所有国民均是社会福利和服务经费的支持者。以日本著名的长期护理保险为例，其融资就是由投保人、市町村、都道府县和国家四方共同负担，组成细致有序的资金筹集系统。国家负责对规则进行制定，并提供基础资金的支持。中央财政支持 20%的资金给付，并根据不同地区残疾人和老年人的比例准备 5%的调整金；都道府县和市町村负责对基础资金进行规划和使用，并各自承担 12.5%的资金给付；投保人按相应比例负担保费，65 岁以上居民负担 17%，40 岁以上且未满 65 岁加入医疗保险的居民负担 33%。另外，个人还需承担一部分服务费用，其中自付比为 10%②。政府对残疾人疗养费用补贴 90%。经过家计调查的生活困难家庭，其费用由政府完全承担，该规定同样适用于残疾人住宅改造、康复服务和日常护理服务③。

日本残疾人社会服务经费支出方主要分为市町村、都道府县和中央政府。市町村和都道府县各负担其设置的身体障碍和精神障碍者更生服务、康复咨询服务和护理服务硬件设施，以及福利员培训、雇佣的费用。都道府县在市町村的残疾人康复援护设施和培训设施的设置及运作所需费用中承担四分之三。除了设置身体障碍者福利院、身体障碍者福利中心、导盲犬训练设施以外，中央政府还对市町村及都道府县有关身体障碍和精神障碍者更生服务、康复咨询服务和护理服务硬件设施，以及福利员培训、雇佣的费用支付 50%④。由此可见，日本残疾人社会服务的经费筹资和支出已经建立了从中央政府到地方政府和基层政府的三级分摊机制，并以保险契约的形式形成了政府、机构和个人组成的经费筹集机制，最终构成了现在日本残疾人社会服务多层级与多主体相结合的有机财务系统。

（二）服务支出的爆发式增长

日本"生产主义"的一个显著特点就是将经济发展的成果不断投入到新的经济建设中去，社会支出只是起到经济的稳定和促进作用，并非政府支出的重点。1980 年，日本公共部门的社会支出只占到 GDP 的 4.9%，在 OECD 国家中处于下游水平。到

---

① 杨立雄：美国、瑞典和日本残疾人服务体系比较研究，残疾人研究，2013 年第 1 期。
② 戴卫东、李裕吉、顾梦洁：日本残疾人长期护理服务体系研究，残疾人研究，2014 年第 3 期。
③ 张延辉：我国残疾人社会保障制度绩效评估研究，长春：吉林大学，2008 年，第 97 页。
④ 宋健敏：日本社会保障制度，上海：上海人民出版社，2012 年，第 314-346 页。

2011年该数据飙升到10.4%,在各OECD国家中处于上游水平。可见,日本已经不断强化公共部门对社会福利的投入,社会福利支出不再被单一地认为是经济发展的损耗品,社会政策和经济政策的"包容性"特征开始显现。就残疾人群体社会支出而言,日本残疾人社会给付中的现金给付从1980年的13760.64亿日元上升到2011年的33124.97亿日元,上升了约1.4倍;服务给付从1980年的1990.15亿日元上升到2011年的14866.8亿日元,上升了近6.5倍;其中公共部门社会服务支出占GDP的比重从1980年的0.6%上升到2011年的1.0%,增长了66.7%(见表3-11、表3-12)。由此可见,日本在残疾人社会支出方面服务给付增长的速度远超现金给付,其中公共部门的支出增长较快。这说明日本开始将社会支出的重心往具有"社会投资"性质的社会服务方面偏向,使政府的社会服务发展更具有"投资性"。

表3-11 1980~2011年日本残疾人社会服务支出占GDP比重(%)

年份	1980	1985	1990	1995	2000	2005	2010	2011
公共部门	0.6	0.6	0.6	0.7	0.8	0.7	1.0	1.0
志愿部门	..	..	..	..	..	..	..	..
私人部门	..	..	..	..	..	0.0	0.0	0.0

数据来源:根据OECD数据库整理,http://stats.oecd.org/Index.aspx.
注:".."为缺省数据。

表3-12 1980~2011年日本残疾人社会支出金额　　　　(单位:百万日元)

年份	1980	1985	1990	1995	2000	2005	2010	2011
现金给付	1 376 064.1	1 874 733	2 401 231.8	2 973 304.5	3 034 625.8	3 055 179	3 230 321	3 312 496.7
服务给付	199 015	172 021.2	257 735.3	569 798	788 116.3	609 227.3	1 339 719.9	1 486 680

数据来源:根据OECD数据库整理,http://stats.oecd.org/Index.aspx.

第四节　启示和借鉴

在对三个典型福利国家的残疾人社会服务进行分析后,我们发现:虽然各国分属不同社会福利体制,但表现出具有一定共性的变化。其一,以残疾人发展为福利分配原则。英国以能力测评和家计调查为其残疾人服务供给的标准。瑞典在普惠基础上对残疾人予以特惠,以实现结果公平的福利分配。日本以残疾人自立为目标,通过专业机构和专家认定,以残疾人身份证明为分配依据。三个国家按照各自的国情和福利分配传统,均以残疾人"自立"、"自强"和"结果公平"为导向,以实现残疾人最终发展为目标。其二,更为积极的残疾人服务项目供给。从残疾人就业服务、康复服务和居家服务来看,三个国家的社会服务内容供给均体现出能力培养、社会融合、价值发现和促进社会经济发展的共同目标,残疾人社会服务更具有全面性、个体性、积极性、投资性和包容性。残疾人在社会服务供给过程中个人权利得到全面维护,个人能力得到充分提升,个人价值得到全面体现，残疾人发展更具全面性，社会发展和经济发展的协调性也得到认同。其三，服务递送的多元化、伙伴关系和流程再造趋势。由于意识形态和文化传统的因素，各国在进行选择服务递送主体时，程度不大相同。自由主义体制的英国，更愿意将递送任务交予社会。社会民主主义的瑞典，在强调国家全面责任的同时，突出递送的"去家庭化"特征。保守主义体制的日本，更强调社会保险的作用以及国家和家庭的递送功能。虽然递送主体承担服务的程度不同，但是各国均表现出服务递送的主体多元化趋势，突出政府的服务责任，以及服务递送的流程再造。其四，政府社会给付的服务给付倾向。三个国家在近年的残疾人社会给付资金投入方面均有大幅增长，其中社会服务的投入比重不断增长，从增长速度来看，服务给付远远超过了现金给付。这说明虽然各国存在福利体制差异，可是对残疾人社会服务的重视都在不断加强，这也可以认为是社会给付中投资性不断增强的象征。

英国、瑞典和日本在一定程度上代表了当今福利国家的普遍情况，上述的共同特征在其他福利国家也有普遍表现。在福利国家进入后工业时代以后，发展型社会政策理念正在影响各国福利政策的设计和实施，这些特征是社会福利模式从制度型模式向发展型模式转变的信号，也是残疾的社会模式向新模式发展的信号，这是模式演化的过程。从各国实践来看，福利模式和残疾模式在新社会形态下相互作用，特别在残疾人社会服务领域表现突出。残疾人社会服务在福利国家已经实现了从碎片化服务向体系化服务的转变，残疾模式中的"赋权理念"和福利模式中的"积极福利理念"相契合，并贯穿于残疾人社会服务的四个向度中，形成现代残疾人社会服务体系。

在全球社会福利模式和残疾模式转型的过程中，中国不可能不寻求改变。残疾人社会服务的实践已经体现出理念模式与政策的不匹配，这种不匹配制约着我国残疾人社会服务的发展，阻碍着残疾人群体的发展，对经济社会发展也造成了不利影响。英国、瑞典和日本残疾人社会服务的经验给了我国颇有价值的借鉴意义。

第一，服务体系化。虽然三个国家分属于不同的福利体制，但就残疾人社会服务而言，从对象选择、服务内容供给、递送主体和财务保障四个向度均各有一套相互联系、互为保障和相对独立的系统。这与我国对象筛选不科学、服务内容供给单调、递送主体单一、财务供给难保障形成较强烈的对比。所以，为了适应福利模式和残疾模式的变迁，我国残疾人社会服务必须走体系化道路。

第二，理念赋权化。三个国家均把"自立""自强""结果公平"等理念作为政策制定和实施的理念，这些理念的统一内涵就是"赋权"。三个国家的残疾人社会服务均以残疾人赋权增能为目标，以促进残疾人发展。而我国现行的残疾人社会服务还依然以残疾人补缺和救济理念为主，残疾人始终处于被动的服务角色，其内在潜能不能得到激发，对福利依赖性较强。通过模式理念的转变，从政策制定入手对残疾人进行潜能激发，以残疾人赋权为社会服务的目标，将有助于提升残疾人社会服务效能。

第三，递送多元化。三个国家中，具有东亚福利体制的日本在服务递送过程中的家庭化特征最为明显，但在模式演化过程中也表现出"去家庭化"发展趋势。因此，各国在残疾人社会服务递送方面体现出政府、社会和家庭多元递送格局。在多元化格局中，残疾人社会地位被认可，社会对残疾人的责任凸显，社会模式理念得到升华。各递送主体优势互补,服务水平和质量得到保证。目前,我国残疾人社会服务还是以政府扶持、家庭递送为主,社会力量没有得到充分开发,服务质量得不到保障,残疾人地位未得到认可。强化递送多元可以在相当程度上提升服务质量,满足不同残疾人的个性化需求。

第四,形式服务化。从各国残疾人社会福利的供给可以看出,残疾人现金救助开始逐渐向残疾人社会服务转型,即现金给付向服务给付转型,这也充分说明了服务的实效性和重要性。就我国而言,残疾人福利供给还停留在现金给付为主的阶段,大量残疾人社会服务项目没有得到有效开发。在我国基本实现适度普惠型社会保障以后,残疾人的社会服务需求显得尤为迫切,且残疾人的赋权和发展最终也只能通过社会服务的供给来实现。所以,我国政府在现阶段应加大对残疾人社会服务的资金投入力度和政策帮扶力度,以满足残疾人更多层次的需求。

第四章　个人模式残疾人社会服务：
传统社会的补缺型服务

模式(model)又被称为范式，是一个学科领域所拥有的、得到共同认可的问题和方法论。它不同于理论(theory)，模式是将经验研究结果和专家实践经验通过直观的方式表现出来[①]。残疾研究作为一门学术学科，目前已经具备了自己的范式(模式)，并且该范式提出了该领域所包含的各个变量，以及它们之间的关系[②]。到底是什么导致残疾产生？由谁来承担责任？政府、社会和个人在残疾面前如何分工？社会福利将会对残疾产生什么作用？残疾模式(Disability Model)作为研究范式，成为解决问题的理论框架，也成为了公共政策分析残疾人社会保障的基本范式。残疾模式是在一定时期内人们对残疾人的根本观念和看法，是研究者在进行残疾问题研究时所共同秉持的原则和方法，也是残疾人政策在制定和执行过程中的重要依据。所以，在残疾人社会服务体系研究过程中，除了对社会服务理论进行阐述和探讨，还须对残疾模式进行深入研究。残疾模式的形成是哲学思想、社会思潮和经济社会条件共同作用的结果，这是人们对残疾人概念认识不断深化的过程，故而残疾模式也如福利模式一般是一个动态变化的过程，将随着时代的变化而发生改变。残疾模式发展至今大致包括了个人模式(Individual Model)和社会模式(Social Model)两大主要模式，两类模式在残疾概念、残疾产生原因、残疾对待等方面具有鲜明的对立观点。不同残疾模式与社会福利模式的共同作用直接制约社会服务理念及实践发展，影响残疾人对社会福利的满意度，甚至国家的文明程度。

第一节　个人模式：救助视野下的医学康复

一、个人模式：变迁中的歧视

残疾的个人模式将残疾界定为残疾人的个人问题。个人模式背后隐含的假设是，残疾是残疾人个人的事情，与社会无关。因此，原因、过失和责任都只能是个人的[③]。个人模式的出现与其所存在的经济社会基础和哲学思想根源有着密切的联系。在人类历史上，个人模式发展形成了众多派系。在古代，残疾人被视为卑贱和邪恶的化身，会被抛

[①] Katia M. Costa-Black, Michael Feuerstein, Patrick Loisel. Handbook of Work Disability Prevention and Management, New York: Springer, 2013: 71-93.
[②] 【美】巴尼特，【美】奥尔特曼：残疾理论研究进展及学科发展方向，郑晓瑛，等译，北京：北京大学出版社，2013年，第26页。
[③] Juliet C. Rothman: 残疾人社会工作，曾守锤，张坤，译，上海：华东理工大学出版社，2013年，第9页。

弃或消灭。在某些宗教思想中，残疾被认为是神对恶人业障的惩罚，亦被人们歧视。启蒙运动的到来，让人们形成对残疾人的缺陷看法，人们认为残疾人是不完美的人，需要对缺陷进行改进。于是，在医疗技术和现代科技的推动下，为弥补残疾人缺陷，出现了残疾的医学模式。在医学模式产生的同时还出现了达尔文主义模式和优生学模式，支持者认为残疾人是人类进化中的"劣等品"，为人类社会发展带来阻力，应该淘汰和消灭。这些模式当中最重要且一直存在至今的是医学模式，而且医学模式以其强大的生命力影响着残疾人的发展，所以我们在个人模式发展的后期经常用医学模式来代替个人模式。纵观个人模式的发展，我们发现虽然各个模式观点侧重不同，出发点都认为人类应该是完美的，为了整个人类的利益，不完美的残疾人如果无法改变，就应该被隔离、剥夺权利，甚至被消灭。所以，残疾的个人模式发展史就是残疾人被歧视的发展史。

（一）身心分离论：个人模式的雏形

纵观历史，社会始终在试图解释残疾在社会秩序中的表现。在新石器时代，人们相信残疾由灵魂（spirit）造成，需要进行颅骨手术来释放"恶灵"[1]，残疾人被认为是身体和灵魂相分离的邪恶之物。人们认为残疾人可以通灵，可用来预测吉凶祸福和解释征兆。甚至到了中世纪，人们还认为心理疾病患者是受到邪恶魔力的控制。这种"身心分离"的观点，在古代成为人们对待残疾人诸多行为的基础。在古希腊时期，古希腊人认为残疾人不是人类，应该将他们放逐。斯巴达人更是在其残忍的个人主义影响下将残疾人（一般是残疾的幼儿或老人）抛弃致死。罗马人也将残疾人视为邪恶或低贱者，并将其抛弃。在古代亚洲，残疾也如西方文化般被以同样方式对待，残疾人被认为是次等群体，被迫以乞讨为生[2]。可见，在许多的古代文化中，人们均用迷信的观点来解释残疾的产生。这种残疾的"身心分离论"最终将残疾归因于个人，成为个人模式的雏形。

（二）道德模式：永远的二分法

启蒙运动之前的古代欧洲，宗教哲学和宗教教义控制着人们的思想和行为。社会科技发展滞后，人类对自然科学知识和人体自身知识了解贫乏，而不得不依赖于宗教信仰或迷信巫术来认识世界和自己，对残疾人的认识也就理所当然地以宗教哲学为基础。道德模式也受到宗教的影响而日益成型，并成为20世纪以前个人模式的主要派别。然而，道德模式内在的矛盾性形成了一直影响至今的二分法：一种观点认为残疾是对不道德行为或恶行的惩罚；另一种观点认为照顾残疾是道义应有的责任[3]。

在西方世界，犹太教和基督教思想是西方文化的基础。他们认为，人类是按照神的形象造出来的，且优于动物界的其他生物。神是完美的，人也应该是完美的。然而，残疾人的出现把人类的不完美和动物归拢，与神自然地区分开来。残疾人变成了神将这个不完美的世界照亮的媒介。犹太教、基督教和伊斯兰教的经典教义中对残疾的解释多是消极的。19世纪，伴随着维多利亚时代的到来，工业革命遂进入鼎盛时期，建筑、影

---

[1] G. Albrecht. The disability business: Rehabilitation in America, London: Sage, 1992: 37.
[2] Romel W. Mackelprang, Richard O. Salsgiver. Disability: A Diversity Model Approach in Human Service Practice, Chicago: Lyceum Books, 2009: 4.
[3] Juliet C. Rothman：残疾人社会工作，曾守锤，张坤，译，上海：华东理工大学出版社，2013年，第11页。

像、健康等领域的现代化与科学进步，不断影响着社会和政治。达尔文理论开始对人性本质和发展的观点提出了挑战。社会达尔文主义者认为，在生物界取得成功并能够延续的物种必然能适应环境且具有超强生存能力，而相对弱势的物种将被淘汰，这就是进化的过程。正如生物间的优胜劣汰促进了生物进化，发生在人类群体和政府政策领域的社会进化同样可以促进社会进步与社会发展。在此思想影响下，优生学运动（Eugenics Movement）应运而生，这也是 19 世纪晚期到 20 世纪中期的重要思想。优生学为法律禁止种族间通婚和对残疾人实施绝育提供了科学根据。在 1924 年美国最高法院通过了对残疾人实施强制绝育合法化的决议。更糟糕的是，优生学的思想在纳粹德国时期给残疾人带来史上最为黑暗的一幕。

与罪恶论共生的是道义论。在古罗马时期，虽然残疾人被认为是邪恶者而遭到抛弃，但是残疾人和慢性病人也被看作需要治疗的对象，人们认为通过锻炼和洗澡疗法（Hydrotherapy）可以达到使他们治愈的目的[①]。存在于宗教之中的另一个强有力的道德思维是，社会应该承担照顾残疾人的道义责任。《圣经》中以仁慈、友善和关爱的思想去关怀需要帮助的人成为基督教重要教义。残疾人被认为是需要帮助之人，自然应得到相应的治疗和照顾。基督教要求信徒对残疾人及其家庭的需要做出富有同情心的回应，应该对残疾人的优点有正确的认识，并包容残疾人，这样人们才能相互依靠[②]。我们发现，在中世纪，传教士或无职业资格的医生可以在医院或教堂给予残疾人治疗和照顾。道德模式对待残疾的二分法虽然存在，但二者却并不相互排斥，它作为信仰而存在并印证时代的发展和哲学思想的变迁。

（三）医学模式：缺陷的弥补

随着启蒙运动的兴起，"以人为本"的理念开始向"以神为本"的信仰发起挑战。科学技术的进步和思想的解放，推动人类去探索自我世界，并开始用科学的态度去解读自身和自然界。在残疾人观方面，开始出现对残疾的理性判断与传统宗教和灵魂解读之间的论战。早在 17 世纪弗兰西斯·培根（Francis Bacon）就对"残疾是道德的惩罚"这一说法进行了驳斥。他认为，先天残疾的残疾人被认为是怪物，受到人们排斥，而后天原因所造成的残疾则被认为可以接受，特别是战争造成的残疾人反而受到人们的尊敬并获得一定优待，这与"残疾恶魔论"观点相悖。战争中，被致盲的俘虏可以被释放回自己的家乡，以人道主义精神代替对罪犯的惩罚带有中立性质。用这种带有人道精神的方式对待盲人在欧洲形成了一定传统，比如在西班牙，国家彩票的工作人员和管理人员均由盲人组成。优生学家把残疾分为先天致残和后天致残，后天致残被认为是可以容忍并应得到帮助的，特别是由于意外伤害或事故致残的。例如，第一次世界大战在欧洲和美国产生了数十万残疾人，他们因战争而致残被认为是有价值的，应该得到同情和帮助。于是，照顾因战争而致残的老兵变成公共责任，提高先天或后天残疾人的存活率也开始成为公共责任。比利时社会统计学家阿道夫·凯特勒（Adolphe Quetelet）运用数学概念来研究人类整体样本的正态分布，以展现理想社会中的普通人的分布。于是，符合标准的被

---

① G. Albrecht. The disability business: Rehabilitation in America, London: Sage, 1992: 37.
② Juliet C. Rothman: 残疾人社会工作，曾守锤，张坤，译，上海：华东理工大学出版社，2013 年，第 12 页。

定义为理想的，与标准有偏差的被认为是不良的。这一观点提供了先天致残残疾人只是在生理和心理与公认的标准之间的差异，而并不是另外一类人的理论框架。"正常人"成为一个标准，我们有理由系统地对那些"异常人"努力进行调整。这一理论是残疾模式从身心分离向医学模式（Medical Model）转型的分水岭。残疾人被认为是以正常人为标准判断中的异常人或有缺陷的人，而不是有罪的人或邪恶的化身。于是缺陷模式就此诞生，缺陷模式也被视为医学模式的早期版本[①]。

随着人类对科学探究的欲望不断增强，科学精神逐渐树立，残疾的科学解释日益取代了道德和超自然解释。一方面，越来越强调残疾的生物缺陷可以通过科学发展得到不断弥补，功能的缺失可以得到修正。另一方面，工业化、城市化程度的提高和启蒙运动的贡献改变了残疾的观念，个人价值越来越多地由人们在工作和经济生活中的贡献和能力来衡量。缺陷模式将原本由农业社区和家庭照顾残疾人变为由工业社区、家庭、教会和一些非生产性机构来共同照顾。然而，缺陷模式时代未能有效满足残疾人需求和实现功能补缺，直到医学模式的出现才使缺陷模式变得完整。随着医学的发展，医学手段成为对残疾人进行调整的重要手段，人们对残疾的态度也逐步发生改变。科学探究逐渐取代道德解释残疾，残疾的道德和超自然的解释开始被医疗和科学的解释所取代，对残疾人的治疗被放在突出位置。新兴的医学模式视残疾为与生俱来、偏离正常和可矫正的，可以通过医学和科学的干预治疗进行矫正，医疗机构成为治疗和服务残疾人的重要非生产性机构。19世纪末20世纪初医疗行业的崛起标志着医学模式开始占据残疾模式的主导地位[②]，此时个人模式概念也逐渐被医学模式所替代。医学模式主要是将"身心障碍"视为一种偏离"健康"的状态。就如同疾病研究一样，侧重在研究身心障碍的发生原因、病理变化，及其医疗上的症状与结果[③]。医学模式认为，残疾的产生是由于个人身体偏离了正常人标准而产生软弱、缺陷和依赖，以致其在工作、学习、生活和全面参与社会生活时出现巨大障碍。为了消除障碍，使残疾人更接近于"正常"，就需要通过医疗和康复手段获得功能恢复和缺陷弥补。而当医学无法治愈缺陷时，残疾人就无法达到正常标准，永久性的缺陷就将一直持续。

二、医学模式残疾的定义及缺陷

（一）何为残疾

为残疾下定义是极其复杂和冒风险的，因为残疾并不是一个静态的概念，它是随着社会变迁、人们认知转变而变化的一个动态范畴。其概念形成受到残疾模式的影响深远。如果说残疾模式是一个时期对残疾研究的基本方法和路径，残疾定义则是对残疾的范围限定和研究出发点。残疾也是一种复杂的社会现象，包括由于身份、物质、社会环境、社会文化和准则而受到特定限制的个人之间的相互作用。所以，除非把定义的范围

[①] Romel W. Mackelprang, Richard O. Salsgiver. Disability: A Diversity Model Approach in Human Service Practice, Chicago: Lyceum Books, 2009: 5.
[②] James Midgley, Michelle Livermore. The Handbook of Social Policy, Thousand Oaks: Sage Publications, 2009: 446.
[③] 董和锐：身心障碍者之概念架构与社会意涵，身心障碍研究，2003年第1期。

缩小到某一特定领域，否则残疾是很难被定义的①。一旦选定了一种定义，具有无限的具体特性的理论概念与现实的经验性概念之间的巨大差异也就形成了②。所以，在研究残疾人社会服务之前，除了对残疾模式进行探索之外，还要对残疾进行定义。

残疾一词的英文是 disability，其范围包括身心两方面的障碍(physical and mental disability)。在以医学模式为主导的个人模式视野下，研究重心放在残疾人的"损伤"特征上，残疾被视为因疾病、受伤或其他健康因素而造成的个人问题，即使导致偏离健康的因素来自周遭环境，但偏离健康的状况是发生在个人身上，残疾是个人在功能上的限制，以及因功能限制对于个人生活所造成的影响③，所以，残疾人被视为身体有障碍之人。最早从医学模式来定义残疾的是 Down，他于 1887 年提出医学派典(Medical Paradigm)并建议从术语和科学分类的变化来定义残疾④。在个人模式的发展过程中，残疾又被称为"残废""残损""残障"等，这些称谓或定义均带有静态和歧视的意味。为了应对残疾定义与概念的多样性及转变，世界卫生组织在 1980 年，仿照国际疾病分类(International Classification of Diseases，ICD)手册的模式，出版了国际伤残、残障与障碍分类(International Classification of Impairments，Disabilities，and Handicaps，ICIDH)手册⑤。该手册将残疾看作一个动态过程、一个模型，对伤残、残障和障碍所下的定义是对残疾的动态定义，此定义是医学模式的典型范例⑥。对伤残和残障的定义是基于个人缺乏能力或功能限制的角度。个人由于疾病或意外造成伤残(心理、生理或解剖结构功能上的缺损或异常)是造成残障(因伤残而造成其在进行一般正常活动时，能力的丧失或限制)，甚至形成障碍(因伤残或残障，而在扮演社会一般正常角色时，产生阻碍或处于不利状态)的根本原因(见图 4-1)。换言之，伤残、残障与障碍间存有因果联系，而且个人能力缺乏或功能上有限制，是以所谓的标准(normality)来做比较。因此在医学模式中，体能的恢复被列为解决伤残、残障或障碍问题的主要介入策略⑦。ICIDH 的残疾定义是对医学模式下残疾定义的总结，它以个人为出发点回归到个人的解决方式，运用了动态解释路径，体现出社会模式残疾定义的雏形，具有承上启下的意义。

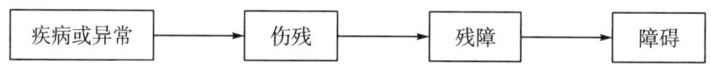

图 4-1 1980 年 WHO 提出的 ICIDH 因果顺序观⑤

---

① 【美】巴尼特，【美】奥尔特曼：残疾理论研究进展及学科发展方向，郑晓瑛，等译，北京：北京大学出版社，2013 年，第 71 页。
② 【美】巴尼特，【美】奥尔特曼：残疾理论研究进展及学科发展方向，郑晓瑛，等译，北京：北京大学出版社，2013 年，第 70 页。
③ Graham Scambler. Medical Sociology: Major Themes in Health and Social Welfare, London: Routledge, 2005, http://www.br a d. ac.uk/admin/disab/mentalhealth/definition.php.
④ Rune J. Simeonsson. ICF-CY: A Universal Tool for Documentation of Disability, Journal of Policy and Practice in Intellectual Disabilities, 2009, 6(2): 70-72.
⑤ 董和锐：身心障碍者之概念架构与社会意涵，身心障碍研究，2003 年第 1 期。
⑥ M. Priestley: Dropping 'E's: The missing link in quality assurance for disabled people, Critical Social Policy, 1995(44-45): 7-21.
⑦ 林淑玟：整合残障概念模式之初探，特殊教育与复健学报，2008 年第 17 期。

(二) 医学模式缺陷: 歧视与桎梏

然而,残疾的医学模式表现出的是一种负面社会态度对差异群体的不公正对待,人们对残疾人同情、畏惧和忽视。即便在今天,残疾人还常常被视为"不同"的群体,与社会中的普通人相分离。这种固有的消极模式给残疾人发展造成桎梏。其一,态度往往对人们的行为产生直接影响。人们的消极态度带来对残疾人的低预期,例如,雇主往往对残疾人抱有低能的成见而不太可能雇佣他们,社会政策对残疾人以救济而非鼓励为导向。这种因定式思维产生的歧视,有意或无意对残疾人的生活产生不利影响。其二,我们中的大多数在做决定时,往往会依据智力、外表和复杂的价值来做判断,这个过程是在他人对我们的评价中形成的。如果残疾人不断感知到的是一种消极情绪,就会导致依赖和排斥不断循环,变消极认知为自我实现的预言[①]。残疾的歧视观念之所以根深蒂固,正是由于这种复杂的认知过程和社会压力过程编织的桎梏。其三,残疾被认为具有永久性和医疗性。残疾人往往被视为病人,从医疗角度来制定福利政策,政策的目的是恢复残疾人的生理功能和维持基本生计的能力。残疾人需要经常与医疗机构打交道,一则以获得治疗、药物和服务,二则以获得医疗机构评估和福利资格认证。这一过程也形成了残疾人固有的标签,可以说是另一种形式的道德模型。其四,在医学模式下残疾被视为病态,残疾人可能会被免除正常的社会义务并与其他人隔离。在医疗模式中,社会没有任何潜在的责任容纳残疾人和适应残疾人,相反,人们倾向于改变残疾人以适应现有的环境。对残疾人的低预期造成残疾人的边缘化,是对残疾的歧视,歧视的固化容易形成残疾人自身角色的内化,社会和政策的个人模式倾向让残疾人陷入桎梏之中。

三、医学模式存在向度及发展

(一) 医学模式五向度

个人模式谱系发展至今依然存在并始终具有生命力的就是医学模式,医学模式之所以存在必然有一定积极意义在发挥作用。例如,当残疾人有慢性疼痛病和影响其健康生活、减少寿命的因素,通过医疗模式也许可以找出某种治疗的方法。事实上,确实有大量残疾人通过治疗恢复了部分生理机能,获得了与普通人同样公平参与社会活动的权利。正因为残疾人身体缺陷的存在,医生已被视为这一政策领域主要的影响因素。医学模式满足了残疾人对于健康的最基本的刚性需求,这一需求或许还将长期存在,并不会因科技的进步和价值理念的转变而消亡,所以医学模式的存在具有必然性。

医学模式存在的另一重要原因是医学模式理念所形成的强大的影响、普遍传播的观点已经内化到大多数人思想中。许多残疾人甚至不断内化对自己的负面评价,强化自卑和低成就感,这可能会反向加强非残疾人对自我价值评估的提高。医学模式理念的固化和内化是受到语言、媒体、法律、教育、技术等整体性外在环境对人们意识形

---

① Rieser Richard. Disability Discrimination, the Final Frontier: Disablement, History, and Liberation. Education, Equality and Human Rights, 2000: 118.

态中的残疾模式的影响,加上内置环境和社会态度的产生,导致依赖和排斥循环作用,障碍难以打破。虽然社会模式思想已经在各国广泛传播,并试图强势改变人们对残疾的理念和行为模式,但是医学模式强大的宣传网络依然从五个向度对人们的思想发生作用,进而影响到社会政策和社会服务的运行。

其一,语言是思想的体系结构,是文化和态度的主要传送者,它表达并形塑了思想[1]。语言在残疾人的压迫和标签化方面具有潜在作用,它强化了残疾人的虚弱、依赖和无能的刻板印象。另外,语言展现了社会中普通人与残疾人的关系本质。例如,我们在生活中会时常听到将残疾人说成"瞎子""瘸子""聋子""弱智"等带有侮辱性的话语,这就是一种带有强烈医疗模式意识和排斥态度的语言表达方式。在医学模式语境下,残疾群体被描述为一个同质群体,残疾人的类型多样性和个体独特性被忽略。在社会模式导入之时,语言的表述已经出现将残疾人看作正常社会成员而不是残损的趋势,社会模式语言体系已经开始努力介入。然而,现有的消极话语体系根植于医学模式,这个语言体系一直被人们有意或无意地使用而且持续强化[2]。

其二,媒体作为一个整体,是残疾医学模式观点的主要支持者,它包括文学、电视、电影与其他多媒体等,通过整体的写照将残疾人与普通人不同的价值导向进行直观展现。大众对知识和信息的获取更多是通过媒体,所以媒体展现的带有价值理念的内容将对大众产生直接影响。在媒体领域我们很少见到残疾人的身影,大众传媒所展现的更像是一个脱离残疾的"完美世界"。就算有残疾人的出现,大众传媒将他们按照普通人角度进行描述都非常罕见,更多的是将他们与邪恶、危险和可怜相提并论[3]。这正如医学模式所认为的残疾人缺乏应有的能力生存在标准的社会,在媒体中残疾人物也缺少应有的角色安排。甚至在极端医学模式的影响下,媒体所反映出来的残疾生活被认为是有缺陷、不完整和无意义的[4]。例如,2004年美国出品的《百万美元宝贝》(Million Dollar Baby)中,主人翁在一次拳赛致残后,绝望地希望通过安乐死来得到"快乐的"结局。

其三,法律是具有强制力的维权措施,法律条文和审判结果的内容对于残疾观的形成具有较强指引作用。在过去,美国的法律允许各州在其学区内拒绝对残疾学生的接收,这就等于公开承认残疾人被社会隔离的合法性。虽然美国已经于1990年通过了《残疾人法案》(Americans with Disabilities Act of 1990),法案为残疾人进入主流的教育、就业和娱乐领域提供了法律依据,并对歧视提出了惩罚方案。然而,法律能带来强制和约束作用,在态度改变方面却并非立竿见影。因为法律本身虽有强制效力,其影响力的施加需要靠语言和媒介进行传播。若这个话语体系和媒介价值观依然以医学模式为导向,那么法律条文的改变仅仅会影响行为,而对思想和认知的改变则会变得困难,进而让行为的改变停滞不前。事实上,只要媒体仍然提出消极的医学模式观点,法律将难以成功

---

[1] Joseph P. Shapiro:No Pity:People with Disabilities Forging a New Civil Rights Movement,New York:Times,1993:31.
[2] Sullivan Kathryn. "The Prevalence of the Medical Model of Disability in Society",2011 AHS Capstone Projects,Paper 13,2011,http://digitalcommons.olin.edu/ahs_capstone_2011/13.
[3] Frank Bowe. Handicapping America:Barriers to Disabled People,London:Harper & Row,1978:110.
[4] Lucy Wood. "A Critical Analysis." Media Representation of Disabled People,Web.01 Apr.2011,http://www.disabilityplanet.co.uk/critical-analysis.html.

推动社会朝着更人性化和多样性社会模型转变。就法律本身而言，虽然美国 1990 年的《残疾人法案》是以走向社会模式为目的，但其内在的缺陷却表现出对残疾人歧视的影子。法案规定：如果一个人认为自己一直受到歧视，就先必须证明自己有残疾，生活和行动受到严重限制，而且已经采取了所有可能的缓解措施。这一过程通常是医学诊断过程，实际上在举证的过程中，歧视已经发生[1]。所以，法律的形成和传播是一个系统，其中包含了言语表达、举证过程、传媒影响等。若法律系统中的主要内容是受医学模式思想影响，法律将会不断强化这种思想，最终并不会改变人们的行为。

其四，教育思想和教育管理机制深受不同残疾模式的影响。虽然社会模式的崛起对教育思想和教育模式带来巨大冲击，但从世界范围来看，医学模式思想依然主导着教育领域。作为教育发达国家的美国，早期残疾儿童往往被孤立甚至禁止进入学校。从世界范围来看，在教育发展早期，对残疾儿童入学的禁止，成了残疾人受教育程度低的主要原因。随着医学模式兴起，残疾人开始进入相对隔离的特殊教育学校接受教育，虽然残疾人受教育程度得到普遍提高，但其社会融入程度依然较低。现今，全纳教育思想理念在英国的兴起正在改变医学模式教育思想。然而，对于大多数国家来说，残疾儿童大多还是被隔离到单独的学校或教室进行教学，就算进入普通学校就读，学校也并未配备相应的设施以实现真正意义的全纳教育，残疾学生就学困难重重。这种特殊教育形式传播了一种负面刻板印象，残疾学生被认为具有差异性，受到孤立和污蔑，这些刻板印象均来源于医学模式对残疾的个人归因和与标准社会的分离思想。可见，医学模式对教育的影响依然存在于世界上大多数国家，全纳教育发展任重而道远。

其五，技术进步不断将人类文明往前推进。然而，技术在设计和使用时均以"标准"人类作为参照，残疾人则往往被忽视。技术反映的是何为"标准"的概念，如何使技术发挥针对"标准"人群的功能[2]，残疾人因未获得技术而被边缘化。技术范畴对残疾人的态度就是医学模式思想的反映。残疾人在使用技术时的不便被归因于身体功能的损害，他们只能通过医疗方式进行治愈才能与普通人一样使用技术。按照现有的技术思路，残疾人不被视为具有"标准"价值和被社会接纳的成员，这种固有的医学模式传统，为技术的进步设置了巨大的障碍。残疾人可能不被认为是技术的消费者和用户，反而是贫穷而无力的患者。就连残疾人在接受技术设施医治时，面对专业人士都显得被动和依赖。

（二）医学模式的发展

医学模式在其发展过程中衍生出专家模式（expert/profession model）和康复模式（rehabilitation model）两种主要模式。专家模式认为残疾人因身心受损导致其行为和选择受到障碍而不能自理，需要专业人士从医学角度给予残疾人技术指导、生活帮扶和代位选择，以期通过专家的服务、帮助和决定来改善残疾人处境。在此模式下，政策制定者按照专家意见提供专业化和专门化服务，政府和专家具有"专家权"或"强制权"。表

---

[1] Paul T. Jaeger, Cynthia Ann Bowman. Understanding Disability: Inclusion, Access, Diversity, and Civil Rights, Westport: Praeger, 2005: 45.
[2] Gary L. Albrecht, Katherine D. Seelmin, Michael Bury. Handbook of Disability Studies.Thousand Oaks: Sage Publications, 2001: 431.

面上看残疾人的需求得到了专业化的满足,但残疾人却失去了自我选择的权利,造成其对政府和专家的强烈依赖,人格尊严受到损伤。康复模式和专家模式一样,认为残疾是身体上的缺陷所造成,残疾人难以融入正常生活和参加工作,需要专业的康复专家和设备帮助其恢复身体机能以适应社会。康复模式认为,残疾人应获得培训、治疗、咨询等康复服务,以对缺陷进行及时修复,身体康复为职业康复和社会康复奠定基础[1]。然而,康复模式无法改变因慢性疾病造成的不可治愈残疾或不能恢复身体机能的残疾人的劣势状态。为了解决因专家和专业方式造成的残疾人自我权利的丧失,独立生活模式(independent living model)提出应在医学康复的条件下支持残疾人独立生活[2]。然而,医学模式并未真正从权利的角度出发去改变残疾人现状,并未从社会角度为残疾人开垦自我权利发展的沃土。

早在20世纪,残疾人权利的种子就已经发芽。例如,1935年由一小群肢体残疾人士和他们的支持者组成的残疾人联盟,抗议对残疾人的就业歧视。20世纪40年代,罗杰·巴克(Roger Barker)和比阿特丽丝·赖特(Beatrice Wright)的研究开始关注残疾人群体与其他弱势群体遭遇歧视经历的异同。在动荡的20世纪60年代,少数族裔民权运动和妇女权益运动为残疾人权利运动的兴起创造了条件。其中最著名的活动家是小儿麻痹症患者埃德·罗伯茨(Ed Roberts)和朱迪·霍伊曼(Judy Heumann),他们认为由于歧视的存在,残疾人被剥夺了受教育和就业的权利,排斥残疾是残疾人无法就业的根本原因。他们宣扬残疾人拥有民事权,认为残疾人可以独立生活,并称社会是由非残疾人和遭受歧视且缺乏机会的残疾人所构成,社会排斥是残疾人充分参与社会活动的最大障碍[3]。在残疾人权利运动的助推下,另一个重要的残疾人研究范式——社会模式(social model)应运而生。

第二节　个人模式社会服务:从无助走向关注

不同模式下残疾人社会服务体现出相异的特点,这些特点还受到一个时代的哲学思想、意识形态、福利思潮、福利模式等因素共同作用。残疾人个人模式下社会服务经历了从前现代社会到现代社会、从道德模式到医学模式、从供给缺乏到制度供给、从混沌走向有序、从业余走向专业的过程。这个过程分为两个阶段,分别是1834年以前和1834年到20世纪中叶,制度化和专业化是划分的标尺,这也是残疾人社会服务从无助走向关注,从道德模式走向医学模式的过程。虽然表现形式各异,但此间的残疾人社会服务始终以"个人""自由""剩余"三个关键词为政策依据和服务指南,并在社会服务的分配、供给、递送和财务四个向度中得到体现。

---

[1] 郑雄飞:残疾理念发展及"残疾模式"的剖析与整合,新疆社科论坛,2009年第1期。
[2] Simon Brisenden. Independent Living and the Medical Model of Disability,Disability,Handicap & Society,1986:173-178.
[3] Romel W. Mackelprang, Richard O. Salsgiver. Disability:A Diversity Model Approach in Human Service Practice,Chicago:Lyceum Books,2009:7.

一、分配：从无权走向微权

前现代社会在认识论上以上帝的神圣主体为哲学第一原则，宗教哲学成为主导哲学思想。前现代社会以权威主义为取向，以金字塔式的等级秩序为组成形式，以循环不息的传统为时间展开形式，以宗教祝祷为合法形式，以绝对化的规则为统治形式①。在以道德模式为主导的前现代社会，残疾人是被排斥、放弃和蔑视的弱势群体，在享受社会服务方面处于无权地位。在道德模式二分法中，宗教哲学的人道主义精神一直是对残疾人进行救助和社会服务的思想基础，也即分配的基础。人道主义强调个人的自由权利和价值，主张人与人之间相互平等和相互尊重，宣扬博爱、人与人之间相互帮助、友爱、关心、同情和团结②。一方面，对残疾的惩罚让残疾人无任何福利和权利可言，社会服务更无从说起；另一方面，对残疾的同情给残疾人带来了微薄的实物和现金施舍，虽从表面上缓解了残疾人窘境，但从本质上来说却并非福利分配。此时，对残疾人的帮扶具有临时性和随机性特点。直到1531年具有社会服务性质的立法由亨利八世颁布，该立法给予残疾人、老人和穷人领取乞讨执照的资格，从而合法行乞。1601年伊丽莎白《济贫法》规定以教区为单位将盲人、精神病患者和残疾人由教会安置到济贫院(Poorhouses)。此时，政府开始对福利资源进行分配，残疾人按教区划分，开始享受社会福利。然而，这些济贫措施的根本目的是维护社会安定和专制统治，从本质上讲并非具有社会福利性质。由此可见，以家人和邻里为主的非正式组织对残疾人的照顾是以感情为基础，以慈善组织和宗教组织为主的志愿组织对残疾人的服务是一种人道主义精神关怀，政府组织的救助和服务则是一种统治需要。所以，在前现代社会并未形成真正意义上的制度化残疾社会服务，从这个意义上来说残疾人并无权分享社会服务，社会服务的分配并不存在。

现代社会以启蒙运动为分水岭，以工业革命和商品经济为标志，在认识论上以个人主体取代上帝的神圣主体成为其哲学第一原则③。现代社会与前现代社会的根本区别是社会结构的层次化与精细化、社会功能的专门化与多样化、社会运行机制的市场化与法制化、社会阶层的流动化与平权化、国家制度的理性化与权威化、政府能力的综合化与集约化④。现代社会中人权从神权中独立，残疾人开始从人权独立中寻觅自我存在的价值。传统家庭结构向核心家庭的转型，助推社会结构变迁，家庭功能开始萎缩，残疾人的供养开始被社会和政府关注。社会流动性加强，工业化进程和城市化进程加剧，增加了残疾出现的风险，加大了残疾人比重，政府和社会开始意识到现代社会风险应使残疾人福利作为社会发展的成本并对残疾人承担应有的责任。虽然人道主义精神在该阶段依然是影响社会服务的主要理念，但政府已经开始注重福利资源的分配，残疾人也开始从无权向微权迈进。

1834年，在伊丽莎白《济贫法》的基础上形成了《济贫法修正案》。该修正案标志着社会服务正式具有了制度化特征，这也是一种制度化社会照顾形式，即通过建立

---

① 【美】大卫·雷·格里芬：后现代精神，北京：中央编译出版社，1998年，第74页。
② 柏元海：人道主义与社会主义市场经济，暨南学报(哲社版)，1998年第3期。
③ 赵敦华：超越的循环——前现代性、现代性和后现代性的循环关系，马克思主义与现实，1994年第4期。
④ 洪晓楠，等：当代西方社会思潮及其影响，北京：人民出版社，2009年，第54页。

济贫院，为弱势群体、无劳动能力人士和伤残人士提供服务，并通过开办医院来满足病患的需求[①]。但是，政府责任依然十分有限，政府的福利模式选择是"剩余型"的，福利目标是生存维持，福利理念是对弱势群体的功能补缺，福利分配是选择性分配，即只针对特殊困难群体。虽然剩余型社会福利模式在提供社会服务时更多偏向残疾人等弱势群体，但政府的服务供给依然具有非制度性和临时性的特点。直到20世纪40年代，随着社会民主主义的兴起和《贝弗里奇报告》的问世，这一状况才得到了根本改变。

1834年至20世纪40年代，英国古典政治经济学派是西方世界盛极一时的理论流派，也是当时重要的社会福利思想来源，其推崇自由放任主义。自由主义崇尚以理性为基础的个人自由，反对国家对经济社会事务的干预，认为社会问题是个人的责任[②]，需要个人通过自身努力改变贫困面貌。政府应该鼓励在资本主义自由竞争下市场机制发挥的作用，市场应该充分发挥个人能动性，以效率提升为诉求。在自由主义福利思想影响下，剩余型福利模式产生。剩余型福利模式强调国家在需求满足上的最低限度责任，国家在分配时只对少数人，在有限范围内，给予较低水平的服务给付，给付的依据是家计调查。我们发现，自由主义思想、剩余型福利模式与残疾个人模式在核心理念方面基本契合，这是一个时代对残疾人社会服务分配的基本逻辑和主要思想。古典政治经济学派虽主张放任自由，但也提出社会福利方面的有限责任。威廉•配第主张应该增加对老年人、盲人、腿脚残疾者等人群的救济费用，还应增加对医院和收容所的经费[③]。法国古典政治经济学家萨伊也提出："如果残疾与贫穷是社会制度的结果，那么在社会制度不能提供预防和治疗方法的条件下，残疾与贫穷有权利要求社会救济。"[④]一方面，剩余型福利模式下残疾人获得特殊权利，得到了有限救济、医疗救治和社会服务，基本人权得到初步承认；另一方面，社会制度对残疾人的忽视，引发了对残疾人社会权利的思考。可见，残疾人个人模式在从道德模式向医学模式过渡的过程中已经实现了社会服务分配从无权到微权的变化。

二、供给：从混沌走向服务

在社会服务制度正式确立之前，社会服务的供给一直处于现金和实物混合的状态，这期间也正是残疾个人模式盛行的年代。在1834年英国《济贫法修正案》颁布实施之前，残疾人社会服务并未从社会福利中脱胎，连社会救助也只是临时性和施舍性行为，社会福利的供给还是未开垦之混沌地带。受道德模式"二分法"的影响，先天致残者大多被家庭和社会排挤，从未享受到社会救助或社会服务。只有少数得到宗教信徒和宗教机构的人道主义援助，而这些援助也只是暂时性和救急性且带有社会救助性质的行为。另外，由于劳动和战争而产生的后天致残者得到了国家和家庭的优待，例如在古罗马致残的勇士就可以得到相应的治疗服务和人民的尊重。英国1601年《济贫法》的颁布实现了以教区为单位，由教会向残疾人进行社会服务供给。教堂向残疾人开放场所进行"院

---

① 丰华琴：从混合福利到公共治理：英国个人社会服务的源起与演变，北京：中国社会科学出版社，2010年，第5页。
② 景天魁，等：福利社会学，北京：北京师范大学出版社，2010年，第53页。
③ 王亚南：资产阶级古典政治经济学选集，北京：商务印书馆，1979年，第24页。
④ 【法】萨伊：政治经济学概论，陈福生、陈振骅，译，北京：商务印书馆，1963年，第429页。

内救济",如英国的西敏寺(Westminster Abbey)任命施赈专员(Almoner)负责管理和发放救济金与实物,修道士或医生在教堂提供药品,进行治疗和照顾服务[①]。此时,残疾人社会福利供给包含了现金、实物和医疗照护,供给的方式处于混合阶段,供给的内容相对单一,且不具有专业性。院内救济的对象选择局限于本教区,不具有广泛的社会性,而且在人员收治时并未做严格限制,这反而导致一些行动不便的残疾人和真正需要帮助的人未能获得救助和服务。

农耕时代先天致残是人们成为残疾人的主要因素,而到了工业时代后天(如战争)致残的概率加大,生产流水线和钢铁生产导致了其他的残疾,接触危险化学品导致耳聋,吸入光纤导致肺部疾病、肢残[②]等。残疾人及其家庭被认为是值得帮助的,于是英国1834年《济贫法修正案》对残疾人的社会福利进行制度化。然而,制度化却建立在"劣等处置"基础之上,残疾人的人身自由和政治自由受到剥夺,残疾人的基本尊严受到威胁。在英国1891年的《精神疾病法》中更是规定对精神疾病患者实施监禁。此间的残疾人社会服务供给是以牺牲权利和机会为代价的异化服务供给。在美国,英国于1601年颁布的《济贫法》被移植且完整实施,但这部法律除了为残疾人提供基本生活保障外没有任何其他的援助[③],真正意义上的社会服务更无从说起。

较早针对残疾人且具有现代意义的社会服务出现在美国。1817年,在哈特福德(Hartford)开办了为聋哑人提供教育的康涅狄格收容所,并于1846年出版了第一期《美国聋人年报》。在美国内战期间,政府对因战争而截肢的3万退伍军人发放津贴,鼓励他们回归家庭,并根据残疾状况安排合适的岗位工作。这可以认为是较早期对残疾人提供工作福利和社会服务的典型案例。到了19世纪末20世纪初,欧洲残疾人的生活状况开始改善。1889年德国颁布了《伤残和养老金保险法》,规定70岁以上的人可以获得养老金,伤残者可以获得伤残救济金[④]。该法案通过保险的形式进行风险分担,保障残疾人的保险给付。在欧洲,针对聋人的学校首先在德国出现。20世纪20年代,大部分残疾人已经从阁楼和地下室里移居到大型的集体性慈善机构中,这些机构开始为不同类型的残疾人提供服务。1913年英国的《精神残障法》规定地方当局应该为智障者提供制度化的照顾和培训,《精神治疗法》对精神障碍者的医治做出了明确规定[⑤]。随着科学技术的不断进步,康复领域中的大量工作开始逐渐发挥作用,这是医学模式发挥的积极意义,也是残疾人社会服务走上的新台阶。在康复服务的发展中职业治疗专家、护士、咨询专家人数不断增长,服务质量也不断提升。1920年,美国开始提供专门针对残疾工人的补偿金,并向他们提供职业康复项目。

综合而论,个人模式早期残疾人社会服务供给并未真正形成,而是一种萌芽状态的社会救助和社会服务综合的原始混合模式。在工业革命以前,道德模式主导的残疾人社会福利供给对于大多数残疾人来说是空白,对于少部分受到人道主义精神恩泽的残疾人来说是以现金给付为主的施舍。随着工业革命的到来,对残疾人的社会福利供给开始出

[①] 【德】汉斯-维尔纳·格茨:欧洲中世纪生活,王亚平,译,北京:东方出版社,2002年,第79-81页。
[②] Juliet C. Rothman:残疾人社会工作,曾守锤,张坤,译,上海:华东理工大学出版社,2013年,第34页。
[③] Juliet C. Rothman:残疾人社会工作,曾守锤,张坤,译,上海:华东理工大学出版社,2013年,第32页。
[④] 关信平:社会政策概论,北京:高等教育出版社,2009年,第24页。
[⑤] Juliet C. Rothman:残疾人社会工作,曾守锤,张坤,译,上海:华东理工大学出版社,2013年,第37页。

现了现金、实物、医疗和照护服务共存的混合模式。然而，此时对残疾人的供给是以自尊和自由的丧失为代价。医学的进步强化了医学模式，让残疾人社会福利表现出服务发展的趋向。残疾人社会服务开始出现了康复服务、就业服务、教育服务等内容分类的雏形，专业化道路开始显现，社会福利供给开始由混沌走向服务。

三、递送：从私人部门混合走向公私多元混合

在前现代社会，社会服务开始萌芽，处于蒙昧和混沌状态。社会服务主要依靠包括家庭邻里的非正式组织、宗教组织或慈善组织提供救助，政府则极少向残疾人直接提供社会福利和社会服务，对残疾人的照顾和社会服务完全处于自发状态，是一种自觉自愿并无规章可循的混沌状态。无论是非正式组织、宗教组织，亦或是社会慈善组织的照顾，都源于一种自觉的道德安排。这一时期人类并没有制度化的社会服务概念[①]。在《济贫法》颁布之前，残疾人社会服务递送处于混沌状态，递送完全来自家庭成员、邻居、亲友、教会、行会等私人部门，在服务递送过程中各部门是分散的和碎片化的，并未建立起相应的管理体系和递送网络。所以，在残疾道德模式主导下的残疾人社会服务递送是多个私人部门的碎片化混合，政府完全处于缺位状态。

自从人类出现家庭和社会之时，社会伦理习俗就开始影响家庭和个人的行为模式。对于残疾人来说，自古以来由家庭、邻里和亲友组成的非正式组织一直是重要的残疾人照顾组织形式。亲情和友情的感情纽带是照顾残疾人的基础，它直接体现为生活照顾、感情慰藉和精神支持。在残疾人服务递送过程中，非正式组织实现了服务供给、情感支持、价值实现和社会安全等功能。在宗教和政府产生作用之前，非正式组织的服务递送始终扮演主要角色，时至今日非正式组织依然发挥着不可替代的作用。道德模式和人道主义福利观共同作用下的残疾人社会福利出现了宗教组织和慈善组织对社会服务的递送。宗教力量的兴起，强化了修道院和寺庙的媒介作用。一方面，宗教通过现金救济实现对残疾人的人道主义关怀。例如，早期基督教教会成立的基金组织就明确了对残疾人进行的帮扶。另一方面，宗教通过在院所进行服务供给，实现对福音的传播和服务的递送。可见，宗教组织成为中世纪进行残疾人社会服务递送的主要力量。伴随着西方社会工业化和城市化进程，私人慈善组织开始成为社会服务递送的主要力量。人道主义思想在宗教组织的传播下，内化为个人的信仰和道德标尺。个人慈善思想的形成，促成了慈善组织的广泛建立。据估计，到 19 世纪中叶，在拥有良好社会救助传统的英国，仅伦敦就有约 640 家慈善组织，其中专门为残疾人而建立的机构有 16 家[②]，到 1900 年慈善基金会达到 22 607 个[③]。在此期间著名的慈善组织有铁路慈善救济会、基督教警察协会、罗马天主教慈善机构、救世军、巴纳德慈善组织等，这些组织在福利递送时服务对象和方式各异。为了防止在递送时资源浪费和重复供给，伦敦慈善组织会社（Charity Organization Society，COS）应运而生，其主要工作就是协调慈善组织间的事务和救助工

[①] 丰华琴：从混合福利到公共治理：英国个人社会服务的源起与演变，北京：中国社会科学出版社，2010 年，第 30 页。
[②] Edward Royle. Modern Britain: A Social History 1750-1997, London: Arnold, 1997: 185.
[③] Madeline Rooff. Voluntary Societies and Social Policy, London: Routledge and Kegan Paul, 1950: 14.

作[①]。自由主义和个人模式理念都强调市场和个人的作用,在传统社会的自由竞争时代,市场的发展培育了社会服务递送的又一主体——行会组织。行会组织是一种以自助和互助为主要方式的社会救助组织,主要包括:行会、互助会、工会、临时合作会社等形式。行会组织的成立思想与慈善组织不同,慈善组织奉行人道主义原则,而行会是以互助、合作为基础。在工业时代的欧洲,各行各业都有自己的行会,行会通过经营资产(如牲畜、房产、土地等)和会员缴费形成自有资金,当行会中的成员或其家属因灾祸、疾病、年老和残疾而暂时或永久丧失劳动能力,由行会对其进行救助和帮扶。这种原始的救助方式,让行会组织成为当时重要的残疾人社会福利递送主体。然而,能够得到行会组织恩泽的仅限于工人中的上层,多数最贫穷的公民因缴不起会费而被排除在行会组织之外。19世纪后期,街坊文教馆(Settlement House)的出现为贫穷老百姓的生存带来了希望。街坊文教馆是以社区为平台,以穷人为主要帮扶对象,面对不同年龄群体开展社会救助和社会服务活动的社会性组织,其中最为著名的街坊文教馆是巴纳特创办的汤恩比馆。在街坊文教馆的帮扶对象中,残疾人也是重点,故街坊文教馆也是残疾人社会服务递送的又一主体。对残疾人的福利递送包括了为残疾人提供免费食物、衣物和抚恤金。对残疾人的社会服务递送包括了康复治疗、工作训练、心理咨询、失学照顾等,联合儿童伤残协会提供残疾儿童教育服务和健康服务,为残疾女孩在特殊纺织学校提供就业。

工业化进程加剧了社会结构变化,社会问题的突出动摇了统治阶层的地位。为了巩固政权和缓解社会问题,欧洲各国政府开始介入社会福利递送。亨利八世和爱德华六世开始没收修道院,打击行会,加上基督教宗教改革运动削弱了以教会为中心的福利服务,福利服务的供给出现空缺。《济贫法》中对穷人、儿童、老年人和残疾人的社会服务供给的制度化设计,代表着政府开始正式介入社会服务递送体系。然而,政府在递送时的"选择性"和"剩余性"特征,体现出政府在服务递送时的"补缺性"功能,残疾人服务的递送主体依然是志愿组织和非正式组织。政府的缺失还表现为在管理、协调、组织和引导方面的全面缺失,政府的功能仅体现在立法方面。这就造成多元的服务递送主体没有领导者进行合理规划和资源整合,科学的服务递送体系并未建立,而是形成了公私部门多元混合社会服务递送碎片。

综合观之,我们发现个人模式下残疾人社会服务递送始终是以个人主义和自由主义为导向,递送主体始终是多元化构成,递送内容随着科技的进步呈现出多样化特点。虽然,伴随《济贫法》的颁布,政府开始成为服务递送主体之一,但是无论是从能力范围还是资金供给来看,政府始终处于次要地位。直到社会民主主义思潮的传播和福利国家的建立有了一定成效,服务递送以私人部门为主体的多元递送模式才得到根本改变。

四、财务:从个人自筹走向地方统筹

英国是社会服务的发源地,社会服务作为学术概念始于1951年,作为一个术语和体系则最早出现于1968年《西鲍姆报告》中[②]。所以,在1951年之前各国政府均没有专门

---

① 丰华琴:从混合福利到公共治理:英国个人社会服务的源起与演变,北京:中国社会科学出版社,2010年,第49页。
② 丰华琴:从混合福利到公共治理:英国个人社会服务的源起与演变,北京:中国社会科学出版社,2010年,第4页。

的社会服务资金预算项目，针对残疾人社会服务的资金安排就更不可能提及。在此之前，政府、慈善组织、营利组织和个人对残疾人社会福利资金筹集散落在济贫院、医院或修道院、街坊文教坊等机构，供给方式是现金救助和福利服务混合。在自由放任主义和个人模式影响下，社会服务的筹资与递送更倾向于个人及民间机构，政府只是发挥补缺和剩余作用。

人道主义精神是人权理念盛行之前推动个人进行慈善捐赠的主导思想。作为社会服务资金的重要来源，商人、贵族和绅士在自由主义时期充当了慈善捐赠的中坚。按照传统，商人的个人财产在死后要有 1/3 留给教会，或者将遗产留给商人行会接济贫困成员，这个旧俗一直延续到宗教改革时期。遗产捐赠再加上平时对个人的直接施舍，商人的捐赠数量相当可观。仅在早期的伦敦，商人占全部慈善捐助者的 36%，所捐的财物却占总数的 56%[①]。可见，英国商人具有乐善好施的优良传统，其在社会各阶层的慈善捐赠中处于首位。1870~1914 年英国出现了大批慈善家，对社会福利资金的筹集起到突出作用，其中具有代表性的有巴洛奈斯·博德特-库茨(Baroness Burdett-Coutts)、塞缪尔·莫利(Samuel Morley)、托马斯·哈洛韦(Thomas Holloway)、乔赛亚·梅森(Josiah Mason)、帕斯莫尔·爱德华(Passmore Edwards)等。库茨被誉为"维多利亚时代首要的慈善家"，她仅在 19 世纪 80 年代就捐助 300 万~400 万英镑给各类慈善机构，她在数年内给贫民提供了 7 万多次免费用餐[②]。个人的慈善捐助，在开展社会救助和社会服务时提供了主要的资金来源，为残疾人社会服务发展带来了资金支持。

个人慈善捐赠还以慈善组织的形式发挥着强大的筹资功能。在中世纪末期，商人通过自行筹资建立了众多的社会济贫机构，这些慈善基金会在 20 世纪初时曾一度达到 22 607 个。在 19 世纪初时每年由私人慈善组织支出用于救济和服务的资金总数据估计达到近 400 万英镑。1861 年自愿捐赠收入达到 160.06 万英镑，1859 年由大都市济贫法当局所花费的费用估计 142.51 万英镑。至 19 世纪 60 年代晚期，伦敦慈善救济的总支出每年为 550 万~700 万英镑。我们发现，到 19 世纪中期，慈善组织和个人的慈善支出一直处于上升阶段，这些资金主要用于救济和服务，其中残疾人也是主要的受益群体之一。另外，修道院作为自给自足的组织，除了接受个人和组织的慈善捐赠外，修道院自主经营的收入也是社会福利资金的一个重要来源主体。而且，修道院在接收救济和服务对象时并未进行筛选。所以，虽然没有准确细分的数据说明社会服务资金筹集的主要来源，但通过分析我们可以发现个人和由个人组成的慈善组织是社会福利资金供给的绝对主体，也是残疾人社会服务资金供给的绝对主体。

随着相关社会保障法律的颁布，政府开始逐步介入社会福利和社会服务资金的供给。在英国，1834 年《济贫法修正案》颁布后政府开始逐步加大对社会福利的资金投入。1900 年政府福利支出(Welfare Costs)约占 GDP 的 2.5%，从 1921 年开始福利支出统计将教育、社会保障和医疗列入其中，当年政府社会福利总支出约占 GDP 的 7%。到 1931 年英国社会福利政府支出达到一个小高峰，此时的福利支出约占 GDP 的 10%，其

---

① 陈娟，陈勇：略论近代早期英国商人的慈善活动，武汉大学学报(哲社版)，2002 年第 5 期。
② David Owen. Englishi Philanthropy 1660-1960, The President and Fellows of Harvard College，1964：394-443。转引自丰华琴：从混合福利到公共治理：英国个人社会服务的源起与演变，北京：中国社会科学出版社，2010 年，第 48 页。

中社会保障约占 7%，教育约占 2%，医疗约占 1%。此后，政府福利支出占 GDP 的比重持续下降，于 1941 年降到谷底，约为 6%。至此之后，英国政府福利支出占 GDP 的比重开始逐年持续增长，在 1951 年后重新回到 10%以上，其中社会保障、教育和医疗的比重也呈现出均匀增长的态势[①]。可见，20 世纪中期以前，政府在社会福利支出方面比例始终较低，更多的社会福利支出是依靠个人和社会慈善组织。大萧条之后的美国，政府开始思考其在社会福利中扮演的角色及在社会福利资金筹集中的地位。1935 年美国政府和美国国会开始探索并建立美国的社会保障制度，于是 1935 年《社会保障法》(Social Security Act)尘埃落定。该法律的通过为老人、盲人和残疾儿童(但不包括其他残疾人)提供了保险和永久性的公共援助[②]。在政府筹资方面，最为重要的是 1939 年《社会保障法修正案》(The Social Security Amendents of 1939)，该立法创立了社会保障信托基金，保证了社会保障税的征收，至此美国社会保障资金开始向现收现付模式转变。该修正案还涵盖了残疾人的残障保险计划和残障健康保险计划，残疾人开始作为一个重要的福利扶助主体与老年人一并受到重视[③]。通过表 4-1 我们可以看出，在美国《社会保障法》颁布以后，政府福利支出在 1934～1941 年占 GNP 的比重达到 6.7%，处于 1955 年以前的最高阶段，其中公共救助的支出比最高达到 4.3%。和英国一样，在 1941～1946 年，由于二战导致大量福利支出减少，比重只达到 2.9%。此后的数年，福利支出占 GNP 的比重一直在 5%左右徘徊，社会保险的占比有所提升，公共救助、医疗康复和其他福利服务的占比都相对稳定。总之，在 1955 年以前美国福利支出在国民生产总值的占比一直相对较低。

表 4-1　美国 1934～1955 财年国民生产总值及福利支出占比表

财政年度	国民生产总值（10 亿美元）	福利支出(%)						
		总计	社会保险	公共救助	医疗康复	其他福利服务	总计(除退伍军人项目)	退伍军人项目
1934～1941	87.9	6.7	0.9	4.3	0.8	0.1	6.1	0.6
1941～1946	188.4	2.9	0.8	0.9	0.5	0.1	2.3	0.6
1946～1950	247.5	5.8	1.4	0.8	0.7	0.1	3.0	2.8
1950～1951	311.8	5.1	1.5	0.8	0.8	0.2	3.3	1.8
1951～1952	336.8	4.9	1.7	0.8	0.8	0.2	3.5	1.4
1952～1953	358.4	4.8	1.8	0.8	0.8	0.2	3.6	1.2
1953～1954	360.6	5.2	2.3	0.8	0.8	0.2	4.1	1.1
1954～1955	373.1	5.8	2.7	0.8	0.9	0.2	4.6	1.2

资料来源：Harold L. Wilensky, Charles N. Lebeaux. Industrial Society and Social Welfare: The impact of industrialization on the supply and organization of social welfare services in the United States. New York: Russell Sage Foundation, 1958: 157.

---

① Howard Glennerster. Financing the United Kingdom's Welfare States, London: 2020 Public Services Trust, 2010: 9.
② Juliet C. Rothman：残疾人社会工作，曾守锤，张坤，译，上海：华东理工大学出版社，2013 年，第 66 页。
③ 李超民：美国社会保障制度，上海：上海人民出版社，2009 年，第 5-7 页。

由此可见，无论是英国还是美国在自由放任主义的影响下，社会福利的筹资在社会福利或社会保障制度化之前都表现为以个人和慈善组织为绝对力量的筹资方，政府只是临时和补缺地进行少量资金补给。随着《济贫法》和《社会保障法》的诞生，政府开始以国家社会福利筹资的形式成为福利筹资方的一部分。此时，筹资的主体是地方政府而不是中央政府，筹资的权力下放到地方，随着政府不断加强对社会福利筹资的投入，地方政府的筹资地位也不断强化。所以，对于残疾人社会服务支出来说，虽然在残疾个人模式下没有就社会福利的其他项目做明确区分，但在筹资方面表现为从个人自筹向地方统筹的趋向。这一筹资过程可以总结为以慈善为目的的民间组织和个人筹资为主，以社会稳定为目的的地方政府统筹为辅，多元的、零碎的、分散的、不成体系的残疾人社会服务筹资。

第三节　个人模式主导的中国残疾人社会服务：追溯到制度化之前

一直以来，我国残疾人社会服务无论是在价值理念、措施方法方面，还是在政策法规方面均落后于西方福利国家。特别是在近代，西方各国在现代化浪潮的推动下开始实现残疾模式的转变、服务技术的改进、服务的制度化和法制化，而我国残疾人社会服务依然没有从以临时生活救济型为主的个人模式向制度型的社会模式转型，残疾人社会福利以临时救助为主导，而社会服务的内容则相对贫乏。直到 20 世纪 80 年代，我国残疾人社会服务才开始逐渐实现制度化，并开启向社会模式转型的大门。

一、分配：多元思想影响下的绝对弱势

在社会福利制度化之前，普惠制度未在我国建立，残疾人群体的福利资源安排未纳入政府的政策范畴，残疾人并未享受定期和定量的社会服务和社会救助，对残疾人的社会福利分配具有随机性和临时性。这种分配模式深受我国多元化的前现代社会传统思想和个人模式影响，残疾人在前现代的利益分配格局中处于弱势地位，其社会服务发展更是缓慢。

（一）敬德保民、共济互助

残疾在我国古代被称为"废疾""癃废""废痼""癃疾""残废"，可见残疾的称谓多偏重于残疾人的疾病特点和对社会无用的描述，具有明显的个人模式或医学模式内涵，并带有歧视意味。在原始社会，我国残疾人被认为是神所造就的人类的另一种类型，不应该因身体的残缺和奇异而被歧视和欺辱[①]。随后，残疾人因其生活中的不便和苦痛，渐渐被认为是因作孽和犯错而受到神明的惩罚，是命中注定的因果报应，于是残疾人开始受到歧视，这些思想与西方社会道德模式思想类似。但是，与西方因宗教思想影

---

① 陆德阳，【日】稻森信昭：中国残疾人史，上海：学林出版社，1996 年，第 27 页。

响而产生的人道主义原则不同,我国残疾人福利思想受到原始部落共同体成员间的共济互助、彼此相恤习俗和"敬德保民"为核心的理念影响颇重①,这些思想甚至成为我国残疾人社会服务制度化形成之前福利资源分配的主导思想。在我国传统社会所向往的大同社会中,对残疾人福利已有所提及,"大道之行也,天下为公,选贤与能,讲信修睦。故人不独亲其亲,不独子其子,使老有所终,壮有所用,幼有所长,矜寡孤独废疾者,皆有所养……"②,可见,对残疾实施福利制度的思想古已有之。一方面,儒家思想中的德治主义成为历代君王的价值理念和行为准则,是评价其功过的标准,也是我国传统福利思想的内在主线。自汉代起,残疾人开始作为群体受到君主的直接或间接救助。例如:汉光武帝曾三次赐天下男子爵,人二级,鳏、寡、孤、独、笃癃、贫不能自存者粟,人五斛或六斛;汉显宗孝明帝赐鳏、寡、孤、独、笃癃粟,人十斛;南朝宋文帝下令,"其年高、鳏寡、幼孤、六疾不能自存者,可与郡县优量赈给",曾多次赐谷五斛③。从隋唐开始,君主对残疾人的救助越来越频繁,特别是悲田养病坊、普救病坊、福田院等救助院所的建立,标志着君主对残疾人的救助开始从"院外救济"走向"院内救济",从临时化走向常态化。除了德治主义的驱动外,统治地位的稳固和社会稳定也是古代君主实施残疾人救助的主要原因。另一方面,宗族救济的共济互助习俗构成了中国民间残疾人社会救助的重要基础。在我国"家天下"的封建社会格局中,虽然王权的"敬德保民"思想是残疾人社会福利资源分配的重要原则,但仁政的实施并不能保证所有居民受益,对于大多数远离权力中心的居民而言,他们则需要依靠以血缘和亲缘维系的宗族来进行福利资源的分配,以弥补王权福利分配的不足。夏商周以来的养老及对社会弱势群体的体恤政策,是对前代部落共同体习俗的继承和改造①,这也是共济互助习俗的基础。我国历史上出现的义田和义庄,就是以宗族为基础的残疾人社会福利分配的主要形式。然而,君主福利模式和宗族福利模式是一个相对封闭的系统,该系统的分配重点主要是针对那些能自由活动的穷人,或是隶属于宗族的残疾人,能享受福利资源的残疾人非常稀少,而且多以现金和实物救济为主,残疾人能享受的社会服务更是稀缺。总体而言,我国古代社会残疾人社会福利资源的分配主要集中于帝王和宗族的临时救助,对于大多数民众而言则处于真空状态,残疾人要么依靠家庭自给自足,要么自生自灭。

(二)政府担责,权利萌芽

封建社会的残疾人社会救济虽然已经开始进行政策措施的设计,但封建君主的易位让残疾人救助制度不能持续,加之朝代更迭让残疾人社会福利的分配处于无序和被动状态,制度化更无从谈起。伴随封建社会的终结,中华民国时期开启了现代化的大门。对残疾人社会福利分配的思想也开始改变,制度化和社会福利服务化开始萌芽。清末传教士大量进入我国进行传教,慈善理念、人道主义和平等思想开始传播,针对残疾人的普惠救济思想开始萌芽。残疾人的社会地位逐渐被社会认可,对残疾人的社会救济被看作是政府的重要责任,是残疾人应该享受的权利。残疾人社会福利分配开始从君主恩赐向

---

① 于凯:传统中国社会保障制度的历史渊源,中南民族大学学报(人文社会科学版),2004年第4期。
② 摘自《礼记·礼运》。
③ 陆德阳,【日】稻森信昭:中国残疾人史,上海:学林出版社,1996年,第52-53页。

国家责任转变，残疾人制度化福利安排开始出现萌芽。教育方面，民国政府于 1913 年 7 月颁布《国民学校令》，将盲聋哑学校归入国民学校之列，开始从教育入手确立残疾人权利。其中 1922 年《教育系统改革案》和 1933 年《私立学校规程》两部法律明确了残疾人教育的地位和残疾人接受教育的权利。救济方面，1928 年《各地方救济院规则》要求"各省区省会、特别市政府及县市政府所在地，依本规则规定设立救济院"，收养残疾人，解决其生活救济问题，保障其基本生存权。此后，各地纷纷建立救济院、残疾所收养残疾人。在麻风治疗方面，1928 年《取缔癞病病人》及《规定设立麻风院办法》规定，用强制方式取缔麻风患者的行动自由，防止引发更大的社会问题；建立麻风院收治患者，保障他们的生存权。精神病医疗方面，1947 年卫生部南京精神病防治院（南京脑科医院前身）成立并公布了《卫生部南京精神病防治院组织规程》[①]。虽然民国时期时局动荡，很多法令法规没有严格执行，残疾人依然处于绝对弱势地位。但是，我们依然可以发现，在现代化进程中残疾人的权利和政府的责任意识已经开始萌芽，对残疾人福利的分配已经列入国家级问题的范畴，不再只局限于残疾人现金救助，而是开始从教育、康复服务、院内照护服务等社会服务方面进行供给。

（三）全民普惠，低端保障

新中国成立后，包括残疾人在内的全国人民拥有了政治权利和基本生活权利，具有普惠性质的全民社会保障开始建立，并由政府全权管理。在农村，残疾人分到了土地和生产工具，参加了互助组、合作社。在城市，残疾人在政府支持下举办手工业合作社、组，后来发展成为福利工厂。部分无所依靠的残疾人被安置入福利院和敬老院[②]。1959 年，国家正式建立社会福利服务机构，收养无依无靠、无劳动能力、无正常生活来源的孤寡老人、孤儿、精神病人、残疾人。1956 年《高级农业生产合作社示范章程》中规定：由农业生产合作社对生活无依靠的老弱孤寡残疾社会人员，给予保吃、保穿、保燃料，年幼的保证受到教育，年老的保证死后安葬等保障。新中国成立初期，政府对残疾人的康复服务主要集中在麻风病人的收治和精神病人的收养，到 1963 年共收治麻风病人 98 万人，收养精神病人 17 138 人[③]。然而，由于国家财力有限，全民社会福利水平不高，特别是残疾人的边缘性地位以及隔离性的收养，造成收养服务水平比较低下[④]。此时，残疾人社会服务集中在基本的康复治疗和收养服务，而且政府对重残人员和农村残疾人保障有限，虽然已经有了普惠的理念，但主要照顾责任依然落到家庭和亲属肩上，残疾人生活依然艰难。到了"文化大革命"时期，残疾人事业更是陷入停滞状态。直到 1978 年中国共产党十一届三中全会召开，中国残疾人事业才迎来了真正的春天。残疾人社会服务开始在康复、教育、就业和照护等方面实现全面进步，特别是 1990 年《中华人民共和国残疾人保障法》颁布实施后，残疾人开始作为一个独立的群体在法律的保护下，在社会福利分配时既享受到普通民众的普惠保障，又享受到身为残疾人的特惠保障，保障水平也在逐步提高。

---

① 陆德阳：近代中国残疾人事业发展的三个阶段，探索与争鸣，2012 年第 8 期。
② 中国残疾人联合会：中国残疾人事业年鉴（1949~1993），北京：华夏出版社，1996 年，第 505 页。
③ 相自成：中国残疾人保护法律问题史论，北京：中国法制出版社，2003 年，第 247-253 页。
④ 杨立雄，兰花：中国残疾人社会保障制度，北京：人民出版社，2011 年，第 41 页。

二、供给：从实物供给走向居养服务

在我国，残疾的个人模式始终处于重要地位，在残疾人社会保障制度化之前更是处于主导地位，该模式下残疾人福利供给以现金救助、食物给付和临时住所提供为主，且具有临时性和随意性，社会服务供给涉及较少，且以康复服务和居养服务为主。我国的残疾人社会福利供给在20世纪80年代以前主要以实物(非服务)和居养服务为主，直到残疾人社会保障制度化之后才开始给予固定的现金救助和以发展为主的社会服务。

（一）轻赋税、发实物、养居所

商周时期，国家开始在赋税徭役上视残疾人的具体情况对其进行减免，以减轻残疾人及其家庭的生活负担，保障其基本生存[1]。正如《周礼·地官司徒·大司徒》所言："以保息六养万民：一曰慈幼，二曰养老，三曰振穷，四曰恤贫，五曰宽疾，六曰安富。"（注："宽疾，若今癃不可事，不筭卒，可事者半之也。"疏："云'宽疾，若今癃不可事，不筭卒'者，汉时癃病不可给事，不筭计以为士卒，若今废疾者也。""云'可事者半之也'者，谓不为重役轻处使之，取其半功而已，似今残疾者也。是其宽饶疾病之法[2]。"）与此同时，针对残疾人的一些基本生活保障和医药供给已经出现，如小司徒需要在判定残疾之后对残疾人提供"饮食"，医师需要对残疾人"则使医分而治之"。另外，商周时期还提倡残疾人力所能及地做一些工作，并根据其特长充分发挥其能力，此间国家机构也会进行适当的帮扶。正如《礼记·王制》所云："瘖聋、跛躃、断者、侏儒、百工，各以其器食之。"[3]此后的春秋战国时期，各国统治者为表示其仁慈，继承了前人赈济和抚恤的传统，对残疾人进行医治和收留。齐桓公更是设立"掌养疾"之官，将残疾人收养在"疾馆"中，供给衣食，直至身故[4]。到了汉代，对残疾人的救济以发放粮食为主，并建立起专门医治伤残军人的场地。

专业化的弱势群体收养机构出现于魏晋南北朝时期，以"六疾馆"和"孤独院"的成立为代表，这也成为我国古代对残疾人进行救济和服务的主要方式。随后，隋唐开始在寺院设悲田养病坊和普救病坊，收治病残和无依无靠之人。隋唐时期也推行减免残疾人家庭赋税和徭役的政策，如《隋书·食货志》载："废疾非人不养者，一人不从役。"对于未能进入悲田养病坊和普救病坊的残疾人，也不时给予适当救济。同样，隋唐时期也保留了之前鼓励残疾人自食其力的就业鼓励政策，在授田时兼顾残疾人，如《新唐书·食货志一》所言："(唐)授田之制……老及笃疾、废疾者，人四十亩……"。此后，两宋创立了东、西福田院，居养院和安济坊；元朝设立了养济院、惠民局和惠民药局；明清两代则沿袭元朝机制，又增设了安乐营和育婴所[5]。由此可

---

[1] 陆德阳，【日】稻森信昭：中国残疾人史，上海：学林出版社，1996年，第46页。
[2] 摘自《周礼·地官司徒·大司徒》。
[3] 摘自《礼记·王制》。
[4] 王卫平：明清时期残疾人社会保障研究，江海学刊，2004年第3期。
[5] 陆德阳，【日】稻森信昭：中国残疾人史，上海：学林出版社，1996年，第56-61页。

见，至隋唐始，我国开始逐渐形成了以"居养为主、食物救济为辅、赋税徭役减免和鼓励就业共同支撑的残疾人社会福利供给体系。从供给内容来看，主要包括食物供给、药品供给、医疗服务和院所照护，偏重于医疗救助和临时救济，带有明显的个人模式或医学模式特征。我国古代的残疾人社会福利供给可简单地归纳为"轻赋税、发实物、养居所"。

(二) 教养并重，现代服务雏形显现

随着现代思想的传入，西方传教士将残疾人教育理念引入中国，传统残疾人实物和现金救济开始向现代残疾人社会服务转型，其标志性事件是 1874 年瞽叟通文馆和 1887 年登州启喑学馆的创办，这也是我国现代盲人和聋哑人教育的滥觞。此后，教会举办的残疾人学校开始快速发展，仅 1901~1920 年的 20 年间，教会创办盲童学校 29 所，招收盲生 784 名，毕业 121 名[①]。受到教会办学的影响，国民在兴办残疾人救济机构的同时，也开始大力兴办残疾人教育服务事业，教会主导的局面逐渐得到改变。民国时期，虽然没有专门的残疾人教育和福利法案，但作为独特的弱势群体，残疾人开始被纳入国家教育体系和国家救助体系。在政府及社会各界的推动下，到 1946 年底，中国已有残疾人学校 42 所，在校学生 2380 人。实际上在中国初步形成了盲聋哑学校为主体，救济院附设盲聋哑学校和普通中小学随班就读为补充的残疾人教育体系[②]。此时，再加上全国民间和政府成立的各类救济院所，残疾人社会福利已经开始从单纯的物质救济向教养并重的现代福利转变。

从残疾人教育服务和康复服务中我们看到了现代残疾人社会服务的雏形。残疾人通过教育培训获得的就业技能使其能走上工作岗位，例如华北聋哑学校的很多毕业生都实现了就业，他们成了教师、工人、会计、技师、打字员等。在获得生存技能的同时，还培养了残疾人主动承担社会事务、融入社会的积极性，如中华聋哑协会和中国盲民福利协会的成立，以及在抗战中残疾人的积极参与，都说明了残疾人在教育服务中开始主动融入社会，表达自我权利，发挥了现代社会服务的功能。与此同时，残疾人康复服务除了对残疾人进行医疗康复外，开始对康复的内容丰富化，使其具有了现代社会服务的意义。上海伤残重建服务处在抗战结束后主张对残疾人进行康复就业，从心理和生理双方面进行康复治疗，并对接收的残疾人进行心理和能力的测试。另外，上海伤残重建服务处还提供就业辅导服务和职业训练，提供就业帮扶，并有效展开心理疏导和心理干预，真正实现了残疾人的身体重建、心理重建和职业重建，这不但是我国残疾人康复机构的雏形，也是我国残疾人社会服务的雏形[③]。从近代我国残疾人社会服务供给的发展中，我们发现教育服务和康复服务的出现打破了实物救济的垄断，在服务供给方面还出现了带有现代社会服务性质的就业服务和心理服务。然而，这些服务的供给主要集中在经济发达地区，且数量较少，不具有代表性。除了被家庭和宗族居养的残疾人外，大量残疾人的生活需要靠乞讨、卖艺和算命等方式来维持，真正意义上的残疾人社会服务供给并未形成。

---

① 陆德阳：近代中国残疾人事业发展的三个阶段，探索与争鸣，2012 年第 8 期。
② 陈建华：论民国时期残疾人事业的现代转型，求索，2011 年第 10 期。
③ 王安：民国时期残疾人康复服务机构回顾——基于上海伤残重建服务处的史料，残疾人研究，2014 年第 3 期。

(三)供给多样、制度初建

新中国成立初期,残疾人政策范式沿袭了传统社会的个人模式,对残疾人福利供给多以临时性的救济为主,具有极大的随意性和选择性。到了 20 世纪 50 年代中期,残疾人社会福利供给,特别是以教育和康复为主的社会服务供给开始呈现多样化特征,并逐渐开始以制度和法律的形式确定下来。供给场所方面,残疾人福利工厂、伤残人福利院、荣军疗养院、精神病院等相继出现。教育方面,1965 年我国盲校和聋哑学校达到 266 所,学生达 23 000 余人,到 1993 年底特教学校则达到 1108 所,特教班达 3568 个。康复方面,截至 1993 年底,接受白内障复明、小儿麻痹症矫治和聋儿治疗的残疾人获得康复的人数共 126 万人,逐步建立起以专门康复机构为骨干、社区康复为基础、残疾人家庭为依托的残疾人康复服务体系。劳动就业方面,到 1993 年底,集中安排残疾人的福利企业达 5.6 万个,解决 84 万残疾人就业,140 多万残疾人分散在各单位就业。据抽样调查,城镇残疾人就业率为 50%,农村就业率为 60%。全国建立 435 个残疾人劳动服务机构,逐步形成以待业登记、能力评估、职业培训、就业介绍和指导的残疾人劳动服务网络。文体服务方面,全国开辟了 2100 多个残疾人活动场所和 51 个盲人有声读物图书馆(室)。另外,国家积极举办和参加国内国际残疾人体育赛事,组织残疾人艺术团赴国内外演出。社会参与服务方面,从 1953 年中国盲人福利会成立到 1988 年中国残疾人联合会的成立,在残疾人社会组织的帮扶下,残疾人开始广泛地参与社会事务,维护残疾人权利,有效实现社会融合。规章制度及立法方面,《中国残疾人事业五年工作纲要(1988~1992)》、《方便残疾人使用的城市道路和建筑物设计规范》(1988)、《社会福利企业招用残疾职工的暂行规定》(1989)和《中华人民共和国残疾人保障法》(1991)等残疾人相关制度及法律的颁布让残疾人社会福利和服务的供给得到了有效保障,并持续执行[①]。总之,从新中国成立到《残疾人保障法》(1991)的实施,我国残疾人社会服务供给开始从随机性和临时性救济向多样化和制度化的服务转型。

三、递送:非正式组织主导下的政府补缺

在传统农业社会,以国家和政府承担主要责任的正式福利制度尚未产生和建立,社会成员基本上依靠非正式福利制度的支持。在非正式福利制度的供给网络中,家庭是最重要的供给主体。家庭是一个集多种功能于一身的社会群体,既是一个生产共同体,又是一个消费共同体,还是一个福利共同体[②]。以个人和家庭为核心的福利共同体是残疾个人模式的映射,家庭照护和宗族照护的服务递送并非将残疾看作社会职责,政府只是在必要时候进行救助或递送服务。

(一)共给养、君恩赐、宗族恤

在原始社会,生产资料公有、生产力水平低下,部落成员有责任和义务对本部落残

---

① 中国残疾人联合会:中国残疾人事业年鉴(1949~1993),北京:华夏出版社,1996 年,第 505-507 页。
② 景天魁,等:福利社会学,北京:北京师范大学出版社,2010 年,第 231 页。

疾人给予一定照护，这亦是"大同社会"的思想体现。这种部落成员间对残疾人的相互体恤和共同给养，为后来宗族福利模式的建立奠定了一定实践基础。我国是世界上为数不多的阶级社会和封建社会历史较长的国家之一，社会等级森严，权力高度集中，资源高度聚集，导致国家在福利服务递送时有着绝对权威和地位。这种权力的集中体现在地方就是宗族福利。加之人道主义的慈善思想尚未在中国传播开来，以慈善为目的的社会组织福利服务递送严重缺位。

商周时期出现了阶级社会，也出现了一些早期管理、确认和统计残疾人的机构和官员，如小司徒、乡师、乡大夫、族师和遂人等，这些职官的出现，表明国家开始真正意义上介入残疾人社会福利的递送。随着魏晋南北朝专业化的收养机构出现，官办救济机构所需粮食和资金由朝廷或地方政府拨付，管理一般由地方官经办[①]。从唐朝开始，官办的收养机构一度兴盛，但这些机构主要集中于皇权周围，对残疾人的救济更多来自君主恩赐，带有极强随意性。唐代官府设立的悲田养病坊设置专使进行管理，后转为由僧人经管。这看似出现了政府委托第三方管理的影子，但事实上机构依然归官府管辖。通过《唐令拾遗·户令第九》："诸鳏寡孤独贫穷老疾不能自存者，令近亲收养，若无近亲，付乡里安恤，如在路有疾患，不能自胜者，当界官司收付村坊安养，仍加医疗，并勘问所由，具注贯属，患损之日，移送前所。"[②]我们可以看出，封建社会中对残疾人照护的第一责任人是其家人，然后才是乡里，之后是村坊或前所等专门机构。这在一定程度上与个人模式中个人和家庭承担残疾照护为主相契合，这一模式始终影响着我国的残疾人社会福利递送方式。

民间对残疾人社会福利和服务递送功能的发挥兴起于明清时期，这也是我国宗族福利模式的黄金年代。随着社会的发展，以养济院为主的官方残疾人救助机构已经远远不能满足需求，此时江南慈善力量的发展对弥补官方福利的递送起到一定作用。江南的地方士绅是民间慈善力量的主要倡导者和支持者，在慈善活动鼎盛的清朝，慈善机构的数量单苏州府就达 93 个。当时江南慈善机构数量多、财力雄厚、范围广、活动多，其中主要针对残疾人的有普济堂和育婴堂[③]。然而，慈善事业的发展主要集中在江南的市镇，在全国范围内普及性不强，在民间发挥残疾人服务递送重要作用的是宗族力量。宗族以血缘和亲缘为基础，以义田为其资产，并按照宗法进行管理，对族中孤老和残疾的族人进行救恤。北宋张载是宗族福利模式的重要倡导者，他倡导的福利社会是："尊高年，所以长其长。慈孤弱，所以幼其幼。圣，其合德；贤，其秀也。凡天下疲癃、残疾、茕独、鳏寡，皆吾兄弟之颠连而无告者也。"[④]北宋范仲淹创立的义庄成了专门管理族产收支、救助同族的机构。正如苏州丁氏《济阳义庄规条》中所说："义庄原为族之贫乏无依而设，凡鳏寡孤独废疾，皆所宜矜。"[⑤]在清朝的江南地区，义庄作为宗族内部对老弱病残族人的救助和服务机构，到清朝末年发展到了高峰，单就苏州义庄的数量就达到了

---

① 杨立雄，兰花：中国残疾人社会保障制度，北京：人民出版社，2011 年，第 38 页。
② 相自成：残疾人居养（上）——中国历代有关残疾人保护的政治法律制度，中国残疾人，2002 年第 4 期。
③ 王卫平：明清时期残疾人社会保障研究，江海学刊，2004 年第 3 期。
④ 摘自《经学理窟·宗法》。
⑤ 王国平，等：明清以来苏州社会史碑刻集，苏州：苏州大学出版社，1998 年，第 259 页。

200多个①,为当时官方缓解了巨大的残疾人社会救助压力。

清朝末年,我国基本形成了由个体家庭为主,宗族、民间慈善组织和官方为辅的残疾人社会福利和服务递送体系,院所居养是主要形式。其中,家庭和宗族的义庄收养了绝大多数残疾人,其余无依无靠的残疾人才由民间慈善组织普济堂和育婴堂,以及官方机构养济院等收养(见图4-2)。所以,个人模式特征明显。

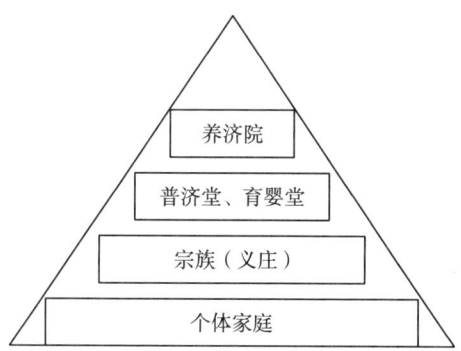

图4-2 清朝末年残疾人社会福利递送体系示意图
资料来源:王卫平:明清时期残疾人社会保障研究,江海学刊,2004年第3期。(图略有改动)

(二)教会介入,多元递送主体格局形成

近代中国,传教士开始打着慈善主义的大旗创办残疾人救济、教育、医疗服务机构。虽然西方教会的目的在于传播宗教思想,但实际上对我国现代残疾人社会服务的发展起到了推动的作用,教会逐渐成为服务递送中的重要一方。传教士的递送重实践而非理念,他们在两广地区创办麻风收容所和麻风病院,在佛山和香港创办精神病医院,在许多地方创办残废院收容残疾人,解决了部分残疾人的生计问题,通过实践将现代残疾人教育和医疗服务理念导入我国,并影响政府的残疾人政策偏向。

中华民国成立后,国民政府对原有教养机构进行改造,并制定《救济院规则》,要求各地对无依靠的老幼病残设立救济院,分设养老所、孤儿所、残疾所、育婴所、施医所等。残疾所作为单独为残疾人设立的救助机构,首次在我国出现。据统计,到1933年,全国共有救济居养机构830多所②,但到了民国后期,救济机构逐渐萎缩,对于残疾人救助所发挥的作用微乎其微。另外,民国时期的慈善团体和慈善人士依然是残疾人服务递送的重要组成部分。教育服务方面,以杜文昌、吴燕生和罗蜀芳分别创办的北平聋哑学校、北平市立聋哑学校和私立明声聋哑学校较为著名;救助机构方面,则以张謇创办的南通残废院和王一亭创办的上海残疾院为代表。至1930年,我国各省中收养残疾人的救济院共70所,慈养团体45个①。

然而,中华民国时期,国家社会动乱,经济发展不稳定,造成政府残疾人福利政策扶持力度不够、执行不力、稳定性差,教会和慈善团体的残疾人福利递送也几经战争影

---

① 王卫平,黄鸿山:清代江南地区的乡村社会救济——以市镇为中心的考察,中国农史,2003年第4期。
② 相自成:残疾人居养(下)——中国历代有关残疾人保护的政治法律制度,中国残疾人,2002年第5期。

响而发展缓慢。此时，残疾人社会福利的递送还是主要依赖于家庭和宗族，并未形成社会多方力量参与残疾人社会服务递送的局面。残疾人社会福利的递送形成了以家庭和宗族为主，政府、教会和慈善团体为辅的非正式多元主体共同递送体系。

(三) 政府主导、残联代表

新中国成立后，带有封建社会性质的宗族组织、教会组织，以及民国时期的救助组织全部被改造并由中国共产党统一指挥和领导。此时，残疾人社会服务的递送均由政府主导并由政府相关部门完成。在政府的主导下，我国成立了中国盲人福利会、中国聋哑人福利会，后来合并为中国盲人聋哑人协会，1983年政府又批准成立了中国肢体伤残康复中心和中国残疾人福利基金会，1988年成立中国残疾人联合会[①]。至此，残疾人社会服务的递送形成了以政府领导并负责，以残联为代表并提供服务和管理的残疾人福利递送模式，省市、县、乡均建立起了各级残联组织，参与残疾人福利递送。然而，这种政府"大包大揽"的社会服务递送方式，并未充分调动起社会各方力量，服务质量不高，许多残疾人的基本社会服务最终还是由家庭来提供。

四、财务：官方绝对主导，民间弱势补充

在中国福利基金会成立之前，我们基本看不到关于残疾人事业经费筹资和支出的详细记录，更看不到关于残疾人社会福利筹资的详细金额，只是在相关文献中能看到有关弱势群体社会救助筹资渠道的记录。我国是一个慈善力量动员不够充分的国家，从古至今慈善捐赠在社会福利筹资中占比较低。在残疾人社会服务筹资渠道方面，除了个人自筹大部分经费，其他的经费主要依靠政府支持。从形式上看，政府经费支持主要包括减免税赋和直接支付两种。税赋减免早在商周时期就有体现，这其实是政府转移支付的一种方式，随后在隋唐时期也有明确规定。直接支付主要是君王以面授的形式，对残疾人进行救济，另外历代帝王还会从国库中提取一定资金或者从国家粮仓中拿出粮食进行救济。进入机构提供残疾人居养服务的朝代，机构的经费主要由国库支出，如"宋英宗曾命增置南北福田院，岁出内藏钱五百万给其费，后易以泗州施利钱，增为八百万"[②]。随着明清时期宗族力量的兴起，官府赐予宗族"义田"让其经营，产生的利润用来补贴照护老弱病残的开支，实际上这也是政府的转移支付。明清和民国时期出现的残疾人康复、教育、就业等服务大多由政府开支，如民国时期上海"伤残儿童职业训练班"的费用就由伤残重建服务处和上海儿童福利促进会共同负担，食宿费用由养济院供给，伤残重建服务处补助少许杂费[③]。另外，该时期慈善个人和团体也成为残疾人社会福利筹资中的一分子，但提供的资金比重较小，且主要集中于经济发达的江南地区。计划经济时代的中国，残疾人社会福利的筹资则全部由国家承担。直到1983年中国残疾人福利基金会成立，才逐渐形成了以社会捐赠、政府拨款、基金增值收益以及其他合法收入四种渠道

---

① 陆德阳，【日】稻森信昭：中国残疾人史，上海：学林出版社，1996年，第409页。
② 陆德阳，【日】稻森信昭：中国残疾人史，上海：学林出版社，1996年，第57页。
③ 王安：民国时期残疾人康复服务机构回顾——基于上海伤残重建服务处的史料，残疾人研究，2014年第3期。

相结合的残疾人事业筹资体系[①]，成立当年，基金会就拨款 2600 万人民币创办康复中心。与西方福利国家不同，在我国残疾人社会保障制度化之前，残疾人社会福利的筹资一直是政府在起主导作用，而民间慈善力量只是起到较次要的补充作用。

个人模式经历了身心分离模式、道德模式和医学模式三个阶段，其中医学模式影响最为深远。个人模式下，残疾产生的缘由被解释为个人的身体和灵魂分离、个人道德的惩罚和个人身心的障碍。残疾被定义为异常、伤残和残障。综合观之，个人模式视残疾为个人缘由引起，其对策即是对身体的康复，社会对残疾人依然是歧视的态度。这一态度具体体现在了语言、媒介、法律、教育和技术五大领域，在相当时期内形成对残疾人的偏见。残疾人的社会角色为边缘群体，生活方式是生活被隔离、被社会孤立，以及权利被剥夺。

在个人模式盛行的年代，社会福利的主导思想为自由主义，社会福利模式为剩余型模式。剩余型福利模式下，作为特殊群体的残疾人福利目标是基本生存维持，针对他们的主要福利手段是以现金给付为主的社会救助，社会服务相对薄弱，服务供给的主体是家庭。个人模式的特点在我国残疾人社会服务发展历程中亦有同样表现，在剩余型社会福利模式的框架下，我国残疾人社会服务表现为：分配绝对弱势、服务供给薄弱、政府递送补缺。残疾人社会服务在个人模式下没有充分发育，残疾人基本权利未得到充分体现。

随着个人模式的发展，残疾人福利实现手段开始从临时性的综合救助走向社会服务供给，递送开始从私人部门混合向公私多元混合发展，财务开始从残疾人和家庭的个人自筹向地方统筹发展。ICIDH 残疾因果观更倾向于残疾的去障碍化，该观念提出后，残疾人基本权利开始得到初步体现。此外，福利国家的出现让社会福利成为公民基本权利，残疾公民的权利诉求进一步加强。以个人模式为基础的残疾人研究范式受到挑战，该模式理念构建的残疾人福利实现架构也面临瓦解。残疾人社会服务的重要性开始与现金救助一起共同体现残疾人权利发展。因此，构建超越个人模式，以残疾人基本权利实现为诉求，且与社会福利模式相匹配的新残疾模式成为主要趋势。

---

① 中国残疾人联合会：中国残疾人事业年鉴(1949～1993)，北京：华夏出版社，1996 年，第 227 页。

第五章　社会模式残疾人社会服务：现代社会的制度型服务

医学模式关注的焦点在于残疾人身心功能受损而造成维持正常生活、参加生产活动和参与社会事务有障碍。障碍本身是身体或心智的损伤所致，这种损伤改变了残疾人与他人和社会互动并进行交往的媒介，使其偏离了社会认可的正常人"标准"，降低了残疾人自我认同，从而加剧了社会隔离。此时，通过治疗、照护、康复的医学模式可以让部分残疾人减轻症状并正常参与社会生活，而其余身心损伤无法复原者则被社会"特殊照顾"。这些"特殊照顾"包括在教育、交通、住宅、社会服务等方面的隔离照顾，这导致残疾人被排斥在主流社会之外。所以，医学模式的弊端在于放大损伤所带来的限制，忽略身体其他部位的功能和潜力的发挥，将障碍聚焦于个人因素，将社会因素和文化因素淡化。因此，社会模式建立于对医学模式批判的基础之上，将残疾的社会成因充分暴露，对残疾的社会隔离提出颠覆性观点。在社会模式的践行中，社会服务因其对残疾人社会参与和社会融入发挥的特殊功能而被重视。

第一节　社会模式：权力视野下的社会康复

社会模式的形成是社会进步和人权实现的过程，这是残疾人从概念、社会地位到康复的全面去障碍过程。社会模式摒弃医学模式中个人为主因的残疾解释，从社会、政治、经济、环境等各方面入手，实现残疾人全面去障碍。在残疾人身心康复的基础上，打破残疾社会隔离，实现残疾人顺利融入社会生活，达到社会康复的目的。

一、社会模式：从障碍化到去障碍

（一）社会模式的兴起：思想与运动的合力

20世纪后半期是社会模式逐渐形成的年代，这也刚好是现代化弊端初显和后现代思想受到关注的年代，所以，在社会模式形成之时既表现出现代性的思想理念，又表现出一些后现代的特点。现代性就是指前现代以自然经济为基础的社会形态向以商品经济为基础的社会形态的转型过程中，在经济、政治、文化、心理诸方面所表现出来的属性和特征，换言之，现代性即现代社会的属性和特征。这些特征可以大致概括为：民主化、法制化、工业化、都市化、均富化、福利化、社会阶层流动化、宗教世俗化、教育普及化、知识科学化、信息传播化、人口控制化等[①]。现代社会在社会规范方面，强调普遍认同的规范标准，而非特殊主义取向，这为残疾人进入社会带来了客观标准。在社会地位方面，现代社会以能力和成就来评判个人，而非先赋地位，这为残疾人获得正常民事权利创造了条件。在义务方面，现代社会并非只关注家庭成员间的义务，政府、企业和社会组织的责任和义务也受到广泛关注。政府对社会和公民的福利责任，催生了福利国家，制度性社会福利模式使社会福利具有了普惠性，残疾人在普惠性福利的恩泽下，社会权利得到了体现。在政治方面，政治现代化表现为全社会各阶层广泛地参与政治，残疾人的政治权利得到保障。在现代社会，残疾人通过与普通人在民事权利、政治权利和社会权利的共享，已经具备融入正常社会的有效路径。

随着现代性的弊端显现，后现代开始向现代性所秉持的"标准化"或"元叙事"展开"攻击"。"元叙事"是现代社会的重要特征，即崇高的理想或终极价值的统治。这种叙事背景下，统一性、秩序性、一致性、成体系的总体性、客观真理、意义及永恒性被极力推崇[②]。然而，后现代主义是对现代主义的解构，即打开封闭的结构和固有的体系，排除本源和中心，故而"反体系、反制度、反权威"成为后现代的重要特征。后现代主义对现代主义的中心化趋势进行解构，而对多元性、特殊性、差异性和变异性充分肯定与崇尚，将边缘、局部和分散放到重要位置。在后现代思想的影响下，作为边缘群体的残疾人，其差异性和特殊性开始逐渐被社会所认可，残疾人开始逐渐被视为人类多样性的表现形式。在以现代社会思想为主流的视角下，残疾人被歧视和差别对待的根本原因就是现代社会的"标准化"和"元叙事"。现代社会的标准是按照普通人来进行区分的，这样区分就构成了残疾人待遇和社会态度的差异性，而这种差异性是消极的和不公平的。为了打破这种普通人的社会标准所带来的桎梏和隔离，残疾人将社会障碍而不是表现为身体残损的医学障碍看作其发展的重要阻力，于是残疾的社会模式在现代性思想和后现代思想的交织中诞生。

个人模式隐含的假设是残疾人是个体，其成因与社会无关。而社会模式则认为残疾人是一个群体，其成因为社会对残疾群体造成的障碍。虽然，大量的残疾人已经开始融入社会，但是根植于西方哲学和文化思想的个人主义对残疾人的消极印象成为残疾人受压迫的主因[③]。这些压迫表现在残疾人获得相应权利时的不公平，包括就业机会和待遇、政治权利、社会融入机会缺失等。于是，残疾人组织开始通过权利运动将社会（而不是身体缺陷）为残疾所带来的障碍进行揭示和抨击，残疾人社会模式就在运动中应运而生。就业权利方面，早期的残疾人权利运动可以追溯到1935年美国纽约的身体残障联盟（League for the Physically Handicapped）所进行的抗议残疾人不公平就业待遇的活动。社会融合方面，具有代表性的是去机构化运动（Deinstitutionalization Movement）。该运动的理论框架建立在"正常化"（Normalization）观点基础之上，提倡将在专业机构和慈善机构治疗的残疾人（主要是精神病患者和智障人士）"解放"出来，让他们回归社区，融入社会。通过发展社区基础服务促进和支持残疾人积极融入社会。在经济收入方面，残疾人被隔离和排

[①] 史瑞杰：前现代·现代·后现代（上）——中国现代化道路的坐标选择，长沙电力学院学报（社会科学版），1999年第3期。
[②] 徐大同：当代西方政治思潮，天津：天津人民出版社，2010年，第300-301页。
[③] Nick Watson, Alan Roulstone, Carol Thomas. The Routledge Handbook of Disability Studies. London: Routledge, 2012: 12.

斥的一个重要原因就在于残疾人和其家庭的贫穷,为了应对贫穷,1965 年两个英国残疾妇女组建了残疾收入团体(Disabled Incomes Group,DIG)。该团体的成立引起了人们的广泛关注,这些人中包括了对英国残疾人运动起到关键作用的保罗·亨特、维克·芬克尔斯坦、M.海因斯和肯·戴维斯,他们不仅仅将资金的来源局限于 DIG 和残疾人联盟(Disability Alliance,DA),还通过 DA 联合不同的残疾人组织汇集资金。然而,这种由非残疾专家所掌控的形式却没有达到预期效果。于是,以保罗·亨特为首的残疾人代表于 1974 年成立了残疾人反隔离联盟(Union of the Physically Impaired Against Segregation,UPIAS)。该组织认为,残疾是一种复杂的社会压迫形式。低收入只是受到压迫的一种可能的表现,残疾人在教育、工作、出行、住房等社会各个领域均受到排斥和隔离。与之前医学模式中身体残损作为致残的主因相比,人们更应该从社会政治的阻碍来分析致残主因,社会环境才是阻止残疾人进入社会的主要原因[1]。在 UPIAS 的解释中,残疾的社会模式产生。

随着社会模式的产生,20 世纪 70 年代在美国也出现了不同形式的残疾人运动。比如去医学化运动,提倡通过自助和朋辈支持提供框架,对残疾人进行居室设计、医疗护理和人员照护等,以达到残疾人自重和自尊的目的;消费主义运动,强调残疾人身份从"病患"和"案主"向"消费者"转变,残疾人对服务的要求也从被动变为主动;其中最著名的是独立生活运动(Independent Living Movement,ILM),该运动从美国大学校园兴起,学生通过残疾人自助方案的设计,在自助组织的指导下,赋予残疾人自我控制和自我帮助的能力。在运动的影响下,美国和英国都成立了残疾人独立生活中心,到 1997 年共有 175 000 名残疾人接受了数百个独立生活中心的服务[2]。另外,不同类型的残疾人组织的成立也助推了残疾人权利运动。例如:美国残疾人无障碍公共交通协会以促使城市公共交通能够满足残疾人的无障碍交通需求为己任;美国残疾人护理协会促进国家为残疾人以社区为本的护理服务提供政策保障;还有美国残疾人公民联合会、美国独立生活委员会、英国残疾人组织委员会等。

现代性思想和后现代思想的交叉影响为社会模式的建立提供了理论支撑,残疾人组织的成立为社会模式的推广提供了组织力量,残疾人运动的发生为社会模式深入人心提供了实践经验,多方力量的共同作用则直接推动了残疾人专门立法的产生,也为社会模式的巩固提供了合法保障。1970 年,英国《慢性病和残疾人法案》(Chronically Sick and Disabled Person's Act)颁布,该法案被广泛认为是世界上第一部帮助残疾人在社会服务、教育、住房和公共建筑方面获得平等机会的法案。1970 年美国还通过了《城市大众交通法》以促进残疾人无障碍交通。三年后,美国国会通过了《1973 年康复法案》(Rehabilitation Act of 1973),其中第 504 部分规定,禁止任何联邦残疾人歧视的资助方案。联合国于 1971 年联合国发表了智力障碍者权利宣言,1975 年发表了残疾人权利宣言。直到 1990 年《美国残疾人法》的颁布,该法被称为最详尽的一部残疾人权利法案,法案通过强制性的执行标准,清晰地制定政府的职责,对各种歧视行为的消除做出了明

---

[1] Nick Watson, Alan Roulstone, Carol Thomas. The Routledge Handbook of Disability Studies, London: Routledge, 2012: 14.
[2] Juliet C. Rothman:残疾人社会工作,曾守锤,张坤,译,上海:华东理工大学出版社,2013 年,第 59 页。

确的界定[①]。至此，残疾的社会模式得到了世界的认可，社会模式也逐步取代个人模式成为残疾人研究的主流范式。

(二) 从压迫理论到社会建构：社会模式的构成基础

现代社会对待残疾人群的主要特征就在于以正常人的标准来衡量社会，而不符合标准和环境的人将被隔离，其权利将被剥夺。当残疾人被"标准人"当成另类后，残疾人在心理、社会和经济方面将受到压迫[②]。压迫理论认为，个体是将社会中关于自己的消极意象、压迫观念和刻板印象在个人水平上整合到自我的一个过程。压迫将会使残疾人内心受到伤害并产生对社会的惧怕，对其发展和自我价值的实现带来负面影响，从而产生自我厌恶和依赖。被压迫者会自然地认为他们受到的歧视和遭遇的不便是由于自身身体功能受限，选举权被剥夺和社会权利的丧失被刻板地认为是理所当然。另外，当个体被当作研究对象而特别对待时，他的行为会被控制，除了研究者之外该个体被其他人边缘化和异化。20世纪80年代美国人口普查局(Office of Population Censuses and Surveys, OPCS)对残疾人的调查中，研究者发现在相对孤立的环境中，残疾人开始相信他们的问题是由自己的健康或残疾问题造成，而不是由社会和组织造成。他们在日常生活中所遇到的问题是由于他们能力不足和功能受限[③]。所以，残疾人在被医学模式特殊关照后，其隔离和异化也成为现实。压迫不仅是外界给残疾人的歧视对待和差别待遇，也是形成残疾人自身消极意象的主因，消除残疾人异化就是要从社会角度消除压迫。

受到符号互动论以及新马克思主义的影响，并在对压迫理论的解释和对医学模式批判的基础上，社会建构论在美国兴起。在障碍与不平等的成因与解决方式上，上述两种理论的立场可以说是分别代表了唯心论与唯物论的立场[④]。社会建构论认为，残疾人问题的产生不是个人无能，而是社会未能提供充分的服务，并确保残疾人的需要在社会机构中得到充分的考量。从个人偏见到制度性的歧视，从公共建筑的障碍到交通系统的限制，从隔离式教育到排斥性的工作安排，都是社会强加的结果[⑤]。这种强加是大众对残疾人的误解，只要通过交流，改变社会态度，对残疾人的压迫就能得到解除。社会建构论认为，残疾人遭遇不平等对待的原因具有结构性。现代化进程中，社会结构的状态对残疾人的排斥使得残疾人被隔离在主流社会之外。所以，需要从社会结构本身进行改革，来消除对残疾人的限制。诚然，二者的观点并不冲突，这反而形成了较为完整的社会模式理论。从残疾问题成因上讲，既包括普通民众心理认同和社会文化思想的因素，也包括现代社会结构和社会环境设置的因素；从解决残疾问题的路径来看，既包括了普通民众的心理调适和社会文化的改变，也涉及政府层面对社会结构的改善和弱势关怀。另外，多元主义理论对人群多元化的认可亦拓展了社会模式的理论外延。总之，压迫理论、社会建构理论、"社会模式的障碍"理论和多元主义理论共同构建了社会模式。

---

① Juliet C. Rothman：残疾人社会工作，曾守锤，张坤，译，上海：华东理工大学出版社，2013年，第72页。
② Susan Wendell. The Rejected Body：Feminist Philosophical Reflections on Disability，New York：Routledge，1996：271.
③ Mike Oliver：The Politics of Disablement，Basingstoke：Macmillan，1990：8.
④ 张恒豪，苏峰山：《残疾权利及其误用》书评，中国台湾社会福利刊，2009年第2期。
⑤ Mike Oliver. Social Work，Disabled People，and Disabling Environments，London：Jessica Kingsley，1991：30-31.

(三)系统性去障碍：社会性服务而非机构性治疗

1965年，Nagi首先提出将社会与心理互动的条件引入残疾人研究[①]，随后，英国残疾人反隔离联盟于1976年发表了残疾人基本原则，1980年芬克尔斯坦开创性地论述残疾人面临的压迫，这些事件的发生标志着残疾人研究进入了社会模式时代。社会模式的代表人物M.奥利弗认为，残疾不可能从社会中被抽离出，残疾存在于社会中并独立于社会赋予它的含义，换句话说，残疾是社会的产物。过去100多年来，工业社会已经产生了具有医学意义的残疾，并运用医学手段进行干预，也产生了需要社会来解决的具有社会意义的残疾。到20世纪末，残疾人已经意识到医学模式和个人主义意识形态所产生的社会压迫，并投身到反压迫的斗争中[②]。医学模式是在相对隔离的机构中对残疾问题进行治疗和解决，身心损伤被其视为最大的障碍。社会模式则将社会的系统性障碍视为其发展的最大障碍，将具有社会性的广泛干预和去障碍看作主要手段。

社会模式将残疾视为由于制度、环境、社会态度而阻止人们最大限度地参与社会的障碍，这意味着机会的丧失，在与他人平等参加社会生活时受限。制度层面，以健全人"标准"来订立的现代社会制度体系，必然将残疾人排除在优势话语体系之外。残疾人被当作特殊群体看待，故缺乏相应的政治权利、民事权利和社会权利。社会模式认为在制度设计时，残疾人应该被赋予充分的人权，例如，拥有参加选举时的必要席位，专门的残疾人反歧视法律和政策、进入劳动力市场的必要保障以及制度化的社会保障和服务。环境方面，现代社会的建筑和公共设施设计均按照健全人的标准来进行，这就造成了残疾人进入社会和独立生活的物理障碍。社会环境的障碍包括：信息获取、居家生活、乘坐公共交通、进入公共区域、使用公共设施等方面的障碍，这些"标准化"障碍，成为残疾人被社会隔离的最大壁垒。社会模式就是要依靠多样化主体的参与，改造社会环境及硬件设施，以扫清残疾人进入社会的障碍。社会态度方面，涉及文化、思想和认知等具有内化性质的社会障碍。残疾的歧视观念或怜悯思想在社会中古已有之，这种思想反映在语言、文字、大众媒介等介质中，进而对社会态度的障碍进行强化。社会模式的去障碍也需要改变固化的社会态度和人类认知，并从语言、媒体、法律、教育和技术五个向度改变对残疾表达方式和态度障碍。总之，社会模式认为残疾问题是社会的失败，是系统化的障碍。现代社会发展中的系统化失衡和结构失衡，造成多元化的社会被单一标准所统治。要想实现社会的全面发展，改变残疾人现状，就必须从制度、环境和社会态度或从政治、经济、文化和社会多角度进行系统的去障碍。在社会模式视角下可以认为，一个全面发展的社会中不存在残疾。

---

① Rune J. Simeonsson. ICF-CY: A Universal Tool for Documentation of Disability. Journal of Policy and Practice in Intellectual Disabilities, 2009, 6(2): 70-72.
② Mike Oliver. Changing the Social Relations of Research Production? Disability, Handicap & Society, 1992, 7(2): 101.

二、社会模式残疾定义及缺陷

(一)残疾定义及鉴定分类系统

社会模式的基础是对损伤(impairment)和障碍(disability)的区分。M.奥利弗严格界定了损伤和障碍的概念,他认为,残疾人群是由于现今社会组织没有考虑或者很少考虑有生理损伤的人,使得他们参与活动不利或受限,导致他们被主流的社会活动排斥。损伤是指缺乏部分或全部肢体,或有肢体、器官或身体技能的缺陷,是指身体缺陷,通常构成医学上的分类条件。障碍则是指社会对身体损伤者缺少认识与关注,致使其在社会中处于不利地位,而被排除于主流活动之外,使残疾具有了社会属性[①]。在社会模式中,残疾定义从损伤到障碍的转变使社会对残疾的认识更加全面和立体。

在社会模式影响下,政府从法律、政策和社会福利供给方面给予残疾人更多权利。当明确了残疾人的科学定义后,残疾人身份的鉴定和分类则成为残疾人享受福利待遇的条件和基础。由于残疾人鉴定关涉社会资源的分配和方式选择,所以残疾人身份鉴定具有了政治色彩。在英国残疾人鉴定是用来决定谁没有工作时可以得到社会救济,在德国则是用来决定失业时该给予什么职业训练,而在美国鉴定则是为了决定社会安全保险给付[②]。1980 年,在医学模式基础上发展起来的 ICIDH 残疾人分类系统虽然已经开始将健康状况导致的社会后果列入考虑范围,但仍带有歧视和标签意义[③]。随着社会模式发展,WHO 不断修订残疾人分类系统,2001 年国际健康功能、残疾和健康分类(International Classification of Functioning, Disability and Health,ICF)系统问世,成为国际通行的评估残疾状态的工具。在功能主轴下,ICF 拉出身体、个体、社会三个范畴以建构健康的分类系统,并且特别针对社会环境因素对障碍的影响提供具体规范与详细测量的依据,并通过指标的详细说明、编码和赋值,使定义和分类更具科学性,其模式见图 5-1。

在 ICF 概念架构图中我们发现,其并不像 ICIDH 用特定名词来定义残疾,而是用正负向概念集合名词来定义,以表示个人与环境间互动所产生的结果。除了伤残(impairment)概念继续沿用外,"残障"和"障碍"两个概念均被取代(详见表 5-1)。一方面,"伤残"一词的沿用说明残疾人的损失事实是客观现象,而非主观价值判断或社会地位归因。另一方面,将"残障"和"障碍"代之以"限制"和"阻碍"说明社会和心理因素开始植入。身体功能与结构指身体各系统的生理与心理功能;活动指个人执行某一任务或行动;参与指投入到生活情境之中。身体功能与结构可以看作个人自身因素的状态描述,其包括了精神、感觉、语言等功能和神经系统、声音语言系统、心血管免疫呼吸系统等,具有医学和心理模式意义。活动与参与可以看作社会因素的状态描述,其范围包括学习与知识的应用、居家生活、沟通交流、社会参与等,具有社会模式意义。这两大

---

① Michael Oliver. Understanding disability: from theory to practice, Basingstoke: Macmillan, 1996: 22.
② 邱大昕:谁是身心障碍者——从身心障碍鉴定的演变看"国际健康功能与身心障碍分类系统"(ICF)的实施,社会政策与社会工作学刊,2011 年第 2 期。
③ D. Anastasiou, J. M. Kauffman. A social constructionist approach to disability: Implication for special education.Exceptional Children, 2011, 77(3): 367-384.

类模式意义下,残疾人的状态受到环境和个人因素影响,表现出正负向特征。其中环境因素指构成人们生活的物理、社会与态度环境,包括产品与技术、自然环境,以及对环境的人为改变、支持与相互关联、态度、服务体制及政策等[①]。

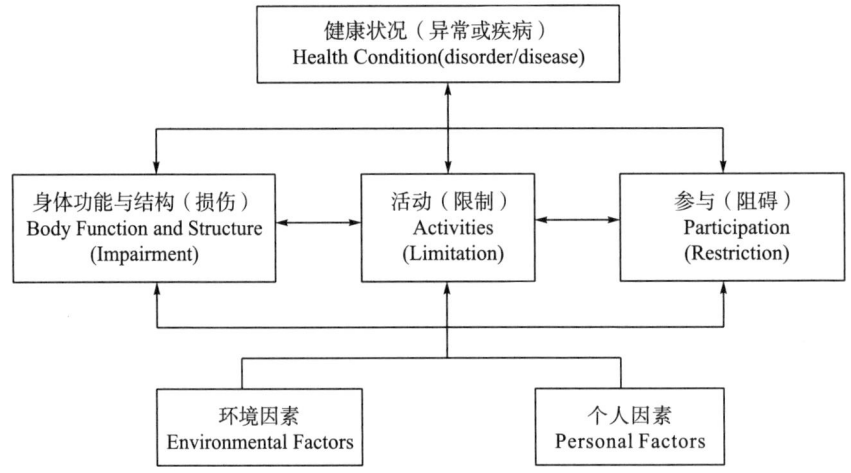

图 5-1 2001 年 ICF 概念架构图

资料来源：World Health Organization：Towards a common language for functioning, disability and health.Retrieved February 21, 2005, from http://www3.who.int/icf/beginners/bg.pdf, 2002.

表 5-1 2001 年 ICF 对"功能"与"残障"集合名词内所包含用语对照表

正向概念集合名词：功能（Function）	负向概念集合名词：残障（Disability）
身体所有功能 ⟷	伤残（保留 ICIDH 使用的 Impairment）
活动 ⟷	活动限制（取代 ICIDH 使用的 Disability）
参与 ⟷	参与阻碍（取代 ICIDH 使用的 Handicap）

资料来源：林淑玟. 整合残障概念模式之初探. 特殊教育与复健学报, 2008(17).

表 5-2 ICIDH 与 ICF 对比说明表

分类系统	ICIDH(1980)	ICF(2001)
系统内涵	疾病对身体或健康产生的影响	辨识健康的组成
分类主轴	疾病的结果	健康的成分
思考模式	生物医学的个人观	生物心理社会的生态论
模式运作	单向度的因果序列	多向度的成分互动
理论概念	疾病、损伤、障碍、残障	健康、身体、活动、参与、脉络
障碍来源	病因使用健康决定论危机因素	病因中立,使用危机因子,描述个体脉络环境
障碍对象	他者	己者
处遇倾向	隔离矫治	共荣支持

注：摘自黄文慧、林幸台发表于《特殊教育与复健学报》2008 年第 17 期的一篇关于从 ICF 演变检视中国台湾特殊教育障别系统的文章。

[①] World Health Organization：International classification of functioning, disability and health, Geneva：WHO, 2001：15.

通过对比(参照表 5-1 和表 5-2)我们发现 ICF 定义的优势在于：其一，强调功能而非残障，以需求而非医治为出发点，有效避免歧视和标签化；其二，强调功能障碍的多向度互动变化而非直线演进，可准确把握残疾程度；其三，使用编码建立人类功能描述的通用语言，使标准的运用更具全球性和科学性；其四，囊括环境和个人的全方位模式，为服务提供和服务资格获取提供参照工具，为政策制定提供参考依据；其五，模式的整合，可以有效避免单方面运用医学模式和社会模式的弊端。

(二)社会模式缺陷：对立的二分法

社会模式的兴起源于 20 世纪 60、70 年代的英美残疾人权利运动，理论在形成之初便具有了明显的政治特征。社会模式认为，残疾不是由个人的损伤引起的，而是社会中排斥、压迫和贬低残疾人的集体思维和行动导致的，它源自社会障碍，这些障碍可能是物理、教育、经济或态度层面的。政策、实践、负面的假设或诊断阻碍了残疾人进入医疗信息和设施体系，并进一步将残疾人排除在主流社会之外。然而，随着人们对社会模式认识的加深，20 世纪 90 年代，社会模式开始受到了各方力量的挑战，其缺陷也开始逐步暴露。

首先，残损始终存在。社会模式倾向于用一种简单、直接的方式来表示残疾，确信通过改变社会可以消灭残疾。然而，残疾从来没有被消灭过，身体上的残损伴随着人类社会发展存在。残损有先天性和后天性之分，也有间歇式和退变式的差别，不同类型残损的自我认同和去障碍方式完全不同。社会因素所造成的残损并不能用来解释由先天因素、偶然事件或者运气因素导致的残损[①]。残疾人描述中具有系统性意义的语言、媒体、法律、教育和技术五向度表达依然表现为个人模式理念。其次，社会模式无法以科学的角度来呈现事实。社会模式所强调的社会环境影响障碍的程度无法精确地在科学研究中呈现。就算对残疾人的障碍归因为社会障碍，也很难确定社会障碍因素的各项指标，从而难以建立科学性的评价体系。同时，个体在实际经验中很难区分社会环境和生理损伤所产生的结果，要做到精确地测量和准确地描述则难度更大[②]。再次，社会阻碍并非残疾问题的全部。社会模式认为如果消除社会阻碍，所有的损伤者在社会上将不再面临障碍，然而一些先天性损伤或后天非社会性损伤的障碍却依然存在[③]。例如精神障碍者即使在消除社会的歧视和偏见后，也并不能与他人进行政策沟通和互动。

无障碍环境是一个基本无法实现的"童话"。彻底消除残疾人的所有障碍是根本不可能实现的，一个障碍的消除可能会伴随着另一个障碍的产生，这个"童话"在西方福利国家尚且难以实现，在发展中国家则难度更大，可以说现在世界上的大多数人依然没有生活在理想的社会模式状态下。另外，现代医学预防、保健、治疗、康复四位一体的构成发展出残疾人三级预防理念和"全面康复矩阵"模型，这些理念融入了社会模式元素，为个人模式发展注入了新鲜血液。所以，我们发现医学模式和社会模

[①] Tom Shakespeare, Nicholas Watson. The social model of disability: an outdated ideology? Research in Social Science and Disability, 2002, 2: 9-28.
[②] 江俊汉，洪俪瑜：由障碍模式的演变谈 ICF 分类系统，特殊教育季刊，2013 年第 125 期。
[③] D. Anastasiou, J. M. Kauffman. A social constructionist approach to disability: Implication for special education. Exceptional Children, 2011, 77(3): 367-384.

式并不能完全二分，在大多数情况下二者共同存在，社会模式所期望的二分法只是一种政治诉求，而非现实可能。

三、社会模式与个人、医学模式之争：共存与发展

(一)原因与责任、价值与目的的二元观

社会模式对个人、医学模式的批判主要集中于：其一，个人模式将个人视为障碍主要起因，忽视社会因素在建构障碍中的角色；其二，社会模式依据医疗病因建立分类系统，并依此将人类标记成不同障碍等级，认为残疾人可经由医疗处遇的方式治疗与预防；其三，医学模式把残疾人视为病人，终其一生形同烙印[①]。社会模式则从社会结构和社会障碍的角度对残疾人给予重新诠释。然则，现实世界中残疾人的个人、医学模式和社会模式并非泾渭分明，它们相互包容并相互依存。可以说个人、医学模式是基础，社会模式是发展。利用医疗设备或损伤列表的方式来评估残疾人可以达成一致性，具有可信度的结果，传递了一种公正的印象。另外，残疾是个模糊、流动和广泛的概念，行政管理在实际运行中则需要简化和标准化的例行决策方式来对残疾进行定性和分类。当今世界的大多数国家在界定残疾标准时，依然按照医学模式方法来进行甄别。医学检验赋予残疾人遗传、基因、疾病或意外的病人身份，也成为残疾人消除污名的重要依据，在医学模式下残疾人借此相信自己不过是延误治疗或需要治疗的病人而已。所以，虽然个人与医学模式具有一定落后性，但在实际运用中却不可或缺。

个人身心损伤和社会环境障碍是造成残疾的主要原因，而此时社会则需要负担主要责任，社会模式即强调残疾人的权利和社会责任。残疾模式建构是为了体现残疾人价值，也是实现残疾人自立和获得相应权利的目的。二者并不是非此即彼、相互排斥的二元结构，而是事物本身的两面，是可以整合的。ICF 概念架构的建立就刚好反映了这种整合属性。

(二)社会模式的发展：一个"现代主义"世界观的后现代主义排斥

随着社会模式缺陷的暴露，社会模式的支持者也在不断寻求其发展的有效路径。恩格尔(Engel)于 1977 年提出过去将有疾病的人治疗到健康状况的医学模式具有局限性，主张将心理精神层面的康复放到治疗中，同时也将社会层面的康复整合，形成从生物、心理和社会观点共同描述健康状况的生物心理社会模式[②]。该模式既是个人、医学模式的发展，也是社会模式的发展，代表了残疾模式发展的新趋势。而且，该模式将社会和文化因素引入残疾人影响因素分析，并融入去医疗化思想和"社会情境取向"(Social Contextual Approaches)。自 1992 年以来，对模式改革的声音不绝于耳，相关学者建议将损伤纳入个人经验，使社会模式与普通残疾人的生活更加相关。英国社会模式改革代表人物 T.莎士比亚(Thomas Shakespeare)在批判社会模式二元对立论的基础上，从批判实在

[①] 江俊汉，洪俪瑜：由障碍模式的演变谈 ICF 分类系统，特殊教育季刊，2013 年第 125 期。
[②] George L. Engel. The need for a new medical model: A challenge for biomedicine, Science, 1977: 129-136.

论出发，试着同时关注身体功能损伤与社会环境因子对残疾人的实质影响，将残障定义为身体功能与社会环境互动的结果。他反对极端的社会模式，认为将残疾人和非残疾人的二分，与认为非残疾人都是压迫者的观点具有负面影响[①]。然而，这种建议却受到了社会模式运动积极分子和理论家的强烈抵制。例如，社会模式的代表人物芬克尔斯坦认为，必须将残疾人的个人经历和损害放在特定的社会环境、文化传统和历史趋势下进行理解，一味地推崇个人经历和损害的效果将淡化社会模式的有效性[②]。在20世纪最后十年，残疾研究的范式，已经由以往医学和社会二元论，朝向互动模式发展，最新的残疾人研究范式具有四个重要特质：功能限制(Functioning Limitation)、个人福祉、个别化支持和强调个人能力与适应能力[③]。在模式的改革过程中，还涌现出了其他残疾模式或版本。例如，独立生活运动(Independent Living Movement)提倡残疾人在社会服务选择上的自主权，拒绝接受专业人士的建议并拒绝将这些建议作为限制其社会权利的依据，将接受照顾定义为残疾人应有之权利，而不是社会的善意施舍。近年来，还出现了工作模式、整合模式、连续统一模式、人类差异模式等残疾模式。这些模式的出现在提倡医学模式和社会模式整合的基础上(见表5-3)，开始强调残疾人的赋权增能，开始淡化差异，强调多元化，开始突出残疾人的自我价值发现，这些特征的出现使得残疾人概念越来越具有后现代特征。

表5-3　个人模式(医学模式)与社会模式比较

个人模式	社会模式
个人悲剧理论	社会压迫理论
个人问题	社会问题
个别处遇	社会行动
医疗化	自助
专业主导	个人和集体责任
专家鉴定	经验
调适	肯定
个别认同	集体认同
偏见	歧视
态度	行为
照顾	权利
控制	选择
政策(policy)	政治(politics)
个人适应	社会改变

资料来源：Michael Oliver. Understanding disability：from theory to practice.Basingstoke：Macmillan Education，1996：22.

[①] Thomas Shakespeare. Disability Rights and Wrongs，London and New York：Routledge，2006：80.
[②] Thomas Shakespeare，Nicholas Watson. Defending the Social Model，Disability & Society，1997，12(2)：293-300.
[③] R. Schalock. The emerging disability paradigm and its implications for policy and practice，Journal of Disability Policy Studies，2004，14(4)：204-215.

第二节　社会模式社会服务：普惠、权利和多元的体系化服务

社会服务体系化的建立时期，也是残疾人社会模式逐渐成为主流的时期。这一时期社会福利思潮经历了从自由主义到社会民主主义再到新自由主义和"第三条道路"的兴起，社会福利模式经历了从"剩余型"向"制度型"的转变。在残疾人社会服务的分配方面，经历了从资格审查的"污名化"到普惠型社会服务再到英国工党有保留地进行资格审查，分配更显公平和正义。在供给方面，残疾人社会服务供给开始独立于现金救助，其重要作用和意义逐渐显现。社会服务供给的内容和项目根据残疾人个性化需求不断增加，体现出多样化趋势。在递送方面，福利国家社会递送的政府主体化，在福利国家危机后，逐渐呈现政府、非营利组织、营利组织和个人（家庭）多元递送的趋势，政府契约委外和民营化成为递送主要方式。在财政方面，政府对社会服务的投资不断加大，融资方式也表现出多样化特征，税收、捐款和收费成为社会服务融资的主要方式，筹资主体也呈现出社会化特征。一个完整的四向度残疾人社会服务体系逐渐形成，其中多元化的社会结构成为这一体系的主要特征。

一、分配：从普惠到普惠基础上的特惠

（一）服务资格权：从剩余型到制度型

倘若剩余型社会福利制度是残疾个人模式发展的温床，那么制度型社会福利制度就是残疾社会模式形成的基础。现代社会对人性本体的追求和个人权利的追求差异，演化出以个人自由为诉求的个人主义和以他人和集体利益为诉求的集体主义，或者表述为利己主义和利他主义的价值观。在社会经济文化的共同作用下二者富有张力的关系发展出两种截然对立的现代权利理论：个人（自由）主义的消极权利理论和集体主义的积极权利理论[①]。前者认为，自由竞争的市场和"有限政府"最能保障最大的个人权利，只有个人自由和幸福的获得才能保证国家发展。所以，政府不应该通过管制的方式干扰市场，也不应该主动提供社会福利，福利应该由个人负责，社会福利只有到必要的时候才可提供，社会福利权利被否认。后者认为，福利是个人的权利，社会应该主动采取有效方式提供福利，以避免市场风险所带来的福利权利损害。福利是社会的保护伞，福利的实现也是集体权利的实现。所以，政府是福利理所应当的供给者，福利国家正是在政府的福利承诺中体现了集体主义价值。从制度主义理论角度出发，前者将福利看作对制度失灵的弥补，与个人模式理念相契合，称为剩余型或残补型社会福利制度；后者将社会福利看作工业社会的产物，是社会应该承担的责任，与社会模式理念相契合，称为制度型社会福利制度。

---

① 钱宁：从人道主义到公民权利——现代社会福利政治道德观念的历史演变，社会学研究，2004年第1期。

个人模式向社会模式过渡的过程，与剩余模式传统社会福利向制度模式现代社会福利过渡的过程相似，都是以人道主义的慈善基础向以公民权利的社会（国家）责任基础过渡，该过程也是社会服务资格权获得的过程。制度型社会福利的发展和福利国家的建立，体现了制度主义政策主张的合法性、合理性和现实性。首先，公民权理论的提出使普惠性福利具有了合法性。马歇尔认为，民事权（civil rights）、政治权（political rights）和社会权（social rights）是公民身份三个重要的构成部分，其中社会权是现代社会的产物，是享受社会保障、社会服务、医疗卫生等国家供给之社会福利的权利，是一种充分分享社会文明生活的权利[①]。其次，蒂特马斯的集体主义和利他主义为普惠性福利提供了合理性依据。蒂特马斯认为，福利具有资源再分配的功能，它能够减少社会不公，并促进社会整合。福利必须是普及性和非判断性的，这样可以有效防止"污名化"[②]。公平性和社会整合的加强有助于人们强化国家意识和集体意识，同情心的培养有助于强化利他主义精神，这种集体主义使普惠性福利的发展更合理。最后，法令和政策的实施使普惠性福利具备了现实性。英国的《贝弗里奇报告》开启了福利国家体制建立和制度型社会福利模式的大门，以其为蓝本，《就业政策白皮书》《家庭津贴法案》《国民健康服务法案》等社会立法的颁布成为福利国家建立的基础。这些立法保障每个人无论其地域和收入如何均可获得普遍的公民权利和统一的社会服务，不因失业、疾病、生育、残疾和年老而导致生活陷入最低生活标准之下。在英国的影响下，北欧国家和西欧发达国家均开始步入福利国家行列，并实施制度型社会福利制度[③]。所以，我们发现自由主义市场经济所制造的不平等可以通过福利国家的建立得到缓解。制度型社会福利模式下社会服务资格的获取具有了权利性和合法性特征，反映出团结和融合理念，使服务资源分配更具公平性。

（二）服务分配条件：从选择型到普惠型

伊丽莎白时代的《济贫法》带有浓厚的"选择型"意味。残疾人、老人或生活困难者在接受福利和服务资源分配时必须先由自己提出需求申请，再由福利资源分配部门对个人和家庭的收入、财产状况进行调查，根据调查结果为被调查者定性，并给予现金的救济和服务的供给。通过家计调查，接受服务的群体被选择出来，被贴上标签，此举可能令其受到羞辱和歧视，这种选择型的服务分配方式表面上看是对残疾人的"特惠"关怀，实则是对残疾人的歧视。选择型社会福利模式与剩余型社会福利模式相对应，即通过选择的方式对服务需求者发挥政府剩余型作用，对被贴标签者给予基本保障和服务。随着普惠思想的传播和制度型社会福利模式的确立，社会福利模式实现了从剩余型向制度型的过渡，该过渡也是社会服务分配条件从选择型向普惠型过渡的过程。普惠型福利模式是一个多维概念，它涉及四方面内容：其一，保障残疾人等弱势群体在内的所有公民能享受福利和服务；其二，保障福利和服务设施能扩展到全国，并保障所有公民享用；其三，福利和服务的提供以所有公民的需求为基础，并能适时保障供给；其四，所

[①] T. H. Marshall. Citizenship and social class and other essays，Cambridge：Cambridge University Press，1950：10-11.
[②] 【英】艾伦·迪肯：福利视角：思潮、意识形态及政策争论，上海：上海人民出版社，2011年，第17页。
[③] 关信平：社会政策概论，北京：高等教育出版社，2009年，第27页。

有公民所享受的福利和服务受到法律保护，福利权利具有合法性[①]。普惠型原则不是使服务使用者在地位丧失、人格受损和自尊丢失的代价下得到服务，而是让惠及全民的福利和服务成为"去标签"和"去污名化"的工具。服务分配条件具有普惠特征和权利特征，残疾人在获得福利和社会服务时和普通居民具备同样的资格，其结果就是残疾人权利的获得和享受服务的"去污名化"，可以说实现了从模式转换到权利构建的过程。

（三）体制差异与分配分化

走过了福利国家所带来的"黄金时代"，20世纪70年代"福利国家危机"显现。批评者认为，福利国家增加了财政压力、扭曲了市场、削弱了经济发展的动力。同时，人口结构的变化和人口老龄化需要新的福利制度与之相适应。加之全球化浪潮和经济一体化趋势，需要福利国家政府改变策略积极应对。福利制度化的形成是社会进步和人权保障的标志。虽然福利国家危机迫使各福利国家进行财政紧缩和福利改革，但是基本的普惠型社会福利制度没有改变，各国根据自身政治经济条件和社会历史背景，发展出不同的社会福利体制。艾斯平-安德森（Esping-Andersen）按照各国劳动力去商品化的标准重新评估福利国家模式，用福利国家体制来代替福利模式。不同的体制呈现出不同的社会福利和服务资源分配方式，体制相异带来了分配的分化。第一，自由主义福利体制。英国虽然是普惠型福利模式的代表，但在福利改革中却始终保留家计调查式社会救助和社会服务分配依据，这和美国的情况相似，此类福利体制称为自由主义福利体制。这类体制是以资产调查式的救助、有限的普惠型转移，或有限的社会保险规划为主要分配特征。该体制的分配具有严格的标准和社会烙印后果，它鼓励市场机制的作用，福利给付有限。第二，保守主义福利体制。该体制下，国家强制公民参加社会保险，按照保险精算的原则进行社会福利分配。福利和服务的分配以工作业绩的计算、参与劳动力市场情况和社会缴费记录为依据。此类体制国家的典型代表是德国、法国、奥地利等国。第三，社会民主主义福利体制。此类福利体制国家始终秉承福利普遍主义思想，按照公民资格平等无条件地进行福利和服务资源分配，而非依据家计调查、劳动参与和保费缴纳标准进行区分。此类型国家主要包括瑞典、挪威、芬兰等北欧国家[②]。社会民主主义福利体制下，残疾人和普通人一样拥有普惠的和统一的福利标准，包括免费的健康、康复、教育、住房和社会服务体系。其中，最具特点的是社会服务体系的建立，社会服务项目众多、内容丰富、覆盖面广、投资比重大，已成为社会服务型国家的特征。

虽然各国因福利体制不同在对残疾人进行普惠性社会服务分配时程度差异较大，但是残疾人的福利和服务资源在经过改革后除了普惠性项目外，也呈现出一定"特惠"特色。例如：老年和儿童残疾群体方面，各国均对老年残疾人和残疾儿童及其抚养者提供特殊交通服务、特殊津贴和家庭补贴；康复服务方面，瑞典在"半价日"向残疾人免费提供残疾扶助器具、医疗康复服务、职业康复训练；教育方面，瑞典、英国为残疾儿童提供免费全纳教育，美国于1997年通过《残疾人教育法》第三次修正案，到2004年，有20万以上婴幼儿接受了早期干预项目，有650万儿童与青少年接受了特殊教育与相关

---

① 潘屹：西方普遍主义福利思想与福利模式简析，福建论坛（人文社会科学版），2011年第10期。
② Gosta Esping-Andersen. The three worlds of welfare capitalism，Princeton：Princeton University Press，1990：40.

服务;就业方面,各国均制定了鼓励残疾人就业和支援企业雇佣残疾人的优惠政策[①]。然而,特惠服务的分配在福利国家较为普遍,但在大多数发展中国家还比较落后,这些国家往往都还没有建立起相对完善的社会保障和社会服务制度体系。究其主要原因,是在这些国家,现代制度型福利模式和普惠型福利制度尚未建立,普惠的分配思想尚未形成。

二、供给:专业化服务兴起与服务的体系化构建

(一)专业化服务兴起:现金与服务并重

随着现代社会福利制度的建立,各国逐渐形成了以现金为主的收入维持计划和以实物和服务为主的社会服务计划相结合的社会福利体系。其中收入维持计划包括社会保险和社会救助,这是以残疾人为主的社会弱势群体生活保障的核心制度。伴随基本生活问题的解决,社会保障进入以发展为目的的社会服务高级阶段。此时,社会服务通过专业化和制度化的康复服务、照护服务、就业服务、心理服务等满足社会成员更高层次需求。

美国是较早出现现代专业化社会服务的国家,但美国社会服务更多是由私营机构来承担,以社会保险的形式来筹资和支付,政府作用十分有限。真正意义上的现代专业化社会服务则成型于英国,这主要归因于英国较早建立了制度型和普惠型的社会福利制度。二战后的英国在社会民主主义思想的影响下率先在世界上建立起福利国家,若说自由主义者是现金给付的支持者,那么社会民主主义者就是集体主义和服务给付的坚定支持者。除了意识形态的影响之外,社会变化和社会问题的压力也是推动现代社会服务产生的主要因素。其中,医疗水平的提升使更多的残疾儿童和老年残疾人存活,增加了照护服务和康复服务的负担。妇女就业人数的增加和青少年犯罪问题的突显,强化了家庭服务的需求。从二战后到1970年英国《地方政府社会服务法》的实施,社会服务领域主要集中于收入维持、健康、教育和住房,而以残疾人、老人为主体的弱势群体个人社会服务并未成为一个独立的服务组成类别,对残疾人的社会服务散落于其他四类服务中。英国早期的残疾人社会服务主要集中于康复服务领域。1948年英国《国民救助法》中将残疾人社会福利责任设置到地方政府,由地方政府了解残疾人人数和需求,进行注册登记,提供残疾人膳宿和福利设施,为残疾人建立训练项目并提出预防和治疗建议。1944年的《教育法》中要求对残疾儿童提供特殊教育服务,并关注不完全残疾者[②]。1968年的《西鲍姆报告》中明确表示地方政府应该为社区中身体和心理上有残疾的人提供更多的帮助和服务。另外,英国1946年《国民健康服务法》、1959年《心理健康法》、1968年《健康服务和公共卫生法》和1969年《儿童和青年人法》均以立法的形式对残疾人社会服务提出明确的要求和规定。

然而,这一时期的残疾人社会服务供给出现了许多不足。第一,社会服务供给资源不足。二战后,大量的资金和资源用于战后基础设施重建和经济恢复,所有社会服务资源如资金、服务设施、服务人员均不足,针对残疾人的社会服务供给资源更是严重缺

---

① 谢琼:国际视角下的残疾人事业,北京:人民出版社,2013年,第10-11页。
② 丰华琴:从混合福利到公共治理——英国个人社会服务的源起与演变,北京:中国社会科学出版社,2010年,第264页。

乏。第二，社会服务供给范围狭窄。以残疾人为代表的弱势群体社会服务类别没有从社会服务体系中独立出来。第三，社会服务内容供给单一。残疾人社会服务供给内容主要集中于康复服务和特殊教育，就业服务、心理健康服务等内容并未广泛开展。第四，社会服务供给质量不足。由于此时残疾人分类系统尚未建立，因此残疾人定义和分类不科学，社会服务供给质量得不到科学测评。另外，专业社工人员、资金和无障碍设施等资源供给不足使得服务质量难以保证。由于服务供给不足，现金供给便显得格外重要。此时福利国家的普惠型社会福利模式给予包括残疾人在内的所有国民不低于最低生活水平的社会福利。对残疾人给予一定现金救济和生活补贴，是对残疾人基本生活水平的维持，是对其基本人权的维护，也是在社会服务供给不足时的有力保障。在英国，残疾人除了享有普惠的现金福利津贴外，还享有残疾补贴、看护津贴、残障生活津贴、残障护理津贴、丧失工作能力补贴等具有特惠性质的现金补贴[①]。所以，在残疾人专业化社会服务兴起之时，社会福利的供给表现为服务给付和现金给付并重。

(二)服务的体系化趋势：服务供给导向明显

20世纪70年代，残疾人社会服务开始向制度化和体系化迈进，个人社会服务开始成为继收入维持、健康、教育和住房之后的"第五种服务"，社会服务越来越专业和细化。与此同时，残疾社会模式开始逐渐取代个人模式的地位，成为残疾人研究范式的主流。针对残疾人的服务开始具有社会性，现代社会结构所产生的障碍需要多样化和体系化的社会服务进行化解，最终体现残疾人人权。此时，社会服务的体系化建立和残疾社会模式的主导在残疾人权利的实现诉求中完美契合。

1970年，英国《地方政府社会服务法》颁布。随后，统一的社会服务部门建立，较大地方政府均建立了社会服务委员会，并任命社会服务主管[②]。这标志着社会服务作为一个独立的体系正在逐步建立起来。在英国的社会服务政策实践中，残疾人、老年人等弱势群体成为照顾资源分配的优先和重要群体。1968年颁布的《健康服务和公共卫生法》和1970年《慢性病和残疾人法案》则通过立法的形式对残疾人社会服务的重要性进行关注。两个法案中将更多残疾人社会服务授权给地方政府，包括上门送餐服务、家庭服务、保卫服务和适应性服务等。虽然，20世纪70年代的福利国家危机迫使各福利国家纷纷压缩社会服务经费，使得残疾人社会服务发展受到一定程度影响。但是，对政府权力的限制激发了社会活力，增加了社会服务资金来源的渠道和数量，从根本上使得社会服务更具有社会性，社会服务供给结构更加合理。20世纪80、90年代，残疾人社会福利和社会服务工作在各国残疾人专门法案颁布和实施的基础上得到保障和发展，并开始向权利化和制度体系化方向迈进，这些法案包括：1989年《韩国残疾人福利法》、1990年《美国残疾人法》、1991年《中华人民共和国残疾人保障法》、1992年《澳大利亚残疾歧视法案》、1995年英国《反残疾歧视法案》，这些法案中对残疾人社会服务和社会权利的保护都做了明确的规定。尤其在西方福利国家，残疾人社会服务逐渐形成由分配、供给、递送和筹资组成的服务运作体系，以及由康复服务、就业服务、照护服务、

---

① 周云：英国残疾人的社会保障，社会保障研究，2010年第6期。
② 丰华琴：从混合福利到公共治理——英国个人社会服务的源起与演变，北京：中国社会科学出版社，2010年，第70页。

咨询服务组成的服务项目体系，该两大体系在提供残疾人社会服务时相互衔接，纵横交错，构成了完整的西方福利国家残疾人社会服务体系。

近年来，欧盟福利国家纷纷出现失业率上升（从 2000 年的 9.4%上升到 2012 年的 10.6%）、女性劳动年龄人口就业率上升（从 2000 年的 53.6%上升到 2012 年的 58.6%）、人口老龄化程度加深（从 2000 年的 15.6%上升到 2012 年的 17.9%）和社会总抚养比上升（从 2000 年的 49.0%上升到 2012 年的 50.3%）[①]的情况。这些情况的出现，说明传统福利国家社会给付方式和福利手段已经不能应对后工业社会的新风险，福利国家制度需要重塑。为了应对危机，欧洲的主要福利国家如瑞典、英国、德国纷纷引入社会投资理念，以社会服务的方式提升人力资源水平，以期提升社会福利效能。在该理念的影响下，各国开始加大力度缩减现金给付，转而增加服务给付，并通过一系列政策措施来强化社会服务供给。社会服务的福利效能逐步显现，以服务给付为主的社会服务在福利国家的地位开始显著上升，而现金给付比重开始下降，服务供给导向明显。从欧洲 1995 年至 2011 年的社会给付占 GDP 的比重中我们可以清楚地发现该变化：其中，现金给付占 GDP 比重的平均值由 1995 年的 17.8%，下降到 2011 年的 17.6%；而实物给付（服务给付）占 GDP 比重的平均值从 1995 年的 8.1%，上升到 2011 年的 10.3%[②]（见表 5-4）。

表 5-4 欧洲福利国家社会给付占 GDP 比重（1995~2011 年）

国别	现金给付占该国 GDP 比重/%		实物给付（服务给付）占该国 GDP 比重/%	
	1995 年	2011 年	1995 年	2011 年
丹麦	20.3	19.4	10.7	13.4
瑞典	19.9	15.5	13.1	13.6
挪威	15.1	14.4	10.8	10.3
芬兰	21.5	17.9	9.1	11.3
荷兰	20.8	18.6	8.2	11.9
德国	18.5	17.8	8.7	10.4
法国	19.0	20.5	9.7	11.4
比利时	19.6	20.1	6.3	8.9
奥地利	20.5	20.1	7.5	8.6
卢森堡	14.6	15.5	5.4	6.7
瑞士	15.4	16.7	5.9	7.5
英国	17.1	15.3	8.8	11.0
爱尔兰	10.9	14.6	6.8	13.7
西班牙	15.1	17.1	5.8	8.5
意大利	18.0	20.9	5.4	7.5
平均值	17.8	17.6	8.1	10.3

数据来源：梁誉：现金还是服务：欧洲福利国家社会给付模式的革新与启示，学习与实践，2014 年第 7 期。

---

① Eurostat. "Social Protection（ESSPROS）Database"，http://epp.eurostat.ec.europa.eu/portal/page/portal/so-cial.protection/data/database.
② 梁誉：现金还是服务：欧洲福利国家社会给付模式的革新与启示，学习与实践，2014 年第 7 期。

同样的情况在残疾人社会给付方面也得到了印证和体现。从 OECD 20 个典型福利国家 1990 年至 2011 年残疾人社会给付占 GDP 的比重中我们发现相似的变化：现金给付占 GDP 比重的平均值由 1990 年的 2.45%，下降到 2000 年的 2.15%，到 2011 年则下降到 2.05%；而实物给付（服务给付）占 GDP 比重的平均值从 1990 年的 0.24%，上升到 2000 年的 0.50%，到 2011 年则上升至 0.60%。由此可以说明，残疾人社会给付中社会服务供给的导向明显，OECD 各福利国家开始加大对残疾人社会服务的投入。这也意味着残疾人社会福利正在由传统现金给付模式向以社会投资和社会模式主导的现代社会服务供给转型（见表 5-5）。

表 5-5 OECD 国家残疾人社会给付占 GDP 比重（1990~2011 年）[①]（%）

	1990 年		2000 年		2011 年	
	现金给付	实物给付（服务给付）	现金给付	实物给付（服务给付）	现金给付	实物给付（服务给付）
澳大利亚	1.708	0.023	2.058	0.500	2.090	0.462
奥地利	2.413	0.213	2.500	0.281	1.911	0.461
比利时	2.561	0.048	1.762	0.995	2.258	0.494
加拿大	1.152	..	0.943	..	0.849	..
丹麦	2.551	0.726	2.559	1.067	3.335	1.370
芬兰	3.819	0.406	3.049	0.752	2.799	1.152
法国	1.698	0.388	1.576	0.152	1.698	0.003
德国	1.598	0.350	1.521	0.687	1.268	0.753
爱尔兰	1.709	0.042	1.196	0.082	2.114	0.155
意大利	1.924	0.032	1.539	0.043	1.748	0.082
日本	0.526	0.057	0.596	0.155	0.702	0.315
卢森堡	2.706	0.200	2.551	0.580	1.599	1.117
荷兰	6.336	0.000	3.676	0.218	2.884	0.409
新西兰	2.730	0.085	2.640	0.000	2.489	0.001
挪威	3.997	0.714	3.779	0.865	3.337	0.514
西班牙	2.239	0.046	2.264	0.126	2.391	0.247
瑞典	5.011	0.442	3.590	1.526	2.197	2.083
瑞士	1.423	0.381	1.987	0.676	1.913	0.642
英国	1.940	0.205	2.163	0.274	1.965	0.495
美国	0.967	..	1.042	..	1.407	..
平均值	2.45	0.240	2.15	0.50	2.05	0.60

数据来源：根据 OECD 数据库整理得来。http://stats.oecd.org/Index.aspx?datasetcode=SOCX_AGG.

注：".."表示缺省数据。

---

① 注：该表中残疾人包括普通残疾人以及因工受伤和因工致病的残疾人。服务给付即居家照护服务（residential care/home-help services）、康复服务（rehabilitation services）和其他服务。

(三) 服务供给体系化

社会服务的体系化体现为供给形式、内容和场所的有机统一和结合，体系化的服务供给要求内容多样化、形式丰富化、评价科学化、场所社区化。

其一，在从个人模式向社会模式的演变过程中，残疾人社会服务内容也实现了从康复服务逐渐向以康复服务、就业服务、照护服务和咨询服务为一体的多样化供给转型。其二，社会模式残疾人社会服务的重点在于通过社会服务供给将阻碍残疾人发展的社会因素排除。所以，残疾人社会服务从形式上包括身体治疗、生活照顾、精神慰藉、能力开发、权利维护和无障碍环境建设，从残疾人的各层级需求出发，以便其尽快而顺利地融入社会。其三，医疗技术的发展和残疾分类标准的科学性加强提升了残疾人社会服务的准确性和效能性。随着医学技术的进步，残疾人康复服务水平不断提高，残疾人的康复率也明显提升。加之 ICIDH 和 ICF 残疾人分类标准系统的运用，它们将社会模式和个人模式因素综合考虑，使残疾人的分类和评估显得更加科学，大大提升了残疾人社会服务的科学化水平。其四，社会模式理念要求残疾人打破社会隔离和院所照顾，回归社会，社会服务的社区化则满足了社会模式这一要求。社区化的社会服务称为社区照顾（community care），最早出现在英国，是指在家、社区中心或者社区机构对不需要去医院接受治疗的残疾人和老人进行的照顾和治疗，其核心理念是社区化或去机构化。英国 1986 年《残疾人法案》、1988 年《格里夫斯关于社区照顾的报告》（Griffiths Report：Community Care，Agenda for Action）和 1990 年《国民健康服务与社区照顾法》中对残疾人在社区进行照顾都做了明确规定和要求。社区化使得残疾人服务更加人性化、社会化和权利化。残疾人在社区中可以根据自身需求选择个性化服务。残疾人可以以用户或消费者的角色进行服务内容和对象选择，体现了其权利。残疾人可以在社区与普通人进行无障碍沟通交流，并自由参与社会活动，具有较强社会化特征。

简言之，福利国家社会模式的兴起和社会福利供给形式的服务导向，为残疾人社会服务供给的体系化建设提供了良好的思想基础、经济基础、制度基础和技术基础。残疾人社会服务供给从内容、形式、技术、评价和制度等方面逐渐形成了多样化、丰富化、科学化、社区化和个性化服务系统。

三、递送：从政府主导到多元伙伴

(一) "黄金时代"：政府主导

制度型社会福利模式受社会民主主义思想影响，强调政府在社会福利与服务供给和递送中的绝对主导作用，社会福利被认为是社会集体应尽的责任和公民享有的权利。从二战后到 20 世纪 70 年代的"黄金时代"，福利国家的社会服务递送主要由政府来完成。以政府和社会为主，而不是以个人和家庭为主的残疾人社会服务递送方式，体现了社会模式从个人模式转型后的价值诉求。社会模式认为残疾问题的产生是社会而非个人所为，问题的解决要从社会出发，而非个人可以处理，所以只有政府有能力、有责任扫除残疾人发展的社会障碍。这一逻辑关系也说明了政府应该主导残疾人社会服务的递送。另外,剩余型社会福利模式所推崇的自由竞争市场对于无法正常参与其中的残疾人来说是不公平的,只有通过政府和社会主导递送的社会服务才能实现社会控制和社会再分配,体现公平和公正。

在社会民主主义和凯恩斯国家干预主义的影响下,福利国家政府开始大量介入社会服务领域。营利部门出于其营利性目的,将一些经济条件差的残疾人排除在社会服务的对象以外,这违背了社会福利的普遍性和公平性原则。所以在制度型社会福利模式下,私营机构提供的付费型残疾人社会服务在国家递送的冲击下发展缓慢,受到排挤。同时非营利部门(志愿部门)的地位也不断下降,发展受到限制,大部分志愿组织和志愿者逐渐成为政府服务递送的附属品[①]。例如,英国"黄金时代"之前的健康服务一直由志愿部门进行递送,而在1946年《国民健康服务法》实施后,健康服务由官方统一提供,并免费递送给国民,非营利部门的健康服务功能由政府接管。政府除了不断增加社会服务项目预算和开支(老年人和残疾人社会服务约占三成),还对大量的社会服务项目进行直接递送。可以说,"黄金时代"的大多数社会服务由政府或官方提供,是既包括资金救济,也包括政府直接参与的服务递送。

随着各国社会服务相关法律的颁布和社会服务主管部门的成立,政府所承担的社会服务递送内容越来越丰富,项目也越来越多样,政府的单一递送主体形式开始出现疲态。正是这种政府主导的递送形式产生的供给不足带来了递送困境。首先,政府的服务递送表现出政府的递送能力不足,产生了大量行政成本,递送效率低下,使得政府社会服务支出危机显现;其次,社会服务主体参与不足,导致社会服务资金和人员供给不足,不利于社会服务的社会化发展;最后,无责任和无义务的社会服务递送,产生了大量的福利依赖,影响了福利效能的最终发挥。然而,正是官方社会服务的不足为市场和慈善发展提供了空间,最终使政府和非政府部门走向合作,政府主导的社会服务递送模式逐渐走向政府、营利部门、非营利部门和非正式组织[②]协同合作发展的伙伴关系模式。

(二)"后危机时代":民营化、准市场与多元伙伴

20世纪70年代开始,西方福利国家财政危机和老龄化危机出现、社会问题增多、劳动力市场变化以及新社会风险的出现,将世界带入了"后危机时代"。为了应对危机,各国开始进行社会福利服务改革,其最主要特征就是将政府主导的社会服务递送变为由政府、营利部门、非营利部门和非正式组织共同提供的"混合经济"递送模式。

在"后危机时代",新保守主义、福利多元主义、公共选择理论、新管理主义等思想或学派兴起,为"混合经济"的实施提供了理论支撑,社会服务的公有化开始向民营化发展。随着英国撒切尔夫人开始执政,福利国家开始掀起了"民营化浪潮"和"混合经济"改革。政府开始缩减社会福利开支在政府支出中的比重,主要表现为削减社会服务开支和削减管理费用。英国个人社会服务支出的年度增长率与GDP增长率之比从

---

① 丰华琴:从混合福利到公共治理——英国个人社会服务的源起与演变,北京:中国社会科学出版社,2010年,第107页。
② 本书中所出现的营利组织又被称为营利部门、私人部门,非营利组织又被称为非营利部门、慈善组织、免税组织、志愿组织、志愿部门,非正式组织包括个人、家庭、亲属或邻里,又被称为非正式部门。

2.24%（1960～1970 年）降到 2.20%（1970～1974 年），此后再降到 1.14%（1974～1977 年）[①]。在"节流"的同时，各国纷纷开始"开源"，鼓励非官方服务的发展。政府开始进行"企业化"改革和流程再造，以期重塑政府福利递送模式。自己无力递送或递送低效的社会服务项目转由市场或志愿组织来递送。其中政府充当规则的制定者、标准的监督者、公共利益的维护者、服务结果的评估者和服务资金的主要供给者。受到消费主义影响，残疾人在接受社会服务时应该是一个消费者或客户，服务的递送可以由政府、非营利部门或营利部门来进行，选择权归残疾人所有。为了满足残疾人的个性化需求，在政府制定的规则中，由市场来决定最终的服务递送者。首先，营利部门主要以两种形式进行残疾人社会服务递送。一种是私人服务公司或私人康复服务机构按照残疾人的社会服务需求提供有偿服务；另一种是政府出资将自己承担的残疾人社会服务项目委托给营利部门进行服务递送，我们称之为"契约委外"。服务递送的民营化有效减少了政府直接进行递送时产生的庞大开支和人员物资浪费，可以有效提升服务质量，压缩服务成本。其次，非营利部门在残疾人社会服务供给时也有非营利部门自我递送和政府委托递送两种形式。非营利部门对残疾人社会服务的递送古已有之。就算在福利国家的"黄金时代"，非营利部门的发展一定程度上受到政府的限制，但是在一些政府部门无力而为的领域已经开始有服务递送工作转移到非营利部门。例如，在提供盲人和聋哑人服务时，政府缺乏专业的部门和技术人员对残疾人的需求进行评估、对服务质量进行裁定，只能委托非营利部门进行服务递送，政府仅提供资金支持。在英国，为残疾人提供服务的较为著名的非营利组织有英国皇家盲人协会、皇家全国聋人协会和救世军。随着"混合经济"的发展，非营利部门已经从原来的单一资金供给变为服务递送和资金供给并重的残疾人社会服务重要递送部门。非营利部门的服务递送体现出创新性、个性化和参与性的优势，更能体现残疾人权利，发挥残疾人能力。最后，随着残疾人社会服务的"社区化"发展趋势，家庭、个人、邻里和同事等非正式部门的服务递送开始显得愈加重要。政府将非正式部门视为残疾人社会服务递送的有效主体，并给予家庭免税或直接经济支持，从而形成服务委托。在非正式的服务递送中，呈现出残疾人的服务支持具体化、服务供给个性化、资源获取便捷化、服务成本节约化和融入社会正常化的特点。

在残疾人社会服务民营化的进程中，虽然政府继续提供服务资金，但是政府角色从福利服务的递送方或供方，变为了主要的买方，此时社会服务的递送成为"准市场"中竞争的对象，"契约委外"成为其主要形式。在由政府主导的准市场中，"契约委外"主要有三种模式（见表5-6）：第一，竞争模式。政府可以在市场中对可以进行服务递送的多个组织进行选择，通过竞争寻到成本最低和品质最好的受托组织。第二，协商模式。向有实力和选择意向的组织发送邀请，在双方协商一致的情况下形成契约关系。第三，合作模式。市场中只有唯一的受托组织，与政府在平等合作的基础上建立伙伴关系，完成委托协议。在"准市场"中政府与营利组织、非营利组织的合作中，虽然政府是契约持有人，较有主动性和主导性，但是要保证服务的质量就必须建立起协作关系和多元主体合作伙伴关系。L. M. 萨拉蒙（L. M. Salamon）在对美国社会服务递送的历史和现状的

[①] Rodney Lowe：The welfare state in Britain since 1945，New York：St. Martin's Press，1999：353.转引自丰华琴：从混合福利到公共治理——英国个人社会服务的源起与演变，北京：中国社会科学出版社，2010年，第117页。

研究中发现,各递送主体的关系并不是相互竞争和排斥,而是一种合作伙伴关系[①]。此时,残疾人社会服务递送的服务理念已经从单一经济向多元主体合作的混合经济转变;服务方式实现了购买者和递送者的分离,"准市场"兴起,"契约委外"成为服务递送的主要渠道;服务目标开始向消费者导向和用户参与转变,残疾人权利的内涵开始发生改变,残疾人赋权逐渐兴起。

表 5-6 "契约委外"三种模式

	竞争模式	协商模式	合作模式
优点	成本低 品质高 具体客观 政府可主导签约 过程与执行评估	交易成本低 弹性强 政府与民间关系较平等	交易成本低 弹性强 充分使用供应者知识 重绩效轻程序 政府与民间关系平等 关系持久
缺点	监督成本高 交易成本高 不利于资源稀缺地区 不利于小而新的私营部门 不利于无相关经验的政府 容易产生投机主义者	管理成本高 易造成官商勾结 易造成寻租现象	缺乏客观服务标准 易造成私营部门壮大 易造成官商勾结 价格与质量难保证
适用环境	多递送方地区 公私部门专业能力强、信息及资源丰富 预算、案主需求、技术确定	递送方较少的地区 政府有专业能力与经验来决定其偏好的供给方续约	递送方很少的地区 政府专业能力与经验不足 预算、技术、环境不确定 民间递送方的专业能力与优质信息 扶植私营部门递送者续约

资料来源:R. H. DeHoog. Competition, Negotiation, and Cooperation: Three Models for Service Contracting, Administration and Society, 1990, 22(3): 335.(有所修改)

"后危机时代"社会公民权的内涵在发生改变,包括残疾人权利在内的公民社会权利不应该是一种只享受权利而不承担义务的"消极权利",而应该是权利和义务相结合的"积极权利"。随着吉登斯"第三条道路"的崛起,西方福利国家的残疾人社会服务递送也在发生着深刻变化。

四、财务:政府主控的混合财政体系

(一)财务主体:政府主力、多元配合、稳中有升

福利国家在"黄金时代"社会福利和服务的支出绝大多数是由政府或公共部门承担,非营利部门和营利部门的筹资占比微乎其微,甚至一些本应由慈善部门来递送的服务也全部由政府部门来承担。所以,福利国家社会服务的筹资在"黄金时代"主要由政府负担。随着福利国家危机产生的福利国家改革,社会福利和服务的递送方式由政府单一主导演变为多元合作伙伴共同管理。然而,政府的筹资主体角色并未发生改变,其地

---

① 【美】莱斯特·M.萨拉蒙:公共服务中的伙伴——现代福利国家中政府与非营利组织的关系,田凯,译,北京:商务印书馆,2008年,第42页。

位还在不断地强化。营利部门和非营利部门开始逐渐加强自身在筹资过程中的角色和地位。虽说政府依然占主要地位，但是其他非公成分的参与为筹资增加了多元色彩。

通过表 5-7 可以看出福利国家社会支出分部门占 GDP 比重中，公共部门支出平均数从 18.02%（1980 年），渐渐上升到 20.10%（1990 年）、20.87%（2000 年）和 24.20%（2011 年），福利国家公共部门的社会支出占 GDP 的比重，并没有随社会福利递送的地位发生转换而减少，而是一直在增长。另外，通过表 5-8 我们同样可以看到，福利国家公共部门社会支出占政府总支出的比重也在不断上升并且占据份额优势，从 41.61%（1980 年），上升到 43.17%（1990 年）、48.57%（2000 年）、51.70%（2011 年）。其中公共部门残疾人社会服务占 GDP 的比重分别为 0.23%（1990 年）、0.51%（2000 年）、0.61%（2011 年），占政府总支出的比重分别为 0.48%（1990 年）、1.1%（2000 年）、1.3%（2011 年），虽均有小幅上升，但占比仍较小①。

表 5-7 福利国家社会支出分部门占 GDP 比重（%）

国家	1980 年			1990 年			2000 年			2011 年		
	公共部门	私营部门	志愿部门	公共部门	私营部门	志愿部门	公共部门	私营部门	志愿部门	公共部门	私营部门	志愿部门
澳大利亚	10.2		1.0	13.1	0.0	0.8	17.2	0.9	3.5	17.8	0.4	2.9
奥地利	22.1	1.4	1.1	23.4	1.2	1.1	26.1	0.9	1.0	27.7	0.9	1.1
比利时	23.5	0.1	0.9	24.9	0.0	1.6	24.5	0.0	1.7	29.4	0.0	2.1
加拿大	13.2		1.5	17.6		3.2	15.8		4.9	17.4		4.6
丹麦	24.4		1.4	25.0	0.5	1.6	26.0	0.3	2.1	30.1	0.2	4.9
芬兰	18.0		0.9	23.8		1.1	23.3		1.2	28.3		1.2
法国	20.6		0.6	24.9	1.2	1.7	28.4	0.3	2.4	31.4	0.3	3.3
德国	21.8	1.9	1.1	21.4	1.6	1.5	26.2	1.3	1.7	25.5	1.2	2.0
爱尔兰	16.0		1.3	17.2		1.4	13.1		1.3	22.3		1.9
意大利	18.0	0.8	..	21.4	1.6	0.6	23.3	1.2	0.6	27.5	1.4	0.8
日本	10.3	0.1	..	11.1		..	16.3	0.5	3.1	23.1	0.7	3.0
卢森堡	20.3		0.0	19.1		..	19.6		0.1	22.5	0.8	0.9
荷兰	24.8	0.5	3.6	25.6	0.4	5.6	19.8	0.8	6.6	23.5	0.7	6.8
新西兰	16.9		0.1	21.2		0.2	18.9		0.5	20.7		0.5
挪威	16.3	0.2	0.6	21.9	1.1	0.7	20.8	1.3	0.8	21.8	1.3	0.9
西班牙	15.4		0.2	19.7		0.2	20.0		0.3	26.8		0.5
瑞典	26.0		1.1	28.5		1.2	28.2	0.5	2.1	27.2	0.4	2.8
瑞士	13.5	1.8	..	12.8	3.4	0.9	17.2	5.4	1.2	19.3	6.0	1.0
英国	16.3	0.2	3.3	16.3	0.3	4.7	18.4	0.7	6.9	22.7	1.0	5.3
美国	12.8	0.4	4.1	13.1	0.5	6.8	14.2	0.9	8.4	19.0	0.3	10.5
平均数	18.02	0.74	1.34	20.10	1.18	1.94	20.87	1.04	2.52	24.20	1.04	2.85

数据来源：根据 OECD 数据库整理得来。http: //stats.oecd.org/Index.aspx? datasetcode=SOCX_AGG.
注："…"表示缺省数据，空白表格表示可以忽略不计。

私营部门的社会支出在 GDP 的占比平均数从 0.74%（1980 年），小幅上升到 1.18%（1990 年），再到 1.04%（2000 年和 2011 年）；在政府总支出的占比平均数从 1.53%（1980

---
① 数据来源：根据 OECD 数据库整理。http: //stats.oecd.org/Index.aspx? datasetcode=SOCX_AGG.

年),上升到 2.01%(1990 年),再上升到 2.59%(2000 年),之后小幅下降到 2.56%(2011年)。可以看出,私营部门无论是占 GDP 还是占政府总支出的比重都微乎其微,且变化甚微。其中私营部门残疾人社会服务占政府总支出的比重到 2011 年只占到 0.1%,占比微小①。志愿部门的社会支出在 GDP 的占比平均数从 1.34%(1980 年),小幅上升到 1.94%(1990 年),再上升到 2.52%(2000 年)和 2.85%(2011 年);在政府总支出的占比平均数从 4.53%(1980 年),上升到 5.06%(1990 年),再上升到 6.26%(2000 年),之后小幅下降到 6.18%(2011 年)。从总体上看,志愿部门社会支出的占比在不断上升,特别是 1990 年之后有一个较大增幅(见表 5-8)。其中志愿部门残疾人社会服务支出占 GDP 的比重从 2000 年到 2011 年一直维持在 0.3%,比例较小①。

表 5-8 福利国家社会支出分部门占政府总支出的比重(%)

国家	1980 年			1990 年			2000 年			2011 年		
	公共部门	私营部门	志愿部门	公共部门	私营部门	志愿部门	公共部门	私营部门	志愿部门	公共部门	私营部门	志愿部门
澳大利亚	30.9	..	3.0	36.3	0.0	2.3	48.4	2.5	9.8	48.9	1.1	8.0
奥地利	44.6	2.8	2.3	45.3	2.2	2.0	50.3	1.8	1.9	54.6	1.7	2.3
比利时	..	..	..	47.5	0.1	3.0	50.0	0.0	3.5	54.9	0.0	3.8
加拿大	..	..	..	36.4		6.7	39.7		12.3	42.6		11.2
丹麦	..	..	..	45.1	0.8	3.0	48.4	0.5	3.9	52.1	0.4	8.5
芬兰	44.7		2.2	49.3		2.2	48.3		2.4	51.4		2.2
法国	44.9		1.3	50.2	0.5	3.4	54.9	0.6	4.6	56.2	0.6	5.9
德国	..			..			58.1	2.9	3.9	56.6	2.7	4.3
爱尔兰	..		..	40.6		3.4	42.2		4.1	47.4		4.1
意大利	44.1		..	40.6	2.9	1.0	50.8	2.6	1.2	55.4	2.9	1.6
日本	..			..			42.2	1.3	8.0	55.1	1.6	7.1
卢森堡	..		..	50.7			52.2		0.4	52.8	2.0	2.0
荷兰	44.9	0.8	6.6	46.6	0.8	10.2	44.7	1.7	14.9	47.1	1.3	13.6
新西兰	..		..	40.5		0.4	50.4		1.3	47.5		1.1
挪威	..		..	..	1.1		49.1	3.0	1.9	49.7	2.9	2.0
西班牙	..		..	..		..	51.0		0.7	58.6		1.1
瑞典	..		..	..		..	51.2	1.0	3.8	52.8	0.7	5.5
瑞士	..		..	43.1	11.5	3.2	48.4	15.3	3.2	57.4	17.8	3.1
英国	..		..	39.7	0.8	11.4	49.2	1.9	18.5	47.3	2.0	10.9
美国	37.2	1.0	11.8	35.7	1.4	18.6	42.0	1.1	24.9	45.5	0.7	25.3
平均数	41.61	1.53	4.53	43.17	2.01	5.06	48.57	2.59	6.26	51.70	2.56	6.18

数据来源:根据 OECD 数据库整理。http://stats.oecd.org/Index.aspx?datasetcode=SOCX_AGG.
注:".."表示缺省数据,空白表格表示可以忽略不计。

将 OECD 福利国家中公共部门、私营部门和志愿部门在社会支出方面的比重与之前社会给付占比相结合,可以大概得出残疾人社会服务筹资的基本情况:残疾人社会服务

---

① 数据来源:根据 OECD 数据库整理。http://stats.oecd.org/Index.aspx?datasetcode=SOCX_AGG.

的资金供给主要依靠公共部门，私营部门和志愿部门起到了有益补充和多元配合的作用。这既体现了社会模式中残疾人社会服务的政府责任，也体现了社会各主体共同参与的精神。在"后危机时代"，残疾人社会服务的重要性突显，各主体对残疾人社会服务资金的供给也在逐渐增加。然而，残疾人社会服务的资金供给比例依然较小，这也为其日后的发展提供了广阔的空间。

(二)筹资形式：税收为主、收费为辅、多方补充

目前，社会服务具有较强的公益性和社会性，其资金的筹集主要靠政府支出，政府支出的主要来源则是税收，故税收成为残疾人社会服务筹资的主要形式。北欧福利国家受到社会民主主义影响，政府是社会服务资金的最主要供给方，所以这些国家居民税收比例普遍偏高，往往占到居民收入的一半以上。以芬兰为例，芬兰的社会服务资金的供给主要依靠地方政府征税来实现，这一比例占到资金总额的七成，中央政府通过转移支付提供两成的资金供给，剩下的一成则通过服务收费向用户支取[1]。服务收费是残疾人社会服务的另一项资金来源，在不同福利体制中所占比重不同。由于收费带有明显的市场意味，所以被自由主义国家所推崇。美国是残疾人"独立生活运动"的发起国，该项运动提倡残疾人根据自身特点提出个性化服务要求，如居所照顾、个人能力开发、个性化居家设施配备等项目。这些项目需要大量的技术部门和私营组织来提供，服务收费也成为重要的资金筹集渠道。在英国，残疾人送餐服务、家庭协助服务和日间中心服务等是需要靠收费来维持的。当然，英国的服务收费并不算多，从1991年往后的15年间服务收费始终维持在12%左右[2]。从功能上讲，社会服务收费是对政府支出的有效补充，能有效保证服务的质量，并满足残疾人的个性化需求。所以，北欧斯堪的纳维亚福利国家也开始逐步加大服务收费在社会服务筹资中的比重，以保障服务质量和个性化需求。

另外，社会保险和社会基金也是社会服务筹资的重要补充。社会保险筹资的重要代表是德国和美国，德国主要通过社会保障的形式，而美国是以商业保险为主流，长期护理保险就是既针对老年人也针对残疾人的社会保险筹资方式。社会基金是近年来发展较为迅速的社会服务筹资方式，其中比较著名的组织有英国社会企业投资基金会。随着社会服务时代的到来，残疾人社会服务筹资方式也越来越多样化，资金的规模也不断壮大。

(三)财务体系：混合福利财政

社会服务筹资形式多样性和筹资主体多元化决定了社会服务筹资在形式和主体间的配合，需要精心设计以保障筹资有效性，于是筹资系统的建立和科学化就变得尤为重要。虽然各国筹资系统设计并不存在统一模式，但基本同属一种混合模式。我们以英国的混合财政模式为例，按照英国学者霍华德·格伦内斯特(H. Glennerster)所建构的系统进行普适化分析。筹资系统从筹资到服务供给的实现包含了三个主要环节(或主体)：收入者、支出者和使用者(服务提供者)。首先，收入者即资金的来源方，由收入者提供资金，无论采取税收、捐款还是付费形式，资金来源方归根结底是家庭和企业。然后通过三种主要筹资形

---

[1] 潘屹：国际社会服务理论与实践，国际社会科学杂志(中文版)，2014年第1期。
[2] 丰华琴：从混合福利到公共治理——英国个人社会服务的源起与演变，北京：中国社会科学出版社，2010年，第214页。

式,将资金归拢到公共部门、企业、慈善机构和家庭,最后将现金支付到公共部门、非营利组织、营利组织和家庭以实现服务供给。筹资系统就是将资金支持系统和服务提供系统运用资金支出系统进行有机串联。从表面看,公共部门的资金是由政府税收支持,非营利组织的资金是由慈善捐赠获得,营利组织的资金是由收费维持。但在实际操作中,公共部门的资金来源包括个人税收、企业税收和公共部门营利收入等;非营利组织的资金来源包括私人捐赠、企业捐赠和政府转移支付;营利组织的资金来源包括收费和政府补贴等。可见,社会服务资金来源并非与供给主体一一对应,而是依靠支出系统进行中介转移支付的混合方式,这种多元化的筹资模式被称为财政混合模式(见图5-2)。

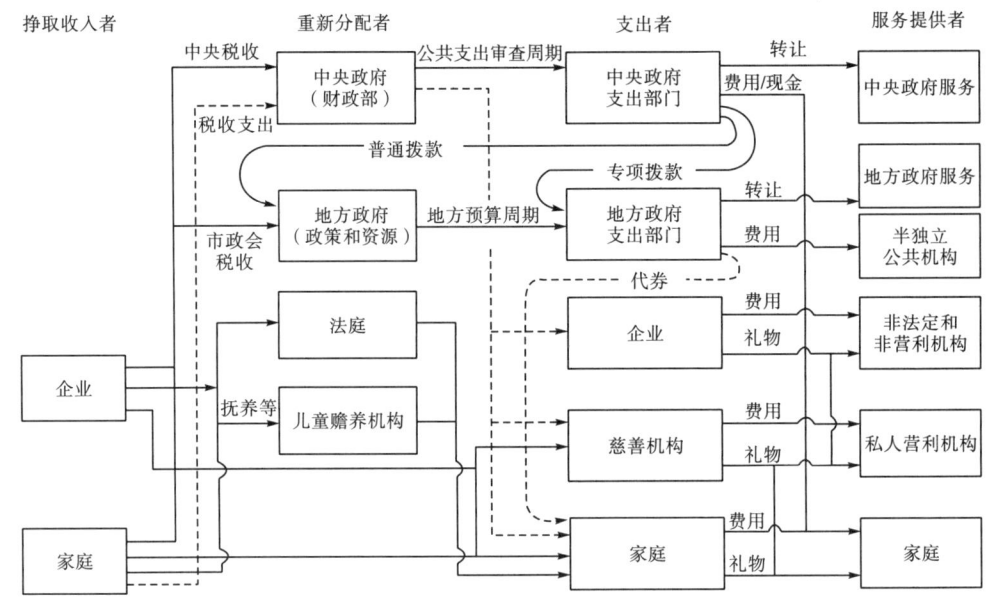

图5-2 福利财政:混合模式

资料来源:【英】霍华德·格伦内斯特:英国社会政策论文集,苗正民,译,北京:商务印书馆,2003年,第197页。

在资金从支持系统向支出系统流动的过程中,服务的筹集还必须经过一个重新分配系统以平衡中央和地方资金的流动。企业税收包含中央税收和地方税收两部分,资金支出系统中也包含了中央政府支出部门和地方政府支出部门。中央政府支出具有统领全国的权利,其支出包括:对地方政府的普通拨款,对地方政府支出部门的专项拨款,对中央政府服务的支出,以及对其他非公组织和家庭的补助。地方政府支出部门除了对地方政府服务和半独立公共机构的支出外,还是家庭代券的主要支付方。另外,在重新分配系统中还包括了法庭和儿童赡养机构对离异后子女赡养费用和相关社会服务费用的重新分配[①]。重新分配系统的融入,使整个筹资系统增加了更多的元素和维度,实现各筹资主体的横向维度和从中央到地方的纵向维度相结合,让系统的运转更加合理有序,更加高效,也让该系统更具有普世价值。

---

① 【英】霍华德·格伦内斯特:英国社会政策论文集,苗正民,译,北京:商务印书馆,2003年,第186-195页。

第三节　社会模式在中国开启：巩固的制度化与权利唤醒

当代中国残疾人研究范式并未真正实现从个人模式向社会模式的转型。残疾人的社会权利在社会保障制度化和残疾人相关政策、法规建设过程中逐渐确立。残疾人发展的社会障碍开始受到重视，残疾人研究社会模式在中国开启。我国个人模式和社会模式并未表现出相互排斥的特征，而是相容相促，这与我国的特殊国情相关。长期以来，我国残疾人的社会保障和社会服务供给主要由家庭来承担，政府只是起到补充作用。所以，残疾人大量的康复需求和现金救助需求始终没有得到相应满足。近年来，我国开始实施"适度普惠型"社会福利模式，社会福利模式开始从"剩余型"向"制度型"转型。残疾人的基本个人医疗康复需求和生活救助需求此时才得到初步满足，个人模式特征明显。与此同时，社会模式的思想开始传入我国，社会原因所造成的残疾人发展障碍也受到政府和普通民众的关注，扫除社会障碍所需的社会服务得到重视。因此，在"制度型"社会福利制度不断完善和残疾人权利唤醒和巩固阶段，个人模式和社会模式交叉融合成为我国残疾人社会服务研究的特色，在融合中，"发展型"社会福利特征和残疾人"赋权"理念初显，并有发展壮大之势。

一、分配：从确权到赋权

（一）人道主义理念下的残疾人确权

1988年中国残疾人联合会的成立和1990年《中华人民共和国残疾人保障法》（以下简称《残疾人保障法》）的颁布成为我国残疾人基本权利得到确立和保障的重要标志。残疾人基本权利的确立以社会主义人道主义为基石，残疾人事业是一项人道主义事业。发扬社会主义的人道主义精神就是在处理人与人的关系方面，要强调和睦团结和相互友爱，尊重每一个人的人格及其生活、工作的权利[1]。邓朴方同志提出社会主义人道主义是我国残疾人事业的旗帜，我们追求的是使残疾人成为社会平等的一员，在事实上享有与健全人一样全面参与社会生活的权利，履行社会义务，并共同分享物质、文化成果。一方面，社会应该理解、尊重、关心和帮助残疾人；另一方面，社会应该努力激励残疾人自尊、自信、自强、自立，克服心理障碍，实现自我完善，勇敢地追求残疾人的崇高权利，即劳动、奉献的权利[2]。人道主义精神成为制定残疾人社会政策和相关法律法规的重要思想基础，也成为残疾人社会服务体系建设的主线。

1990年《残疾人保障法》中，残疾人被定义为在心理、生理、人体结构上，某种组织、功能丧失或者有缺陷，全部或者部分丧失以正常方式从事某种活动能力的人。残疾人不再以"残废"的形象出现，该定义体现出对残疾人的平等性，功能的丧失被视为一

---

[1] 中国残疾人联合会：中国残疾人事业年鉴(1949—1993)，北京：华夏出版社，1996年，第636页。
[2] 中国残疾人联合会：中国残疾人事业年鉴(1949—1993)，北京：华夏出版社，1996年，第639页。

种障碍，而不影响其正常权利的获得。残疾人被细分为视力残疾、听力残疾、言语残疾、肢体残疾、智力残疾、精神残疾、多重残疾和其他残疾。在细分的基础上，残疾人福利的供给更具有个性和差异化。残疾人在政治、经济、文化、社会和家庭生活等方面享有同其他公民平等的权利，残疾人的公民权利和人格尊严受法律保护。2008年修订后的《残疾人保障法》中规定：国家保障残疾人享有各项社会保障的权利，这标志着残疾人社会权利也被确立。至此，残疾人与普通人一样，在社会保障和社会服务的资源分配中拥有同等权利。

另外，由于残疾人正常功能的缺失，其失去了和普通人公平竞争的机会，这就是残疾人的弱势身份。为了体现残疾人参与社会生活的公平性，残疾人在享受福利资源"普惠"的基础上，应得到"特惠"保障。"特惠"保障是指残疾人由于机会或功能丧失，而获得的特殊救助津贴和具有功能恢复作用的社会服务，其中社会服务是残疾人获得与正常人同样参与社会事务的主要福利措施，具有社会模式特征。目前，残疾人"特惠"福利服务获得的重要依据是残疾身份的确定，即残疾人证的获得。该过程是残疾人通过申请，经卫生行政部门指定的医疗机构或残疾鉴定机构进行残疾等级鉴定，由残疾人工作协调委员会发放残疾人证。该过程主要是对残疾人身体健康状况进行医学评价，故具有典型的医学模式特征。可见，我国残疾人社会服务在制度建立之初，具有福利目标的社会模式属性，福利手段却具有个人模式特征，制度的内在矛盾性和相容性使得我国残疾人社会福利制度张力凸显。

（二）发展型社会政策理念中的残疾人赋权

2008年，随着我国签署的联合国《残疾人权利公约》正式生效，我国残疾人事业发展开始与世界发达国家同步，具备国际视野。同年，修订后的《残疾人保障法》正式取代1990年《残疾人保障法》，中共中央、国务院发布《关于促进残疾人事业发展的意见》。至此，我国残疾人事业发展进入了新纪元。残疾人人权发展出现了赋权倾向，残疾人社会政策出现了"发展型"特征。

"适度普惠型"社会福利模式为残疾人社会服务发展奠定基础。在1990年《残疾人保障法》颁布后，我国经济飞速发展，人们的生活水平不断提高，残疾人的经济收入和生活水平也得到了相应提升。特别是在"适度普惠型"社会福利模式的构建过程中，"普惠+特惠"的残疾人福利制度为残疾人发展和残疾人社会服务体系的建构奠定了物质基础。《关于促进残疾人事业发展的意见》中规定：将城镇和农村残疾人纳入相应的养老保障和医疗保障系统，逐步将符合规定的残疾人医疗康复项目纳入医保系统，并对特殊困难残疾人给予补贴。该规定为残疾人享受普惠福利提供了基础，也体现出特惠保障的要求，基本社会保障制度的确立为残疾人的发展需求奠定了良好基础。以经济发达的江苏省为例，2009年江苏省规定：各地为农村重度残疾人和贫困家庭残疾人缴纳部分或全部最低标准养老保险费，并确保将享受最低生活保障家庭中的残疾人全部纳入城镇居民基本医疗保险和新型农村合作医疗，并对其基本医疗自付费用，按规定给予补助；2010年起，对无固定收入重度残疾人参照当地城乡低保标准的100%发放生活救助金，发放低保家庭重残补贴金，其中城镇每人每月80元，农村每人每月60元，护理补贴在农村不低于每人每月 50 元，城镇不低于每人每月 100 元。到 2013 年，我国残疾人参加基本养老保险（新农保）和基本医疗保险（新农合）的比例已经有了很大提升，均已超过 74%，基本医疗保险的参保率更是超过 90%（见表 5-9）。另外，全国各地均按照经济发展水平出台相应参保补贴和救助补贴政策，为残疾人发展提供了一定物质基础。可以说，目前我国残疾人基本社会保障正在往全民参保的时代迈进。

表 5-9　2013 年我国残疾人参加基本养老保险（新农保）和基本医疗保险（新农合）情况调查表（%）

	城镇残疾人	城镇职工	城镇居民	农村残疾人
基本养老保险（新农保）	74.4	94.5	49.1	84.7
基本医疗保险（新农合）	93.7	96.2	90.5	97.1

资料来源：根据《2013 年度中国残疾人状况及小康进程监测报告》整理得来[①]。

政策法规中的"发展型"特征和赋权倾向显露。随着残疾人对自我发展和社会融入的诉求愈加强烈，为了满足残疾人发展需求，社会服务供给越来越体现出发展和赋权功能，特征主要包括包容性、投资性和积极性。首先，通过建立健全残疾预防体系，将残疾的服务工作提前，以降低残疾发生率和减少残疾人融入社会的阻力。建立以社区康复为基础，康复机构为骨干，残疾人家庭为依托的残疾人康复服务体系，以提高残疾人康复率和参与社会生活的动力。按照残疾人的残疾程度提供普通教育和特殊教育服务，并提供相应的特殊补贴和服务。预防、康复和教育服务具有一定的承接作用，三者的有机结合促使残疾人有能力、有意愿参与社会生活，体现出社会服务的包容性特征。其次，通过就业服务对残疾人人力资源进行有效投资。1990 年《残疾人保障法》首次提出国家保障残疾人劳动的权利，2007 年发布《残疾人就业条例》，这些法律法规规范了残疾人就业行为，明确了政府和用工单位的职责[②]。残疾人就业发展出集中安置就业、按比例安排残疾人就业、个体就业、辅助性就业和公益性就业五种就业形式。政府在提供残疾人就业服务和就业支持时采用资金扶持、税费减免、贷款贴息、社会保险补贴、岗位补贴、专产专营等保护政策措施。在同等条件下，政府优先采购残疾人集中就业单位的产品和服务。将难以实现就业的残疾人列入就业困难人员范围，提供就业援助。加强残疾人职业培训和就业服务供给，增强残疾人就业和创业能力。政府不断加大对残疾人就业服务的供给提高了残疾人就业能力，增强了残疾人自尊心和自信心，促进了经济发展，具有明显的投资性和积极性。最后，通过社区化的残疾人居养服务和无障碍服务让残疾人积极融入社会，提高生活质量。2012 年《无障碍环境建设条例》发布，明确要求城镇新建、改建、扩建道路、公共建筑、公共交通设施、居住建筑和居住区时，应当符合无障碍设施工程建设标准。江苏省规定，为家庭人均收入低于当地低保标准 200% 以内的残疾人适配辅助器具并指导其使用，按照平均 600 元/人（户）补贴标准进行无障碍环境改造。江苏省对残疾人机动轮椅车进行燃油补贴，标准为每辆车每年补贴 200 元。在乡镇

---

① 2013 年中国残疾人事业发展统计公报显示，2013 年城镇居民社会养老保险参保率 65.1%，新型农村社会养老保险参保率 71.2%。
② 杨立雄：中国残疾人社会政策范式变迁，湖北社会科学，2014 年第 11 期。

(街道)和社区要设立为残疾人服务的场所,并将残疾人服务纳入社区综合性服务项目体系。要求加快推进残疾人托养机构建设,鼓励社会力量在乡镇(街道)兴办以日间照料为主的残疾人托养机构,政府通过一次性建设补贴和床位补贴予以扶持。无障碍服务和社区居养服务的共同作用对残疾人增强生活信心、提升社会参与能力、提高生活质量起到了积极作用,使残疾人社会服务发展具有了积极性。

2011年,《残疾人残疾分类和分级》国家标准发布并实施,这一标准借鉴了《国际功能、残疾和健康分类》中的功能评估、参与和社会生活等理念,并结合我国经济社会发展水平和残疾人工作实际情况,使标准具有科学性和合理性[①]。该国家标准的实施是我国开始从理论和实践将个人模式和社会模式进行有机结合的标志,为残疾福利资源的分配设置了科学标准。

(三)现有服务分配中的缺陷

从《残疾人保障法》中对残疾人的定义可以看出,虽然我国对残疾人的认识已经从过去的"残废"观念向障碍观念转变,但是对障碍的理解主要是从个人和身体方面,这还停留在医学模式范畴,并未从社会模式的社会障碍因素角度来解析残疾。这就导致在残疾人社会服务分配中重心依然放在康复服务而非全面性地去障碍上。社会服务资源分配中存在缺陷。

首先,普惠未完成。我国"适度普惠型"社会保障制度尚在建设当中,体制内外的二元结构和城乡间的二元结构正在逐渐被打破。但残疾人社会保障的城乡差距依然存在,社会保障虽然已经在很大程度上满足了大多数人,但却并未实现真正意义上的全覆盖。"适度"的普惠,在保障标准方面水平不高,并未达到西方福利国家的普惠标准,所以基础的普惠福利并未完成,残疾人对社会基本保障和现金救助的需求依然旺盛,对于社会服务的需求并不明显。其次,特惠不到位。我国残疾人生活标准以低保标准为参照,在残疾人特惠补贴方面的标准较低,故残疾人在获得特惠补贴后生活改善不明显。社会服务的补贴方面项目较少,主要集中于家庭设施和交通服务的补贴,并不能有效满足残疾人在社会服务方面的多方位需求。故在残疾人特惠补贴的资金和项目方面落实均不到位。最后,标准欠科学。截至2017年底,我国残疾人人口基础数据库录入持证残疾人数达到3404万,这与中国残疾人联合会推算的2010年末达到8502万人有较大差距。一方面,大量失能老人或因自尊等因素影响的残疾人没有领取残疾人证,这使得社会福利资源分配时出现较大空缺;另一方面,现有的残疾人评价标准更倾向于依据医学障碍指标,缺少社会障碍指标,评价标准不够科学。加之我国残疾人评价属于静态评价,缺少对残疾人康复的动态分析,给资源分配带来不公。残疾人评价的单一性和静态性使残疾人评价标准的科学性受到挑战。

---

① 何侃,胡仲明:ICF理念下我国残疾人服务体系建设的趋向分析,残疾人研究,2011年第4期。

二、供给：混合模式中的服务体系初建

（一）救助为主，服务为辅，混合共生

我国社会福利制度的现状和残疾人生活水平，决定了现阶段我国残疾人的社会福利供给依然是以现金救助为主、照护康复服务为辅的混合共生模式。一方面，我国残疾人社会福利制度化进程，还处于"重救助、轻服务"的阶段，社会福利的基础性特征明显，社会服务重要性不突出，残疾人的发展需求并未得到充分满足。另一方面，从残疾人生活水平来看，2013年全国残疾人家庭人均可支配收入为10541.1元，仅是全国平均水平的56.2%，残疾人家庭恩格尔系数为48.5%，比全国居民家庭恩格尔系数36.2%高出12.3个百分点[①]。可见，残疾人可支配收入水平偏低，其中大量收入用于维持生存性支出，这与普通居民形成了巨大反差。因此，残疾人与普通人相比，经济救助需求更加迫切。

我国针对残疾人的特殊性采取重点保障和特殊扶助的政策措施，在保障残疾人与普通人一样享受普惠社会救助的基础上，享受特殊的保障措施，即"普惠+特惠"。在基本生活保障方面，按照国家城乡居民最低保障政策要求对符合条件的残疾人家庭提供最低生活保障。各地根据经济发展水平对残疾人参加养老保险、医疗保险提供相应补贴。在特惠救助方面，残疾人按照"分类救助"原则，对重度残疾人、一户多残、老残一体的特殊残疾人群体重点倾斜。因该部分群体在维持生计、承担风险、改善生活等方面较普通残疾人经济压力更大，政府根据各地特点和经济发展水平，在生活补贴、就业援助、家庭服务、医疗补助、环境改造补贴和保险购买等方面给予特惠政策。以江苏省为例，在生活补贴方面，对低保对象中的重度残疾人按当地低保标准全额发放低保金，对低保对象以外无固定收入的重度残疾人按当地低保标准全额发放生活救助金，对低保家庭中的残疾人每月增发低保标准金额20%的低保金，对家庭人均收入在低保标准200%以内的一户多残、依老养残等特殊困难家庭中的残疾人，按照不低于当地城乡低保标准的60%发放生活救助金；保险购买方面，农村重度残疾人等特殊困难残疾人参加新型农村社会养老保险时，政府代缴部分或全部最低标准养老保险费。对特殊困难残疾人参加城镇居民基本医疗保险和新型农村合作医疗的个人负担部分予以补贴；环境改造补贴方面，对家庭人均收入低于当地低保标准200%的残疾人适配辅助器具并指导使用，并进行无障碍环境改造，按照平均600元/人（户）给予补贴（2010年）；托养补贴方面，省定经济薄弱地区寄宿制托养标准为每人每年4000元，日间照料标准为每人每年2000元。其他地区寄宿制托养标准为每人每年2000元，日间照料标准为每人每年1000元；护理补贴方面，重度残疾人护理补贴在农村不低于每人每月50元，城镇不低于每人每月100元（2013年）[②]。总体来讲，目前残疾人生活救助还是以最基本的生活维持为主，救助水平较低。随着经济的发展和政府社会支出的不断增加，残疾人基本生活保障和社会服务的补贴不断提高，种类也不断丰富，除了满足生存需要外，我国也开始注重残疾人能力提高方面的社会服务补贴。

---

① 中国发展门户网：2013年度中国残疾人状况及小康进程监测报告，2014年8月20日，http://cn.chinagate.cn/reports/2014-08/20/content_33291104.htm.
② 江苏省残联：江苏省直接涉及残疾人及自身利益的主要保障及服务规定摘录，内部资料，2014年。

从根本上讲，我国残疾模式并未实现从医学模式向社会模式的根本转变，在服务内容供给方面还是以康复服务和照护服务为主。现阶段，我国已经初步建成了管理、指导与服务统一协调的残疾人社会化康复服务工作体系。各级政府及相关行政管理部门组成残疾人康复工作办公室，负责组织管理、制定规划、筹措经费、协调实施；医疗康复机构、专业学(协)会和各类专家组成技术指导组，培训人员、传授方法、提供咨询服务；依托城乡医疗保健、社区服务网络和残疾人家庭，建设残疾人康复服务工作平台[①]。一方面，各地残联系统康复中心与医疗卫生机构的康复部门组成专业康复机构，为残疾人康复提供了专业化服务。无论是卫生系统还是残联系统，省、市、县三级康复网络均开始不同程度配备专业康复治疗师、康复医师、心理咨询师，并加大了康复设备和技术的投入，康复服务专业水平明显提升；另一方面，以社区为平台的社会康复体系也初步建立。社区具有就医方便、快捷、低价和便于残疾人回归社会的优势，对康复周期长和后期康复的残疾人优势明显。社区是政府、家庭、专业康复人员、社会工作者等多元康复服务递送主体进行资源整合的优良平台。因此，残疾人康复服务可以说是当前我国残疾人社会服务体系建设中建构相对完整的子系统。照护服务除了体现为现金形式的政府护理补贴和托养补贴外，还表现为四种类型的残疾人托养方式。第一，全日制(寄宿制)托养服务，主要指面对无亲属照护的重度残疾人提供的全天候院所照护服务。第二，日间(日托型)托养服务，主要针对日间无人进行基本家庭照顾的残疾人，对其提供家庭照料、康复、劳动等服务。第三，庇护性就业托养服务，该类型是将有劳动能力的残疾人安排到就业场所进行统一管理和劳动参与。第四，居家托养服务[②]，是针对不能或不愿进入机构进行托养的残疾人，他们居住在家中，由政府或社会服务供给机构提供家庭服务、护理服务或康复服务。随着养老服务产业的发展壮大和"医养结合"理念的盛行，残疾人康复服务和照护服务也体现出相互融合的特征。

(二)服务体系初建

我国残疾人社会服务开始走向成熟的标志是残疾人社会服务的体系化建设。2008年《中共中央 国务院 关于促进残疾人事业发展的意见》首次把健全残疾人服务体系和发展残疾人服务事业作为一项重要任务提出。随后，国务院转发了中国残联、民政部、人力资源和社会保障部等部门和单位联合制定的《关于加快推进残疾人社会保障体系和服务体系建设的指导意见》，做出了残疾人社会保障体系建设与服务体系建设之"两个体系建设"的战略部署，明确了包括残疾人康复、教育、就业、扶贫、托养、无障碍、文化体育和维权在内的服务体系基本框架，强调加强残疾人服务体系规划和制度建设，制定、完善残疾人服务机构建设、服务、技术和绩效考核标准，完善行业管理制度和评价机制，推进残疾人服务体系的规范化和专业化，不断扩大残疾人服务覆盖面，全面提高残疾人服务的能力和水平。由此可见，残疾人服务供给在内容上已经开始从基本生存型向包括康复、教育、就业、扶贫、托养、无障碍、文化体育、维权在内的权利发展型

---

① 中国残疾人联合会：《中共中央 国务院 关于促进残疾人事业发展的意见》学习辅导读本，北京：华夏出版社，2008年，第41页。
② 杨立雄，兰花：中国残疾人社会保障制度，北京：人民出版社，2011年，第143页。

转变。服务体系将供给内容扩展,服务、治疗、机会和权利供给均包含其中,残疾人社会模式特征明显。2012 年《无障碍环境建设条例》通过,为残疾人顺利进入社会、参与社会事务提供了重要保障。2014 年《残疾人托养服务基本规范(试行)》开始实施,对残疾人机构托养服务、居家托养服务、服务管理、服务质量考核及评价进行了规范,残疾人社会服务供给走上了标准化之路。

然而,残疾人服务体系建立之初依然存在许多问题。其一,内容庞杂,分类笼统。从供给内容来看,残疾人服务所含内容众多,几乎涵盖了与残疾人相关的所有项目,既包括了公共服务项目,也包含了社会服务项目,其中无障碍、维权等内容具有公共服务性质。教育服务、文化体育服务分类笼统,教育服务并未细分出基础教育、职业教育、特殊教育和技能培训,文化体育也未对竞技性和服务性进行区分。庞杂的内容和笼统的分类并非真正意义上的个人社会服务内容,外延的无限扩大将使内涵模糊不清,从而动摇体系建设的基础。其二,管理多头,条块分割。供给内容庞杂,涉及管理部门多头,各部门各自为政,影响体系搭建。我国现在并无统一的残疾人行政管理部门,残联职能有限,各部门间功能条块分割,造成资源浪费。体系建设需要有统一的领导与管理框架,整合各分部门的服务供给、递送和筹资,最终在一个统一的体系架构下形成对残疾人社会服务的有机供给。现有分割化的体系要想发挥其真正作用,需要一个完整的服务供给管理系统。

(三)服务供给中的供需矛盾

残疾人社会服务供给除了系统设计不够完善外,供给需求矛盾也是残疾人社会服务供给的主要缺陷。长期以来,受到残疾的个人模式理念和补缺型社会福利模式的影响,政府在残疾人社会服务资金和人力资源投入方面未能满足残疾人需求,社会对残疾人的关注大多停留在以现金为主的临时生活救济阶段,对残疾人表现出的社会服务需求认识不足,而且还主要集中于基础生存型的康复服务和照护服务方面,对更多更高层次需求满足有限。

从残疾人社会服务供给来看,《中国残疾人状况及小康进程监测报告》显示,全国残疾人至少接受过一项康复服务的比例从 2007 年的 19.0%上升到 2013 年的 58.3%,说明残疾人康复服务体系的建立大大提升了服务水平,已经有半数以上残疾人接受了康复服务。但是,从 2013 年各分项康复服务接受比例来看,除了康复知识普及服务外,其余康复服务均未超过 30%,其中心理疏导只占到 13.9%,诊断和需求评估占 12.5%,居家服务、日间照料与托养占 14.3%,这些重要的服务内容接受比例均未超过 15%,可见大多数残疾人的康复服务接受水平较低(见表 5-10)。

表 5-10 全国残疾人接受过各项康复服务比例(%)

项目	2007	2008	2009	2010	2011	2012	2013
治疗与康复训练	9.7	10.5	10.7	13.6	13.7	20.2	23.3
辅助器具配置	4.1	5.5	5.5	8.4	9.0	14.2	16.3
心理疏导	4.2	5.9	5.2	6.7	8.3	12.8	13.9

续表

项目	2007	2008	2009	2010	2011	2012	2013
康复知识普及	5.2	7.3	7.3	13.7	18.5	26.9	31.2
诊断和需求评估*	-	-	-	-	14.8	11.2	12.5
居家服务、日间照料与托养*	-	-	-	-	11.8	13.9	14.3
残疾人及亲友培训*	-	-	-	-	3.4	6.3	6.9
随访和评估服务*	-	-	-	-	4.9	11.4	12.1
其他康复服务*	-	-	-	-	11.4	19.4	24.4
至少接受过一项康复服务	19.0	23.3	23.0	33.5	47.4	55.2	58.3

资料来源：《2013年度中国残疾人状况及小康进程监测报告》。

注："*"为2011年度新增的康复服务指标选项。"-"为缺省项。

从残疾人找工作的途径中可以发现，2010年到2013年变化不大，残疾人主要依靠熟人介绍工作，残疾人就业机构提供的就业信息服务占比不到一半（见表5-11）。这说明在残疾人就业服务方面，传统的就业途径并未改变，政府就业服务部门应有作用并未充分发挥，民间就业机构作用发挥有限，残疾人就业服务社会化程度低。2013年度有劳动能力未就业残疾人的生活主要来源：城镇依次为家庭其他成员供养（占41.6%）、领取基本生活费（占28.2%）、离退休金（占20.9%）；农村依次为家庭其他成员供养（占68.5%）、领取基本生活费（占15.3%）[1]。家庭依然是未就业残疾人的主要依靠对象，社会服务供给中家庭的绝对地位依旧未变。

表5-11 残疾人找工作的途径(%)

途径	2010	2011	2012	2013
网络就业信息	2.0	4.8	6.9	9.1
公共就业服务机构	12.2	12.4	12.4	14.1
残疾人就业服务机构	38.1	35.7	40.8	45.6
招聘会	11.3	11.5	17.1	16.3
熟人介绍	61.7	59.1	64.2	71.9
自主创业或灵活就业	16.9	26.3	25.3	19.4
其他	33.3	29.4	24.2	31.9

资料来源：《2013年度中国残疾人状况及小康进程监测报告》，途径统计为多选，故总比例不为100%。

接受社区服务、参与社区文化和体育活动情况中，依然显示出残疾人社区服务接受不充分，活动参与不足的特点。2013年，经常参与社区文化和体育活动的残疾人只占到8.2%，从不参加的占到57.0%（见表5-12）。

---

[1] 中国发展门户网：2013年度中国残疾人状况及小康进程监测报告，2014年8月20日，http://cn.chinagate.cn/reports/2014-08/20/content_33291104.htm。

表 5-12　全国残疾人参加社区文化、体育活动情况(%)

参加情况	2007	2008	2009	2010	2011	2012	2013
经常参加	4.7	5.7	5.4	5.4	6.3	7.8	8.2
很少参加	20.1	24.5	24.5	28.3	32.4	36.5	34.8
从不参加	75.2	69.8	70.1	66.3	61.3	55.7	57.0

资料来源：《2013年度中国残疾人状况及小康进程监测报告》。

个人模式占主导的残疾人社会福利供给中，社会服务供给需求并不突出，而是以现金救助需求为主，对不同方面救助的需求，其实也反映出残疾人的社会服务需求，只是他们在形式上更易接受现金而非服务。2007~2013 年，我国生活救助和医疗救助始终是城乡残疾人家庭最迫切的需求，2013 年城镇 41.8%、农村 65.6%的残疾人家庭有生活救助需求，城镇 52.5%、农村 59.7%的残疾人家庭有医疗救助需求[1]。可见，目前残疾人在生活和医疗方面的需求是主体需求，反映在社会服务需求方面也相对一致。《第二次全国残疾人抽样调查》数据显示：接受过医疗服务与救助的残疾人比例为 35.61%，贫困救助与扶持比例为 12.53%，康复训练与服务比例为 8.45%，辅助器具配备与服务比例为 7.31%[2]，而针对此四项服务的需求比例达到残疾总人口的 72.78%、67.78%、27.69%和 38.56%[3]。供给和需求之间存在差距，这一差距同样也反映在残疾人托养服务方面。显然，与医疗救助和生活救助的需求相一致，处于基础型需求阶段的残疾人社会服务需求，与 2007~2013 年的接受康复服务和社区服务供给状况形成强烈对比，供给和需求之间差距较大，残疾人基本的社会服务需求还未满足。随着发展型社会服务需求的兴起，残疾人社会服务供给出现了基础型需求供给不充分，发展型需求供给未成形的尴尬境地。究其根本原因，就在于真正意义上的残疾人社会服务体系尚未建立。残疾人社会服务的供给和需求之间缺乏系统的监测、评估、反馈和实现机制，自上而下的政策形成机制不能满足自下而上的利益诉求，供需之间的反应通路堵塞。

三、递送：从管治走向治理

(一)系统内自递送

残疾人社会服务的社会模式兴起的标志不单是服务资源分配的社会化，也是服务递送方式的社会化和递送主体的多元化。在我国残疾人社会服务制度化之前，残疾人社会服务的递送主要依靠家庭，政府只是对特殊困难家庭进行必要补充，个人模式特征明显。1987 年全国第一次残疾人抽样调查显示，全国范围内靠国家、集体救济与供养的残疾人约 140 万人，其中城镇 35 万人，农村 105 万人，占残疾人总数的 2.65%，自食其力

---

[1] 中国发展门户网：2013 年度中国残疾人状况及小康进程监测报告，2014 年 8 月 20 日，http://cn.chinagate.cn/reports/2014-08/20/content_33291104.htm。
[2] 第二次全国残疾人抽样调查办公室：第二次全国残疾人抽样调查主要数据手册，北京：华夏出版社，2007 年。
[3] 程凯，孟晓：我国残疾人康复工作的回顾与展望，中国康复理论与实践，2008 年第 3 期。

的占 30.27%，依靠家庭和亲友供养的占 67.08%[①]。可见，以家庭为主的非正式组织是当时残疾社会服务递送最主要的力量。

伴随中国残联的诞生，这个具有代表、服务和管理职能的残疾人组织开始行使残疾人社会服务的递送职能。中国残联是半民间半政府性质的事业单位，属于政府系统的内部组织。在中国残联的领导下，地方各级残联在基层行使着对残疾人的服务职能。以政府为主导、以社会为基础、有关部门各司其职、残疾人组织作用得到发挥的残疾人服务递送体系逐渐形成。在形成之初，由于我国社会组织发育迟缓，服务递送市场化运作机制尚未建立，服务的系统内自递送特征明显。残联的内部组织或下属协会承担起一定的残疾人服务递送项目，由财政部门将经费拨转至递送机构，形成了我国残疾人服务外包的雏形。鉴于残联系统的官方性质，递送中科层制特征明显，服务标准模糊，服务成本高，服务效率难保证，这些不足之处成为政府进行服务递送改革的主要动因。

（二）系统间互递送

新公共管理思潮与福利多元主义的兴起，为解决系统内服务递送中出现的"政府失灵"和递送低效问题提供了有益参考。于是，我国政府开始实行政府递送服务的"流程再造"，将残疾人社会服务的递送路径从系统内自递送向系统间互递送转移，服务递送主体开始从政府单一递送向政府、营利组织、非营利组织和非正式组织共同递送转变，递送的主要方式就是政府购买服务或政府契约委外。

1990 年《残疾人保障法》明确提出广泛动员社会力量参与残疾人事业。此后的数十年间，残疾人事业的支持主体呈现出多元化趋势。然而，支持方式主要集中在资金捐赠方面，在服务递送方面发展缓慢。2008 年《关于促进残疾人事业发展的意见》中指出：要积极培育专门面向残疾人服务的社会组织，通过民办公助、政府补贴、政府购买服务等多种方式，鼓励各类组织、企业和个人建设残疾人服务设施，发展残疾人服务业。此时，多元主体的服务递送模式开始以民办公助、政府补贴、政府购买服务的方式广泛推广开来。2011 年《中国残疾人事业"十二五"发展纲要》中指出：要通过用地保障、信贷支持和政府采购等形式，鼓励民间资本参与发展残疾人社会福利事业，兴办残疾人康复、托养服务等各类社会福利机构。采取公办民营、民办公助、政府购买服务等多种形式，通过资金、场地、人才等扶持措施鼓励各类社会组织、企事业单位和个人参与发展残疾人服务业。残疾人社会服务递送的形式更加丰富，并将服务递送的资金来源具体化、形式多样化。2015 年《政府购买服务管理办法（暂行）》的正式实施，为残疾人社会服务的政府购买提供了行为导向和具体参考。

就目前而言，我国残疾人社会服务的递送从资金供给的角度来划分，包括公办公助、公办民营、民办公助、民办民助四种类型。第一，公办公助一般是针对民间资本和技术无力承担或无心承担的服务项目，由政府出资，政府相关部门进行服务递送的方式。这是政府系统内自递送方式的延续。表现在政府购买方面其行政导向性较强，递送方对服务发包方依赖性强、独立性差，服务成本高、效率低、效果不确定。中国残联对

[①] 中国残疾人联合会：中国残疾人事业年鉴(1949—1993)，北京：华夏出版社，1996 年，第 567、593 页。

其内部组织或地方各级残联的服务要约就是该类型的代表。第二，公办民营是政府相关部门将原自递送项目以契约委外的方式委托给营利组织或非营利组织来经营，政府负责提供项目场地和资金，管理和人员配置由经营方负责的递送方式。这是一类典型的系统间互递送的方式。表现在政府购买方面主要有两种形式：一种是非竞争性购买，政府将服务递送项目有意向地委托给唯一目标方，以保证公共资源的有效利用和管理方便；另一种是竞争性购买，政府将服务递送项目在社会上展开公开竞争，通过严格的标准进行考核和评价，最终质优者得之。这将有效地提升服务质量和效果，避免"政府失灵"。该类型服务递送方式，对政府有一定的依赖性，独立性相对较强。政府在社区或残疾人康复服务场所购买的社工岗位和社工项目就属于该类型。第三，民办公助是营利组织或非营利组织通过自我筹资和政府出资对残疾人社会服务进行递送，递送的场地、人员、资金和管理主要由非政府组织牵头，政府只是起到辅助作用，给予资金补贴和政策支持。这是典型的系统间互递送的方式。该类型服务递送在参与政府购买时与公办民营类似，同样具有非竞争性和竞争性两种购买方式。在递送过程中该类型的组织独立性较强，但对政府部门有一定依赖性。目前大量的助残社会组织就属于该类型，例如江苏扬州的邗江区春蕾聋儿康复中心。第四，民办民助是指服务递送从资金、人员、硬件设施到管理均由非政府组织自行负责的方式。这也是典型的系统间互递送的方式，且具有较强的独立性，对政府无依赖性。其资金获得完全靠社会捐助、经营收费和项目承包，所以政府购买服务和服务收费是该类型组织的主要经营模式。该类型以志愿组织服务递送为主，慈善性是其主要经营目标，壹基金"海洋天堂"项目就是这种类型的典型代表。四种残疾人社会服务递送类型基本上涵盖了目前我国的主要类型（见表 5-13），政府在服务递送过程中根据项目特点选择优势类型进行递送，并在公共系统和私人系统之间进行有效的监督、管理和评价（见表 5-13）。

表 5-13 残疾人社会服务递送类型

递送类型	资金来源	递送主体	递送方式	管理独立性	项目依赖性
公办公助	政府	政府	系统内递送	较弱	强
公办民营	政府及民间	民间	系统间递送	强	较强
民办公助	政府及民间	民间	系统间递送	强	弱
民办民助	民间	民间	系统间递送	较强	无

（三）服务递送的系统缺陷

2014 年《关于促进助残社会组织发展的指导意见》和《政府购买残疾人服务试点工作实施方案》相继出台，意味着我国残疾人社会服务递送主体多元化发展开始有了指导性文件，并就政府购买的递送方式形成了具体方案。截至 2017 年底，全国共建立省级以下各类残疾人专门协会 1.5 万余个，其中省级专门协会已建比例为 100%，市级专门协会已建比例为 96.5%，县级专门协会已建比例为 86.4%。全国共建立助残社会组织 2520 个[①]。多元服务递送体系的形成虽已成为趋势，但我国残疾人管理和服务系统固有的缺陷，使得服务递送发展缺乏一定科学性和有效性，从而制约了残疾人对服务需求的满足。

递送系统的官方绝对控制容易带来递送乏力和"政府失灵"。自1988年中国残疾人联合会组建以来，残联系统逐步完成了省、市、县、社区和村级的残联组织建设，各级残联成为我国残疾人社会服务递送的绝对主体。从数量上看，除了各级残联的行政管理机构，全国省级以下各类残疾人专门协会达到1.5万余个，而残疾人社会组织只有2520个。可见，具有官方性质的残疾人组织在数量上远超民办组织，占有绝对优势。从控制力上看，民办机构中多以各级残联为业务主管单位，在业务发展过程中，在项目运作和经营管理方面，民办机构对残联有较强依赖性。以残联为主的残疾人服务递送官方体系无论在数量还是控制力上均体现出绝对优势，削弱了社会服务递送的社会化特征。各级残联自组建至今，从功能来看，承担着残疾人管理、服务、代表职责；从服务内容来看，承担着残疾人康复、就业、照护、文化、体育、教育、维权等多项服务。残联系统俨然成为残疾人的"小政府"，并代表残疾人与民政部门、劳动与社会保障部门、卫生部门和教育部门等政府机关进行资源整合。可以说，带有"准官方"性质的残联服务递送体系同样呈现出"大政府，小社会"的特征。社会模式的崛起，助推了残疾人社会服务需求多样化和个性化，心理咨询服务、就业服务、资产建设服务、社会融合服务等体现残疾人权利和发展的服务项目开始受到社会关注。然而，制度化的单一主体递送却表现为服务内容单调、服务成本过高、服务效率低下，造成递送乏力和"政府失灵"，尚不能满足新形势下残疾人社会服务社会化的需求。

近年来，我国多元主体社会治理思想方兴未艾，社会组织发育迟缓，政府在残疾人社会服务包的递送进程中依然是市场的绝对主导者。从服务的契约委外模式来看，当前残疾人社会服务的政府购买主要是协商模式和合作模式，而最具有服务效能的竞争模式却运用较少，且契约委外模式主要在经济社会发达地区运作，并未成为主要模式。就现有的购买方来看，许多助残社会组织具有政府背景，具有"内部购买"色彩，使得政府购买市场失去了应有的竞争性和公平性，进一步压缩了非营利助残组织的生存空间。究其原因主要有：其一，政府的固有管制思维制约治理体系发育。残联系统长期的"管制思维"将服务递送完全承包，在政府购买的市场化运作中，缺乏委外的勇气和科学评价助残社会组织的能力。其二，非营利组织数量少，选择余地有限。从总量上看，我国残疾人社会服务的递送组织数量较少，政府在社会服务包发放时承接方数量有限，不得不采取协商模式和合作模式被动选择递送方，由于失去了竞争性，加之政府购买程序不规范，最终导致服务递送目标与结果相背离。其三，营利组织的经济利益导向。递送系统的官方财权优势导致"志愿失灵"[②]。中国是一个传统的集体主义国家，政府始终作为社会责任的主要承担者而存在，在我国志愿精神的成长土壤并不肥沃。虽然近年来社会捐赠资金日趋增多，但其在支持社会组织参与残疾人社会递送方面依然是杯水车薪。因

---

① 中国残疾人联合会：2017年中国残疾人事业发展统计公报［残联发（2018）24号］，2018年4月26日，http://www.cdpf.o rgcn/zcwj/zxwj/201804/t20180426_625574.shtml.
② 志愿失灵：主要体现为慈善不足、慈善特殊主义、慈善家长式作风和慈善业余主义。

此，助残社会组织大多只能依靠政府补贴和广泛参与政府购买来获得其生存和发展的资金支持，于是志愿组织就对政府产生了较强的依赖性，进而影响其管理的独立性，从而造成"志愿失灵"。

残疾人社会服务递送的体系缺陷使得多元递送主体关系成为政府绝对主导的单极控制关系，营利组织和非营利组织在关系形态中对政府具有较强依赖性，而非西方福利国家所呈现的公私合作伙伴关系(Public Private Partnership，PPP)。这样的多元递送关系失衡，势必影响社会服务效能和政府社会治理理念的实现。因此，服务递送要想获得根本改善，除了从具体方法上进行改进外，还需要提升政府的治理能力和管理水平，在递送体系内部形成各主体间关系制衡，破除体系障碍，以实现公私合作伙伴关系。

四、财务：筹资渠道单一，资金稀缺

长期以来，我国社会福利事业受重视程度不足，筹资渠道狭窄与资金稀缺成为主要特征。就费用收支统计而言，社会服务事业(或称民政事业)费用统计是包含城乡低保、社会福利费、医疗救助、自然灾害救济费、抚恤费、地方离(退)休人员费、军队离退休(退职)费等内容在内的综合性费用统计。该统计内容繁杂，并非真正意义上的社会服务统计。从统计方法看，我国统计较为粗略，并未如OECD国家将社会给付中的现金给付和实物给付进行严格区分，真正的社会服务收支费用很难辨识。从统计主体看，社会服务事业费用未将服务对象按老年人、儿童、残疾人等主体进行区分，残疾人社会服务的筹资和支出缺乏相应数据。因此，我们只能从现有的统计数据中，看出残疾人社会服务费用等社会支出的大概情况，以及中央和地方财政对服务费用的支持力度。

（一）费用占比低，增长缓慢，中央地方均势

从2002年到2016年的14年间，我国社会服务事业费支出从392.3亿元，增长到5440.2亿元，绝对数额增长了近13倍。然而，从其占国家财政支出的比重看，占比从1.8%增长到3.4%，占比较低且增长速度缓慢，其中2011年的费用支出中用于社会福利费用的只占到总社会服务事业费的7.2%[①]。这与同期OECD国家相比差距巨大，反映出我国对社会服务事业重视程度严重不足。就社会服务事业费筹资中，中央支付的占比上升明显，从2002年的35.3%上升到2011年的56%，之后又下降到2016年的45.7%，显示出中央在筹资中的作用逐步与地方财政持平(见表5-14)。

表5-14 2002~2016年我国社会服务事业费相关指标表

指标	年份									
	2002	2005	2008	2010	2011	2012	2013	2014	2015	2016
社会服务事业费/亿元	392.3	718.4	2146.5	2697.5	3229.1	3683.7	4276.5	4404.1	4926.4	5440.2
年增长率/%	37.6	24.4	76.6	23.6	19.7	14.1	16.1	3.0	11.9	10.4

---

① 中华人民共和国民政部：中国民政统计年鉴：中国社会服务统计资料(2012)，北京：中国统计出版社，2012年，第30页。

续表

指标	年份									
	2002	2005	2008	2010	2011	2012	2013	2014	2015	2016
占国家财政支出比重/%	1.8	2.1	3.4	3.0	3.0	3.0	3.1	2.9	3.3	3.4
地方财政支付/亿元	253.9	408.1	965.4	1355.1	1421.1	1889.1	2126.8	2299.1	2656.1	2956.2
中央转移支付/亿元	138.4	310.3	1181.1	1342.4	1808.0	1794.6	2149.7	2105.0	2270.3	2484.0
中央支付所占比重/%	35.3	43.2	55.0	49.8	56.0	48.7	50.3	47.8	46.1	45.7

资料来源：根据《中国民政统计年鉴：中国社会服务统计资料(2012)》和《中国民政统计年鉴：2017中国社会服务统计资料》整理。

（二）公共部门支撑，非公共部门补充

目前，我国残疾人社会服务主要的筹资来源还是政府。具有准政府部门性质的残疾人福利基金会和其业务主管部门残联是我国残疾人事业发展经费最主要的筹资渠道，我国绝大部分残疾人社会服务的资金就来源于此。该途径包括中央政府划拨、地方政府支付、志愿组织和志愿者捐赠、企业残疾人就业保障金缴纳和行政服务收费。中国残疾人联合会是我国残疾人事业发展资金最主要的筹集者，其主要收入来源是财政拨款，2016年中残联决算收入为198 447.03万元，其中中央财政拨款为96 468.10万元，占到总收入的48.61%。其次是事业收入为92 661.81万元，占总收入的46.69%（见表5-15）。中国残疾人福利基金会是全国性的公募基金会，其主要职责是筹集残疾人事业发展资金，接受捐赠，并管理和使用基金。该基金的主要收入来源是慈善组织和慈善者的社会捐款，该基金同时也是目前我国残疾人事业社会捐赠的主要渠道。

2016年中国残疾人福利基金会的总收入为58 822.55万元，其中捐款收入为55 081.71万元，占总收入的93.64%，政府补贴为300万元，占总收入的0.51%（见表5-16）。《中国残疾人福利基金会2016年度财务决算和2017年财务预算报告》显示，2016年中央财政拨款的收入远远超过社会捐赠，约是社会捐赠的5倍。此比例还未将各级财政和民政的残疾人事业支出以及残保金列入。其一，中央和地方的财政拨款是残疾人事业的绝对筹资渠道；其二，志愿捐赠也起到相当重要的依托作用；其三，各地残保金在残疾人就业和服务方面起到主要筹资作用，为残疾人社会服务提供了资金保障；其四，民办民助和民办公助的残疾人社会服务组织的收费，也对残疾人社会服务资金筹集起到了一定补充作用。

表5-15 中国残疾人联合会2016年收入明细表

项目	财政拨款	事业收入	经营收入	其他收入	合计
金额/万元	96 468.10	92 661.81	1584.94	7732.18	198 447.03
比例/%	48.61	46.69	0.80	3.90	100

资料来源：根据《中国残联2016年度部门决算》计算得出。http://www.cdpf.org.cn/ggtz/201707/t20170721_600418.shtml。

表 5-16　中国残疾人福利基金会 2016 年收入明细表

	政府拨款	捐款收入	投资收益	其他收入	合计
金额/万元	300	55 081.71	24.93	3415.91	58 822.55
比例/%	0.51	93.64	0.04	5.81	100

资料来源：根据《中国残疾人福利基金会 2016 年度财务决算和 2017 年度财务预算报告》计算得出。http://www.cfdp.org.cn/jjhxxpl/jjhcwbg/201705/P020170511420541577252.pdf。

中国残疾人福利基金会支出分类模糊，数额与去向尚需明确。在中国残疾人联合会 2016 年的支出决算中残疾人社会保障支出为 60 502.53 万元，占到当年总支出（206 232.86 万元）的 29.34%；残疾人事业支出 68 164.49 万元；占 33.05%，残疾人康复支出 11 484.64 万元，占 5.57%；残疾人扶贫支出为 1055.36 万元，占 0.51%[1]。由于残疾人事业支出分类模糊，通过数据我们很难对残疾人社会服务的支出项目做出清晰判断。另外，残疾人社会服务数量稀少，占比较低。残疾人社会保障费用在支出中占比不到三成，其中康复、就业和扶贫的社会服务费用占比仅有 29.69%，社会保障和社会服务投入严重不足。

在残疾人福利基金会 2016 年支出中可以看到以项目资助的残疾人事业主要是社会服务的内容，其中以康复服务为主，包括：第一，"启明行动"项目，资助 8178 万元用于白内障复明手术，500 万元购买青光眼治疗设备；第二，"助听行动"项目，资助中国聋儿康复研究中心 6332.46 万元，资助诺尔康人工耳蜗 225 万元，资助助听器 10 台（共计价值约 62.7 万元）；第三，资助"助行行动"项目 12 045.47 万元；第四，资助"助学行动"项目 5473.54 万元；第五，资助"信息无障碍"项目 218.1 万元；第六，资助"助困行动"项目 19 868.45 万元；第七，资助"集善行动"项目 1615.97 万元；第八，"长江新里程计划三期"项目支出 1838.54 万元；第九，"集善三星爱之光行动"系列公益项目支出 944.44 万元；第十，"集善澳门基金会助力残疾人"系列公益项目支出 1200.29 万元。2016 年残疾人福利基金会慈善活动各项支出共计 60 090.20 万元，这些资金就是目前我国残疾人社会服务资金的主要来源[2]。另外，《中华人民共和国残疾人保障法》规定：机关、团体、企业事业组织、城乡集体经济组织，应当按一定比例安排残疾人就业，对安排残疾人就业达不到比例的单位收取残疾人就业保障金。各省纷纷出台了《残疾人就业保障金使用管理暂行规定》，其中明确规定：残疾人就业保障金用于补贴残疾人职业培训费用，有偿扶持残疾人集体从业、个体经营，适当补助残疾人劳动服务机构经费开支，以及直接用于残疾人就业工作的其他开支。显然，残保金是残疾人就业服务的主要扶持资金。但是，各级残疾人就业部门并未公开该项基金的收支情况和使用明细，显得资金去向不清。

从压迫论到社会建构论，社会模式对个人模式的摈弃体现在将残疾人障碍描述为社会性障碍，而非身体性障碍。社会模式中，残疾被认为是社会的产物，以普通人群为标

---

[1] 中国残疾人联合会网站：中国残联 2016 年度部门决算，2017 年 7 月 21 日，http://www.cdpf.org.cn/ggtz/201707/t20170721_600418.shtml。
[2] 中国残疾人福利基金会网站：中国残疾人福利基金会 2016 年度财务决算和 2017 年度财务预算报告，2017 年 4 月 20 日，http://www.cfdp.org.cn/jjhxxpl/jjhcwbg/201705/P020170511420541577252.pdf。

准的社会制度、环境设施、社会态度阻止了残疾人参与社会生活。因此，残疾定义包括了环境因素和个人因素，并通过 ICF 身体损伤、活动受限和社会参与受阻三个维度深度解释说明。身体康复不能完全改善残疾人弱势地位，其改善要通过彻底改变"标准化"社会来实现，社会模式就是要建立对残疾人的社会包容，对残疾人集体赋权，让残疾人以平等主体身份融入社会生活。

社会模式的产生伴随着社会民主主义理念的流行，欧洲福利国家纷纷建立相关制度，制度型社会福利模式逐渐形成。此时，残疾人社会服务分配以公民社会权为基础，实现了从"选择"到"普惠"的转换。服务供给的专业化特征开始显现，表现为给付形式的现金和服务并重。服务递送呈现由政府绝对主导向多元伙伴合作发展，形式上表现为"民营化"和"准市场"。服务财务逐渐形成以政府为主体，多种筹资形式共融的局面，混合型福利财政供给网络形成。然而，我国并未完全实现残疾模式由个人模式向社会模式转型，制度型的社会福利模式也并未完全建成，残疾人社会服务的发展仍需要各界的努力。其具体体现为：分配中残疾人权利的确定和赋权理念出现，与制度中分配缺陷并存；供给中服务体现不足、供需矛盾突出、体系建构不完善；系统间和系统内递送共存，在从管制走向治理的过程中出现系统性缺陷；服务财务的筹资渠道单一，资金供给稀缺。

与此同时，以"包容性、积极性和投资性"为理念的发展型福利模式正在形成，社会模式已经不能满足残疾人发展的需求。其一，个人模式继续发展，追求最大限度扫除残疾人身心障碍，这与社会模式中的社会障碍扫除相结合，反驳了社会模式提出的两种模式互不相容观念；其二，社会模式更为关注集体赋权，对于残疾人的个体化差异考虑不足，不利于差异化生活；其三，社会模式对残疾人能力建设和自我潜能开发不充分，需要更有利于开发残疾人积极性并与发展型社会福利模式相匹配的残疾模式建立。在残疾模式和福利模式的演变中，残疾人社会服务的重要性愈发突出，其体系化发展趋势明显。因此，针对社会模式的不适应性急需构建具有综合性和发展性的新模式，其可行性还需考虑我国残疾人社会服务的实际情况，并构建与发展型福利模式相适应的残疾人社会服务模式和体系。

第六章　发展模式残疾人社会服务：后现代社会的社会服务体系建构

福利国家受经济发展水平、福利政治和福利意识形态等因素影响，其福利模式正在发生巨大变革。典型福利国家经验表明，在残补模式被制度模式取代后，制度模式的弊端逐渐显现，为了进一步满足福利需求，抑制福利财政不断扩张，规避福利依赖发生，在"第三条道路"的影响下，各国开始走一条具有包容性、投资性和积极性的发展型社会政策道路，即发展模式。发展模式是在民众基本福利普惠的基础上，根据弱势群体的特征进行能力开发和权利赋予，有选择地对弱势群体进行增能或赋权，以实现过程公平向结果公平的诉求转换。在新型福利模式逐渐形成的过程中，残疾模式也在发生深刻变革。一方面，个人模式与医学模式的康复功能依然在发挥着积极作用，且往更科学的方向发展；另一方面，社会模式并未完全在世界各国真正形成，完全的"二分法"并未成立。个人模式和社会模式间关系越来越微妙，在残疾人分类和服务供给中越来越呈现融合趋势。值得注意的是，近年来残疾人社会政策中，原有两种模式的被动"去障碍"思想正在发生改变，有积极性和主动性的残疾社会服务成为各福利国家发展的重点。残疾人身心"去障碍"和社会"去障碍"政策设计理念开始向以残疾人能力开发和自我认同的个体发展转移。作为弱势群体代表的残疾人，其政策设计与发展型社会政策相契合，逐渐形成一种新的残疾人研究范式，我们将该范式称为残疾人发展模式。发展模式以社会服务为其主要政策工具，在社会服务"分配、供给、递送和财政"的分析框架中，将逐渐形成包括价值体系、需求监测体系、服务执行体系、服务运行保障体系和评估管理体系等在内的完整统一体系。残疾人社会服务模式转化和体系建立，将有助于我国实现残疾人群体福利模式的发展。

第一节　分配：发展模式的政策理念与价值体系

21世纪，科技进步已经在预示后现代社会的到来，文化多元化、沟通网络化、管理去中心化、危机非典型化、群体差异化、社会问题复杂化等特征的出现似乎在暗示后现代社会业已形成，我们所处的时代正引导我们超越现代性。然而，这并非意味着我们已经进入后现代，我们现在不但没有超越现代性，而且正在经历着它的激烈化阶段[①]。吉登斯认为，"我们实际上并没有迈进一个所谓的后现代时期，而是正在进入这样一个阶

---

① 【英】安东尼·吉登斯：现代性的后果，田禾，译，南京：译林出版社，2000年，第45页。

段，在其中现代性的后果比以前任何一个时期都更加剧烈化更加普遍化了"[①]（见表 6-1）。吉登斯从社会现实角度进行分析，他既不赞同哈贝马斯对后现代的批判，也不赞同后现代社会已经到来。他认为，应该走一条折中的、具有反思性现代化（reflexive modernization）性质的"第三条道路"。"第三条道路"实质上是对还未到来的后现代社会做理论铺垫，其最终目标还是指向后现代社会。在"第三条道路"思想引导下形成的包容性、投资性和积极性发展型社会政策理念核心价值要素正影响着各国残疾人社会服务资源分配的价值判断，这是作为残疾人社会服务分配基础的残疾发展模式价值选择的重要内容，也将是我国残疾人社会服务的总体思路和目标。

表 6-1 简单现代化与反思现代化的比较

简单现代化	反思现代化
外部风险	人为风险（后果严重的风险）
福利国家	启发性政治
解放政治	生活政治
自由民主	对话民主、情感民主
生产主义	生产率
福利依赖	积极福利
预防性照顾	"二次"机会

资料来源：【英】安东尼·吉登斯：失控的世界，南昌：江西人民出版社，2001年，第159页。

一、包容性：多元全人的角度

（一）底线公平、过程公平与结果公平相容

改革开放以来，我国一直以经济建设为中心，国家资源被集中用于开展经济建设，这在一定程度上忽视了社会建设和民众社会福利资源的分享。这与日本、韩国等东亚福利体制国家经济发展过程中的情况极为相似，具有典型的"生产主义特征"。随着我国政府对社会建设和社会福利的重视不断加强，以及民众的福利供需矛盾不断加深，建立完善的社会福利制度，打破体制间、行业间、区域间福利待遇差别成为破解问题的关键。于是，党的十八大将社会建设作为我国经济社会发展"五位一体"的重要组成部分，以社会保障为主要内容的民生工程成为我国近年来发展的重点，这也是我国政府促进经济和社会协调发展和包容发展的重要举措。此后，养老保险改革和医疗保险改革等社会保险和社会福利项目开始实现并轨，制度化的社会福利模式正逐渐形成。可见，我国社会福利模式经历了从选择型到适度普惠型，以及从补缺型到制度型的转变，残疾人与普通人在福利资源分配上已经基本实现底线公平。

然而，现有的适度普惠型福利模式属于低水平普惠，对于残疾人来说，生活仅能满足基本温饱需求。由于配套的医疗保障水平不高，加之残疾人在医疗和康复方面需要比

[①] 【英】安东尼·吉登斯：现代性的后果，田禾，译，南京：译林出版社，2000年，第3页。

普通人承担更多花销，直接造成残疾人生活水平降低。追求过程的公平直接导致结果的不公平。虽然，我国政府提出残疾人"特惠+普惠"福利政策，以加强对特殊困难残疾人的扶持力度，可是残疾人的弱势地位依然没有改变。究其原因主要是缺少对残疾人更为包容的福利分配机制。

从多层次公平相包容和实现的角度，残疾人社会服务分配的公平性实现可以从以下方面进行：第一，全面提升城乡残疾人医疗保险和养老保险的保障水平，实现底线公平。国务院印发的《"十三五"卫生与健康规划》提出，到2020年，覆盖城乡居民的级别医疗卫生制度基本建立，实现人人享有基本医疗卫生服务。《关于加快推进残疾人小康进程的意见》指出，要帮助城乡残疾人普遍按规定加入基本医疗保险和基本养老保险。按照两个政策文件的要求，残疾人医疗保险和养老保险均得到全面覆盖。但是，我国社会保障制度仍存在"碎片化"特征，将城市职工、城市居民和农村居民划分成不同的保险对象，保障的水平也不尽相同，这导致农村贫困残疾人保障水平不高。因此，应该加大对农村贫困残疾人和重度残疾人的保障资金扶持力度，将残疾人养老服务项目和康复服务项目纳入养老保险和医疗保险范围，通过专属的残疾人服务供给保障，进一步促进特殊群体保障的底线公平。第二，按照残疾人类别的特殊需求支付特殊补贴，实现过程公平。残疾人是一个分类很细的弱势群体，且不同残疾类别的需求差异性较大。在基本生活保障和基本社会保险得以满足的情况下，残疾人只能感受到底线公平，而要针对不同类型差异化特惠分配，残疾人才能感受到过程公平。对于失能老人或重度残疾人，应该建立起全国适用的护理津贴和护理服务制度，对有护理需求的残疾人从立法角度予以经费保障和制度保障；对于残疾儿童给予其家庭特殊照顾津贴或社区特殊照顾服务，以缓解家庭的照护压力和经济压力；对于肢体残疾、视力残疾、智力残疾、精神残疾和言语残疾的残疾人分别对其在康复器具购买和特殊照护服务方面给予补贴和服务供给，使他们得以享受福利待遇分配过程中的特惠照顾，体现过程公平。第三，以能力拓展为资源分配依据，实现结果公平。在残疾人发展模式中，对残疾人的能力开发是防止福利依赖和实现残疾人赋权的根本渠道。在社会服务资源分配时，必须将残疾人自立自强的思想贯穿始终，其基础就是残疾人能力增强，只有残疾人实现自我价值和自我悦纳，才能保障分配的结果公平。所以，根据残疾人个体和类别的差异性，实施积极就业服务、康复服务和社区服务，可以弥补残疾人生理和心理功能缺失所带来的资源分配不公平。

(二)个人模式与社会模式包容

个人模式强调打破身心障碍实行特殊庇护，社会模式强调打破社会障碍融入社会，此二者的逻辑起点均是"去障碍"。发展模式则包容个人模式和社会模式，对身心障碍和社会障碍消除的目标进行整合，并以此为基础，继续深化扩展"去障碍"维度，以残疾人自我发展为逻辑起点，将福利资源分配由消极给付型向积极投资型转变，改变以生活保障为基础的分配方式，突出分配的投资性和开发性，以残疾人能力发展、社会认同、价值实现和自立赋权为诉求，实现残疾人的全面发展和对社会的贡献。

发展模式对个人模式与社会模式的包容在我国具有现实意义，且更具可操作性。我国不可能实现社会模式完全取代个人模式有两方面原因，一方面我国的残疾人医疗康复水平相较于西方发达福利国家还处于发展的初级阶段，不具备取代的硬性条件；另一方面发展模式福利理念已经影响和融入现有政策设计，新理念水平已经超越了旧有模式的高度，融合而非取代成为模式发展趋势。因此，首先应提高医学技术水平，为残疾人发展提供基础条件。其一，完善残疾预防技术和体系，降低残疾发生率。其二，提高康复服务技术水平和服务人员综合能力，以提升残疾人康复水平。其三，增加康复辅具科技含量，使其更加人性化，以提升残疾人自理能力和自信心。其次，应强化残疾人社会参与和赋权。其一，为残疾人独立生活打造环境条件。其二，为残疾人融入社会进行能力储备。其三，为残疾人参与决策制定创造政治通道。最后，以残疾人结果公平为目标整合个人模式和社会模式，既增强残疾人的身体机能又强化其社会身份，最终实现残疾人发展的终极目标。

个人模式强调具有恢复性的残疾人康复服务，社会模式强调具有融合性的社区照护服务，发展模式则强调具有发展性的就业服务，同时将三者有机融合，将康复服务内涵扩展，将社区照护服务落地，将就业服务外延扩大，逐渐形成以康复服务为基础，以社区照护服务为载体，以就业服务为延伸的有机服务体系，使残疾人社会服务更具投资性、包容性和发展性。

(三)更具包容性的残疾定义

大多数国家均以残疾定义和残疾划分标准为基础，来对残疾人社会服务资源进行分配。同时，残疾的官方定义对由语言、媒体、法律、教育和技术决定残疾模式内核的五向度亦起到规范的作用。残疾是一个动态性定义，各国对残疾的不同定义反映了残疾研究范式的不同阶段，也反映出该国残疾人福利发展水平。受到 ICF 残疾概念框架的影响，目前国际社会已经开始结合个人因素和环境因素，以及残疾人个人身体功能与结构损伤、活动限制、参与阻碍和健康状况异常等，对残疾进行了重新定义，具有个人模式和社会模式相包容的特征。而我国目前所定义的残疾人是以 2008 年《中华人民共和国残疾人保障法》修订版为参照，指在心理、生理、人体结构上，某种组织、功能丧失或者不正常，全部或者部分丧失以正常方式从事某种活动能力的人。由此可见，我国的残疾人定义具有明显的医学模式特征，与当今世界残疾人发展主流仍有差异。我国是首批参与签订联合国《残疾人权利公约》的国家之一，政府对残疾人权益维护十分重视，对残疾人内涵的正确认识是针对残疾人各项工作的基础。因此，我们可以从发展型社会政策视角将残疾人定义为：因身心功能和结构受到损伤且受社会环境限制，参与社会活动、正常发展受到制约的人。为了实现更具包容性的社会福利资源分配，将残疾人赋权作为其去障碍基础上促发展的主要措施，在可行的无障碍环境下，为残疾人提供康复治疗、社会福利、保护和自身权利提升，使其能有尊严地、平等地、独立地生活，同时能健全地、有效地参与社会生活。

除了在残疾人公共服务设施方面扫除进入社会的障碍，让残疾人更加公平地获得社会资源分配外，将具有发展性特征的残疾定义植入由语言、媒体、法律、教育和技术组成的五向度内涵，使发展性残疾概念内化为社会大众对残疾的认知，将有助于全社会以更为客观的态度看待残疾人发展。在残疾人相关法律中将具有发展性特征的残疾定义用立法的形式予以明确，并将以语言、媒体或行为对残疾人造成侮辱的歧视现象按照情节轻重进行惩罚，并在法律条例中做出明确规定，改变原有立法中有规定难执行的情况。在教育、语言和媒体的残疾相关信息传播中，构建残疾人积极融入社会和积极改变困境的自立自强形象，以普通人视角而非缺陷视角和怜悯情怀来审视残疾人行为和认知。在技术设计理念中将残疾人发展理念融入其中，以面对健全人的视角来给予残疾人发展以关怀，将发展模式残疾概念融入公民社会认知体系。

二、投资性：更具发展性的分配

（一）以能力发展为目标的投资

个人模式和社会模式以维持基本生存条件和"去障碍"为分配目标。在福利资源分配中多以现金给付为主，带有较强的自由主义色彩。分配的目标决定了分配的形式，以及分配的效果。在救济和基本生活维持的分配目标下，残疾人福利分配更多是满足基本生活需求的现金给付，分配的效果也只能是对社会资源的纯损耗，对残疾人口的福利依赖，对经济发展的制约，和对平等的误读。

随着经济社会的不断发展，在基本生活得以保障的前提下，残疾人开始追寻实质平等以及自我价值的实现。原有残疾模式"去障碍"的分配原则不适应风险社会的发展，无论是身心还是社会"去障碍"已经逐渐成为共识，残疾人包容性发展将成为主流。此时，发展模式的社会投资理念成为支撑理论。发展模式在残疾人基本生活得以满足的条件下提出以残疾人能力发展为目标，将福利分配的重点放在残疾人能力建设方面。按照残疾人能力表现的场域划分，残疾人能力发展包括：学校环境的学习能力、社会环境的交往能力、家庭环境的自理能力和劳动环境的就业能力等综合能力的建设和发展，单纯通过资金投入和现金给付很难达成能力塑造之目的。所以，需要政府以直接或间接递送的方式投资残疾人能力建设，其主要形式就是包含教育服务、康复服务、就业服务和照顾服务在内的社会服务。教育服务特指除正规学校教育和残疾人特殊教育（属于国家公共服务领域）以外的非正规教育，包括：残疾儿童学前教育、成人职业技术教育、成人再就业培训等；康复服务不再局限于补偿功能的健康康复，而是将康复的外延不断扩大，融入教育康复、生计康复、社会康复和赋权康复，以实现残疾人全纳、参与和赋权的包容性发展目标，五项康复内容呈梯度发展，构成一个从基本身体恢复到全面功能发展的过程，该目标过程需要以发展性的投资理念来实现。其中教育康复、金融资产服务等内容具有投资性（具体内容将在本章第二节中详细介绍）。就业服务是目前各国用来应对"银发危机"和解决福利财政危机的有效途径，就业服务的供给过程就是人力资源投资的过程。就业服务按照残疾人进入劳动力市场的过程可以分为：专业技能培训、职业规划设计、就业信息提供、就业能力评估、入职适应性训练、入职技能培训、工作辅具提供、就业维持服务。就业服务的过程实际上也是通过人力投资的形式，让残疾人更顺利地融入社会，以提升其自我价值，强化其存在感。照顾服务从表面上看是对资源的纯损耗，是最不具备投资性的服务类别。然而对残疾人的多样化社区照顾，更利于残疾人融入社区（社会），缓解其家庭的照顾压力，从社会发展和经济发展来看，同样具备投资性特征。

（二）以机会获取为目标的投资

个人模式以慈善救助为服务目标，社会模式以权利维护为目标，发展模式则以促进残疾人获取个人发展的机会为目标。机会作为一种稀缺资源，也是福利分配的隐形要素。对于残疾人等弱势群体的机会分配，除了社会认可的价值观念之外，往往要通过立法的形式进行强制保障。残疾人完全融入社会并获得发展的机会，同样也是一个投资的过程。其一，经济投资保障残疾人获得参与经济活动的机会。我国现有残疾人服务体系中，残疾人扶贫计划作为残疾人发展的投资项目已经在全国展开。然而，项目运作的有效性并不显著，其原因在于项目是以救助的思维而不是投资开发的思维进行扶贫，同时没有形成科学的开发和评价体系。美国"资产建设"的思路可以为我国残疾人扶贫计划提供有益参考。我们可以建立"残疾人个人发展基金账户"，由残疾人自行存入发展资金，政府按照同样金额进行一比一配比注入资金，按月或年设定上限。由政府或社会组织开放投资项目，可以是教育投资、金融产品投资或社会活动投资，投资必须是专款专用，以残疾人发展和社会发展为目的，最终建立残疾人参与经济活动的有效渠道和资金基础。其二，环境投资保障残疾人获得参与社会生活的机会。我国已于2012年颁布并实施《无障碍环境建设条例》，对无障碍环境建设的设计理念和责任进行划分。新修建的公共设施或建筑物已经开始逐渐按照规定进行建设和审批。然而，地区差异和城乡差异依然未能彻底改变对残疾人"环境不友善"的现状。因此，一方面需要政府对无障碍环境建设加大投入力度，并向人群集中地区、环境落后地区倾斜，集中力量对原有未达标设施和建筑进行改造。另一方面，由政府、社区和居民共同对居民居家环境进行改造，以方便残疾人顺利进入社区，融入社会。通过对环境设施的投资，打通残疾人进入社会的障碍，创造残疾人融入社会的机会。

（三）以福利增长为目标的投资

福利除了指获得生活改善、个人尊严，还是一种心理感受，具有一定层次性和条件。个人模式中社会服务的提供仅仅是满足残疾人基本生活的需要，具有补缺性质。社会模式下的社会服务供给是满足权利实现和平等需求，具有普惠性质。发展模式下的社会服务是残疾人价值和心理满足感的实现途径，具有投资性质。在不同残疾模式下，社会服务满足了残疾人不同层次的福利需求，这是一个福利增长的过程，也是投资于残疾人，实现残疾人自立自决目标的过程。

福利在本质上不是一个经济学的概念，而是一个心理学的概念，它关乎人的幸福。因此，经济上的利益本身几乎从来都不足以创造出幸福[①]。大多数残疾人所追求的价值目标是以一个完全平等的主体身份参与社会事务，并从经济利益获取和社会贡献中找到自

---

① 【英】安东尼·吉登斯：第三条道路：社会民主主义的复兴，北京：北京大学出版社，2000年，第121页。

我价值。投资于残疾人发展就是投资于社会未来的发展。其一，满足基本生活需求，为残疾人发展奠定基础。我国已经开始实施适度普惠型的社会福利制度，并于2016年开始全面建立困难残疾人生活补贴和重度残疾人护理补贴制度[①]。然而，该补贴的标准是建立在补偿原则基础之上，只能保证残疾人达到最基本的生活标准，而且覆盖面相对有限。所以，在今后的福利投资中应该快速提升残疾人补贴标准，并将覆盖面逐渐扩大到所有残疾人。该标准的提升以普通人生活水平为标准，且对有特殊需求的残疾人有适当倾斜，以保证其结果公平。其二，满足社会生活需求，投资残疾人生活。残疾人积极地融入社会生活除了需要硬件设施的投资外，还需要残疾人心理认可。在社区营造出社区服务人员、社区居民、专业社会工作者、志愿者和残疾人相互认可的支持网络，建立伙伴关系，介入专业心理服务，强化残疾人认知和自我认同感。其三，提供个性化残疾人支持服务，提升残疾人发展性能力。残疾人自我发展需要形成强大的内驱力，这也是残疾人发展的终极目标，可以此彻底摆脱社会歧视。国际经验证明，除了社会认同感的形成外，残疾人自决和自我发展内驱力的形成将最终减轻歧视。所以，在提供社会服务时应以辅助的手段，培育残疾人的发展性能力，其中就业或创业途径的获取就是最有效的方式。

三、积极性：内化的价值认同

（一）基于权利和义务相结合的积极公民

维护残疾人权利是我国目前残疾人相关法律法规制定的原则和归宿。残疾人社会福利的分配是残疾人社会权利得以实现的具体体现。然而，残疾人社会权利维护理念在我国传播仅有三十多年的历程，社会福利政策的制定还在不断完善中。从残疾模式演进来看，我国正处于个人模式和社会模式交叉发展的进程中，社会模式并未完全确立。所以，残疾人社会权利的维护并不完善，权利建设依然在进行中。与此同时，福利国家的转变已开始影响我国福利政策，为了应对风险和社会危机，现有的残疾人社会政策中已经体现出"积极福利"思想的政策特征，发达地区的残疾人社会服务项目中照顾服务和就业服务体现出了一定积极性。因此，我国当前残疾人社会服务要发展权利和义务相结合的积极公民政策思想，就必须在完善残疾人权利维护的基础上体现残疾人义务，最终实现残疾人从"消极公民"向"积极公民"的转变。

我国现有残疾人社会福利资源分配制度以身份化的残疾人证为依据，残疾人按照资格来获取福利待遇，属于"消极福利"，残疾人不需要通过自身努力便可获得扶助，容易产生福利依赖。在完善残疾人"普惠+特惠"社会福利政策的基础上，可从以下方面进行政策改进。首先，实现残疾人评估的科学化。享受福利资源分配是残疾人的社会权利，但评估标准和过程的不科学将会异化分配结果。所以，需要运用个人和环境因素相包容的发展性评价体系进行残疾人评估和确权。将残疾人评估动态化，包含前摄性评估（需要评估）、澄清性评估（程序逻辑评估）、互动性评估（赋权行为评估）、监测性评估（康

---

① 光明网：国务院决定全面建立困难残疾人生活补贴和重度残疾人护理补贴制度部署建设"双创"支撑平台，2015 年 9 月 17 日，http://culture.gmw.cn/newspaper/2015-09/17/content_109263566.htm。

复过程评估)和影响性评估(成果评估)①。在康复过程评估中,残疾身份退出机制建立,残疾人身份固化和标签化被打破,分配更具合理性、科学性和发展性。其次,建立残疾人权利与义务相关分配机制。福利国家经验表明,单纯追求权利的福利分配机制不具有可持续性、包容性和发展性。福利资源和机会具有稀缺性,但同时也具有可再生产性,可将福利效果放大,甚至对经济发展起促进作用。在保证残疾人基本生活水平的前提下,对残疾人更高层次的生活需求进行有条件分配,将残疾人的权利和义务相结合,强调其社会贡献,其中就业服务最具代表性。在残疾人评估体系中通过残疾人能力评估,将残疾人补贴发放与评估结果相匹配。有就业能力但不参加就业相关培训、不主动获得工作机会的残疾人将被停发补贴。进入工作领域后,失业的残疾人必须参加再就业培训和职业生涯辅导,并积极从事求职活动,否则将对其补贴发放进行限制。另外,将残疾人康复和照顾项目与残疾人义务相结合,对于有能力却不主动参与社会活动和社会服务事业的残疾人,限制对其福利资源的分配。逐步建立残疾人权利和义务相结合的机制与意识,并内化为残疾人价值标准,变消极价值观为积极价值观;通过服务的供给促进经济和社会发展,变资源损耗为资源再生产,从分配机制上促进残疾人发展和社会发展。

(二)基于赋权的积极平等观

社会福利资源的分配是政府转移支付的一种形式,在消极福利观中具有明显的"劫富济贫"意味。财富的拥有者通过税收的形式实现社会资源的再分配,此种追求现象公平而结果不公平的情况只是贫富双方或强弱势双方的契约妥协。这种情况下的平等观带有较强被动性和消极性。而且,建立在经济利益基础上的福利观并不能满足弱势群体的心理需要,无法打破弱势群体的内心不平等。所以,只有通过权利赋予和能力开发来实现残疾人赋权的目标,以此激发残疾人潜能、自尊心和自豪感,以更为积极的平等观促进残疾人综合发展。

赋权(empowerment)源自维多利亚时代的自助传统,是现今社会工作者重要的工作方法之一,其核心理念是"助人自助"。随着社会的变化,赋权的内涵在不断丰富,赋权已经不仅仅是一种社会工作方法,而更是一种理念和资源的分配方式。赋权的操作性定义是:个体、团体和社群掌管其境况、行使其权力并达成其自身目的的能力,以及个别和集体能够借此帮助自己和他人将生命的品质最大限度提高的过程。此定义包含了人们的能力、人们行使权力的过程和人们的成就②。残疾人赋权按程序可划分为过程赋权和结果赋权。过程赋权的手段是参与或介入,参与包括了残疾人服务组织内参与、残疾人自组织参与和残疾人参与。"消费主义"和"用户介入"思想开始影响各类组织提供残疾人服务的行为。残疾人应该更多地获取服务信息,参与服务标准制定,参与服务过程管理,让服务对象以完全主动的身份参与到服务供给中,使残疾人的被服务过程成为权利获取和能力增强的过程。另外,应该积极培育残疾人自组织,使其参与到政府、营利组织和非营利组织的服务供给中,并对残疾人服务进行有效评估和监管。为了在参与过程中体现积极的平等观,赋权在参与过程中应该具有四种价值取向:注重服务效果的科

---

① 陈锦棠,等:香港社会服务评估与审核,北京:北京大学出版社,2008年,第17页。
② 【英】Robert Adams:赋权、参与和社会工作,汪冬冬,译,上海:华东理工大学出版社,2013年,第19-20页。

学取向；注重成本和效率的管理取向；注重顾客满意度的市场取向；注重平等和公民权利的社会正义取向。结果赋权的方式是对残疾人能力的提升和价值的体现。通过政治赋权进一步加大残疾人参与政策研究和制定的动力，扩大残疾人政治影响力；通过社会赋权激发残疾人成立自组织、参与团体活动的积极性；通过人际赋权建立友好的社会支持网络，优化和整合社区资源，完全接纳残疾人；通过自我赋权提升残疾人个人能力，调整残疾人心态，以实现残疾人自我认同和自我悦纳。残疾人赋权也是一个动态过程，是"摆脱压迫→远离依赖→自我认知→改善服务→改变现状→积极平等"的循序渐进过程，最终以赋权为基础的残疾人积极平等观形成，成为残疾人发展的分配价值取向。

(三) 基于公共责任的积极政府

中国社会是一个"断裂的社会"，社会中前现代性、现代性和后现代性的成分同时存在，相互之间缺乏有机联系[①]。在残疾人社会政策制定过程中，这种"断裂社会"特征也造成不同时期政策的有机联系不强。随着《残疾人保障法》的颁布和完善，我国残疾人社会政策设计已经表现出一定的连贯性和延续性，其中政府所起的作用不容忽视。在残疾人权益受到立法保护之前，政府对于残疾人的公共责任表现为消极应对，这与落后的残疾模式理念相关。在福利国家模式转变和我国社会福利制度化形成过程中，独特的社会背景和交叉的政策环境让政府在资源分配中的角色更为重要。此时，政府应该更为积极地应对福利模式和残疾模式转型给残疾人群体带来的改变。

积极的政府社会服务提供应该奉行以公共责任为基础的行政价值导向。残疾人作为多样化人群中重要的一分子，政府理应对其负有公共责任，向残疾人提供救助、补贴和服务是政府应尽的义务。政府的行政过程就是践行公共价值理念的过程。在残疾人服务资源分配过程中，积极的政府应该从以下方面体现其公共责任：其一，强化政府财政供给主体责任。此前我国社会福利资源分配带有浓厚的"生产主义"色彩，政府对残疾人社会服务的投入相对贫乏。今天，无论是自由主义国家、社会民主主义国家，还是"第三条道路"国家，都在强调社会支出中的政府财政投入。所以，我国应该进一步加大对残疾人的社会福利投入，以保障社会服务供给的良好基础，尤其是加大对残疾人发展项目的投资力度。其二，强化政府监管主体责任。新公共管理运动的核心思想之一就是提升政府行政能力和管理水平，以降低行政成本。在残疾人社会服务提供过程中，政府行政能力的提升主要表现为逐渐退出弱势递送市场，从直接递送向监管转变，实现"管办分离"和"流程再造"。政府以积极的态度从递送市场退出，从监管的科学性入手，通过递送市场的培育实现资源分配的良性运行。其三，强化"积极社会"价值意识。政府除了积极参与残疾人监管和资金供给外，在分配中应该倡导积极福利思想。在残疾人服务的政府主体递送和契约委外项目设计及评估过程中导入积极福利因素。在基层社区社会治理中导入积极福利思想，通过宣传、教育和参与的形式，强化"积极社会"价值理念。

---

① 孙立平：断裂——20世纪90年代以来的中国社会，北京：中国社会科学文献出版社，2003年，第14页。

第二节 供给：发展模式的服务项目体系

供给框架主要是指残疾人社会服务的项目体系，属于服务执行层。该框架以残疾人社会服务需求分析为出发点和立足点，为满足残疾人需要直接提供服务。所以，残疾人社会服务供给是以残疾人服务需求分析为基础的服务项目体系。然而，我国残疾人社会服务供给水平存在一定地区性差异，服务项目的供给差异较大，东部经济发达地区已经基本实现了残疾人社会保险全覆盖、社会救助差异化和现金补贴多样化供给，已经具备发展模式残疾人社会服务供给的基础条件，故而项目供给中发展性特征显现，特别是就业服务和社区照顾服务。其中江苏省具有一定代表性，该省残疾人生活水平和收入高于全国残疾人平均水平，就业服务和康复服务已初步具有发展性特征。但是，从整体来看，残疾人社会服务供给的制度"碎片化"特征依然存在，供需矛盾依然突出，供给内容不全面。究其原因，主要是"碎片化"的服务制度，已经不能适应残疾人发展性需要，故需要建立具有系统性的服务供给框架。所以，本节内容将以江苏省为例，对其残疾人社会服务的政策设计和政策实践进行缺陷和衔接性分析，并提出具有发展模式特征的供给项目体系设计。

一、残疾人社会服务供给需求分析

江苏是我国经济较为发达的省份，城乡社会保障水平差别相对较小，而且在残疾人政策实践中已经体现出发展型社会政策价值诉求。因此，江苏省可以作为我国残疾人发展模式的一个示例。2014年江苏省残疾人监测状况调查在一定程度上反映了部分江苏省残疾人社会服务部分供给和需求现状，这也是我国残疾人社会服务的缩影。该调查除了104人失访外，共有1489名持证残疾人参与了问卷调查，其中17岁及以下为38人，18岁及以上为1451人，调查对象按照各县市残疾人分布数量比例进行抽取，具有一定代表性[①]。

(一) 康复需求旺盛，服务供给不充分

在江苏省的调研中我们看到，社会保障的需求中，以往占绝对需求比例的生活救助比重已经开始下降，只占到44.46%。医疗救助和康复救助需求的比例开始上升，分别占到52.92%和32.77%(见表6-2)。由此可见，随着残疾人基本生活经济保障水平的不断提高，残疾人对医疗救助和康复救助的需求开始不断增加，且已经成为最主要的需求。这也说明残疾人保障已经基本告别基础型温饱模式，更具有功能恢复和发展意义。

---

① 本节中涉及的残疾人调查数据均来源于2014年江苏省残疾人状况监测调查。

表 6-2 残疾人救助服务需求调查表

需求服务类型	不需要	生活救助	教育救助	医疗救助	康复救助
需求人数/人	411	662	88	788	488
所占比重/%	27.60	44.46	5.91	52.92	32.77

从康复需求满足的现状来看，我们发现：第一，目前残疾人康复服务供给最多的是对康复知识的普及，接受比例达到了 81.13%，而辅助器具使用与配置供给较少，接受比例仅为 20.41%，大部分残疾人没有获得辅助器具支持。这说明，政府目前对残疾人的康复服务供给还停留在对残疾人的康复知识宣传方面，对帮助残疾人走出家庭融入社会的辅助器具使用和配置方面还远未满足残疾人需求，供给不具有发展性特征。第二，残疾人康复治疗与训练的比例仅达到 38.89%，其他康复服务接受比例为 31.16%。可见，大量残疾人并未充分享受康复治疗，与旺盛的康复治疗需求形成矛盾。残疾人及亲友培训比例仅为 35.26%，依然有大量残疾人及其家庭未参与到康复培训中来，康复培训并不具有社会性。第三，医疗诊断与需求评估接受比例为 49.90%，随访与评估服务接受比例为 41.17%。这说明有超过一半的残疾人并未接受过任何医疗诊断与需求评估（见表 6-3）。可见，对残疾人的康复治疗服务供给缺乏科学性，这将会严重影响康复效果和康复需求满足。综合而论，江苏省虽然已经在残疾人基本生活需求和社会保障方面实现了残疾人的全面保障，但在康复服务供给方面的科学性和全面性不足，供给不够充分。

表 6-3 残疾人康复服务接受情况调查表

服务内容（调查前一年内）	接受过人数/人	比例/%	未接受人数/人	比例/%
医疗诊断与需求评估	743	49.90	746	50.10
康复治疗与训练	579	38.89	910	61.11
辅助器具使用与配置	304	20.41	1185	79.59
心理疏导	480	32.24	1009	67.76
居家服务、日间照料、托养	298	20.01	1191	79.99
随访与评估服务	613	41.17	876	58.83
残疾人及亲友培训	525	35.26	964	64.74
康复知识普及	1208	81.13	281	18.87
其他康复服务	464	31.16	1025	68.84

调研的个案分析反映出残疾人康复服务供给不足加重了残疾人经济负担，增加了其生活中的不便，这使残疾人错过最佳康复时期而影响康复效果，增加康复成本。已有的康复服务由于专业人员稀缺，导致服务人员缺乏认识、积极性不高，康复效果不佳。

泰州市张女士：

儿子 34 岁，21 岁时出现精神障碍，后被评定为精神残疾。我们生活在农村，没有精神康复治疗的专业医院和医师，只能通过长期服药来进行康复，费用较高，且不能报销(不在新农合报销范围)。儿子患病后被原单位辞退,福利工厂以其情绪不稳定为由拒绝其就业。一方面,儿子没有了收入。另一方面,我只能辞了工作照顾他。除了政府支付的生活补贴,家庭收入较少,生活很紧张。另外,儿子容易情绪激动,会打父母,亲戚朋友也不敢来家中,我感觉很无助。

泰州市海陵区小儿脑瘫康复训练中心李阿姨:

孙子 7 岁,自出生起患脑瘫,在康复训练中心已经 3 年。刚开始孩子的父母把他放在这里,早送晚接,但发现孩子康复效果不佳。经过了解后发现,该训练中心的康复医师太少,而且经验都不丰富。后来我把农村的农活放下,到这里来天天陪孩子训练,也会帮助其他家长不在的小孩练习。因此感觉家里少了不少收入,自己的全部时间也都只能耗在这里。

扬州市邗江区春蕾聋儿康复中心关院长:

我们这里采取的是寄宿制,家长每周来接孩子一次,这样家长可以安心地工作。可是由于我们收费较低、政府补贴不充分,教师和管理人员的工资很低,所以工作人员的流失率很高,高水平的康复医师又请不来,这对聋儿的连贯性康复十分不利。孩子的助听设备价格较高,家长负担较重,希望政府增加支持,也希望爱心人士多帮助。

扬州市广陵区雏鹰儿童发展中心(扬州市孤独症儿童康复基地)杨院长:

我儿子也患有孤独症,我开办这个康复基地的原因就是希望患有孤独症的小孩能通过科学的治疗得以康复。我们这里的有些小孩是 3 岁以后才送来的,因此康复的效果就很不好。主要原因还是家长的康复知识和社区康复资源贫乏,让家长忽略了小孩本身的问题,造成后期康复效果不佳。由于这里不能解决教师职称和编制问题,待遇不高,教师不够成为最主要的问题。

扬州市广陵区雏鹰儿童发展中心患儿家长张先生:

像"雏鹰"这样的机构很少,只有相对大一点的城市才有,我们乡下没有。我读书少,也没有人告诉我,在孩子小的时候没有发现他有这方面倾向(孤独症),所以就延误了治疗的最好时机。现在送来效果也不好。

(二)就业服务供给不足,就业途径不畅

在"全民创业"理念的推动下,近年来江苏省残疾人就业服务和创业支持力度也在不断加大,残疾人就业和创业人数明显提升。然而,就业投入形式以现金给付和投资为主,在残疾人技能培训和能力提升方面的效果并不理想。从此次调查结果来看,1451 名 18 岁及以上残疾人中,接受过技能培训的为 33 人,仅占 2.27%,没有接受过培训的为 1418 人,占到 97.73%。可见,残疾人就业培训基本处于空白状态,这与残疾人期望通过能力提升和工作技能获得就业和实现自我价值的诉求形成强烈反差,与社会福利模式的转型发展趋势相悖。

在调查中，未就业的残疾人人数为 1043 人，占到调查人数比例的 70.05%。未就业的主要原因中，丧失劳动能力、料理家务和离退休分别占到 41.61%、23.87%和 21.86%（见表 6-4）。除了因年龄较大且完全不具备工作能力外，还有很多残疾人是因为需料理家务和个人原因未就业，究其本质原因就是缺乏应有的就业服务导致残疾人从家庭进入社会的途径不畅。在调查中，明确表示正在就业的残疾人有 27 人，他们获得就业机会的主要渠道如下：通过残联就业服务机构有 9 人、通过熟人介绍有 6 人、通过招聘会招聘有 5 人、自主创业有 4 人、通过公共就业服务机构有 2 人、其他有 1 人，没有人通过网络就业信息找到工作。可见，残疾人获得就业机会的渠道主要还是通过残联和熟人介绍，公共就业服务机构和招聘会等公共就业服务平台并未发挥主要作用，网络就业平台并未得到充分利用。由此可见，在就业信息服务供给方面，残疾人就业信息的获取渠道比较单一，不具有社会性和开放性特征。现代网络信息技术在残疾人就业服务供给方面运用滞后，制约了残疾人的就业途径的拓宽，给残疾人的自立自强和自我价值实现造成了阻碍。

表 6-4　残疾人未就业原因统计表

未就业原因	在校	离退休	料理家务	丧失劳动能力	毕业未工作	单位原因	本人原因	承包土地	其他
人数/人	2	228	249	434	2	1	21	6	100
比例/%	0.19	21.86	23.87	41.61	0.19	0.10	2.01	0.58	9.59

调研中，大多数残疾人反映出积极的就业意愿，并希望通过就业赢得人们的尊重，希望社会改变对残疾人的偏见。然而，政策扶持力度不够、就业渠道较少、待遇不高都造成了残疾人就业和创业的困难局面。

王先生，42 岁，扬州市广陵区湾头镇联合村村民，下肢残疾：
我是因一次交通意外导致的下肢残疾，现在只能借助辅助工具出行。虽然出行很不方便，但我还是希望能减轻家里的负担。现在，我通过拐杖和轮椅，已经基本实现生活自理，前年还在政府的帮助(补贴 1000 元)下购买了一辆助力车。通过驾驶助力车，我开始和其他残疾人朋友一起去拉顾客，这项工作给我带来了不错的收入，在外能和许多人交流，人活得也乐呵，在家里和村里都赢得了别人的尊重，整个人也感觉找到了自信。但是，去年政府把我们的车定为非法营运车辆，无法用这种方式挣钱后，我感觉也没其他事可以做，觉得这样下去也不是个办法。

李女士(王先生妻子)，38 岁，扬州市广陵区湾头镇联合村村民，肢体残疾：
我是从四川嫁过来的，从小患有小儿麻痹症，所以工作能力不行。现在在一家福利工厂做工，每月有 2000 元收入。家里一共有五口人，丈夫、婆婆也是残疾人(婆婆是听力残疾)，我们还有两个小孩。家里每月有 700 元补贴，村里每年还会发 200 元慰问金。自己还会做些农活，也会有一些收入，一家人过得还可以。村里有申请补助的政策，但还是希望通过自己努力让家人过得好些。希望福利工厂的工资能有所增加，也希望自己能有更多的挣钱渠道。

李先生，35岁，扬州市邗江区双桥街道康乐社区君子干洗店老板，肢体残疾：

我开这家干洗店已经有两年了，现在店里雇了一个人，收入还不错。当时创业得到了政府的资金支持和税收减免，政府还在租店铺时给了我很大帮助，给我安排到社区中比较好的地段。可是，像我这么幸运的人毕竟是少数，许多残疾朋友也非常希望通过自己的努力创业成功。在我的帮助下，有些残疾朋友也实现了成功创业。我觉得，政府要是多给残疾人一些技术支持、资金支持和经营管理方面的培训，就会有更多残疾人出来创业。

翟先生，24岁，泰州市残联工作人员，肢体残疾：

我是残联近几年唯一加入的残疾大学生，我觉得我们和普通人相比除了行动相对不方便外，没有什么区别，我们不需要"特惠"的帮助，这样反而会显得我们无能。我可以和其他普通人一样参加考试，而且可能比他们中的有些人考得好，我会通过自己的努力让别人尊重我。但是，现在有些和我一样的残疾同学在找工作中处处碰壁。虽然政府也有规定禁止对残疾人的歧视，可是国家机关雇佣残疾人的比例总体很低，连我们残联的残疾人工作者也不多。

(三) 社区服务供给不足，社区融入不充分

江苏省作为全国残疾人社区服务的先进省份，已经开启了各项社区服务的先河，并且在发达社区实现了社区养老服务和助残服务的有效整合。但是，在全省的实际调查中，社区服务依然体现出有效供给不足，残疾人社区融入不充分的特征。

江苏省残疾人接受居家服务、日间照料及托养的比例只占到20.01%（见表6-3），大部分重度残疾人和精神残疾人没有享受相应社区照护服务，非正式组织依旧是残疾人照护的主要力量，其家庭成员被照顾服务拖累，因残致贫情况突出，专业化和社会化照顾服务需求紧迫。在社区活动参与方面，经常参加的残疾人仅为8.39%，51.11%的残疾人很少参加，40.50%的残疾人从不参加，后两项比例加起来占到了91.61%（见表6-5）。可见，目前大量残疾人没有融入社区（社会）生活，社区活动也没有将残疾人充分调动起来。残疾群体还是一个相对孤立的群体，这让残疾人失去了融入社会的良好机会，社会也没有机会充分了解残疾人，这对消除残疾人歧视极其不利。

表6-5 残疾人社区活动参加情况表

参加情况	经常参加	很少参加	从不参加
参加人数/人	125	761	603
参加比例/%	8.39	51.11	40.50

在社区服务接受方面，接受过社区（村）为残疾人提供的服务的人数为1164人，比例为78.17%，有325人未接受过服务，比例为21.83%。虽然大部分残疾人已经接受过社区服务，但是服务覆盖面并不充分。在已经接受过服务的残疾人中，知识普及占比最高，

为 70.52%，其次是康复服务为 46.88%，而生产生活服务、教育文化服务和职业培训则比重较低，仅分别为 34.59%、6.92%和 1.61%。另外，残疾人心理疏导服务接受比例仅有 32.24%，大量残疾人的心理障碍问题只能依靠自身排解或依靠以家庭成员为主的非正式组织。可以说，社区社会服务的供给还处于基本个人模式阶段，具有发展性特征的服务项目还处于起步阶段。残疾人社会融入、能力提升和赋权体现不充分（见表 6-6）。

表 6-6 残疾人社区服务供给状况表

服务项目	康复服务	教育文化服务	职业培训	生产生活服务	知识普及	其他
人数/人	698	103	24	515	1050	566
比例/%	46.88	6.92	1.61	34.59	70.52	38.01

在社区中的个案调查研究发现，已经有街道和社区开展了"三门服务"活动，即："残疾人社区服务请进门""志愿者服务残疾人主动上门""组织残疾人自愿走出门"活动。但是，活动开展的地区少、范围小、次数少、实效性差，活动开展效果一般，并未真正满足残疾人的社区服务需求。

周大妈，73 岁，丧偶，南京鼓楼区居民，听力残疾和视力残疾：

由于高血压导致视力模糊，加之原来就有耳聋，我现在下楼很不方便。原来我是一个特别喜欢和人打交道的人，现在大女儿在外地，小女儿工作忙，回来的时间不多，只是有个钟点工每天过来做做饭，我和人沟通交流少了。社区也会有人来找我聊天，但是不经常过来，平时还是觉得孤独，社区组织的活动也参加不了。我的血压不是很稳定，虽然社区也会有人来测量，但是不能保证天天来，我老担心自己的血压。

钟大爷，71 岁，扬州市广陵区湾头镇天顺花园社区居民，肢体残疾：

我现在和老伴住在一起，三个儿子很少来家里看望，觉得自己像是被抛弃了。地方政府在家里帮忙安装了简易的康复设施，我可以在家自行活动，但是走到社区活动中心还是不太方便。自己参加不了社区针对老年人的组织活动，有种与世隔绝的感觉。逢年过节社区工作人员会过来慰问，但平时就很少。我与亲戚朋友来往也不多。

二、残疾人社会服务供给政策现状及与发展模式的衔接

残疾人社会服务供给不能满足残疾人需求的直接原因是各项服务政策支持乏力，根本原因在于缺乏合理的社会福利模式和残疾模式来进行理论支撑和价值引导。因此，政策设计层面的缺陷需要从理论完善和制度健全方面进行模式衔接。

（一）基础数据欠完善，需实现部门间无缝衔接

江苏省残疾人信息工程建设在全国处于领先水平。目前，已经建成了涵盖省、市、

县三级，由五大信息网络系统构成的残疾人基础数据库①，且实现了南京和无锡两地的人力资源和社会保障部门、卫生部门、民政部门和公安部门的数据交换与共享。但是，全省范围内的数据交换与共享平台未建立，导致残疾人基础数据使用效率低。残疾人社会服务信息整合平台未建立，导致残疾人社会服务政策设计缺乏系统性依据。传统残疾模式的滞后思想是残疾人基础数据系统化建设的主要障碍，这就需要以发展模式体系化服务理念为引导，建立科学和完善的残疾人数据共享和评估系统，以实现部门间的无缝衔接。

（二）康复服务出现断层，需实现康复全过程衔接

江苏省残疾人康复服务接受情况在全国处于较高水平，但依然没有完全实现人人享有康复服务的目标。究其根本原因，服务提供方仍将康复视作对贫困残疾人的临时救助，而非全体残疾人的生命历程全程康复，积极性、包容性和系统性体现不足。当前，江苏省通过建立"儿童残疾预防组织管理网络"和"儿童残疾随报及早期康复工作制度"，试图由残联整合各职能部门资源从医学角度降低残疾的发生率。可是该预防体系仅针对新生儿，对于成年人则预防不足。而且，并未根据残疾人的具体状况设计康复的三级预防体系。另外，康复服务项目与就业和社会融合相割裂，并未体现残疾人通过康复融入社会实现自我价值的功能，出现了康复服务的断层。因为缺乏具有发展模式理念的康复服务体系建构，残疾人康复在资金投入、人才配备和制度完善方面都举步维艰。因此，残疾人康复应该从生命历程角度实现康复的全过程衔接。

（三）就业服务"有形无实"，需实现理念和实践顺利衔接

从制度设计层面来看，江苏的残疾人就业服务是残疾人社会服务中发展较为完善的服务项目。在《江苏省残疾人就业工作"十二五"实施方案》中，江苏省实施了"残疾人就业优先计划""规范残疾人就业服务网络""加强残疾人职业教育和职业培训"等方案，从就业岗位安排、就业服务制度和就业能力培养等方面进行残疾人就业服务供给，具备了明显的发展模式理念特征。然而，方案在实施过程中效果并不理想，制度设计和政策落实之间还有相当距离，有工作能力的残疾人就业和创业情况未达预期。制度设计和政策实施之间的空隙在于未将残疾人主体动力的激发与用人单位的用工热情相结合，且缺乏有效的激励机制和监管机制。残疾人的长期职业生涯规划和调适机制未建立，残疾人就业前、就业中和再就业全过程缺乏相应的科学培训和管理，政府和用人单位在其中未实现有机结合和转接。残疾人就业服务缺乏有效的政策实施体系，发展模式有形而无实。因此，要真正实现残疾人就业服务的发展模式，就必须实现理念和实践的衔接。

（四）照护服务滞后，需实现多元照护主体职能衔接

残疾人照护服务项目在江苏起步较晚，虽然《江苏省残疾人托养服务工作"十二五"实施方案》中对残疾人照护服务有了清晰的规划，但实际发展依然相对滞后。除了"阳光家园计划"让少量残疾人享受到照护补助外，大量残疾人依然需要依靠家人照

---

① 江苏省五大信息网络应用系统：全省残疾人基础信息采集系统、残疾人证管理系统、公共信息网站群系统、残联业务管理系统和就业保障金年审系统。

护，社会融入不充分。其原因主要为：政府照护资金投入不足、照护需求调查不翔实、照护机构发育不良，"以财政投入为引导，以社区服务为依托，以政府扶助、社会化服务进家庭为标志"的照护服务体系并未真正建立。照护体系不健全导致残疾人融入社会生活的渠道不畅，自我认知水平较低，自我认可度下降，最终导致残疾人发展性功能丧失。因此，需要对包括政府、社区、照护机构和家庭等残疾人照护多元主体进行职能衔接，以实现残疾人有效融入社会。

三、建立以健康康复为基础的康复服务

从医学模式到发展模式的转变中，残疾人康复服务也开始从单向度的身体机能康复向多向度的康复矩阵集合变迁，形成了狭义康复和广义康复之分。1978年世界卫生组织提出社区康复（Community-based Rehabilitation，CBR）策略，并于2010年出版《社区康复指南》。该指南将社区作为残疾人包容性发展的平台，以帮助残疾人主流化发展且完全走出贫困为目标，从健康、教育、谋生、赋权和社会五个向度满足残疾人基本需求，鼓励残疾人融入社会发展与参与决策过程，促进残疾人及其家庭提高社会地位。残疾人康复服务的内涵丰富化，发展性特征明显。该指南与《残疾人权利公约》一同成为当今世界残疾人康复服务的主流思想和行为准则，属于广义康复范畴。其中健康康复属于狭义康复范畴，在发展性康复服务中起基础性作用，若从程序上进行划分，可以分为预防性服务和治疗性服务。我国作为《残疾人权利公约》的主要缔约国，应在残疾人服务供给中倡导多向度、发展性的残疾人康复服务，并做好健康服务的基础性工作。

（一）预防性康复服务

健康是"一种躯体、精神和社会的完美状态，而不仅仅是没有疾病或不适"，健康是一种珍贵的资源，使人们能在个体层面、社会层面和经济层面过上有意义的生活，为他们提供自由地就业、学习和主动投入到家庭与社区生活中[①]的机会。因此，残疾人康复服务应该贯穿于预防、治疗、转介和后期康复全过程。其中，预防处于康复服务的前期阶段，包括初级预防、二级预防和三级预防三个层次。

初级预防是指预防疾病或残疾的发生。在大多数发展中国家残疾发生率较高的主要原因就是初级预防不到位，人们丧失了对残疾的早期辨识机会，错过了康复的最佳时机，究其主要原因在于缺乏完善的残疾初级预防体系。因此，在残疾人康复服务的初级预防中应加强新生儿出生前后的护理和知识宣传教育，营养膳食知识的宣传教育，传染性疾病的免疫接种，地方性疾病的控制，不同环境下意外的预防和安全守则制定，社区和工作场所疾病和职业性伤害的预防，以及与环境污染或武装冲突有关的残疾预防。初级预防应贯穿于人的整个生命周期，以社区为预防重点，通过整合家庭、社会工作者、志愿者和医疗机构等社区资源，进行预防知识宣传、疾病筛查和追踪检查，使残疾人及其家庭被接纳并主动参与到基础预防活动中。

---

① WHO. Community-based Rehabilitation：CBR guidelines（Health component），2001：8，http：//apps.who.int/iris/bitstream/10665/44405/7/9789241548052_health_eng.pdf.

二级预防是对疾病的早期发现和早期治疗，目的在于治愈疾病或减少疾病的影响。在完成初级预防之后，依然存在残疾发生的可能，特别是由于意外交通事故的发生和较为隐蔽的症状未被及时发现而导致残疾(例如自闭儿童和白内障患者)。社区和居所作为残疾人的主要活动场所也是二级预防的主要阵地。其主要措施是：社区工作人员和社区医生对残疾发生可能性大的居民定期入户检查，并做好详细检查记录，与残疾人及其家庭成员建立合作伙伴关系，共同订立康复服务计划，提供医疗和康复保健知识。对于病情严重且出现残疾症状的居民提出就诊意见或转介意见，建立转介机制，帮助其到大型专业医疗机构进一步确诊或进行早期治疗。完善社区基础医疗条件，进行简单病症的基础性早期治疗，如用抗生素治疗沙眼以预防失明，固定骨折部位以预防畸形。以保健和早期治疗的方式，防止新的损伤发生或损伤加重，减轻疾病痛苦，降低康复成本。

三级预防是指限制或逆转已经存在的疾病或损伤的影响，包括康复服务和治疗，目的在于预防残疾人活动受限并提升独立、参与和融入的能力。三级预防是在残疾已经发生的基础上对残疾人社会融合功能损伤的预防，具有发展性特征。社区服务人员应该以支持性网络的建立为目标，为残疾人提供社会支持，培育社会支持环境。首先，残疾人自我悦纳是获取社会支持和独立的基础性条件。通过社区平台对残疾人进行康复知识宣传和教育，丰富残疾人康复知识，提高残疾人的自我决断力和自信心，增强残疾人参与康复计划制定的主动性。其次，残疾人社区资源的获取是其融入社会的基础路径。残疾人身体功能受损后，社区资源获取受限就容易造成其社会功能受限。所以，三级预防就要求社区及时将社区文体活动和政治活动信息传递给残疾人，为残疾人的参与提供设施帮助和便利服务，以疏通残疾人融入社会的路径。最后，多元社区主体支持网络的建立成为残疾人三级预防的保护网。多元社区主体包括残疾人及其家庭成员、社会工作者、社区医务工作者、残疾人自助组织，各主体共同参与康复和治疗计划制定，提升残疾人参与感和主动性。社会工作者和社区医务工作者应该对残疾人进行定期或不定期的入户访问，了解残疾人康复情况和需求调查，并及时对残疾人和其家庭成员进行康复治疗和心理辅导，给予技术支持和心理支持。成立残疾人自助组织，以团体辅导或朋辈辅导的形式使残疾人获得支持。在多主体共同支持下，积极引导残疾人参与社会事务，预防残疾带来的社会隔离。

(二)治疗性康复服务

残疾人被确诊后，对其生理和心理的治疗性康复服务就成为主要服务内容。然而，目前我国残疾人康复服务体系还不够健全，康复人力资源供给和开发机制滞后是残疾人治疗性康复服务的主要障碍。所以，建立残疾人治疗性康复服务体系并健全康复人力资源供给开发机制，成为完善我国治疗性康复服务的主要策略。

首先，建立康复治疗转介制度。残疾人康复是一个动态过程，随着康复治疗过程的推进，残疾人康复状态也相应改变，这就需要将残疾人转介到相应医疗机构进行康复服务。转介制度以残疾人功能评估为依据，同时对残疾人需求进行评估。建立包括市级医院、区(县)级医院、乡镇医疗机构、社区医疗机构和残疾人家庭在内的残疾人康复治疗信息平台，对残疾人康复信息进行动态更新，按照残疾人康复状态选择医疗机构。结合残疾人残疾程度和残疾人意愿，对残疾人进行及时转介，转介以残疾人能力提升为目标，在考虑残疾人适应性的前提下，充分发挥残疾人主观能动性，实现包容性康复目标。

其次，建立康复器具供给制度。残疾人康复器具具有辅助治疗和功能补偿作用，对实现残疾人正常融入社会意义非凡。我国当前残疾人类别中肢体残疾和听力残疾占主要部分，通过康复器具的供给完全可以实现残疾人"正常化"，使康复更具有包容性。我们应该改变康复器具的随机性和慈善性供给，建立常态化的供给制度。其一，加大政府对康复器具的购买投入力度，提高居民医疗保险对器具配备的报销比例，以减轻残疾人负担。其二，建立社区康复器具租赁制度。专业康复器具具有价格高、维修困难的特点，对于生活困难的残疾人来说购买压力大，使用成本高。所以，以社区为单位进行统一购买专业康复器具后，残疾人通过申请租赁可以免费使用，并获得使用和简单维修技巧的培训。其三，康复器具制作和维修帮扶制度。对于康复器具供给不足的社区，可由相关器具管理部门上门教授简单器具的制作方法，并给予一定资金补贴。对已经发放器具的边远社区，培训社区工作人员对一般器具进行维修和保养，并定期上门进行维护。其四，对康复器具使用情况及时评估。康复器具一般具有特殊匹配性，为了能始终满足残疾人需求，应及时对使用情况进行评估，以免造成二次伤害。

再次，建立居所改造制度。残疾人发展模式的一个重要特征就是残疾人可以独立地完全融入社会生活，并能自由地选择生活方式，在社区居所独立生活则成为康复模式的重要内容。这就要求居所应该按照残疾人的残疾特征进行环境改造，以便残疾人自如地独立生活。康复环境改造包括：肢体康复训练设备安装、如厕和盥洗便捷设备安装、出行通道改造、通信设备改造等。资金来源主要通过政府投资和残疾家庭共同出资的方式筹集，可以通过政府购买的形式向社会进行居所改造招投标，也可以通过残疾人自行或雇人改造后政府给予补助的方式。最终，由房屋建筑和管理部门对改造结果进行监理和评估，以保障环境改造的安全性。

最后，健全康复人力资源供给开发机制。康复人员稀缺和管理开发机制不健全是目前残疾人康复亟待解决的问题。第一，健全残疾人康复法律法规。我国残疾人康复的立法是《残疾人保障法》中的重要内容，但是并未独立成文，使得康复立法只涉及原则性问题，具体性和可操作性不强，残疾人康复的人力资源保障也并无明确限定。因此，应该制定专门的残疾人康复法律法规，将康复服务具体化和明确化。第二，完善康复人才培养机制。按照国际标准，康复治疗师的需求量为每 10 万人口需要 25 人，据此预测，我国康复治疗师理论需求量为 35 万人[①]。然而，康复医学在我国发展处于起步阶段，康复师培养体系还处于建设阶段，这造成了康复需求和人才供给的巨大空缺。因此，我国应该在国家教育体系中完善从本科、硕士到博士的康复人才培养体系，并将康复专业进行细分，培养医学康复、职业康复、社区康复和教育康复等多方向专业人才。同时，建立康复人员职业资格认证制度，对致力于康复事业的非专业类人才进行培训，扩充康复人力资源队伍。第三，打通康复人才职业上升通道。我国康复事业发展缓慢的另一原因

---

① 吕学静，赵萌萌：典型国家残疾人社会福利制度比较研究，北京：首都经济贸易大学出版社，2012 年，第 137 页。

是康复人才缺乏科学的职业规划和畅通的晋升通道，与专业医务人员良好的职业发展路径形成鲜明对比，致使康复人才职业稳定性较差，期望值较低。一方面，国家应该建立完整的职业康复师定级制度，并令其与职业医师相对等。建立助理康复员、初级康复治疗师、中级康复治疗师和高级康复治疗师四级康复师制度，并对执业范围进行划定。对康复治疗师的工资水平参照职业医师标准定级评定。另一方面，按照一定比例，在社区和医疗机构配备不同等级的康复治疗师，并根据当地残疾人的残疾类型和程度分配不同专业的康复治疗师。

四、建立以能力提升为导向的就业服务

残疾人社会服务中最具有发展性特征的项目就是就业服务。通过残疾人就业服务，残疾人将在工作领域中获得生活来源、社会尊重、自我价值和能力提升，同时令资源的损耗者变为了资源的生产者和贡献者，使就业服务更具促进经济发展的发展属性和残疾人赋权属性。故而在残疾人社会服务供给全过程中，从就业信息供给，到就业技能培训，再到就业适应性培训均具有发展性和赋权性特征。而且，就业服务的提供是一个社会化过程，其责任主体包括政府、非营利组织和营利组织。在发展型社会政策理念的推动下，残疾人社会服务供给全过程和供给多主体均应以残疾人能力提升为导向，以促进残疾人赋权和经济发展。

（一）服务供给的全过程能力提升

就业不仅是一种状态，而且是一个过程，是残疾人潜能激发和自我价值实现的过程。就业服务的源头可以追溯到康复服务，康复服务的后期阶段即在康复评估后对具有就业能力的残疾人的就业服务供给。CBR 康复矩阵中包含了生计康复，其主要内容包括技能发展、自我就业、雇佣就业、金融服务和社会保障，可见现代残疾人康复服务已经将就业部分的服务内容囊括其中，已经将康复服务和就业服务整合。因此，为了更充分地对残疾人赋权，我们应该在就业服务的供给中将康复服务嵌入其中。

残疾人就业服务供给主要面对具有就业能力的残疾人，针对性较强。其一，以劳动能力评估为基础。残疾人就业服务和就业津贴的供给依据，应该以劳动能力评估指标体系为基础。对于完全丧失劳动能力的重度残疾人应该按照国家相关规定给予社会福利供给；对于具有劳动能力却不接受政府就业服务且不就业的残疾人，应该取消其享受特殊福利的权利，并倒逼其就业。其二，建立残疾人就业与康复信息网络。残疾人个人信息与就业信息的匹配需要建构强大的信息网络平台，该平台是残疾人与用人单位沟通的纽带。残疾人就业服务机构可以与康复服务机构共建残疾人个人信息库，其中包括残疾人个人基本信息、身体状况、就业技能、培训需求、就业意愿、职业能力测试结果等，并及时做动态维护，以便就业服务单位及时对残疾人需求做出反应。另外，将用人单位信息整合入平台，需整合信息包括用人单位简介、福利待遇、岗位需求、就业环境、培训计划等。通过就业服务机构的平台搭建，实现残疾人与就业单位之间信息无缝对接。其三，建立个性化的职前培训机制和差异化的职业生涯规划。残疾人群个体差异巨大，若

要以能力开发和赋权为目标,需要摒弃标准化人力资源开发模式,选择差异化和个性化方案。先根据残疾人价值观、性格倾向、职业兴趣、家庭环境等因素制定职业生涯规划书,再根据残疾人就业需求和残疾状况制定职前培训计划。例如对肢体残疾者可进行电脑网络和电话服务培训,以便其从事室内工作;对听力残疾者可进行维修、制造、清洁等手工技术类培训;对视力残疾者可进行按摩、调音、电话客服等培训;对智力残疾和轻度精神残疾者可进行餐厅服务、园艺、手工艺等简单工作培训。另外,可以根据残疾人智力和残疾程度差异提供复杂程度不同的培训,以尽量开发残疾人潜力。其四,建立残疾人入职适应性培训机制。残疾人长期生存于相对高度的保护下,刚进入社会环境工作的残疾人需要一定时间的适应过程。残疾人入职适应性培训要求雇主和就业服务机构共同参与,提供残疾人生活、环境、工作、交流、心理适应等技能的培训,以保障残疾人尽快适应工作环境,融入社会生活。其五,入职后服务及再就业服务。残疾人正常入职后,工作技能掌握和新技能学习需要不断自我提升,这一过程亦需要雇主和就业服务机构共同努力,并对其间出现的问题予以及时回应和弥补。对于不适应现有工作、按照正常程序暂时退出劳动力市场的残疾人,就业服务机构应该及时介入对其进行心理辅导、提供就业信息、进行就业培训。

(二)多元主体的能力提升责任导向

发展型社会政策力求在权利和责任之间找到平衡,该平衡也是社会服务供给主体和客体间的权责平衡,平衡的实现则需要以残疾人的能力提升为责任导向。然而,不同主体的价值诉求各异为残疾人能力提升带来了阻力。因此,政府在就业供给中应该充分体现公共责任,对营利组织和非营利组织的就业服务供给提供价值引导、行为约束和资金支持。

残疾人就业服务具有极强的公益性,其服务供给不以经济效益的获取为直接目的。因此,只有政府能在就业服务的供给中起到主导作用,并实现促进残疾人发展和经济社会协调发展的目的。应通过基础信息建设、培训中心打造和福利工厂升级,充分发挥政府主体责任。其一,建立残疾人就业基础信息平台。目前,包括残疾人个人户籍信息、就业信息和社会保障信息在内的基本信息分别由民政部门、残联系统和人力资源与社会保障部门管理。部门间统计方法、口径不一,部门间信息资源共享不足,壁垒现象严重,造成残疾人就业基本信息碎片化特征明显,给残疾人就业服务管理带来信息障碍。所以,我国应该打破残疾人就业基础信息部门间壁垒,建立基础信息平台,在对残疾人隐私信息保护的基础上对残疾人雇佣企业开放。将此平台与残疾人康复信息系统对接,以实现残疾人信息的完整性、统一性、动态性、开放性和有效性。其二,建立多层级残疾人就业培训中心。残疾人就业培训中心可以分为市县、街道和社区三级。市县层级可以单独成立或与康复中心共同组建残疾人就业培训中心,提供就业技能培训;街道层级可以与街道便民服务中心共建具有街道特色的培训中心;社区层级是最重要也是最基础的层级,该层级应整合社区养老、康复、教育和医疗等服务资源,进行残疾人基础信息采集、就业需求调查、基础功能性就业技能培训等基础性就业服务。其三,建立半开放式残疾人福利工厂。一方面,我国残疾人就业服务滞后,残疾人就业市场进入机制不健全，导致残疾人就业依然以隔离式的庇护工场就业为主要形式。随着残疾人就业需求不断增长，单一"庇护式就业"已经不能满足残疾人发展性需求。另一方面，近几年庇护工场发展出现衰退迹象，接收残疾职工的数量从 2008 年开始逐年递减。这说明，"庇护式就业"模式，残疾人发展不足与就业模式落后成为其主要弊端。根据我国残疾人现状，可以通过深入开发多形式"庇护式就业"以实现残疾人赋权和发展之目的。主要措施包括：加大庇护工场投资力度，在资金投入和网点布局方面，根据残疾人分布增加庇护工场数量；扩大庇护工场设置广度，根据各地残疾类型的特点和经济发展优势，设置适应性强的庇护工场，争取做到各地均有分布，以便残疾人就近工作；推进庇护工场管理机制改革的深度，庇护工场除了具有安排残疾人就业的功能外，还有促进残疾人社会融合和获得利润的功能。庇护工场应该是残疾人进入社会的过渡阶段，这也是个人模式向社会模式和发展模式过渡的主要平台。所以，庇护工场应该与就业市场并轨，建立残疾人就业转移机制，将具备正常就业能力的残疾人输送入就业市场。另外，政府在保护庇护工场经营收益的同时要适度提升管理水平，引入竞争机制，让其参与开放市场竞争。

残疾人就业服务具有极强的社会性。对此除了政府应尽的公共责任外，营利组织和非营利组织也具有社会责任。然而，过高的慈善成本和市场竞争压力抑制了营利组织的慈善热情。因此，我们可以通过政府支持激发营利组织的公益热情、释放营利组织的公益心、强化其社会责任。一方面，通过更多的税费减免吸引企业雇佣残疾人；通过支付部分残疾雇员工资和社会保障费用缓解雇主经费压力；通过资金支持，改善工作环境和生产资料，提高残疾人就业的可进入率；通过培训资金和师资的支持，提高残疾雇员的留任率。另一方面，营利组织通过环境改造和技术改造营造更友好、更人性化的残疾人就业空间是社会责任担当的体现，也是品牌提升、知名度提高的有效渠道，其最终将会创造更高的经济利润和社会价值。

五、建立以社会融合为目标的照护服务

对于暂时性或永久性失去工作能力的残疾人来说，如何有效融入社会，缓解社会福利负担，提升残疾人社会认可度、自我认同感和心理满足感成了主要的社会服务目标。发展模式理念下残疾人社会服务中的另一重点是以社会融合为目标的照护服务，通过家庭服务让家庭成员从照护工作中脱离出来，以获得工作机会或政府补贴。同时，通过科学的、系统化的照护服务和公共设施支持，让残疾人更加便利地融入社会生活，以实现独立、自我管理和赋权的目标。

(一)建立非正式组织和正式组织"互补互助"照护制度

长期以来，我国残疾人照护服务主要由家庭成员、朋友和邻居等非正式组织供给，政府和志愿组织等正式组织很少直接提供照护服务。随着社会结构和家庭结构发生变化，核心家庭成为社会主流家庭结构，残疾人家庭照护负担加重，因残致贫情况突出。发展模式残疾人照护服务以残疾家庭发展和社会发展为诉求，应通过非正式组织和正式组织的合作使残疾家庭摆脱贫困，有效促进经济发展。

其一，正式组织和非正式组织间实现"互补"。残疾人家庭在残疾人照护服务供给方面具有先天性优势，是残疾人心理慰藉和社会支持的最主要力量。所以，在现有经济发展条件下，以居家照护为基础的服务供给模式，在东亚福利模式特征明显的中国还将继续成为主流力量。为了缓解社会结构变化带来的供求矛盾，以政府为代表的正式组织应该从资金和技术方面对非正式组织进行补贴，非正式组织也应该发挥自身优势和文化传统作用，弥补正式组织在供给中的责任缺失。对于由家庭成员提供残疾人居家照护的情况，政府可以以直接支付补贴或政府购买照护岗位的形式，给予残疾人家庭补贴，并在税收方面给予减免。另外，政府应该为残疾人照护者免费提供照护服务知识和技能培训，以提升居家照护服务的水平和残疾人融入社会的效果。

其二，正式组织和非正式组织间实现"互助"。残疾人家庭的发展是社会发展的缩影，同样需要考虑经济效益和综合发展。所以，发展型社会政策主张将残疾人家庭成员解放、将妇女解放，并充分发挥其潜力以促进社会经济发展，残疾人的发展也是残疾家庭的发展。政府应该加大对长期护理补贴的投入，扩大护理补贴发放的覆盖面，而不仅局限于重度残疾人。根据各地经济发展水平，由残疾人家庭和政府共同负担残疾人照护支出向政府完全负担逐步过渡。对于无家庭成员的残疾人，由志愿组织、志愿者和政府购买服务人员共同供给照护服务。政府可以以服务券的形式给予帮助，由残疾人自行选择服务组织或服务个人，以体现残疾人的选择独立性和自主性。志愿组织和志愿者从事非常规性和非专业性照护服务供给，其主要服务内容包括精神慰藉和家务劳作等初级照护服务。对于家庭成员无法参与残疾人照护的情况，应该由残疾人家庭和政府共同承担照护经费，向服务供给组织购买，并由志愿组织和志愿者提供非常规性服务。照护服务的过程体现了残疾人家庭、政府、志愿组织和志愿者的互助精神。互助过程就是残疾人与社会接触、融入社会的过程，具有发展性意义。

(二)建立多样性、多层次照护服务供给制度

发展模式照护服务以残疾人社会融合和自我悦纳为目标，改变以往仅靠物质帮助和起居照料的服务供给，形成包括物质、身体、心理、生活照料等方面的多样性服务，并形成由专业照护中心、社区照护中心和居家照护组成的多层次残疾人照护服务供给制度。

随着社会发展以及残疾人公民身份思想的唤醒，残疾人对发展权利的争取表现为多样性的生活和精神需求。在物质生活方面，政府应该加大对残疾人基本生活的补贴和出行工具的购买力度，以提供残疾人基本生活资料。在日常生活方面，将社区小饭桌和送餐服务相结合，尽量让残疾人参与社区生活。将社区志愿者和社区购买服务相结合，协助或代替残疾人完成居家清洁和整理。家庭生活方面，定期开展残疾人简单体检，进行家庭关系或人际关系知识培训，调解家庭纠纷。在精神服务领域，开展残疾人及其家庭成员心理健康调查和提供咨询服务，并对情况严重者进行转介引导。文体生活方面，除了按照《残疾人权利公约》保障残疾人获得以无障碍模式提供的文化材料，获得以无障碍模式提供的电视节目、电影、戏剧并参与其他文化活动，获得进出文化表演或文化服务场所的机会，社区应该将残疾人文体活动的全民性和特殊性相结合。一方面，积极推

进专门性残疾人文体活动,以开发其能力,促进其成就感和认同感获得。另一方面,积极开展全民性文体活动,为残疾人参与提供便利,使残疾人获得存在感和价值感,有效消除社会歧视。

在促进残疾人发展、打破院所照护造成残疾人隔离的目标实现过程中,残疾人照护应该因人而异,并形成多层次相连接的服务供给制度。完全丧失生活能力且不适宜居家照护的残疾人应该由具备专业医疗设备和照护人员的医疗机构照护,并尽量进行身体机能恢复,政府应该扩大医疗保险报销范围,提高报销比例。对于有一定生活自理能力的残疾人,可由家人安置在社区日间照护中心,参与社区康复和社会活动。对于自理能力较强的残疾人,社区在给予基础生活照护后,应鼓励其以"全人"理念参与社会生活,为社会做贡献。在各层次照护服务间建立起以残疾人评估为基础的转介机制,实现各层级间服务供给的无缝对接,以保障残疾人能顺利回归社会、回归家庭(见图6-1)。

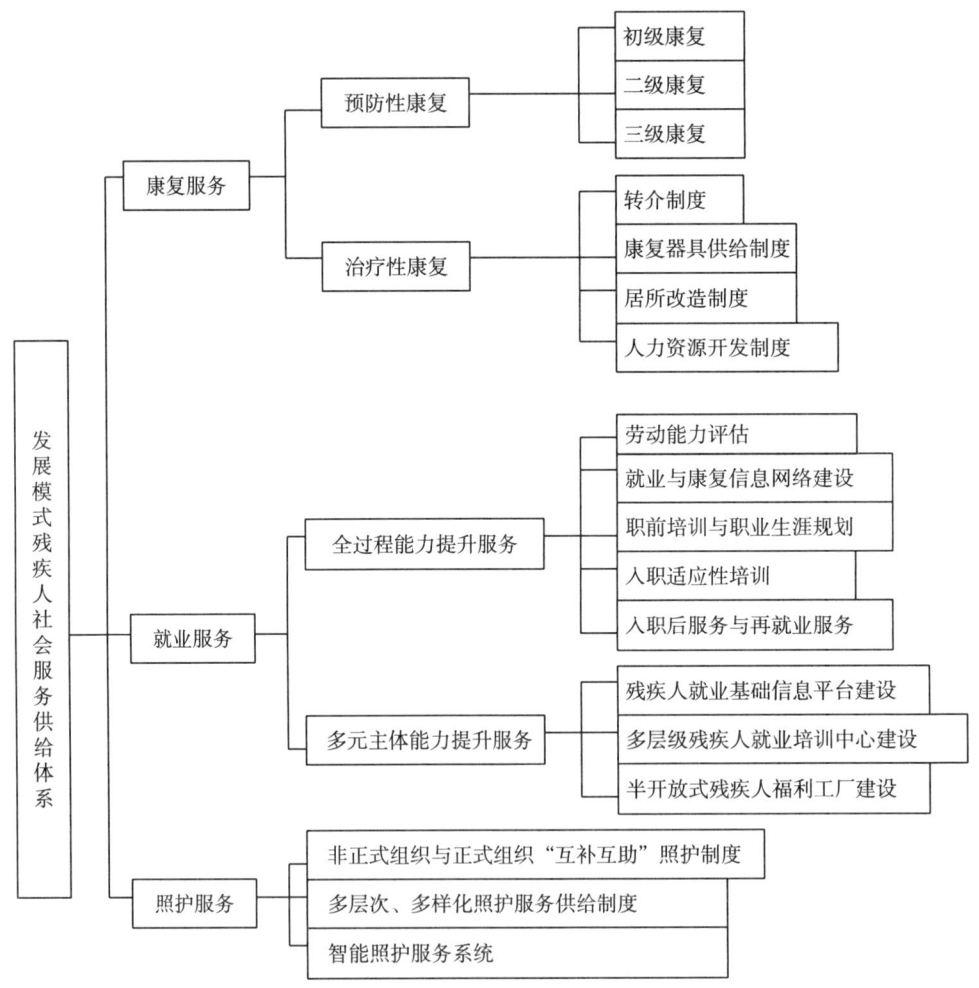

图6-1 发展模式残疾人社会服务供给体系

(三)建立智能照护服务系统

伴随互联网技术的普及和运用,"互联网+"概念已经覆盖到包括残疾人照护服务在内的广泛领域。技术进步和理念更新要求建立残疾人照护信息网络化、技术智能化、资源集约化、选择自主化为一体的智能服务系统。

其一,残疾人信息网络化是建立智能照护服务系统的基础平台。这要求运用专业医疗测评软件和监测设备及时准确地将残疾人生命体征信息反映给照护中心、本人及其家庭成员。照护中心工作人员可以动态掌握残疾人身体状况,并及时提出康复或治疗建议。残疾人及其家人亦可及时掌握身体状况,能有效做出康复或治疗决定,该平台具有积极赋权意义。其二,以残疾人信息网络为基础,建立职能康复治疗提醒系统、居家照护系统和辅助设施智能化系统,有效缓解照护服务人力资源不足。政府应该加大智能化残疾人居所改造、辅助器具设计和生产的投入,鼓励民间资本参与投资和生产,给予税收优惠、资金补贴和优先购买等支持。对残疾人和社区购买智能辅助器具给予补贴,并提供器具使用方法培训以及维护。其三,智能化服务系统建立的过程也是照护系统资源集约化的过程。现有残疾人照护系统中,部门间管理制度碎片化导致照护资源分布不均匀,资源使用效率低下。各部门通过智能化服务系统可以在信息系统的支持下及时、准确了解残疾人健康状况,并根据责任分工对残疾人提供服务,避免了因信息不畅而产生的资源浪费。其四,服务需求方和服务供给方信息对接,能充分体现残疾人服务选择自主权。在智能化服务系统中,残疾人服务需求得到及时反馈,多元服务供给方根据需要提供照护服务方案,并形成有效竞争。残疾人服务选择面拓宽,可以自由选择服务生产者。一方面,残疾人服务水平在竞争中得以提升;另一方面,残疾人在选择中更加自信、独立,如此更利于残疾人参与、融入社会。

第三节 递送:发展模式的运行保障体系

一、多中心主体治理服务递送

(一)递送主体优化整合,实现无缝隙递送

随着我国"国家治理体系和治理能力现代化"的提出,残疾人社会服务多中心治理理念成为发展趋势,这也是我国向发展型社会政策转型的重要基础。然而,以各级残联系统为主体的残疾人社会服务递送主体系统性障碍造成了残疾人社会服务递送低效,成本高居不下。这与残疾人服务多样化和个性化需求相悖,势必影响残疾人发展。所以,要通过对现有服务递送主体进行管办分离、资源重组与职能整合,对不适应残疾人社会服务发展的主体进行资源优化,以实现服务无缝隙递送。

首先,管办分离,职能优化。残联是带有"官民两重性"的政府群团组织,既具有管理残疾人事务和残疾人社会组织的职能,又具有为残疾人提供服务的责任,

还是残疾人利益的代表组织。因此，残联职能中的逻辑矛盾性显而易见，管理者和利益维护者之间缺乏逻辑自洽性。首先，将残联的利益代表职能和管理职能分割。各级残疾人联合会从本质来说，应该是残疾人利益代表组织，属于非官方机构，其主要职能应是维护残疾人基本权益、谋求残疾人发展、递送残疾人服务。所以，各地各级残联应该与其他社会组织一样在社会组织相关法律的规范下自行管理，各地各级残联组织受中国残联监督，自行运作。其次，将残联各专门协会剥离。专门协会是指盲人协会、聋人协会、肢残人协会等受残联领导的协会。专门协会应针对各类残疾人进行分类指导、服务递送、科学研究、权益维护，完全脱离残联管理，运作独立、财务独立。最后，将残联的残疾人事务、业务管理职能分离。残联的管理职能应该独立，并归入政府行政机关，以体现公共性。这样，残联的代表、管理和服务功能互相分立，并划归不同的部门或组织，不同组织就自身属性从事擅长业务。总之，"管办分离"就是要实现残联系统和专门协会的非官方化和独立管理，分离的过程亦是职能细分和职能优化的过程。

其次，资源重组，功能重塑。残疾人从身体机能角度来讲，依然是社会弱势群体，残疾人社会平等权的维护是政府的公共责任，具有公益性。所以，残联的管理职能在分离后可以与隶属于国务院的各级残疾人工作协调委员会功能合并，成立专门的"国家残疾人发展管理委员会"并隶属于国务院。该委员会由残疾人赋权委员会和基金管理委员会组成，主要职能是协调各残疾人事业相关部门，制定残疾人发展战略、法律、法规、政策，对残疾人社会组织进行管理、监督、指导、协调、咨询和服务，管理和保障残疾人事业经费，对市场和社会组织无法提供的社会服务进行直接递送。残疾人赋权委员会以残疾人赋权和发展为宗旨，将原分割到各部门的碎片化功能进行重组并建立分委员会，这些分委员会及其职责包括：人力资源与社会保障分委员会（简称人社分委员会）负责残疾人就业服务；民政分委员会负责残疾人福利救济和津贴发放；医疗健康分委员会负责残疾人预防、医疗和康复服务；无障碍环境分委员会负责残疾人无障碍设施的管理并提供家庭无障碍设施改造服务；教育分委员会负责残疾人基础教育、高等教育和特殊教育等服务；社区服务分委员会负责残疾人家庭服务、生活照顾、法律服务等社区服务项目的直接供给、购买服务以及与社区基础管理组织协调残疾人事务；扶贫投资分委员会负责残疾人扶贫和资产建设项目服务（见图 6-2）。各分委员会设置常任秘书，由国务院相关部门工作人员组成并对委员会负责。分割后的残疾人联合会与剥离后的残疾人专业协会也是赋权委员会的主要成员组织。残疾人基金管理委员会由财政部和残疾人发展基金会共同管理，委员会成员由财政部代表、残疾人发展基金会代表、残疾人代表、残疾人社会组织代表、专家代表和赋权委员会各分委员会代表组成，由国家审计局进行审计，由第三部门进行评估。形成资金筹集、管理和使用的良性运行机制。社会资源的重组和残疾人管理功能的重塑，可以使碎片化的服务递送整合，以一个多中心的治理方式合力打造残疾人社会服务递送平台，真正做到各环节无缝隙递送。

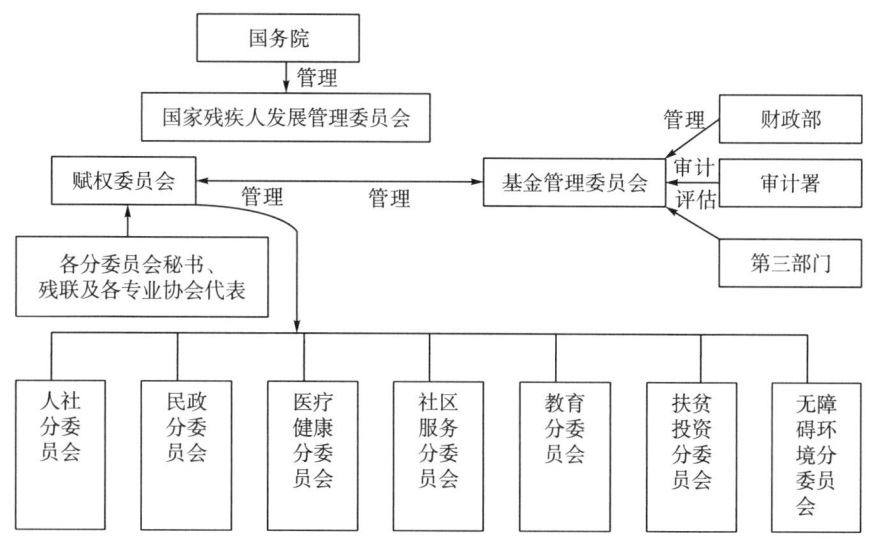

图 6-2　我国残疾人事业管理架构图

最后，层级明晰，转接得当。除了残疾人社会服务的高级管理层级外，政府的实际服务递送层级也应该清楚明晰。从纵向分层来看，市级和区(县)残疾人管理部门是服务递送的中枢系统层，对基层政府服务递送具有指导作用。街道(乡镇)级残疾人管理部门是服务递送的实施载体层，具体工作在该层级进行分配，并承担服务递送的物资、技术、人员和资金的配备。社区(村)级残疾人管理部门是服务递送的服务实现层，残疾人专职委员和其他相关残疾人工作人员具体实施残疾人社会服务。从市级到社区(村)级残疾人社会服务递送是一个从高级到低级的内部管理方向，又是一个从低级向高级的内部转介方向。从高级到低级，残疾人社会服务应该实现政府和营利组织、非营利组织以及个人的协调管理，以便整合资源。残疾人社会服务应该从低级到高级，实现具体社会项目的无缝隙对接和服务个案的无漏洞转介，以便实现服务无空缺(见图6-3)。

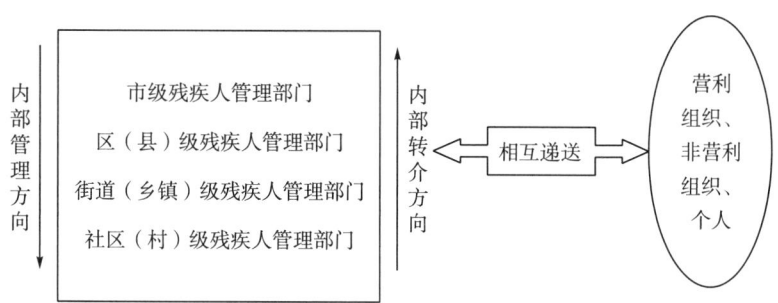

图 6-3　基层政府间服务递送与组织间互递送示意图

(二)递送流程优质再造，体现效能治理

目前，我国残疾人社会服务递送已经分化为四种不同模式，且实现了服务的系统内和系统间递送，多元化发展方向明显。然而，递送流程依然是以政府为绝对中心，政府

的服务、职责和管理功能不断强化。作为消费者的残疾人在服务意愿表达、递送流程参与和服务效能评估方面作用弱化。残疾人社会服务的生产者在购买竞争和经费获取中处于弱势地位。社会服务的评估者有效参与不足,对社会服务递送全过程评估结果利用不足。因此,现有残疾人社会服务递送需要各主体强化服务功能和残疾人能力塑造功能,在四大主体间建立服务递送管道,以残疾人服务效能为诉求,进行递送流程再造和治理。

首先,强化服务,科学治理。残疾人社会服务具有较强公益性,市场竞争所追求的成本控制和效率导向并不符合社会服务的价值诉求。所以,政府契约委外形成的完全市场竞争并不能实现服务递送的效能价值。发展模式残疾人社会服务强调政府的责任主体角色和管理主体角色,而非服务主体角色。首先,政府责任主体角色表现为不断加大残疾人社会服务经费的投入,将费用的大部分用于服务投入,而非行政成本损耗。政府重心应放到服务项目设计、服务评价标准设计、服务流程监控、服务资金供给和服务生产者管理上,而非直接的服务递送(非政府组织无力或不愿参与的服务除外)。其次,对于服务生产者来说,应保障其运行的独立性、参与服务购买的公平性、登记注册的简易性、评价考核的科学性、顾客回应的及时性。这就要求政府将其管理职能上移,对服务生产者进行引导和开发,并严格按照相关法律法规进行管理。服务生产者参与服务购买竞争,并接受服务消费者和服务购买者监督。再次,对于服务消费者残疾人来说,应该让他们从"消极公民"向"积极公民"转变,全程参与服务递送。在服务项目设计中反映需求倾向、显示偏好,在服务契约委外中参与服务生产者选择,在服务消费中以赋权破除"专家霸权",在服务消费后参与效能评估。最后,除了政府官方的服务递送评估部门外,专业的非官方残疾人社会服务评估机构(第三方评估机构)并未充分建立。为保障残疾人社会服务工作递送的科学性、有效性和公正性,政府应该将社会服务的评估工作充分交予第三方来操作。评估工作应该渗入服务购买者(政府)、服务生产者(社会组织)和服务消费者(残疾人)三方,并以残疾人社会服务的效能为评估依据(见图6-4)。

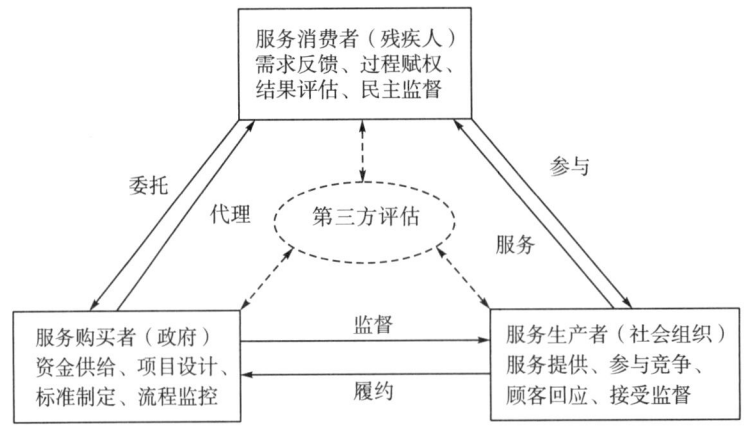

图6-4 残疾人社会服务递送图

其次，管道对接，流程再造。根据 2015 年开始实施的《政府购买服务管理办法（暂行）》规定，残疾人服务应该纳入政府购买服务范畴，该模式作为我国残疾人社会服务递送的承接方式已经逐渐推广开来。但服务购买者、服务生产者和服务消费者之间的信息沟通和意见交换管道并不畅通，流程再造缺乏平台，造成"系统内购买"或"暗箱操作"，应有效能诉求并未实现。因此，在多元服务递送格局形成之后，还需进行递送管道对接，改变信息自上而下的单向度流动，搭建流程再造的信息处理平台。首先，在获取服务需求信息的基础上，政府与残疾人建立服务供需信息通道。政府可将残疾人服务需求信息调查委托于专业调查和科研机构，将调查结果与残疾人组织和残疾人代表共同商议，确定服务项目设计标准和考核标准，并在服务递送过程中及时反馈。其次，购买服务信息共享，政府与非政府组织建立购买服务采购信息通道。政府应完全公开购买服务信息，对服务标的详细描述，对服务生产者全方位了解。政府在购买残疾人社会服务时，应对财务预算、服务标准、服务内容、服务方式、考核标准、法律责任等内容进行公示，并在服务契约中严格规定和执行，以防信息不对称带来的不公平竞争和系统内递送带来的服务低效。在契约履行过程中，服务购买者和生产者之间应建立定期沟通机制，以保障服务效能，以更为对等的身份进行递送信息互换。最后，服务递送结束后由四方主体对结果进行 360 度评估，并将结果公示，以保证残疾人服务效能目标的实现。总之，通过残疾人社会服务递送信息多主体互动、管道对接和平台搭建，残疾人赋权和自我发展意识贯穿于递送过程始终，既实现了残疾人服务质量的保障，也提升了残疾人能力和自我价值。在互联网时代，以大数据为基础的动态服务正在形成，各主体间通过互联网实现信息共享，将更有利于服务管道对接，实现多中心主体服务递送的流程再造。

二、网络式主体伙伴关系建构

残疾人多中心主体治理服务递送要求建立社会服务供给伙伴的良好机制，实现高效整合。然而，现有制度中信息不对称、地位不对等、价值矛盾、体制不畅，导致"信任危机"和"契约失灵"，最终造成合作伙伴关系"异化"，大大削弱了伙伴关系效能。网络信息技术的运用和普及，改变了服务信息，自上而下的纵向传播方式向全方位的复合传播方式转变。为了应对残疾人多样化服务需求和发展性需求，政府主导的递送主体开始向多中心治理主体转变，政府的直接服务递送变为"第三方服务"递送。在"风险危机治理"的语境下，各主体间的政府主导型"制度式伙伴"关系，开始向多中心"网络式伙伴"关系转变。

（一）价值整合、目标趋同，形成利益共享机制

"网络式伙伴"关系中，各主体价值取向的差异易形成伙伴目标差异性特征。政府应成为网络激活者，进行价值整合，充分考虑和整合各方利益诉求，针对不同项目设计可行性目标。从横向看，政府应合理引导主体间目标趋同，将主体利益升华为公共利益、共享利益，变对抗型关系为合作型关系，避免伙伴中的利益倾斜打破伙伴关系的平

衡；从纵向看，政府应整合各级政府内部和外部绩效考核，强化公共利益价值诉求，调整政府宏微观目标，形成各级政府间的宏微观利益共享机制。

(二) 资源共享、风险分担，形成整体行动机制

"网络式伙伴"关系寄生于现代网络社会，信息分享具有数字化联结特征，信息获取平等、便捷。政府和各伙伴间应实现信息的实时自由流动，以及跨组织、跨部门的在线合作。这就要求共享信息资源和权利资源，建立高效的沟通渠道、分担风险、降低边际成本，并及时对危机做出综合反应。政府在伙伴关系合作中应针对各个项目的具体情况进行风险分担，做到伙伴间风险与收益相对应、风险与控制力相对应、风险与承受能力相对应、风险与管理能力相对应。网络社会信息获取方式的改变，影响政府的行动逻辑和方式。只有实现分权、资源共享，并形成各主体和各层级整体行动机制才能有效对抗风险，提升服务效能，满足公民需求。

(三) 政府退让、志愿培育，形成伙伴互信机制

政府和志愿部门之间，是一种不断发展的共生关系。而我国志愿发育相对迟缓。虽然志愿组织与政府的共生关系开始在我国凸显，但除一些发达城市外，大部分地区的志愿组织发展乏力，与政府并未形成共生效应。"制度式伙伴"发育不健全对"网络式伙伴"的形成产生消极作用。加之长期存在的管制思维，削弱了信任关系的发展基础。在我国，一方面政府应改变服务供给的主导角色，从资金、政策支持、技术和人力资源等多方面培育社会组织，将志愿组织培育纳入政府考核，并立法确定。另一方面，志愿组织应不断提升自身公共服务生产能力，加强组织内部治理结构建设，提升决策的科学性，增强项目运作能力。在保持独立性的同时，重视与政府的合作关系[①]。政府具有建立社会信任的责任，应该培育"合作型信任"模式，以互信为基础与志愿部门形成伙伴关系机制。

(四) 结构整合、工具分析，形成伙伴选择机制

社会服务内容和项目的丰富化，对政府主导的伙伴关系形成挑战。"制度式伙伴"和"网络式伙伴"在社会治理体制方面差异巨大，在治理结构方面也需相应调整。合作治理模式下体现出伙伴关系平等性和系统开放性，要求政府进行治理系统结构整合，向扁平化方向发展；进行社会服务流程再造，订立标准，整合程序；在服务供给时，单一的外包形式和政府购买工具并不能解决所有问题。政府应该是一个服务"催化者"，对各种供给工具进行分析，就具体服务伙伴进行项目选择。

(五) 建立"五位一体"社会服务"网络式伙伴"关系

在社会治理语境下，政府、营利组织、非营利组织、家庭和社会(社区)网络构成了"五位一体"的社会服务"网络式伙伴"关系，在该关系中各主体承担各自责任，就各

---

① 郑苏晋：政府购买公共服务：以公益性非营利组织为重要合作伙伴，中国行政管理，2009 年第 6 期。

自擅长的领域发挥作用。各主体以互信、合作、风险共担为基础,在相互依赖中建立稳固的伙伴关系。政府作为社会服务伙伴关系中的核心,担任主要的财政供给主体、责任主体、监管主体角色和政策制定主体角色。在政府的倡导下建立各主体互信平台,培育社会互信机制,充分放权,将社会服务责任分解,建立责任分担机制,以充分调动各主体的积极性,培育使命感。以公正的立场建立社会服务多方动态评估机制,确保社会服务的高效和优质。非营利组织的"志愿精神"和公平、正义价值理念与社会服务特殊群体的利益诉求天然契合,其专业性和志愿性更有利于公益目标的实现和社会边缘群体社会服务的保障。营利组织的效率追求让各主体间形成竞争关系,提高了社会服务质量,满足了个性化服务的需求。在具有"东亚福利体制"特征的中国,家庭在社会服务提供中持续扮演着重要的、基础性的角色,其独特的心理安抚作用在长期内仍无可取代。社会(社区)网络作为伙伴关系的纽带与社会服务实施的载体,使得社会服务各主体的资源能在该网络平台中共享,并以社会(社区)文化的形式形成其外显性特征。政府在伙伴关系建立过程中,以"小政府,大社会"为理念,充分发挥社会作用,在转型中转变政府职能。以社会(社区)网络为平台,应倡导社会服务各供给主体充分发挥各自功能,并在合作中相互补充,提高效率,促进公平和公正(见图6-5)。

我们应建立"相互信任、目标一致、风险分担、利益共享"的多元社会服务递送伙伴关系。该伙伴关系以"相互信任"为基础,以"目标一致"为前提,以"风险共担"为原则,努力实现"利益共享"[①]。

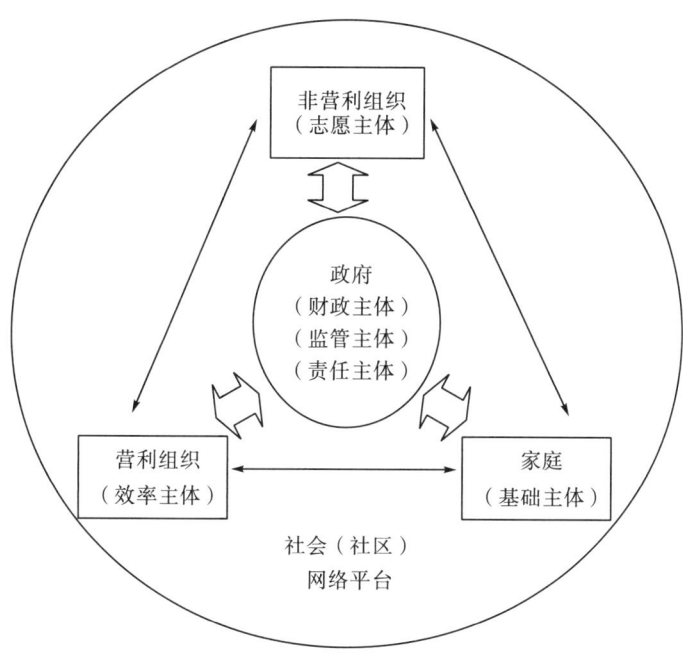

图 6-5 残疾人社会服务递送伙伴关系图

---

① 王磊,周沛:社会治理体制现代化:社会服务伙伴关系演化、本土化及治理之道,社会科学研究,2015 年第 4 期。

第四节　财务：发展模式的经费筹集和供给体系

一、制度化：残疾人社会服务资金的有力保障

我国残疾人社会福利与社会服务长期以来发展缓慢，其中最为主要的原因在于受传统模式中个人模式和剩余模式影响，残疾人始终被认为是"劣势群体"，而非"优势群体"，社会对残疾人自立自强的发展性认识不足，故没有形成对残疾人社会服务的稳定资金支持，资金保障的制度化未形成。所以，在建立发展模式残疾人社会服务体系中最为基础的步骤就是要建立制度化的资金筹集体系，以实现对残疾人自我发展的投资。该体系包括了残疾人保险制度和残疾人事业发展经费保障制度。

目前，我国没有形成专门的残疾人保险制度，残疾人享受的相关保险与普通居民相同。从资金使用来看，残疾人的弱势群体特征决定了其在社会服务经费使用中的弱势地位，社会经费使用往往向普通居民群体倾斜。西方福利国家一般单独将残疾保险与普通居民保险分开，做到了资金的专项使用，为资金增值提供了有效工具，也突出了社会各主体的责任分担。所以，我国可以建立残疾人保险制度，因残疾人的弱势特征可将其与老年保险和遗嘱保险相合并。残疾人保险主要用于残疾人医疗、养老和社会服务支出。因为残疾人就业比例较低，通过就业单位来解决残疾人参保的资金来源问题难度较大，这反而加重了城镇残疾人间的待遇不公平以及城乡间差距。过度追求过程公平将会造成结果不公平。因此，残疾人养老保险和医疗保险应该从社会保障中剥离，单独成立残疾保险制度，并打破城镇居民、职工和农村居民的区隔，统一整合。以"无责任，无权利"为宗旨，培育残疾公民的责任意识，有劳动能力且就业的残疾人由雇主、残疾人和政府共同按比例支付残疾公民保险费，有劳动能力而不就业的残疾人由地方政府和残疾人共同支付少部分保险费，对于经过评估无劳动能力的重度残疾人，由地方政府全额支付保险费。政府对缴纳保险的雇主或创业残疾人进行营业税费减免。残疾保险筹集的资金在完成统一支付后，剩余资金用于投入国债等风险相对较低的金融产品以保障残疾事业资金保值增值。残疾人社会服务相关费用除了政府专项拨款外，主要通过渠道筹集。

我国政府对残疾人事业经费投入较少的最主要原因是缺乏经费保障的硬性规定和保障机制。与西方福利国家相比，我国残疾人事业经费投入比例相对较低且不稳定，在社会服务方面的支出更少。随着我国经济发展进入"新常态"，社会发展需求更加迫切，具有生产性特征的社会福利支出原则已经在改变。政府应该在社会支出中设置残疾人社会支出的比例，并明确残疾人社会服务的比重，用法律和法规的形式将其确定，对地方政府的年终支出情况进行考核和评估，并进行公示。将残疾人福利支出考评纳入政府绩效考核范围。对残疾人社会服务资金的投入，依据经济发展速度和残疾人发展对社会服务需求的渴求逐年提升。

二、多元化：筹资责任的社会分解

我国现阶段社会组织发育迟缓，政府对残疾人社会服务资金支持的绝对主体地位始终没有动摇。然而，社会发展唤起了公民社会责任，对政府的责任主体地位形成"倒逼"机制，具有慈善意义的残疾人社会服务资金筹集责任开始分解，多元化趋势逐渐明晰。为了顺应社会发展规律，进一步满足残疾人服务需求，缓解政府财政压力，我国政府应该对多元化责任分解进行合理疏导。

首先，激发志愿捐赠动力。长期以来我国残疾人事业除了政府对残联系统的财政拨款外，还通过残疾人福利基金会向社会慈善人士进行捐赠管理。但是社会捐赠的动力一直不足，这与基金会政府主导型行政管理体制和社会动员机制不健全相关。故而我们可以从机制完善着手，激发残疾人社会捐赠动力。第一，授予残疾人社会组织"卖旗"权限，广开财源[1]。我国残疾人慈善组织发育滞后，慈善捐赠主体单一（主要是民营企业和外资企业），慈善捐赠金额较少。所以，政府可以逐渐放开慈善组织在公众场合的慈善募集权限，政府相关机构对"卖旗"的时间、地点和过程进行严格和规范管理，对"卖旗"所筹集的资金和使用情况及时公示。第二，加强残疾人福利基金会管理能力建设，开发潜在资源。每年残疾人福利基金会均会向社会公布年度收入和支出明细表，做到了信息的公开，但对资金的利用，以及资金来源开发不足，宣传有限。因此，残疾人福利基金会应多渠道进行资金利用和开发，尽量做到保值增值。同时，应该到社区和基层做慈善宣传，以获得更多的资金捐助。第三，充分运用网络平台和金融技术打破资金筹集空间区隔。《2014年度中国慈善捐助报告》显示：2014年新浪微公益、腾讯公益、支付宝E公益三大在线捐赠平台和淘宝公益网店共募集善款4.28亿元，相比2013年增长42.7%[2]，网络平台捐赠已经成为慈善资金捐赠的新兴平台。因此，整合公共部门和社会资源，共同打造残疾人捐赠平台，并规范网络捐赠行为，公开捐赠信息已经迫在眉睫。

其次，规范企业缴纳行为。残疾人就业服务的重要资金来源是残疾人就业保障金（简称"残保金"），这也是残疾人社会服务资金的重要来源渠道。然而，长期以来残保金的征收、使用和管理不规范，导致资金筹集不充分和使用效率不高。从2015年10月1日开始，《残疾人就业保障金征收使用管理办法》正式实施，其中对残保金的征收、使用和管理均做了明确规定，若各相关部门和企业严格按照规定执行，便可更好地发挥残保金在残疾人社会服务中的资金保障作用[3]。然而，受该办法所涉及的行政管理部门权限所致，其执行中存在很多漏洞，可以从多方面进行弥补。第一，加大惩处力度，加强约束力。在该办法中残联和财政部门并无惩罚权限，对未按规定缴纳残保金的用人单位约束力不强，仅通过警告和追加罚款的方法，对企业违规缴纳行为的惩罚力度较轻。因此，

---

[1] "卖旗"：慈善组织经政府批准有权利在公众场合公开募集慈善款项的行为，捐赠者会被赠与小旗或爱心贴纸，一般在我国香港等地常见。
[2] 中国网：2014中国慈善捐助报告：捐赠总额再次突破千亿，2015年9月19日，http://news.china.com.cn/2015-09/19/content_36628919.htm.
[3] 中国残疾人联合会官网：残疾人就业保障金征收使用管理办法，2015年9月15日，http://www.cdpf.org.cn/zcwj/zxwj/201509/t20150915_527933.shtml.

应该将劳动执法部门和工商行政管理部门纳入管理主体,针对企业的违规行为视情节轻重,予以警告、罚款乃至吊销营业执照的惩罚,以保障制度的约束力。第二,建立以残疾人就业服务效能为目标的残保金征管绩效系统。新办法实施后残保金的征收主体和管理主体实现分离,两个主体均无对残保金征收的绩效管理措施,一方面征收主体税务部门缺乏征收动力,另一方面管理主体残疾人就业部门没有征收资格导致缺乏考评依据。因此,应该在以残疾人就业效能为目标的基础上,在征收主体和管理主体之间建立信息共享平台和绩效评估联动机制,以提升税务部门征收残保金的积极性和残疾人就业部门服务残疾人的效能。

残疾人社会服务经费在进行制度化、多元化和社会化筹资以后,残疾人的社会治理参与及责任意识逐渐形成,发展性社会服务特征在资金筹集过程中得到初步体现。上游筹资时以发展性为基础,在下游资金使用时,通过服务提供方的资金补偿和服务需求方资金使用权利的赋予,体现出服务供给发展性和残疾人服务赋权性特征。所以进行供需双方资金供给,是对残疾人社会服务资金的双元保障。

三、"补供方":以优质服务供给为导向

首先,政府通过税费减免实现对服务生产者的补贴。在大多数情况下,作为服务生产者的社会组织和准政府组织(事业单位)受到政府津贴的驱使会出现"志愿失灵"或"利益驱使"状况,而失去原有服务目标。因此,除了政府财政拨款和政府购买的项目支付外,政府对服务生产者的税费减免内容将会对所生产之服务起到导向作用。发展模式视角下,残疾人社会服务以残疾人能力提升和自我价值实现为目标,所以在政府进行税费减免时应该向具有积极福利意义的服务生产者和项目倾斜,例如最具有发展性特征的残疾人就业服务。政府可以加大对残疾人就业的扶持力度,在残疾人工资中加入政府补贴部分,由政府和用人单位共同承担残疾人工资,以减轻用人单位负担,激发单位雇佣残疾员工的动力;对于达到和超过残疾人雇佣比例的用人单位,加大其税收减免力度,对特别优秀的单位给予奖励;对用人单位对残疾人进行岗前适应性培训和岗位培训的经费进行全额补贴,并安排专业人员予以技术指导;对用人单位为便利残疾人工作实施的就业环境改造,应由政府进行全额补贴。政府对残疾人就业的全过程补贴,旨在减轻用人单位负担,以便提供更为优质的残疾人社会服务。

其次,政府通过投资服务设施和场所实现硬件补贴。现代社会的服务供给水平除了受服务供给人员的素质影响外,还取决于服务供给硬件设施的现代化水平。政府作为残疾人社会服务投资的责任主体,在服务设施和场所等硬件建设中亦是投资主体,该投资性补贴可以分为直接性补贴和间接性补贴。直接性补贴是指政府直接对残疾人社会服务体系建设拨款并参与建设和监督管理。例如补贴残疾人康复中心、残疾人就业服务中心、残疾人社区服务中心、残疾人照护服务中心、特教学校等。每年应该按照中央和地方政府按比例共同拨款的方式,将建设资金纳入政府预算。在项目建设和投资过程中,将建设资金投入从原有的基础性向发展性转变。例如,在康复服务硬件建设中,在原有以身体机能恢复为主的设备和场所投入基础上,加强对残疾人全方位能力开发的投入,

加大对职业康复有关设备的投入和开发。加大对社区残疾人活动场所资金投入，强化残疾人社会融合功能。间接性补贴是指政府通过提供场地、设备或土地等资源，由社会组织来经营，提供残疾人社会服务。间接性补贴主要适合于公办民营残疾人服务递送类型，服务生产者严格按照政府服务标准进行服务递送，并受政府监督。所以，政府在制定服务标准时应该以残疾人能力发展和社会融合程度为主要参照，以发展性价值诉求为导向，对残疾人社会服务给予补贴。

四、"补需方"：以残疾人赋权为导向

对残疾人社会服务的使用者及其家庭直接补贴，旨在提高残疾人独立性、自主性、自我认同性和服务选择性，该过程将实现残疾人赋权和发展之目标。其方式主要有以下两种。

首先，以服务代券形式补贴需方。服务代券制度即政府以票券的形式提供服务，由服务需求者(残疾人)自由选择服务生产商。一方面，可以保证服务需求者在市场中自由选择的权利，促进市场竞争，提供服务质量；另一方面，可以最大限度地节省政府行政成本。2010年北京市已经开始全面建立居家养老(助残)券服务制度，以政府购买服务的方式，为老年人(残疾人)提供多种养老(助残)服务，其购买居家养老助残服务的内容包括生活照料、家政服务、康复护理等六大类共110项。2012年，北京市政府向52万名符合条件的老年(残疾)人每人每月发放价值100元的养老(助残)券，全年共发放近6.3亿元[①]。该制度的实施，满足了残疾人社会服务多样化和个性化的需求，提升了残疾人满足感，因此服务代券的补贴形式可以在全国范围根据地区经济发展水平和服务需求状况逐渐推广开来，并作为发展模式视角下残疾人个人补贴的一种重要形式。

其次，以现金形式直接补贴需方。现金补贴也是现代福利国家补贴残疾人及其家庭的重要方式。然而，我国现有的残疾人现金补贴主要集中于基本生活补贴和重度残疾人的护理补贴方面，并不具有发展性特征。因此，在残疾人基本生活状况得到改善和基本保险全面覆盖的基础之上，政府可以将残疾人服务津贴覆盖面逐步拓宽，合理引导残疾人将补贴的现金用于发展性或能力提升性服务购买，并对服务给予科学评价。对于长期照顾残疾人的家庭来说，除了减免残疾人家庭的相应收入税收外，可以按照劳动力市场工资水平对家庭成员照顾者发放工资或进行照护岗位政府购买，并参照照护服务标准进行考核和回复消费者反馈，以减轻残疾人家庭负担，全面实现社会服务的社会化运作。

第五节 评估：发展模式的运行基础体系

有别于发展模式中残疾人社会服务的其他子体系，评估管理子体系既是最基础的信息数据系统，又是贯穿于整个残疾人社会服务体系各层面的信息基础和政策依据。该体

---

① 童曙泉：去年本市给老人发6.3亿"零花钱"，北京日报，2013年1月14日。

系以信息为纽带，以评估结果为依据，以残疾人定义为出发点，获取残疾人服务基础数据，通过需求评估、程度逻辑评估、赋权行为评估、康复过程评估和成果性评估对残疾人发展状况进行评价，发挥残疾人社会服务运行的基础性作用。

一、残疾的操作化定义：残疾的功能与障碍评估

（一）现有定义强化不公

要建立基本的残疾人信息系统就需要对残疾人做出科学的定义以确定残疾人群的数量和残疾等级。但给残疾下定义这个行为本身就已经存在歧视的风险，"残疾人"这个词本身也具有同样性质，无论用医学模式，还是用社会模式观点来定义残疾，都是站在普通人本体的角度来定位我们认为的"非正常人"。在此，之所以对残疾进行定义，是本着从立法保护的角度对残疾人权益进行维护，对残疾进行操作化定义是对残疾人福利的分配订立可参照标准。然而，事实上残疾人可以像未申报残疾的人一样健康，甚至比他们更健康[①]。所以，对残疾的资格审查具有目的上的公益性，但具有行为上的歧视性。因此，残疾资格审查应该以目的为导向，最终以实现消除行为歧视作为终极目标。

残疾是一个动态概念，其动态性在于随着医疗水平和科技水平的提高，经过医学治疗和康复服务的残疾人，康复概率逐渐增大。一方面，原有的残疾身份可以因身心康复实现变更；另一方面，生存环境的改善和社会文化的进步，使得社会环境更趋友好，社会文化更具包容性，社会障碍得以缓解。因此，对于残疾的操作化定义应该是一个概念框架，该框架应该是包括身心障碍和社会障碍在内的，具有包容性和动态性的残疾人社会服务分配标准。就目前而言，我国进行的残疾人分配国家标准是按照《残疾人残疾分类和分级》来执行，该标准通过两个主要渠道进行残疾人划分，一是残疾人自行向民政部门申请，通过指定医疗机构进行评估，发放残疾人证；二是按照分类标准对残疾人进行普查，至今我国对残疾人只进行过两次普查，且间隔时间较长。该标准主要是对残疾人身心功能障碍的量化评价指标，带有明显的医学模式特征，并未包含社会障碍的因素，发展性特征不足。对残疾人进行福利资源分配的依据仅是残疾人证，且发证后不再进行评估，带有很强的静态特征和选择的不合理性。对于康复治疗后摆脱残疾特征的持证残疾人并无有效退出机制，使其对福利造成极大依赖。对于没有主动申请或无法申请持证的残疾人，则强化了资源分配不公。

（二）综合性定义趋势

所以，在"地球村"的社会保障中，全球化趋势已经在号召各国建立具有普适性的残疾划分标准，以使分配更具普适性、发展性和包容性。前述的 ICF 指标体系适用于包括残疾人在内的所有人群，理念本身就已经做到了去歧视化，具有极强的包容性。该体系从本体学、信息学和知识管理的理念出发，可用于临床实践和卫生专业领域教育、社

---

① 【美】芭芭拉·奥尔特曼，沙龙·巴尼特：国际视野下的残疾测量方法：建立具有可比性的测量方法，郑晓瑛，张国有，张蕾，等译，北京：北京大学出版社，2013 年，第 42 页。

区服务支持和收入支持、人口统计和调研数据、教育系统、政策和项目，以及倡导和赋权领域，其知识领域涵盖了生理学、解剖学、心理学、社会学、管理学、政治学与法学等。无论从适用范围还是学科领域来说，ICF 指标体系具有极强的适用性、综合性和包容性。近年来，ICF 指标体系依然在不断完善，并结合各国国情在许多国家开始运用，例如意大利、澳大利亚、巴西、乌干达等，对残疾人数量统计的精确性和服务供给的公平性起到了良好效果。因此，在 ICF 指标体系和我国残疾分类标准的基础上建立一套符合中国国情并具有包容性的残疾人资格审查标准，对持证残疾人起到全面包容和动态监测作用，并将非持证残疾人全面包容其中，具有积极意义。

（三）ICF 指标体系下的我国残疾人功能与障碍评估

ICF 指标体系将残疾人身体功能障碍和结构障碍进行了详细分类，将许多我国未纳入残疾范畴的病症加入其中，其范围之广、划分之细，是我国现有医学评估机构很难企及的。我国现在急需处理的是将应发未发残疾人证的残疾人在普查中及时补充，以保障分配的公平性和服务的可及性。在表 6-7 中，身体功能与结构属于个人因素障碍，其分类是以我国《残疾人残疾分类和分级》（见附录 B）为参照，具有一定延续性。

另外，该评估参照 ICF 指标体系加入了"活动与参与"因素，其中活动是个人障碍因素，参与则是社会障碍因素。其一，学习和应用知识是指通过学习，运用知识来进行思考、做出决策和解决问题；其二，一般任务和要求指对日常事务的反应情况，包括单项任务和多项任务；其三，交流是指语言、信息和符号的发出和接收，以及相关辅助技术和设备的使用；其四，活动指身体姿势的变化和位置的移动，例如走路、跑步、驾车或攀登；其五，自理是指饮食、起居、清洗、穿戴和护理等自我照顾行为；其六，家庭生活是指洗衣、做饭、清扫、维修等日常家务及自我照顾和照顾他人行为；其七，人际交往和人际关系是指在正常社会环境安排下，用适宜的方式完成与不同对象（陌生人、朋友、亲戚和爱人）的基本或复杂人际交往所需的动作和任务；其八，主要生活领域包括在教育、就业和经济活动中参与或完成任务的情况；其九，社区、社会和公民生活是指参与家庭以外社会（社区）中正式或非正式组织的政治、文化、体育、娱乐、休闲、宗教等社会活动和任务[1]。该评估对九个分项再进行分类细化，用"0～9"等级对行为的表现进行评价（见表 6-8）。该项评估由专业的社会工作者和医务工作者共同进行。

环境因素是残疾人社会障碍的评价因素，其中也包含了发展性因素，主要从五个类目来分析：其一，用品和技术指居民所使用的人工产品、设计和技术是否符合残疾人使用，并具有预防、补偿、控制、缓解或降低残疾的功能；其二，自然环境和对环境的人为改变包括了自然环境中的生命因素和无生命因素；其三，支持和相互联系是指其他人或动物在正常环境下所提供的物质和情感支持；其四，态度是指影响个体行为的信仰、价值观、习惯、准则等，社会发展水平不同，社会对残疾人的态度也有差异；其五，服务、体制和政策是指公共部门、营利组织、非营利组织和个人等所提供的服务，服务的递送在权威机构的行政管理和监督机制下运行，并由公共部门指定政策法规进行监控和

---

[1] World Health Organization. How to use the ICF：A practical manual for using the International Classification of Functioning, Disability and Health（ICF），Exposure draft for comment，Geneva：WHO，2013：36-38.

管理，这些元素也会对残疾人发展起到积极或消极作用①。对该五个类目继续进行细分，按照因素的积极影响和消极影响进行评价，积极影响的评估等级为"+0~+9"，消极影响的评估等级为"0~9"。该项评估由官方机构和第三方评估机构进行。

通过三类障碍因素对残疾人功能与障碍进行评价使得评价体系更具科学性、完整性和包容性。然而，评估的过程还需要将主动申请和入户调查相结合，将医学评估和社会评估相结合，将正式评估和残疾人自评估相结合。依据 ICF 分类矩阵和项目编码，设计出更细致、更包容、更具可操作性的残疾人功能与障碍评价标准。

表 6-7 残疾人功能与障碍分类

障碍因素	身体功能与结构	活动与参与	环境因素
障碍类目	视力残疾 听力残疾 言语残疾 肢体残疾 智力残疾 精神残疾	学习和应用知识 一般任务和要求 交流 活动 自理 家庭生活 人际交往和人际关系 主要生活领域 社区、社会和公民生活	用品和技术 自然环境和对环境的人为改变 支持和相互关系 态度 服务、体制和政策

表 6-8 残疾人功能与障碍评价标准

评价主体	医疗机构	社会工作者及医务工作者	官方机构及"第三方"	
评价标准	一级：极重度残疾 二级：重度残疾 三级：中度残疾 四级：轻度残疾	0 没有问题 1 轻度问题 2 中度问题 3 重度问题 4 完全问题 8 未特指(当没有足够信息描述问题的程度时使用) 9 不适用(当类目不适用时使用)	0 无障碍+0 1 轻度障碍+1 2 中度障碍+2 3 重度障碍+3 4 完全障碍+4 8 未特指障碍+8 9 不适用+9	无辅助 轻度辅助 中度辅助 重度辅助 极重辅助 不确定 不适用

二、残疾人社会服务评估体系

残疾人社会服务评估贯穿于服务过程始终，为政策制定和社会服务体系的建设奠定了良好基础。我国于 2007 年开始建立全国残疾人状况监测系统，开展年度监测工作，并对残疾人进行评估。监测和评估内容涉及残疾人生活、康复、教育、就业、社会保障、社区服务、无障碍环境和法律服务等方面的基本状况及变化情况。但是，尚未建立专门对残疾人社会服务进行评估的体制，现行系统所涉及服务评估主要集中于对需求和结果的简单评估，而且评估项目过于简单，未能真实反映残疾人社会服务现状，对残疾人的社会服务研究和政策制定缺乏科学性和有效性，故而建立发展性社会政策理念指导下的、健全的残疾人社会服务评估体系显得尤为重要。本研究评估体系的建立拟采用目标

---

① World Health Organization. How to use the ICF：A practical manual for using the International Classification of Functioning，Disability and Health(ICF)，Exposure draft for comment，Geneva：WHO，2013：40-41.

法和内容法进行指标选取(详见表6-9)。

表6-9 残疾人社会服务评估体系表

评价体系	一级指标	二级指标	三级指标
残疾人社会服务评估体系	前摄性评估	康复服务需求评估	康复知识需求、康复专业人员需求、康复设施需求、康复场地需求、康复救助需求、预防性康复需求、康复效果评估需求、康复转介需求
		就业服务需求评估	就业意愿需求、就业信息需求、职业规划需求、职业能力评估需求、职业技能培训需求、职后适应性培训需求、职后社会服务需求、再就业服务需求
		照护服务需求评估	送餐服务需求、起居照料需求、心理慰藉需求、保健治疗需求、临终关怀需求、护理补贴需求、托养照护需求
	监测性评估	政府投入评估	工作人员到岗情况评估、服务资金到位情况评估、服务物资完备情况评估
		服务主体标准评估	阶段性康复人数、阶段性就业培训人数、阶段性照护人数
		服务过程评估	过程性康复状况评估、就业稳定率评估、照护过程满意度评估
	互动性评估	能力评估	自我照顾能力评估、社区生活能力评估、人际交往能力评估、学习能力评估、就业能力评估、情绪控制能力评估
		关系评估	家庭关系评估、朋辈关系评估、邻里关系评估、同事关系评估、服务主体关系评估
		参与评估	参与社区文化和体育活动情况、参与社区选举情况、参与经济活动情况、影响残疾人政策制定情况、参与残疾人社团情况、参与残疾人服务评估情况
	影响性评估	服务保障基础性评估	持有残疾人证的比例、参加工伤和失业保险的残疾人比例、参加城乡养老保险的残疾人比例、参加城乡医疗保险的残疾人比例
		康复服务评估	政府康复服务投入资金、康复服务人员数量、接受康复服务的人数、接受康复服务满意率、康复训练机构数、康复辅助器具配备满意率、残疾人及亲友接受康复培训比例
		就业服务评估	政府就业服务投入资金、就业服务机构数量、残疾人就业率、残疾人就业安置与扶持的满意率、残疾人职业技能和实用技术培训人数、就业信息获取满意率、入职后就业服务满意率
		照护服务评估	政府照护服务投入资金、残疾人托养机构数量、残疾人照护服务人数、残疾人托养服务满意率、残疾人居家服务满意率、残疾人日间照料满意率、心理辅导满意率

(一)残疾人社会服务前摄性评估

残疾人社会服务的前摄性评估主要是需求评估,主要目的是为社会服务项目选取和改进提供建议和指导。发展型社会政策理念下的需求评估应该在完善普适性需求的基础上增加发展性内容。评估内容主要包括:其一,康复服务需求评估。康复服务具有积极预防性质,评估内容根据残疾人不同康复阶段的康复服务需求来进行,从类型来看包括了对知识、人力、设施、场地和救助等方面的需求评估。其二,就业服务需求评估。就业服务具有发展性特征,评估内容从残疾人就业的不同阶段来看,包括对从残疾人就业意愿形成到残疾人就业,再到残疾人再就业的需求,从内容来看包括了信息的获取、职业规划、就业意愿、职业能力等方面的需求评估。其三,照护服务需求评估。照护服务具有福利性质,是重度残疾人的主要需求,通过照护服务能从心理上建立残疾人的发展性特质,其内容主要涵盖送餐服务需求、起居照料需求、心理慰藉需求、保健治疗需求、临终关怀需求等。

(二)残疾人社会服务监测性评估

待需求评估结果为残疾人社会服务项目的设置做出参考后,项目进入运作阶段,此时若要保证服务的正常开展并体现残疾人发展理念,就必须对服务过程进行监测性评估,亦可称之为发展过程评估。然而,我国现有的残疾人监测数据,其实是一个成果性评估,没有起到控制服务过程的作用,所以应该建立具有监测意义的评估指标和项目。评估内容主要包括:其一,政府投入评估。政府投入是残疾人社会服务的资金和设备到位的根本保障,评估内容主要包括政府工作人员到岗、服务资金到位和服务物资完备情况。其二,服务主体标准评估。是指服务主体与服务客体签订的服务合同中各个阶段服务标准的达标情况,内容主要有阶段性康复人数、阶段性就业培训人数和阶段性照护人数。其三,服务过程评估。残疾人社会服务是一项长期的工作,在服务过程中的评估尤为重要,过程性评估包括了康复、就业和照护的评估。

(三)残疾人社会服务互动性评估

残疾人社会服务中最体现残疾人发展状况的评估就是互动性评估,因为其主要内容为残疾人赋权服务,所以也称为赋权行为评估。评估内容为:其一,能力评估。主要是指残疾人接受社会服务后能力提升的体现,包括对自我认知水平、自我控制水平和社会适应水平等方面的能力评估。其二,关系评估。主要是指残疾人在社会融合过程中与他人的关系融洽程度的评估,包括了家庭关系、朋辈关系、邻里关系、同事关系、服务主体关系的评估。其三,参与评估。主要是指残疾人参与社会事务、融入社会能力以及社会融合程度的评估,包括参与社会活动、经济活动和政治活动的情况。

(四)残疾人社会服务影响性评估

影响性评估又称为成果性评估,是对残疾人社会服务的最终成效性评估。按照影响性评估的判断方法,可以将其分为专家判断、管理者判断和项目参与者判断三种形态[1]。若从影响性评估的种类来划分则主要包括:服务保障基础性评估、康复服务评估、就业服务评估、照护服务评估。其一,服务保障基础性评估。基本的社会保险参与率和福利资格的享有权是残疾人社会服务得以保障的基础性条件,由于我国目前并未实现残疾人完全参保,所以残疾人参加各类社会保险的情况依然是重要的成果性评估内容,其主要表现为残疾人持证比例和残疾人参加各种社会保险、享受社会保护的比例。其二,康复服务评估。此处的康复服务是从结果性和宏观视角来进行评估,主要表现为资金投入、人员安排、硬件设施、服务对象、服务满意率等方面的评估。其三,就业服务评估。主要从残疾人参与就业的效果来做结果性评估,主要包括资金投入、机构设置、人员配备、残疾人就业满意度等方面。其四,照护服务评估。主要包括资金投入、机构设置、人员配备、残疾人服务满意度等方面。

残疾人社会服务评估体系中的前摄性评估、监测性评估、互动性评估和影响性评估

---

[1] 陈锦棠,等:香港社会服务评估与审核,北京:北京大学出版社,2008年,第39页。

是一个评估递进过程。四阶段评估又分别嵌入残疾人社会服务流程体系中，前摄性评估即对残疾人社会服务需求的评估；监测性评估是对残疾人社会服务项目供给过程的监测评估；互动性评估是对服务项目供给、服务主体递送和服务价值理念的渗透性评估，主要是对反映发展模式的理念、供给和递送做全面评估；影响性评估主要是对社会服务项目完成结果和发展模式价值理念实现情况的评估（见图6-6）。

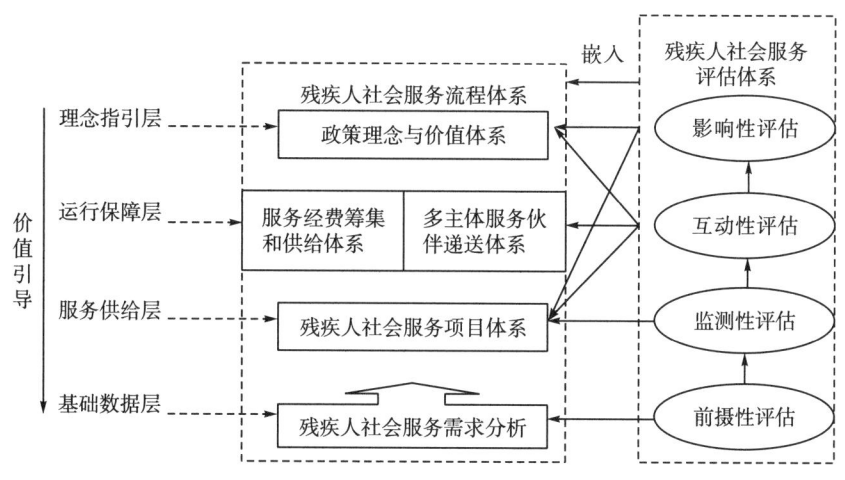

图6-6　发展模式残疾人社会服务体系

发展模式残疾人社会服务体系是一个有机整体，分别从基础数据层、服务供给层、运行保障层和理念指引层将发展型社会政策理念注入残疾人社会服务中，形成相对完善的我国残疾人社会服务体系。该体系是福利模式和残疾模式共同演变的结果，也是残疾人最终实现发展的必由之路。但是，体系的建构只是学术理论的理想状态，在"应然"和"实然"之间还有更精细的工作需要实践。在政府主体层面，政府依然需要坚守财务主体和监管主体的责任，对于一些社会供给不足或供给不畅的残疾人服务项目，政府的直接供给依旧发挥着兜底作用。政府的创新和治理，主要体现在残疾人社会服务递送机制设计科学性的提升。在社会层面，营利组织和非营利组织除了需要加强服务水平和管理水平外，还需培育慈善意识和公共意识，营造人群间无差别平等的社会氛围和社会文化。在残疾人个人层面，则需要残疾人从内心建立起自立、自强的赋权意识。因此，我国残疾人社会服务体系的建立是一个漫长过程，需要协调各方利益、梳理各方关系，以及投入大量资金和人力。模式演变和体系建构是一个漫长的试错过程，还有待通过实践慢慢摸索！

主要参考文献

阿马蒂亚·森. 2012. 以自由看待发展[M]. 任赜, 于真, 译. 北京: 中国人民大学出版社.

艾伦·迪肯. 2011. 福利视角: 思潮、意识形态及政策争论[M]. 周薇, 等译. 上海: 上海人民出版社.

安东尼·哈尔, 詹姆斯·梅志里. 2006. 发展型社会政策[M]. 罗敏, 等译. 北京: 社会科学文献出版社.

安乐尼·吉登斯. 2000. 第三条道路: 社会民主主义的复兴[M]. 郑戈, 译. 北京: 北京大学出版社.

芭芭拉·奥尔特曼, 沙龙·巴尼特. 2013. 国际视野下的残疾测量方法建立具有可比性的测量方法[M]. 郑晓瑛, 等译. 北京: 北京大学出版社.

保罗·皮尔逊. 2004. 福利制度的新政治学[M]. 汪淳波, 译. 北京: 商务印书馆.

彼得·德怀尔. 2011. 理解社会公民身份: 政策与实践的主题和视角[M]. 蒋晓阳, 译. 北京: 北京大学出版社.

彼得·泰勒-顾柏. 2010. 重构社会公民权[M]. 郭烁, 译. 北京: 中国劳动社会保障出版社.

卞飞. 2010. 浅谈我国残疾人社会保障现实困境及发展路径选择——基于资产建设的视角[J]. 江淮论坛, 5.

陈功, 吕庆喆, 陈新民, 等. 2014. 2013年度中国残疾人状况及小康进程分析[J]. 残疾人研究, 2.

丁建定. 2005. 社会福利思想[M]. 武汉: 华中科技大学出版社.

丁建定. 2006. 社会保障概论[M]. 上海: 华东师范大学出版社.

丁建定. 2012. 我国残疾人服务体系的完善对策[J]. 社会工作, 10.

戴安娜·M.迪尼托. 2007. 社会福利: 政治与公共政策[M]. 何敬, 葛其伟, 译. 北京: 中国人民大学出版社.

E.S. 萨瓦斯. 2002. 民营化与公私部门的伙伴关系[M]. 周志忍, 等译. 北京: 中国人民大学出版社.

范斌. 2006. 福利社会学[M]. 北京: 社会科学文献出版社.

范斌. 2006. 试论社会投资思想及对我国社会福利政策的启示[J]. 学海, 6.

丰华琴. 2010. 从混合福利到公共治理——英国个人社会服务的源起与演变[M]. 北京: 中国社会科学出版社.

弗兰茨-克萨维尔·考夫曼. 2004. 社会福利国家面临的挑战[M]. 王学东, 译. 北京: 商务印书馆.

方舒, 李迎生. 2011. 第三部门失灵与我国残疾人托养服务体系建设——以北京H机构为例[J]. 华东理工大学(社会科学版), 5.

方巍. 2008. 发展性社会福利理论及发展策略[EB/OL]. 中国改革论坛网站, (2008-6-23)http://www.chinareform.org.cn/cirdbbs/dispbbs.asp?ID=168558&boardID=2.

方巍. 2009. 社会福利发展策略的创新与偏颇——关于发展型社会政策的评论[J]. 浙江工业大学学报(社会科学版), 4.

方巍. 2012. 发展型社会政策的重新审视[J]. 学习与实践, 9.

方巍. 2013. 发展型社会政策: 理论、渊源、实践及启示[J]. 广东工业大学学报(社会科学版), 1.

丰华琴. 2011. 普遍主义福利原则的实践——英国弱势群体个人社会服务体系的形成[J]. 南京晓庄学院学报, 4.

顾江霞, 罗观翠. 2010. 试论政府购买社会服务项目的责信机制——基于H市政府购买社会服务项目实践的经验[J]. 华东理工大学学报(社会科学版), 4.

哈特利·迪安. 2009. 社会政策学十讲[M]. 岳经纶, 等译. 上海: 格致出版社, 上海人民出版社.

何东云, 吴嘉丽, 周亚明, 等. 2013. 残疾人服务模式创新发展研究——以佛山为例[J]. 佛山科学技术学院学报(社会科学版), 2.

何侃, 胡仲明. 2011. ICF 理念下我国残疾人服务体系建设的趋向分析[J]. 残疾人研究, 4.

贾森·安奈兹. 2011. 解析社会福利运动[M]. 王星, 译. 上海: 格致出版社, 上海人民出版社.

姜丽. 2013. 东北农村残疾人社会保障供需矛盾研究[D]. 长春: 吉林大学.

金炳彻. 2012. 韩国残疾人社会保障制度考察[J]. 残疾人研究, 3.

景天魁. 2012. 在社会服务体制、机制的改革与创新中发展非营利组织[J]. 教学与研究, 8.

敬义嘉. 2011. 社会服务中的公共非营利合作关系研究——一个基于地方改革实践的分析[J]. 公共行政评论, 5.

考斯塔·艾斯平-安德森. 2003. 转变中的福利国家[M]. 周晓亮, 译. 重庆: 重庆出版社.

考斯塔·艾斯平-安德森. 2003. 福利资本主义的三个世界[M]. 郑秉文, 译. 北京: 法律出版社.

柯文·M.布朗, 苏珊·珂尼, 布雷恩·特纳, 等. 2010. 福利的措辞——不确定性、选择和志愿结社[M]. 王小章, 范晓光, 译. 杭州: 浙江大学出版社.

克劳斯·奥菲. 2006. 福利国家的矛盾[M]. 郭忠华, 等译. 长春: 吉林人民出版社.

莱恩·多亚尔, 伊恩·高夫. 2008. 人的需要理论[M]. 汪淳波, 张宝莹, 译. 北京: 商务印书馆.

莱斯特·M. 萨拉蒙. 2008. 公共服务中的伙伴——现代福利国家中政府与非营利组织的关系[M]. 田凯, 译. 北京: 商务印书馆, 2008.

兰花. 2008. 我国残疾人社会福利制度重构研究——从救助模式到"去障碍"模式[D]. 天津: 南开大学.

理查德·蒂特马斯. 2011. 蒂特马斯社会政策十讲[M]. 江绍康, 译. 长春: 吉林出版集团有限责任公司.

李兵. 2013a. 国家创设社会服务的制度主义分析[J]. 理论纵横, 7.

李兵. 2013b. 社会服务: 生命进程观点的政策分析[J]. 武陵学刊, 5.

李兵. 2014a. 社会服务: 社会发展的观点[J]. 经济与社会发展, 1.

李兵. 2014b. 社会服务理论和实践研究[M]. 北京: 知识产权出版社.

李兵, 张恺悌, 何珊珊. 2011. 社会服务[M]. 北京: 知识产权出版社.

李迎生, 厉才茂. 2008. 残疾人社会保障理论与实践研究[M]. 北京: 华夏出版社.

李静. 2012. 从生活救助到就业支持——优势视角下残疾人福利的实现路径[J]. 南京大学学报(哲学·人文科学·社会科学), 6.

李棉管. 2011. 行动中心制度主义: 重构发展型社会政策的制度分析框架[D]. 武汉: 华中科技大学.

厉才茂, 毛修炳, 肖阳梅. 2013. 残疾人服务体系建设要义阐释[J]. 残疾人研究, 4.

梁誉. 2014. 现金还是服务: 欧洲福利国家社会给付模式的革新与启示[J]. 学习与实践, 7.

廖文君. 2011. 发展型社会政策视角下的残疾人福利研究[J]. 社会工作, 6.

林卡, 赵怀娟. 2009. 生产型社会政策和发展型社会政策的差异和蕴意[J]. 社会保障研究, 1.

林闽钢. 2012. 现代西方社会福利思想: 流派与名家[M]. 北京: 中国劳动社会保障出版社.

林闽钢. 2013. 我国社会服务管理体制和机制研究[J]. 华中师范大学学报(人文社会科学版), 5.

林闽钢. 2014. 现代社会服务[M]. 济南: 山东人民出版社.

林闽钢, 周正. 2014. 政府购买社会服务: 何以可能与何以可为?[J]. 江苏社会科学, 3.

刘继同, 左芙蓉. 2011. 中国残障福利政策模式的战略转型与"积极性"残障福利政策框架[J]. 人文杂志, 3.

刘小敏, 张永安, 左晓斯, 等. 2014. 残疾人服务业跨越式发展研究——基于融会中西的广东视角[M]. 北京: 社会科学文献出版社.

刘文海, 郭春宁, 谢琼. 2011. 澳大利亚残疾人社会保障和服务考察[J]. 残疾人研究, 2.

吕明晓. 2012. 养老服务与残疾人托养照料的衔接管理[J]. 中国残疾人, 1.

吕学静, 赵萌萌. 2012. 典型国家残疾人社会福利制度比较研究[M]. 北京: 首都经济贸易大学出版社.

马克·E.沃伦.2004.民主与信任[M].吴辉,译.北京:华夏出版社.

民政部政策研究中心课题组.2011.关于社会服务发展演进与概念定义的探析[J].中国民政,6.

迈克尔·希尔.2003.理解社会政策[M].刘升华,译.北京:商务印书馆.

迈克尔·谢若登.2005.资产与穷人:一项新的美国福利政策[M].北京:商务印书馆.

诺曼·巴里.2005.福利[M].储建国,译.长春:吉林人民出版社.

Neil Gilbert,Paul Terrel.2003.社会福利政策导论[M].黄晨熹,周烨,刘红,译.上海:华东理工大学出版社.

Neil Gilbert,Paul Terrell.2013.社会福利政策引论[M].沈黎,译.上海:华东理工大学出版社.

尼克拉斯·卢曼.2005.信任[M].瞿铁鹏,李强,译.上海:上海世纪出版集团.

佩恩.2005.现代社会工作理论[M].何雪松,等译.上海:华东理工大学出版社.

彭华民.2009.西方社会福利理论前沿——论国家、社会、体制与政策[M].北京:中国社会出版社.

潘屹.2008.西欧社会服务的概念及老人社区照顾服务的发展趋势与特点[J].中国社会导刊,2.

潘屹.2013.社会福利制度的效益与可持续——欧盟社会投资政策的解读与借鉴[J].社会科学,12.

朴炳铉.2012.社会福利与文化[M].高春兰,金炳彻,译.北京:商务印书馆.

钱宁.2006.现代社会福利思想[M].北京:高等教育出版社.

钱宁.2011.社会正义、公民权利和集体主义——论社会福利的政治与道德基础[M].昆明:云南大学出版社.

钱宁,陈立周.2011.当代发展型社会政策研究的新进展及其理论贡献[J].湖南师范大学社会科学学报,4.

乔世东.2005.社会服务机构引入市场营销理念的困境及出路[J].中国青年政治学院学报,1.

秦琴.2012.社会工作与残疾人社区服务,残疾人社会福利政策与服务研讨会暨第六届中国残疾人事业发展论坛论文集[C].

秦琴,曾德进.2014.政府、残联和残疾人民间组织的关系研究[J].社会科学,4.

邱心凯,李精华,王威.2013.国内学者关于发展型社会政策的研究综述[J].学理论.

任占斌,丛向群,段小蕾.2011.英法残疾人社会保障和服务工作考察[J].残疾人研究,1.

单敬,姜凌燕,田宝,等.2008.智力残疾的社会服务宏系统及职业问题[J].中国康复理论与实践,5.

孙健,邓彩霞.2011.我国残疾人公共服务体系问题与完善[J].国家行政学院学报,1.

宋宝安.2013.中国残疾人社会保障与服务体系研究[M].北京:中国社会科学出版社.

宋爽.2015.民政工作视角下的残疾人福利体系构建[J].社会福利,1.

宋婷.2014."标本兼顾"型残疾人社会福利体系构建之思考——基于残疾人沿街乞讨现象[J].改革与开放,3.

谭晶.2011.瑞典残疾人康复服务系统介绍[J].北京劳动保障职业学院学报,1.

唐代虎,陈建明.2013.宗教界社会服务与社会关怀概念之辨析[J].天府新论,3.

唐均.2012.非营利组织与残疾人社会服务体系的建构[J].教学与研究,8.

唐纳德·E.沃斯,孙同全.2004.国际发展理论的演变及其对发展的认识[J].经济社会体制比较,2.

唐兴霖,周幼平.2011.整体型社会政策——对发展型社会政策的理性认识[J].学海,5.

童泽.2008.人道主义与残疾人发展[M].北京:中国社会出版社.

T.H.马歇尔,安东尼·吉登斯,等.2008.公民身份与社会阶级[M].郭忠华,刘训练,编.南京:江苏人民出版社.

万国威.2011.改革开放以来我国残疾人研究的评述与展望[J].青海社会科学,5.

万国威.2012.解析残疾人康复服务的区域差异——基于31个省区市的定量分析[J].青海社会科学,1.

王川兰.2014.社会服务的价值意涵和制度模型构建[J].社会科学,9.

王放.2004.中国人口老龄化与老年社会服务[J].中国青年政治学院学报,3.

王然.2011.社会服务的国际借鉴与中国实践[J].中国民政,8.

王思斌.2011.对社会服务的理解[J].中国民政,5.

王思斌.2014.社会服务的结构与社会工作的责任[J].东岳论丛,1.

向德平.2010.发展型社会政策及其在中国的建构[J].河北学刊,4.

谢琼.2013.福利制度与人权实现[M].北京:人民出版社.

谢琼.2013.国际视角下的残疾人事业[M].北京:人民出版社.

徐道稳.2006.社会发展与发展型社会政策[J].深圳大学学报(人文社会科学版),3.

徐道稳.2007.中国社会政策转型研究[D].天津:南开大学.

徐道稳.2007.以发展型社会政策构建发展型福利社会[J].深圳大学学报(人文社会科学版),1.

许琳,唐丽娜.2013.残障老年人居家养老服务需求影响因素的实证分析——基于西部六省区的调查分析[J].甘肃社会科学,1.

鄢勇兵.2005.我国弱智人士社会服务现状[J].社会福利,4.

杨立雄.2004.中国城镇居民最低生活保障制度的回顾、问题及政策选择[J].中国人口科学,3.

杨立雄.2011.中国残疾人事业典型案例[M].北京:人民出版社.

杨立雄.2011.中国残疾人托养服务标准化研究[J].残疾人研究,4.

杨立雄.2014.美国、英国和日本残疾人福利制度比较研究[J].黑龙江社会科学,3.

杨立雄.2014.中国残疾人社会政策范式变迁[J].湖北社会科学,11.

杨立雄,兰花.2011.中国残疾人社会保障制度[M].北京:人民出版社.

姚远,褚湜婧.2012.北京市残疾人基本公共服务体系建设基本状况及发展方向研究[J].残疾人研究,2.

岳经纶.2010.个人社会服务与福利国家:对我国社会保障制度的启示[J].学海,4.

岳经纶,郭英慧.2013.社会服务购买中政府与NGO关系研究——福利多元主义视角[J].东岳论丛,7.

岳经纶,刘洪,黄锦文.2010.社会服务:从经济保障到服务保障[M].北京:中国社会出版社.

岳经纶,谢菲.2013.政府向社会组织购买社会服务研究[J].广东社会科学,6.

詹姆斯·米奇利.2009.社会发展:社会福利视角下的发展观[M].苗正民,译.上海:格致出版社.

张广利.2008.社会保障理论教程[M].上海:华东理工大学出版社.

张金花,王新明.2003.对我国社会服务理论与实践的考察[J].河北学刊,3.

张金明,刘宇赤.2013.社区康复与两个体系建设关联性分析[J].残疾人研究,3.

张勤,张宏.2010.后危机时期实现我国政府社会服务协同机制探微[J].甘肃社会科学,5.

张笑会.2013.福利多元主义视角下的社会服务供给主体探析[J].理论月刊,5.

张秀兰.2004.发展型社会政策:实现科学发展观的一个操作化模式[J].中国社会科学,6.

张秀兰,徐月宾,梅志里(Midgley).2007.中国发展型社会政策论纲[M].北京:中国劳动社会保障出版社.

张彦丽.2014.后工业时代从福利国家到社会投资转型及启示[J].现代经济探讨,8.

赵孟营.2011.从理论到现实:创建中国特色民政社会服务体系.中国民政,5.

赵燕潮.2012.中国残联发布我国最新残疾人口数据[J].残疾人研究,1.

郑杭生.2011.从社会学视角看社会服务[J].中国民政,5.

周沛.2007.社会福利体系研究[M].北京:中国劳动社会保障出版社.

周沛.2014.积极福利视角下残疾人社会福利政策研究[J].东岳论丛,5.

周沛,曲绍旭.2011.残疾人两个体系建设创新研究[J].西北大学学报(哲学社会科学版),6.

周沛,曲绍旭,张春娟,等.2012.残疾人社会工作[M].北京:社会科学文献出版社.

周沛,李静,陈静,等.2013.残疾人社会福利[M].济南:山东人民出版社.

左芙蓉. 2005. 社会福音、社会服务与社会改造[M]. 北京：宗教文化出版社.

左芙蓉. 2006. 非政府组织与社会服务——以中国基督教女青年会为例(20 世纪 80 年代至今)[J]. 华东理工大学学报(社会科学版)，3.

左芙蓉. 2007. 一位外国社会学家眼中的民国初期北京社会服务[J]. 广州社会主义学院学报，3.

Alaszewski A M, et al. 2004. Integrated Health and Social Care for Older Persons: Theoretical and Conceptual Issues[J]. Providing integrated health and social care for older persons.

Albe J. 1995. A Framework for the Comparative Study of Social Services[J]. Journal of European Social Policy.

Anneli Anttonen, Jorma Sipilä. 1996. European Social Care Services: Is It Possible To Identify Models? [J]. Journal of European.

Anneli Anttonen, Jorma Sipilä. 2005. Comparative Approaches to Social Care: Diversity in Care Production Modes[J]. Care and Social Intergration in European Societies, Bristol.

Baldock J. 2003. Personal Social Service and Community Care in Pete Alcock[J]. Student's Companion to Social Policy.

Beresford P. 2010. Funding social care: what service users say[R]. Joseph Rowntree Foundation.

Coleman J S. 1988. Social Capital in the Creation of Human Capital[J]. American Journal of Sociology, (94).

Elder-Woodward J. 2002. Social Work and Disabled People: From Crafting Clients to Sustaining Citizens[J]. Social Work & Disabled People-Hand-Out, 2(1).

Evers A. 2003. Current Strands in Debating User Involvement in Social services[J]. Paper commissioned for the project on User Involvement in Social Services.

Fultz E, Tracy M. 2004. Good Practices in Social Services Delivery in South Eastern Europe[J]. International Labour Organization.

Hemerijck A. 2013. European Welfare States In Motion[J]. NEUJOBS Working Paper, 5(2).

LDC Group. 2009. Evaluation of the Direct Payments Project Final Report. Department of Human Services[J]. Funding and Service.

Mansell J. 2006. Deinstitutionalisation and Community Living: Progress, Problems and Priorities[J]. Journal of Intellectual and Developmental Disability, 31(2).

Midgley J, Sherraden M. 2000. The Social Development Perspective in Social Policy[J]. The Handbook of Social Policy.

Midgley J, Tang K L. 2001. Social Policy, Economic Growth and Developmental Welfare[J]. International Journal of Social Welfare, (10).

Midgley J. 1995. Social Development: The Developmental Perspective in Social Welfare[M]. London: SAGE Publications.

Midgley J. 1999. Growth, Redistribution, and Welfare: Toward Social Investment[J]. Social Service Review, (73).

Midgley J. 2003. Poverty and the Social Development Approach[J]. Poverty Monitoring and Alleviation in East Asia.

Morel N, Palier B, Palme J. 2011. Towards a Social Investment Welfare State[G]. Paper presented at the conference "Production, Reproduction, and Protection in the Welfare State", Annual Meeting of Research Committee 19, ISA, Seoul: Seoul National University.

Munday B. 2007. Group of Specialists on User Involvement in Social Services and Integrated Social Service Delivery[J]. Council of Europe.

Munday B. 2007. Report on User Involvement in Personal Social Services[J]. Council of Europe.

Myrdal G. 1974. What Is Development? [J]. Journal of Economic Issues.

National Disability Authority. 2010. Developing Services for People with Disabilities: A Synthesis Paper Summarising the Key Learning of Experiences in Selected Jurisdictions[R]. Contemporary Developments in Disability Services Pape, 10.

Oliver M. 1992. Changing the Social Relations of Research Production[J]. Disable Handicap.

Pinker R A. Social Service[EB/OL]. Encyclopedia Britannica Online. http: //www. britannica. com/EBchecked/topic/ 551426/social-service.

Sainsbury E. 1977. The Personal Social Services[M]. London: Pitman.

Shakespeare T, Watson N. 1993. The Body Line Controversy: a New Direction for Disability Studied? [C] Paper Presented at the Disability Studies Seminar.

Sherraden M. 1988. Rethinking Social Welfare: Toward Assets[J]. Social Policy (18).

Sherraden M. 1991. Assets and the Poor: A New American Welfare Policy[M]. New York: M. E. Sharpe.

Taylor-Gooby P. 2001. Sustaining state welfare in hard times: who will foot the bill? [J]. Journal of European Social Policy.

Taylor-Gooby P. 2003. Charlotte Hastie and Catherine Bromley: Querulous Citizens: Welfare Knowledge and the Limits to Welfare Reform[J]. Social Policy& Administration, 2(37).

Titmuss R M. 1993. Essays on the Welfare Station[M]. Boston: Beach Press.

Wehman P, Revell G, Brooke V. 2003. Competitive employment: Has it become the first choice yet? [J]. Journal of Disability Policy Studies, 14(3).

Wittenburg D, Favreault M. 2003. Safety Net or Tangled Web? An Overview of Programs and Services for Adults with Disabilities[J]. The Urban Institute.

Wittenburg D, Loprest P. 2003. A More Work Focused Disability Program? Challenges and Options[J]. The Urban Institute.

World Health Organization. 2001. International Classification of Functioning, Disability and Health(ICF)[S]. Geneva: World Health Organization.

World Health Organization. 2010. Community-based Rehabilitation: CBR Guidelines Introductory Booklet[J]. WHO Press.

附　　录

附录 A：1960 年《日本残疾人福利法》残疾分类标准列表

残疾类别	具体内容
视力残疾为永久性的残疾	1. 两眼视力(指以万国式视力测试表测得的视力,对屈折异常者,则指对矫正视力测得的视力)分别低于 0.1。 2. 有一眼视力低于 0.02,而另一眼视力低于 0.6。 3. 两眼视野分别小于 5°。 4. 两眼视野损失大于 1/2 以上。
听觉或平衡功能的障碍为永久性的残疾	1. 两耳平均听力损失大于 70dB HL。 2. 有一耳平均听力损失大于 90 dB HL,另一耳平均听力损失大于 50 dB HL。 3. 两耳的普通语声最佳明瞭度低于 50%。 4. 平衡功能有明显障碍。
声音功能、语言功能或咀嚼功能的障碍	1. 丧失声音功能、语言功能或咀嚼功能的。 2. 声音功能、语言功能或咀嚼功能有显著障碍并为永久性的。
肢体残疾	1. 单上肢、单下肢或躯干的功能有明显障碍,并为永久性的。 2. 单上肢的拇指伴有指骨间关节以上缺损或包括食指在内单上肢有二指以上分别伴有第一指骨间关节以上缺损。 3. 单下肢在踝关节及其上部截肢或缺肢。 4. 双下肢缺损所有脚趾。 5. 单上肢拇指功能明显障碍或包括食指在内单上肢的三指以上的功能有明显障碍并为永久性的。 6. 第 1 项至第 5 项所列残疾之外,其程度被认为超过第 1 项至第 5 项所列残疾程度的残疾。
心脏、肾脏或呼吸器官功能障碍及其他政令规定的残疾	程度被认为是永久性的,并且日常生活受到明显限制的。

资料来源：1960 年《日本残疾人福利法》。

附录 B：残疾人残疾分类和分级(GB/T 26341—2010)

1 范围

本标准规定了残疾人残疾分类和分级的术语和定义、残疾分类和分级及代码等。
本标准适用于残疾人的信息、统计、管理、服务和保障等社会工作。

2 规范性引用文件

下列文件对于本文件的应用是必不可少的。凡是注日期的引用文件，仅注日期的版本适用于本文件。凡是不注日期的引用文件，其最新版本(包括所有的修改单)适用于本文件。
GB/T2261.3　个人基本信息分类与代码　第 3 部分：健康状况代码
世界卫生组织残疾评定量表Ⅱ(WHO-DAS Ⅱ)(WHO Disability Assessment Schedule Ⅱ)

注：可从下面网址获得，http://www.who.int/clasifications/icf/whodisii/cn/。

3 术语和定义

下列术语和定义适用于本文件。

3.1 残疾 disability
身体结构、功能的损害及个体活动受限与参与的局限性。

3.2 残疾人 disabled person
在精神、生理、人体结构上，某种组织、功能丧失或障碍，全部或部分丧失从事某种活动能力的人。

3.3 最佳矫正视力 best corrected visual acuity
BCVA
以最适当镜片进行屈光矫正后所能达到的最好视力。

3.4 平均听力损失 average hearing loss
500Hz、1000 Hz、2000 Hz、4000Hz 四个频率点纯音气导听力损失分贝数的平均值。

3.5 听力障碍 dysaudia
听觉系统中的感音、传音以及听觉中枢发生器质性或功能性异常，而导致听力出现不同程度的减退。

3.6 失语 aphasia
大脑言语区域以及相关部位损伤导致的获得性言语功能丧失或受损。

3.7 运动性构音障碍 dysarthria
神经肌肉病变导致构音器官的运动障碍，主要表现为不会说话、说话费力、发声和发音不清等。

3.8 器质性构音障碍 organic anarthria
构音器官形态结构异常导致的构音障碍。其代表为腭裂以及舌或颌面部术后造成的构音障碍。主要表现为不能说话、鼻音过重、发音不清等。

3.9 发声障碍 voice disorder
呼吸及喉器质性病变导致的失声、发声困难和声音嘶哑等。

3.10 儿童言语发育迟滞 childhood dylayed speech development
儿童在生长发育过程中其言语发育落后于实际年龄的状态。主要表现为不会说话、说话晚、发音不清等。

3.11 听力障碍所致的言语障碍 speech disorder caused by dysaudia
听力障碍导致的言语障碍。主要表现为不会说话或者发音不清,不能通过听觉言语进行交流。

3.12 口吃 stuttering
言语的流畅性障碍。主要表现为在说话的过程中拖长音、重复、语塞并伴有面部及其他行为变化等。

3.13 语音清晰度 phonetic intelligibility
口语中语音、字、词的发音清晰和准确度。

3.14 言语表达能力 ability of expression in speech
言语表达过程中,正确使用词汇、语句、语法的能力。

3.15 发育商 development quotient;DQ
衡量婴幼儿智能发展水平的指标。

3.16 智商 intelligence quotient;IQ
智力商数
衡量个体智力发展水平的指标。

3.17 适应行为 adaptive behavior;AB
个体实现人们期待的与其年龄和文化群体相适应的个人独立与社会职责的程度或效果。

4 残疾分类

4.1 分类原则
按不同残疾分为视力残疾、听力残疾、言语残疾、肢体残疾、智力残疾、精神残疾和多重残疾。

4.2 视力残疾
各种原因导致双眼视力低下并且不能矫正或双眼视野缩小,以致影响其日常生活和社会参与。视力残疾包括盲及低视力。

4.3 听力残疾
各种原因导致双耳不同程度的永久性听力障碍,听不到或听不清周围环境声及言语声,以致影响其日常生活和社会参与。

4.4 言语残疾

各种原因导致的不同程度的言语障碍，经治疗一年以上不愈或病程超过两年，而不能或难以进行正常的言语交流活动，以致影响其日常生活和社会参与。包括：失语、运动性构音障碍、器质性构音障碍、发声障碍、儿童言语发育迟滞、听力障碍所致的言语障碍、口吃等。

注：3岁以下不定残。

4.5 肢体残疾

人体运动系统的结构、功能损伤造成的四肢残缺或四肢、躯干麻痹（瘫痪）、畸形等导致人体运动功能不同程度丧失以及活动受限或参与的局限。

肢体残疾主要包括：

a) 上肢或下肢因伤、病或发育异常所致的缺失、畸形或功能障碍；

b) 脊柱因伤、病或发育异常所致的畸形或功能障碍；

c) 中枢、周围神经因伤、病或发育异常造成躯干或四肢的功能障碍。

4.6 智力残疾

智力显著低于一般人水平，并伴有适应行为的障碍。此类残疾是由于神经系统结构、功能障碍，使个体活动和参与受到限制，需要环境提供全面、广泛、有限和间歇的支持。

智力残疾包括在智力发育期间（18岁之前），由于各种有害因素导致的精神发育不全或智力迟滞；或者智力发育成熟以后，由于各种有害因素导致智力损害或智力明显衰退。

4.7 精神残疾

各类精神障碍持续一年以上未痊愈，由于存在认知、情感和行为障碍，以致影响其日常生活和社会参与。

4.8 多重残疾

同时存在视力残疾、听力残疾、言语残疾、肢体残疾、智力残疾、精神残疾中的两种或两种以上残疾。

5 残疾分级

5.1 分级原则

各类残疾按残疾程度分为四级，残疾一级、残疾二级、残疾三级和残疾四级。残疾一级为极重度，残疾二级为重度，残疾三级为中度，残疾四级为轻度。

5.2 视力残疾分级

按视力和视野状态分级，其中盲为视力残疾一级和二级，低视力为视力残疾三级和四级。视力残疾均指双眼而言，若双眼视力不同，则以视力较好的一眼为准。如仅有单眼为视力残疾，而另一眼的视力达到或优于0.3，则不属于视力残疾范畴。视野以注视点为中心，视野半径小于10°者，不论其视力如何均属于盲。视力残疾分级见表1。

表 1 视力残疾分级

级别	视力、视野
一级	无光感～<0.02；或视野半径<5°
二级	0.02～<0.05；或视野半径<10°
三级	0.05～<0.1
四级	0.1～<0.3

5.3 听力残疾分级

5.3.1 听力残疾分级原则

按平均听力损失，及听觉系统的结构、功能，活动和参与，环境和支持等因素分级（不配戴助听放大装置）。

注：3岁以内儿童，残疾程度一、二、三级的定为残疾人。

5.3.2 听力残疾一级

听觉系统的结构和功能极重度损伤，较好耳平均听力损失大于 90 dB HL，不能依靠听觉进行言语交流，在理解、交流等活动上极重度受限，在参与社会生活方面存在极严重障碍。

5.3.3 听力残疾二级

听觉系统的结构和功能重度损伤，较好耳平均听力损失在(81～90)dB HL 之间，在理解和交流等活动上重度受限，在参与社会生活方面存在严重障碍。

5.3.4 听力残疾三级

听觉系统的结构和功能中重度损伤，较好耳平均听力损失在(61～80)dB HL 之间，在理解和交流等活动上中度受限，在参与社会生活方面存在中度障碍。

5.3.5 听力残疾四级

听觉系统的结构和功能中度损伤，较好耳平均听力损失在(41～60)dB HL 之间，在理解和交流等活动上轻度受限，在参与社会生活方面存在轻度障碍。

5.4 言语残疾分级

5.4.1 言语残疾分级原则

按各种言语残疾不同类型的口语表现和程度，脑和发音器官的结构、功能，活动和参与，环境和支持等因素分级。

5.4.2 言语残疾一级

脑和/或发音器官的结构、功能极重度损伤，无任何言语功能或语音清晰度小于等于10%，言语表达能力等级测试未达到一级测试水平，在参与社会生活方面存在极严重障碍。

5.4.3 言语残疾二级

脑和/或发音器官的结构、功能重度损伤，具有一定的发声及言语能力。语音清晰度在 11%～25%之间，言语表达能力等级测试未达到二级测试水平，在参与社会生活方面存在严重障碍。

5.4.4 言语残疾三级

脑和/或发音器官的结构、功能中度损伤，可以进行部分言语交流。语音清晰度在 26%～45%之间，言语表达能力等级测试未达到三级测试水平，在参与社会生活方面存在中度障碍。

5.4.5 言语残疾四级

脑和/或发音器官的结构、功能轻度损伤，能进行简单会话，但用较长句表达困难。语音清晰度在 46%～65%之间，言语表达能力等级测试未达到四级测试水平，在参与社会生活方面存在轻度障碍。

5.5 肢体残疾分级

5.5.1 肢体残疾分级原则

按人体运动功能丧失、活动受限、参与局限的程度分级（不配戴假肢、矫形器及其他辅助器具）。肢体部位说明如下：

a) 全上肢：包括肩关节、肩胛骨；
b) 上臂：肘关节和肩关节之间，不包括肩关节，含肘关节；
c) 前臂：肘关节和腕关节之间，不包括肘关节，含腕关节；
d) 全下肢：包括髋关节、半骨盆；
e) 大腿：髋关节和膝关节之间，不包括髋关节，含膝关节；
f) 小腿：膝关节和踝关节之间，不包括膝关节，含踝关节；
g) 手指全缺失：掌指关节；
h) 足趾全缺失：跖趾关节。

5.5.2 肢体残疾一级

不能独立实现日常生活活动，并具备下列状况之一：

a) 四肢瘫：四肢运动功能重度丧失；
b) 截瘫：双下肢运动功能完全丧失；
c) 偏瘫：一侧肢体运动功能完全丧失；
d) 单全上肢和双小腿缺失；
e) 单全下肢和双前臂缺失；
f) 双上臂和单大腿（或单小腿）缺失；
g) 双全上肢或双全下肢缺失；
h) 四肢在手指掌指关节（含）和足趾跖关节（含）以上不同部位缺失；
i) 双上肢功能极重度障碍或三肢功能重度障碍。

5.5.3 肢体残疾二级

基本上不能独立实现日常生活活动，并具备下列状况之一：

a) 偏瘫或截瘫，残肢保留少许功能（不能独立行走）；
b) 双上臂或双前臂缺失；
c) 双大腿缺失；
d) 单全上肢和单大腿缺失；
e) 单全下肢和单上臂缺失；
f) 三肢在手指掌指关节（含）和足趾跖关节（含）以上不同部位缺失（一级中的情况除外）；
g) 二肢功能重度障碍或三肢功能中度障碍。

5.5.4 肢体残疾三级

能部分独立实现日常生活活动，并具备下列状况之一：

a) 双小腿缺失；

b) 单前臂及其以上缺失；

c) 单大腿及其以上缺失；

d) 双手拇指或双手拇指以外其他手指全缺失；

e) 二肢在手指掌指关节(含)和足跗跖关节(含)以上不同部位缺失(二级中的情况除外)；

f) 一肢功能重度障碍或二肢功能中度障碍。

5.5.5 肢体残疾四级

基本上能独立实现日常生活活动，并具备下列状况之一：

a) 单小腿缺失；

b) 双下肢不等长，差距大于等于 50mm；

c) 脊柱强(僵)直；

d) 脊柱畸形，后凸大于 70°或侧凸大于 45°；

e) 单手拇指以外其他四指全缺失；

f) 单手拇指全缺失；

g) 单足跗跖关节以上缺失；

h) 双足趾完全缺失或失去功能；

i) 侏儒症(身高小于等于 1300 mm 的成年人)；

j) 一肢功能中度障碍或两肢功能轻度障碍；

k) 类似上述的其他肢体功能障碍。

5.6 智力残疾分级

按 0～6 岁和 7 岁及以上两个年龄段发育商、智商和适应行为分级。0～6 岁儿童发育商小于 72 的直接按发育商分级，发育商在 72～75 之间的按适应行为分级。7 岁及以上按智商、适应行为分级；当两者的分值不在同一级时，按适应行为分级。WHO-DAS Ⅱ 分值反映的是 18 岁及以上各级智力残疾的活动与参与情况。智力残疾分级见表2。

表 2 智力残疾分级

级别	智力发育水平		社会适应能力	
	发育商(DQ)0~6 岁	智商(IQ)7 岁及以上	适应行为(AB)	WHO-DAS Ⅱ 分值 18 岁及以上
一级	≤25	<20	极重度	≥116 分
二级	26~39	20~34	重度	106 分~115 分
三级	40~54	35~49	中度	96 分~105 分
四级	55~75	50~69	轻度	52 分~95 分

注：适应行为表现：

极重度——不能与人交流、不能自理、不能参与任何活动、身体移动能力很差；需要环境提供全面的支持，全部生活由他人照料。

重度——与人交往能力差、生活方面很难达到自理、运动能力发展较差；需要环境提供广泛的支持，大部分生活由他人照料。

中度——能以简单的方式与人交流、生活能部分自理、能做简单的家务劳动、能参与一些简单的社会活动；需要环境提供有限的支持，部分生活由他人照料。

轻度——能生活自理、能承担一般的家务劳动或工作、对周围环境有较好的辨别能力、能与人交流和交往、能比较正常地参与社会活动；需要环境提供间歇的支持，一般情况下生活不需要由他人照料。

5.7 精神残疾分级

5.7.1 精神残疾分级原则

18 岁及以上的精神障碍患者依据 WHO-DAS II 分值和适应行为表现分级，18 岁以下精神障碍患者依据适应行为的表现分级。

5.7.2 精神残疾一级

WHO-DAS II 值大于或等于 116 分，适应行为极重度障碍；生活完全不能自理，忽视自己的生理、心理的基本要求。不与人交往，无法从事工作，不能学习新事物。需要环境提供全面、广泛的支持，生活长期、全部需他人监护。

5.7.3 精神残疾二级

WHO-DAS II 值在 106 分～115 分之间，适应行为重度障碍；生活大部分不能自理，基本不与人交往，只与照顾者简单交往，能理解照顾者的简单指令，有一定学习能力。监护下能从事简单劳动。能表达自己的基本需求，偶尔被动参与社交活动。需要环境提供广泛的支持，大部分生活仍需他人照料。

5.7.4 精神残疾三级

WHO-DAS II 值在 96 分～105 分之间，适应行为中度障碍；生活上不能完全自理，可以与人进行简单交流，能表达自己的情感。能独立从事简单劳动，能学习新事物，但学习能力明显比一般人差。被动参与社交活动，偶尔能主动参与社交活动。需要环境提供部分的支持，即所需要的支持服务是经常性的、短时间的需求，部分生活需由他人照料。

5.7.5 精神残疾四级

WHO-DAS II 值在 52 分～95 分之间，适应行为轻度障碍；生活上基本自理，但自理能力比一般人差，有时忽略个人卫生。能与人交往，能表达自己的情感，体会他人情感的能力较差，能从事一般的工作，学习新事物的能力比一般人稍差。偶尔需要环境提供支持，一般情况下生活不需要由他人照料。

5.8 多重残疾分级

按所属残疾中残疾程度最重类别的分级确定其残疾等级。

6 残疾分类和分级代码

6.1 残疾分类代码

残疾分类代码应符合 GB/T2261.3 的规定。

6.2 残疾分级代码

残疾分级代码见表 3。

表 3 残疾分级代码

代码	名称
611	视力残疾一级
612	视力残疾二级
613	视力残疾三级

续表

代码	名称
614	视力残疾四级
621	听力残疾一级
622	听力残疾二级
623	听力残疾三级
624	听力残疾四级
631	言语残疾一级
632	言语残疾二级
633	言语残疾三级
634	言语残疾四级
641	肢体残疾一级
642	肢体残疾二级
643	肢体残疾三级
644	肢体残疾四级
651	智力残疾一级
652	智力残疾二级
653	智力残疾三级
654	智力残疾四级
661	精神残疾一级
662	精神残疾二级
663	精神残疾三级
664	精神残疾四级
671	多重残疾一级
672	多重残疾二级
673	多重残疾三级
674	多重残疾四级

资料来源：中华人民共和国国家质量监督检验检疫总局、中国国家标准化管理委员会发布的中华人民共和国国家标准：残疾人残疾分类和分级(GB/T26341-2010)。

后　　记

　　残疾人是人类多样性的具体表现，一个国家残疾人社会福利水平反映了该国社会文明的程度，越发达的国家越能提供多样性、差异化和高质量的残疾人社会服务。联合国《残疾人权利公约》于2006年通过，中国作为首批加入该公约的国家，严格遵循宗旨和原则，不断完善以《中华人民共和国残疾人保障法》为核心的残疾人法律法规。为增进残疾人福祉，我国陆续颁布《残疾人教育条例》《无障碍环境建设条例》《关于加快推进残疾人社会保障体系和服务体系建设的指导意见》《残疾预防和残疾人康复条例》等政策条例。经过不懈努力，我国残疾人在康复、教育、就业、社会保障、扶贫开发、组织建设、服务设施各领域均得到长足发展。新时代，我国社会主要矛盾发生转变，人民对美好生活的期望和追求已经不再仅仅是物质生活水平的提高，而是包括在精神、社会、生态等在内的系统性需求。社会对残疾人包容程度提升，残疾人更加自信，其能力提升需求和社会融合需求更加突出，满足残疾人个性化和差异化的社会服务变得更加迫切。因此，结合我国国情建立起具有中国特色的残疾人社会服务体系具有重要的现实意义。

　　然而，残疾人社会服务体系的建构是个理想框架，在实践过程中会受到政府财政预算、职能设置、政策理念、机构改革等因素影响，需要打破政府部门间的壁垒以一种整体性视角来进行规划和实施。该过程艰难而漫长，需要政府、社会组织、政策研究者和残疾人共同努力，方可实现。

　　本书是在作者博士论文的基础上修改而成。书中部分观点已经发表在《社会科学研究》《残疾人研究》《云南行政学院学报》等期刊。本书成稿期间，导师南京大学周沛教授以其严谨的学风和开阔的思路为书稿提供了更为广阔的视野，南京大学政府管理学院童星教授、庞绍堂教授、朱国云教授、顾海教授、林闽钢教授、周建国教授和魏姝教授均对本书做出了高屋建瓴的指导，南京大学李静、梁誉、张峰和冷涛等好友对本书的写作也给予了极大的帮助。另外，江苏省残联李娴等同志对论文数据收集和调研给予了重要的帮助，在此向始终奋斗在残疾人发展事业领域的同志们致敬！最后，感谢一直对我无私奉献的父亲母亲！

王磊
2018年9月
于西华大学西华苑